HISTOIRE
DU
CONSULAT
ET DE
L'EMPIRE

TOME XIX

L'auteur déclare réserver ses droits à l'égard de la traduction en Langues étrangères, notamment pour les Langues Allemande, Anglaise, Espagnole et Italienne.

Ce volume a été déposé au Ministère de l'Intérieur (Direction de la Librairie) le 10 août 1861.

HISTOIRE
DU
CONSULAT
ET DE
L'EMPIRE

FAISANT SUITE
A L'HISTOIRE DE LA RÉVOLUTION FRANÇAISE

PAR M. A. THIERS

TOME DIX-NEUVIÈME

PARIS
LHEUREUX ET Cie, LIBRAIRES-ÉDITEURS
60, RUE RICHELIEU

1861

HISTOIRE
DU CONSULAT
ET
DE L'EMPIRE.

LIVRE CINQUANTE-SEPTIÈME.

L'ÎLE D'ELBE.

Séjour de lord Castlereagh à Paris. — Il obtient de Louis XVIII la concession du duché de Parme en faveur de Marie-Louise, et promet en retour à ce monarque l'expulsion de Murat. — L'Autriche envoie cent mille hommes en Italie, et la France trente mille en Dauphiné. — État intérieur de la France; redoublement d'inquiétudes chez les acquéreurs de biens nationaux et d'irritation chez les militaires. — Découverte des restes de Louis XVI, et cérémonie funèbre du 21 janvier. — Épuration de la magistrature, et remplacement de M. Muraire par M. de Sèze, de M. Merlin par M. Mourre. — Trouble populaire à l'occasion des funérailles de mademoiselle Raucourt. — Reprise du procès du général Exelmans. — Acquittement de ce général. — Pour la première fois l'armée française disposée à intervenir dans la politique. — Jeunes généraux formant le dessein de renverser les Bourbons. — Complot des frères Lallemand et de Lefebvre-Desnoëttes. — Répugnance des grands personnages de l'Empire à se mêler de semblables entreprises. — M. Fouché, moins scrupuleux, se fait le centre de toutes les menées. — M. de Bassano, qui n'avait pas encore communiqué avec l'île d'Elbe, charge M. Fleury de Chaboulon d'informer Napoléon de ce qui se passe, sans oser y ajouter un conseil. — Établissement de Napoléon à l'île d'Elbe et sa manière d'y vivre. — Organisation de sa petite armée et de sa petite marine. — Ce qu'il fait pour la prospérité de l'île. — État de ses finances. — Impossibilité pour Napo-

TOM. XIX.

LIVRE LVII.

léon d'entretenir plus de deux ans les troupes qu'il a amenées avec lui. — Cette circonstance et les nouvelles qu'il reçoit du continent le disposent à ne pas rester à l'île d'Elbe. — Sa réconciliation avec Murat, et les conseils qu'il lui donne. — Au commencement de l'année 1815 Napoléon apprend que les souverains réunis à Vienne vont se séparer, qu'on songe à le déporter dans d'autres mers, et que les partis sont parvenus en France au dernier degré d'exaspération. — Il prend tout à coup la résolution de quitter l'île d'Elbe avant que les longues nuits, si favorables à son évasion, fassent place aux longs jours. — L'arrivée de M. Fleury de Chaboulon le confirme dans cette résolution. — Préparatifs secrets de son entreprise, dont l'exécution est fixée au 26 février. — Son dernier message à Murat et son embarquement le 26 février au soir. — Circonstances diverses de sa navigation. — Débarquement au golfe Juan le 1er mars. — Surprise et incertitude des habitants de la côte. — Tentative manquée sur Antibes. — Séjour de quelques heures à Cannes. — Choix à faire entre les deux routes, celle des montagnes conduisant à Grenoble, celle du littoral conduisant à Marseille. — Napoléon se décide pour celle de Grenoble, et par ce choix assure le succès de son entreprise. — Départ le 1er mars au soir pour Grasse. — Marche longue et fatigante à travers les montagnes. — Arrivée le second jour à Sisteron. — Motifs pour lesquels cette place ne se trouve pas gardée. — Occupation de Sisteron, et marche sur Gap. — Ce qui se passait en ce moment à Grenoble. — Dispositions de la noblesse, de la bourgeoisie, du peuple et des militaires. — Résolution du préfet et des généraux de faire leur devoir. — Envoi de troupes à La Mure pour barrer la route de Grenoble. — Napoléon, après avoir occupé Gap, se porte sur Grenoble, et rencontre à La Mure le bataillon du 5e de ligne envoyé pour l'arrêter. — Il se présente devant le front du bataillon et découvre sa poitrine aux soldats du 5e. — Ceux-ci répondent à ce mouvement par le cri de *Vive l'Empereur!* et se précipitent vers Napoléon. — Après ce premier succès, Napoléon continue sa marche sur Grenoble. — En route il rencontre le 7e de ligne, commandé par le colonel de La Bédoyère, lequel se donne à lui. — Arrivée devant Grenoble le soir même. — Les portes étant fermées, le peuple de Grenoble les enfonce et les ouvre à Napoléon. — Langage pacifique et libéral tenu par celui-ci à toutes les autorités civiles et militaires. — Napoléon séjourne le 8 à Grenoble, en dirigeant sur Lyon les troupes dont il s'est emparé, et qui montent à huit mille hommes environ. — Le 9 il s'achemine lui-même sur Lyon. — La nouvelle de son débarquement parvient le 5 mars à Paris. — Effet qu'elle y produit. — On fait partir le comte d'Artois avec le duc d'Orléans pour Lyon, le maréchal Ney pour Besançon, le duc de Bourbon pour la Vendée, le duc d'Angoulême pour Nîmes et Marseille. — Convocation immédiate des Chambres. — Inquiétude des classes moyennes, et profond chagrin des hommes éclairés qui prévoient les conséquences du retour de Napoléon. — Les royalistes modérés, et à leur tête MM. Lainé et de Montesquiou, voudraient qu'on s'entendît avec le parti constitutionnel, en modifiant le ministère et les corps de l'État dans le sens des opinions libérales. — Les royalistes ardents, au contraire, ne voient dans les malheurs actuels que des fautes de faiblesse, et ne veulent se prêter à aucune concession. — Louis XVIII tombe dans une extrême perplexité, et ne prend point de parti. — Suite des événements entre Grenoble et Lyon. — Arrivée du comte d'Artois à Lyon. — Il est accueilli avec froideur par la population, et avec malveillance par les troupes. — Vains efforts du maréchal Macdonald pour engager les militaires de tout grade à faire leur devoir. — L'aspect des choses devient tellement alarmant, que le maréchal Macdonald fait repartir pour Paris le comte d'Artois et le duc d'Orléans. — Il reste seul de sa personne pour organiser la résistance. — L'avant-garde de Napoléon s'étant présentée le 10 mars au soir devant le pont de la Guillotière, les soldats qui gardaient le pont crient : *Vive l'Empereur !* ouvrent la ville aux troupes impériales, et veulent s'emparer du maréchal Macdonald pour le réconcilier avec Napoléon. — Le maréchal s'enfuit au galop afin de rester fidèle à son devoir. — Entrée triomphale de Napoléon à Lyon. — Comme à Grenoble, il s'efforce de persuader à tout le monde qu'il veut la paix et la liberté. — Décrets qu'il rend pour dissoudre les Chambres, pour convoquer le Corps électoral en champ de mai à Paris, et pour assurer par diverses mesures le succès de son entreprise. — Après avoir séjourné à Lyon le temps indispensablement nécessaire, il part le 13 au matin par la route de la Bourgogne. — Accueil enthousiaste qu'il reçoit à Mâcon et à Chalon. — Message du grand maréchal Bertrand au maréchal Ney. — Sincère disposition de ce dernier à faire son devoir, mais embarras où il se trouve au milieu de populations et de troupes invinciblement entraînées vers Napoléon. — Le maréchal Ney lutte deux jours entiers, et voyant autour de lui les villes et les troupes s'insurger, il cède au torrent, et se rallie à Napoléon. — Marche triomphale de Napoléon à travers la Bourgogne. — Son arrivée à Auxerre le 17 mars. — Projet de s'y arrêter deux jours pour concentrer ses troupes et marcher militairement sur Paris. — État de la capitale pendant ces derniers jours. — Les efforts des royalistes modérés pour amener un rapprochement avec le parti constitutionnel ayant échoué, on ne change que le ministre de la guerre dont on se défie, et le directeur de la police qu'on ne croit pas assez capable. — Avénement du duc de Feltre au ministère de la guerre. — Tentative des frères Lallemand, et son insuccès. — Cette circonstance rend quelque espérance à la cour, et on tient une séance royale où Louis XVIII est fort applaudi. — Projet de la formation d'une armée sous Melun, commandée par le duc de Berry et le maréchal Macdonald. — Séjour de Napoléon à Auxerre. — Son entrevue avec le maréchal Ney qu'il empêche adroitement de lui faire des conditions. — Son départ le 19, et son arrivée à Fontainebleau dans la nuit. — A la nouvelle de son approche, la famille royale se décide à quitter Paris. — Départ de Louis XVIII et de tous les princes dans la nuit du 19 au 20. — Ignorance où l'on est le 20 au matin du départ de la famille royale. — Les officiers à la demi-solde, assemblés

1.

Janv. 1815.

tumultueusement sur la place du Carrousel, finissent par apprendre que le palais est vide, et y font arborer le drapeau tricolore. — Tous les grands de l'Empire y accourent. — Napoléon parti de Fontainebleau dans l'après-midi arrive le soir à Paris. — Scène tumultueuse de son entrée aux Tuileries. — Causes et caractère de cette étrange révolution.

Séjour de lord Castlereagh à Paris.

Il obtient de Louis XVIII la concession du duché de Parme en faveur de Marie-Louise, et promet en retour l'expulsion de Murat du trône de Naples.

Parti de Vienne le 15 février 1815, lord Castlereagh était arrivé le 26 à Paris, et s'y était arrêté fort peu de jours, étant impatiemment attendu à Londres par ses collègues, qui n'osaient pas entreprendre en son absence la discussion des actes du congrès. Il avait vu Louis XVIII, avait été reçu par ce prince avec une extrême courtoisie, et avait réussi dans la négociation dont il s'était chargé, laquelle consistait à laisser Parme à Marie-Louise pendant la vie de cette princesse, et à placer provisoirement à Lucques l'héritière de Parme, c'est-à-dire la reine d'Étrurie. Louis XVIII s'était prêté à l'arrangement proposé pour complaire à l'Angleterre, et surtout pour obtenir le concours de cette puissance dans l'affaire de Naples. Du reste, le bruit que produisaient en Italie les armements de Murat simplifiait la solution pour les ministres anglais eux-mêmes, et il était devenu facile de représenter le roi de Naples comme infidèle à ses engagements, comme perturbateur du repos européen, et comme ayant mérité dès lors d'être précipité du trône sur lequel on l'avait momentanément souffert. L'Autriche aux cinquante mille hommes qu'elle avait en Italie s'occupait d'en ajouter cent mille, et Louis XVIII avait décidé dans son Conseil que trente mille Français seraient réunis entre Lyon et Grenoble pour concourir par terre et par mer aux opérations projetées contre

Murat. Tout se disposait donc pour détruire en Italie le dernier vestige du vaste empire de Napoléon.

Mais le destin des Bourbons avait décidé qu'ils tomberaient avant Murat lui-même dans le gouffre toujours ouvert des révolutions du siècle, pour en sortir de nouveau, plus durables et malheureusement moins innocents. Leur situation, hélas, ne s'était pas plus améliorée que leur conduite! A la fin de décembre tout ce qu'on désirait des Chambres ayant été obtenu, on les avait ajournées au 1er mai 1815, et en se débarrassant d'une gêne apparente, la royauté s'était privée de son meilleur appui, car la Chambre des députés notamment, dans sa marche timide mais sage, était l'expression exacte de l'opinion publique, qui tout en trouvant les Bourbons imprudents, souvent même blessants, souhaitait leur redressement et leur maintien. La Chambre des députés, qui n'était, comme on s'en souvient, que l'ancien Corps législatif continué, en faisant quelquefois retentir à la tribune un blâme sévère contre les folies des émigrés, donnait à l'opinion une satisfaction, au gouvernement un avertissement salutaire, et demeurait comme une sorte de médiateur, qui empêchait que d'un côté l'irritation ne devînt trop grande, et que de l'autre on ne poussât les fautes trop loin. L'absence des Chambres en un pareil moment était donc infiniment regrettable, car la nation et l'émigration allaient s'éloigner de plus en plus l'une de l'autre, sans aucun pouvoir modérateur capable de les rapprocher et de les contenir.

Aussi les fautes, et l'effet des fautes augmentaient

Janv. 1815.

des alarmes inspirées aux acquéreurs de biens nationaux.

chaque jour. Les prêtres en chaire ne cessaient de prêcher contre l'usurpation des biens d'Église; les laïques, anciens propriétaires de domaines vendus, obsédaient les nouveaux acquéreurs pour les décider à restituer des biens que ceux-ci avaient souvent acquis à vil prix, mais qu'on voulait leur arracher à un prix plus vil encore. L'article de la Charte garantissant l'inviolabilité des ventes nationales, aurait dû rassurer suffisamment les acquéreurs pourvus de quelque instruction; mais on leur disait que la Charte était une concession aux circonstances tout à fait momentanée, et au milieu de la mobilité des temps, il était naturel qu'ils s'alarmassent. D'ailleurs les journaux les plus accrédités du parti royaliste tenaient sur ce sujet le langage le plus inquiétant, et quand on leur répondait en citant la loi fondamentale, ils répliquaient que la loi avait pu garantir la matérialité des ventes, mais qu'elle n'avait pu en relever la moralité, et faire que ce qui était immoral devînt honnête aux yeux de la conscience publique. — La loi, disaient-ils, garantit les acquisitions nationales, l'opinion les flétrit. On n'y peut rien, et il faut même s'applaudir de cette réaction de la morale universelle contre le crime et la spoliation. — Ce langage, si on avait été conséquent, aurait dû être suivi de mesures spoliatrices, mais on n'osait pas se les permettre, et il était, en attendant, une sorte de violence morale faite aux nouveaux acquéreurs, pour les obliger à se dessaisir eux-mêmes des biens contestés. Ainsi se trouvait réalisée cette parole de M. Lainé dans la commission de la Charte, qu'il fallait sans douté garantir les ventes, mais pas trop, afin d'obliger les nouveaux propriétaires à transiger avec les anciens. —

Janv. 1815.

On avait dans cette vue imaginé une fable des plus significatives. On avait prétendu que le prince de Wagram, Berthier, possesseur de la terre de Grosbois, ayant réuni les titres de ce domaine, les avait déposés aux pieds de Louis XVIII, en le suppliant d'en agréer la restitution; que le Roi les avait acceptés, et gardés une heure, puis avait rappelé le maréchal d'Empire repentant, et lui avait dit : Rentrez en possession du domaine de Grosbois; je ne puis mieux faire que d'en disposer en votre faveur, et que de vous le donner en récompense de vos longs services. — Cette anecdote s'était répandue avec une incroyable rapidité jusque dans les provinces les plus reculées, et y avait trouvé créance. Le prince de Wagram, interpellé de tout côté, avait beau affirmer que c'était là une pure invention, on n'en persistait pas moins à la propager comme si elle eût été vraie. Il avait même voulu obtenir une rétractation des journaux royalistes, et n'y avait pas réussi.

M. Louis, craignant l'effet que pouvaient produire sur le crédit les inquiétudes inspirées aux acquéreurs de biens nationaux, avait en plein Conseil, et en quelque sorte de haute lutte, arraché à Louis XVIII la signature de l'ordonnance qui mettait en vente une portion des forêts de l'État, et y avait compris en assez grande quantité d'anciens bois d'Église. L'ordonnance signée, il avait, sans perdre de temps, commencé les adjudications, afin

Inutiles efforts de M. Louis pour rassurer les acquéreurs de biens nationaux

Janv. 1815.

de rassurer les acquéreurs, car il n'était pas supposable qu'on entreprît de nouvelles aliénations, si on voulait revenir sur les anciennes. Le taux fort modique des mises à prix avait attiré des spéculateurs, qui trouvant dans la vente du bois à peu près l'équivalent du prix d'achat, et ayant ainsi la superficie presque pour rien, couraient volontiers la chance de ce genre d'acquisitions. Néanmoins cette mesure n'avait point rétabli la sécurité, et les propriétaires qui avaient acquis pendant la Révolution, fort nombreux dans les campagnes, continuaient de vivre dans de sérieuses alarmes. Or, alarmer les intérêts équivaut à les immoler, car la crainte agit sur les hommes autant et souvent plus que le mal lui-même.

Nouveaux outrages prodigués aux révolutionnaires à l'occasion du 21 janvier.

Les manifestations contre la Révolution française n'avaient pas cessé. L'anniversaire du 21 janvier en avait fourni une nouvelle occasion saisie avec empressement. Un homme pieux avait acheté, rue de la Madeleine à Paris, le terrain dans lequel avaient été inhumés le roi Louis XVI, la reine Marie-Antoinette, Madame Élisabeth, et à l'approche du 21 janvier, il avait commencé des fouilles, pour rechercher les restes de ces augustes victimes. Il croyait les avoir retrouvés, et d'après toutes les indications il était fondé à le croire. En conséquence de cette découverte, le gouvernement avait ordonné une cérémonie funèbre pour la translation à Saint-Denis de ces restes si dignes de respect. Mais malheureusement on avait accompagné cette cérémonie de malédictions de tout genre contre la Révolution française, à quoi les hommes que leurs actes, ou simplement leurs opinions, attachaient à cette révolution, avaient répondu par mille doutes et par mille railleries sur la découverte faite rue de la Madeleine. Les royalistes avaient répliqué par de nouvelles injures contre les révolutionnaires, et leur avaient répété que si matériellement on leur pardonnait, et que si, par grande grâce, on ne les envoyait pas à l'échafaud, c'était tout ce qu'il leur était permis de prétendre, en conséquence de la promesse d'oubli contenue dans la Charte, mais qu'on ne pouvait étouffer la conscience publique, et empêcher qu'elle ne jugeât leur crime exécrable. Comme pour mieux assurer le retour de ces tristes récriminations, on avait ordonné une cérémonie annuelle en expiation de l'attentat du 21 janvier.

Janv. 1815.

A tous ces actes on en ajouta de plus significatifs encore à l'égard des personnes. En accordant en principe l'inamovibilité des magistrats, le Roi s'était réservé de donner ou de refuser l'investiture à ceux qui étaient actuellement en fonctions, et de reviser de la sorte le personnel entier de la magistrature. En conséquence les magistrats de tous les degrés attendaient avec anxiété qu'on prononçât sur leur sort, et ils demeuraient dans un état de dépendance qui pouvait être funeste pour les justiciables, et en particulier pour ceux qui possédaient des biens nationaux. Les Chambres avant de se séparer avaient demandé qu'il fût mis fin à cet état d'incertitude, et en janvier 1815 le gouvernement avait commencé par la Cour suprême l'épuration tant redoutée. Il avait exclu de la charge de premier président M. Muraire, à cause de ses affaires privées, de la charge

Destitution de MM. Muraire et Merlin.

de procureur général M. Merlin, à cause de son vote dans le procès de Louis XVI, et il les avait remplacés par M. de Sèze et M. Mourre. Ces changements étaient naturels, mais il était tout aussi naturel que le parti révolutionnaire y vît la manifestation des sentiments qu'on lui portait, les actes surtout étant suivis du langage le plus amer. Il faudrait pour se pardonner de telles choses, que les partis eussent un esprit de justice qui ne leur a pas été donné.

A la même époque, le clergé cédant cette fois non point à ses passions, mais à des scrupules sincères, faillit amener un véritable soulèvement dans la population parisienne. Une célèbre tragédienne, mademoiselle Raucourt, venait de mourir. On présenta son cercueil à l'église Saint-Roch, sans s'être d'avance entendu avec le curé, pour obtenir de lui les prières des morts. Il eût été plus sage au curé d'éviter un éclat, et de supposer ces manifestations de repentir qui autorisent à considérer les personnes vouées à la carrière du théâtre comme réintégrées dans le sein de l'Église. Le curé refusa obstinément de recevoir le cercueil. Bientôt la foule s'accrut, et le public, voyant dans cette scène une nouvelle preuve de l'intolérance du clergé, força les portes de l'église. Le cercueil fut introduit violemment, et on ne sait ce qui serait arrivé, si un ordre royal, parti des Tuileries, n'avait prescrit au curé d'accorder à la défunte les honneurs funèbres.

D'après les règles canoniques le curé avait raison, et comme le clergé n'a plus la tenue des registres de l'état civil, comme ses refus n'ont plus aucune influence sur l'état des personnes, et n'ont d'autre conséquence que la privation d'honneurs que l'Église a le droit d'accorder ou de dénier selon ses croyances, le curé de Saint-Roch était bien autorisé à refuser les prières qu'on lui demandait, et les amis de la défunte auraient dû la conduire au cimetière sans la présenter à l'église. Mais l'abus que l'on fait de ses droits prive souvent de leur exercice le plus légitime. Les prédications incendiaires du clergé avaient tellement irrité les esprits, qu'on ne voulait pas même lui pardonner ses exigences les plus fondées, et il est probable que si le curé n'avait pas obtempéré à l'ordre royal, la foule ameutée aurait commis quelque profanation déplorable, que l'armée et même la garde nationale auraient mis peu d'empressement à réprimer.

De toutes les scènes de cette époque la plus fâcheuse, celle qui produisit le plus d'éclat, fut le procès intenté au général Exelmans.

Déjà nous avons fait connaître l'espèce de faute reprochée à cet illustre général. Parmi les lettres saisies sur lord Oxford, et destinées à la cour de Naples, on en avait trouvé une dans laquelle le général Exelmans renouvelait à Murat, dont il était l'ami et l'obligé, l'assurance d'un absolu dévouement, et lui disait que si son trône était menacé, de nombreux officiers français iraient lui offrir leur épée. On savait dans le public que la cour de France s'efforçait d'obtenir à Vienne la dépossession de Murat, mais la guerre n'était pas déclarée contre lui, et par conséquent il n'y avait dans la lettre saisie rien de contraire à la discipline militaire. Seulement

Janv. 1815.

Reprise imprudente du procès intenté au général Exelmans

le général Exelmans ayant été maintenu en activité, on pouvait lui reprocher de ne pas ménager les dispositions fort connues d'un gouvernement qui s'était montré bienveillant à son égard. C'était tout au plus de sa part un défaut de convenance, nullement une violation de ses devoirs. Le général Dupont en avait jugé ainsi, et s'était contenté de lui adresser une réprimande, et de lui enjoindre un peu plus de circonspection à l'avenir. Mais le ministre Dupont avait été remplacé au département de la guerre par le maréchal Soult, et on a vu que ce maréchal, d'abord fort mal disposé pour la Restauration, puis réconcilié avec elle, avait promis de rétablir la discipline dans l'armée, et d'y faire rentrer la fidélité avec la soumission.

Un des moyens qu'il voulait employer était de réveiller l'affaire oubliée du général Exelmans, et en faisant sentir son autorité à l'un des généraux les plus populaires, d'intimider tous les autres. En effet il était d'usage à cette époque, de dire et même de croire, que c'était la faiblesse du gouvernement qui encourageait le mauvais vouloir de l'armée. Le duc de Berry, irrité de ne pas trouver chez les militaires les sentiments qu'il leur témoignait, se montrait imbu de cette fausse pensée, et la soutenait avec la fougue de son caractère. Le maréchal Soult, trop soigneux de complaire à ce prince, avait mis le général Exelmans à la demi-solde, et lui avait enjoint de se rendre à Bar-sur-Ornain, son lieu natal, dans une sorte d'exil. A cette époque les officiers à la demi-solde contestaient au ministre de la guerre le droit de leur assigner un séjour. Ils disaient que n'ayant aucun emploi, dès lors aucun devoir à remplir qui exigeât leur présence dans un lieu déterminé, ils étaient libres de choisir leur résidence, et que n'ayant pas les avantages de l'activité, ils ne devaient pas en avoir les charges. De son côté le ministre de la guerre persistait à soutenir son droit, et il avait des raisons d'y tenir, car dans l'état actuel des choses, avec le penchant que les officiers non employés avaient à se rendre à Paris, il importait de pouvoir les disperser par un simple ordre de l'administration. Cet ordre renouvelé bien souvent était resté sans exécution, et les officiers à la demi-solde n'avaient pas cessé d'affluer dans la capitale, où ils tenaient le langage le plus inconvenant et le plus séditieux. Mais c'était une maladresse que de faire résoudre la question sur la personne d'un militaire aussi distingué que le général Exelmans, et pour le délit assez ridicule qu'on lui reprochait.

Janv. 1815.

Le général Exelmans, autour duquel s'était réuni tout ce que Paris renfermait de têtes les plus chaudes, ne se montra pas disposé à obtempérer à un ordre qu'il qualifiait de sentence d'exil, et pour le moment s'en tint à demander un délai, alléguant l'état de sa femme qui venait d'accoucher, et qui avait besoin de ses soins. Il eût été prudent de se contenter de cette demi-obéissance, et de ne pas provoquer une résistance ouverte, par une opiniâtreté outrée dans l'exercice d'un droit contesté. Mais le maréchal Soult insista, et exigea le départ immédiat du général Exelmans. Celui-ci excité par ses jeunes amis, refusa péremptoirement d'obéir. Le maréchal alors sans égard pour l'état

Le général demande un délai, et n'ayant pu l'obtenir, refuse d'obéir.

Janv. 1815.

Arrestation et évasion du général qui demande des juges.

Grand éclat produit par cette affaire.

où se trouvait la jeune femme du général, envoya chez lui pour le faire arrêter. Le général arrêté et conduit à Soissons, parvint à se soustraire à ses gardes, et écrivit au ministre pour réclamer des juges, promettant de se constituer prisonnier dès qu'on lui aurait désigné un tribunal régulier devant lequel il pût comparaître.

Cette scène produisit parmi les militaires et dans une grande partie du public une vive sensation. On fut profondément irrité contre le maréchal, devenu de serviteur zélé de l'Empire, serviteur non moins zélé des Bourbons, et persécuteur de ses anciens camarades beaucoup plus que le général Dupont ne l'avait été. On se mit à raconter les violences commises envers l'un des officiers les plus brillants de l'armée, et surtout le trouble causé à sa jeune femme, tout cela pour un délit fort contestable, pour un souvenir donné par lui à Murat, son ancien chef, son bienfaiteur, et on nia, à tort ou à raison, que le ministre eût à l'égard des militaires sans emploi le droit de fixer leur résidence. L'opinion était donc excitée au plus haut point, et par les stimulants les plus propres à agir sur elle.

Cet éclat malheureux une fois produit, il était impossible de s'arrêter, et de laisser le général en fuite, et sans juges. Il fallait nécessairement lui en donner. Le maréchal fit donc au Conseil royal un rapport mal conçu et mal motivé, qui embarrassa même les membres du gouvernement les moins modérés. Il aurait fallu se borner à poursuivre le général pour délit de désobéissance, et il y avait beaucoup à dire en faveur du droit réclamé par le ministre de la guerre. L'État en effet, en accordant une demi-solde à un nombre considérable d'officiers, non pas à titre de retraite, mais à titre de demi-activité, en attendant l'activité entière, devait cependant conserver quelques droits sur eux, et ce n'était pas en réclamer un bien excessif que de prétendre leur assigner un séjour, car on pouvait avoir besoin d'eux dans tel endroit ou dans tel autre, et on devait avoir l'autorité de les y envoyer. Le ministre ne s'en tint pas à ce grief de désobéissance très-soutenable, et il proposa de déférer le général Exelmans au conseil de guerre de la 16ᵉ division militaire, siégeant à Lille, comme prévenu de correspondance avec l'ennemi, d'espionnage, de désobéissance, de manque de respect au Roi, et de violation du serment de chevalier de Saint-Louis. Quoiqu'on commençât dans le gouvernement à être fort irrité contre les militaires, on fut étonné de voir accumuler de tels griefs. Le général Dessoles déplora la nécessité où l'on s'était mis de sévir contre un officier aussi distingué que le général Exelmans, et trouva surtout bien étrange de l'accuser d'espionnage. Il dit du reste qu'il fallait tâcher d'obtenir pour l'exemple une condamnation, mais avec la pensée de faire grâce immédiatement. Le comte d'Artois, avec une violence peu conforme à sa bonté ordinaire, s'écria qu'on devait bien se garder de faire grâce, qu'il fallait sévir au contraire, afin de ramener les militaires à l'obéissance. Le duc de Berry tint le même langage, et ne put toutefois s'empêcher de considérer le grief d'espionnage comme peu convenable. Le Roi lui-même et M. de Jaucourt, qui l'un et l'autre étaient dans le secret

Janv. 1815.

Discussion des griefs allégués contre le général.

Légèreté de ces griefs.

des affaires étrangères (M. de Jaucourt remplaçait M. de Talleyrand par intérim), trouvèrent hasardé non-seulement le grief d'espionnage, mais celui de correspondance avec l'ennemi. Ils savaient combien il avait été difficile à Vienne de contester le titre royal de Murat; ils savaient que jusqu'à ses dernières imprudences ce titre ne lui avait pas été dénié, qu'on lui avait même laissé la qualification d'allié, et qu'en ce moment encore on ne lui avait pas donné celle d'ennemi, bien qu'on eût menacé de le traiter comme tel, au premier mouvement de ses troupes. Le Roi et le ministre intérimaire des affaires étrangères ne dissimulèrent donc pas qu'il serait difficile d'appliquer officiellement à Murat le titre d'ennemi, ce qui résulterait nécessairement de l'accusation intentée au général Exelmans, contre lequel on n'avait d'autre fait à alléguer que les lettres adressées à la cour de Naples.

Le maréchal Soult engagé d'amour-propre soutint avec obstination les termes de son rapport. *Le général qui régnait à Naples,* ainsi qu'il qualifiait Murat, n'était, selon lui, que l'usurpateur de l'un des trônes de la maison de Bourbon, dès lors l'ennemi de la France, et quiconque lui avait écrit, *avait correspondu avec l'ennemi.* Le délit d'espionnage, selon lui, était suffisamment caractérisé par cette seule circonstance d'avoir fait part à Murat de la disposition où étaient beaucoup d'officiers français de lui offrir leur épée. Pour la désobéissance, elle était flagrante, puisque le général avait contesté le droit du ministre d'assigner un séjour aux officiers à la demi-solde, et avait non-seulement contesté ce droit en principe, mais refusé en fait de s'y soumettre. Quant au manque de respect envers le Roi, quant à la violation du serment de chevalier de Saint-Louis, les raisons du ministre étaient de la plus mince valeur, et ces griefs étaient du reste les moins importants. Le maréchal s'obstina tellement à soutenir ce système d'accusation, que, par condescendance autant que par paresse d'esprit, le Roi lui permit de motiver son rapport comme il voulut, se réservant, dans le cas d'une condamnation, d'user à propos du droit de faire grâce. Le duc de Berry quoique ayant des doutes sur la valeur des griefs articulés, se récria contre la disposition à l'indulgence que le Roi laissait paraître, et répéta qu'il faudrait bien se garder de faire grâce, car, disait-il, c'était la faiblesse qui perdait l'armée. Le Roi, impatienté, lui répondit : *Mon neveu, n'allez pas plus vite que la justice*, et attendez qu'elle ait prononcé. —

On laissa donc le ministre de la guerre intenter au général Exelmans un procès qui reposait, comme on vient de le voir, sur les griefs les moins sérieux. Lorsque le général Exelmans apprit qu'il était renvoyé devant le conseil de guerre de la 16ᵉ division militaire, il n'hésita pas à se constituer prisonnier, d'après l'avis de ses nombreux amis, qui avec raison ne croyaient pas qu'il y eût un seul militaire, et même un seul magistrat, capable de le condamner.

Le général se rendit à Lille et comparut le 23 janvier devant le conseil de guerre de la 16ᵉ division militaire. Le rapporteur ayant énoncé les griefs articulés par le maréchal Soult, le général fit des réponses simples et convenables, d'un ton de modération qui ne

Janv. 1815.

Ses réponses.

lui était pas habituel, mais qu'on lui avait sagement conseillé. Quant au grief de correspondance avec l'ennemi, il répondit que la France étant en ce moment en paix avec tous les États de l'Europe, il était impossible de prétendre qu'il eût correspondu avec un ennemi, et que si par hasard la France en avait un, cet ennemi actuellement ignoré ne pouvait être considéré comme tel qu'après une déclaration de guerre, ou des hostilités caractérisées. A l'égard du reproche d'espionnage, il déclara, avec un sentiment de dignité compris et approuvé de tous les assistants, qu'il n'y répondrait même pas. Quant à la désobéissance, il soutint que le ministre n'ayant dans l'état des choses aucun service à exiger des officiers à la demi-solde, s'arrogeait par rapport à eux le droit d'exil, en prétendant les faire changer de résidence à sa volonté. Relativement au délit d'offense envers le Roi, il affirma que plein de respect pour Sa Majesté Louis XVIII, il était certain de n'avoir rien écrit qui fût contraire à ce respect. Enfin quant au reproche d'avoir manqué aux obligations de chevalier de Saint-Louis, il répondit assez légèrement que sans doute il ne connaissait pas ces obligations, car il n'en pouvait découvrir aucune qui fût contraire à ce qu'il avait fait.

Son acquittement triomphal.

Ces réponses étaient si naturelles, et si fondées, qu'elles rendaient toute défense à peu près inutile. Le débat fut court, et presque sans délibérer le conseil de guerre acquitta le général à l'unanimité. On se figure aisément la joie, et surtout la manifestation de cette joie parmi les militaires accourus en foule pour accompagner le général. Il fut ramené chez lui en triomphe, et en quelques jours l'impression ressentie à Lille se propagea dans toute la France parmi les nombreux ennemis du gouvernement. Ses amis éclairés déplorèrent un procès où l'on avait posé d'une manière si maladroite, et fait résoudre d'une manière si dangereuse tant de graves questions à la fois. Les conséquences évidentes de ce procès, c'était que l'armée ne considérait pas Murat comme ennemi, ne reconnaissait pas au ministre de la guerre le droit d'assigner une résidence aux officiers à la demi-solde, et enfin que, juges ou accusés, tous les militaires ne craignaient pas de se mettre en opposition flagrante envers l'autorité établie.

Janv. 1815.

Jamais circonstance n'avait fait ressortir en traits plus frappants la faiblesse de la royauté restaurée. Sur qui s'appuyer en effet, contre tant d'ennemis si maladroitement provoqués, lorsque la force publique était manifestement hostile? Sans doute il restait la garde nationale, composée des classes moyennes, lesquelles souhaitaient le maintien des Bourbons contenus par une sage intervention des pouvoirs publics. Mais à Paris la morgue des gardes du corps, dans les provinces celle des nobles rentrés, partout l'intolérance du clergé, les menaces contre les acquéreurs de biens nationaux, les souffrances de l'industrie ruinée par l'introduction des produits anglais, les pertes de territoire injustement imputées à la Restauration, enfin le réveil de l'esprit libéral dont les Bourbons faisaient un ennemi au lieu d'en faire un allié, avaient fort altéré les dispositions de ces classes moyennes, et parmi

Dispositions des diverses classes de la France à l'égard des Bourbons.

2.

Janv. 1815.

elles ce n'était plus que les esprits infiniment sages qui pensaient qu'il fallait soutenir les Bourbons en essayant de les corriger. Mais ce sentiment renfermé dans un nombre de gens très-restreint, suffirait-il pour soutenir les Bourbons contre tant d'hostilités de tout genre? Personne ne le croyait, et la pensée d'un prochain changement, pensée qui souvent amène ce qu'elle prévoit, avait pénétré dans tous les esprits. En effet, quand cette opinion fatale qu'un gouvernement ne peut pas durer, vient à se répandre, les indifférents déjà froids se refroidissent davantage, les intéressés tournent les yeux ailleurs, les amis effarés commettent encore plus de fautes, et les fonctionnaires chargés de la défense hésitent à se compromettre pour un pouvoir qui ne pourra les récompenser ni de leurs efforts, ni de leurs dangers. Ces derniers surtout se montraient alors aussi mal disposés que possible. Ils appartenaient presque tous à l'Empire, car les royalistes, nobles ou non nobles, émigrés ou demeurés sur le sol, malgré leur bonne volonté de prendre les places, n'avaient pu les obtenir du gouvernement, tant ils étaient étrangers à la connaissance des affaires. Beaucoup s'étaient dirigés, comme on l'a vu, vers les emplois militaires, ce qui avait produit sur l'armée le plus déplorable effet. Les autres avaient songé aux emplois de finances, mais M. Louis ayant le fanatisme de son état, les avait impitoyablement repoussés. Quelques-uns aspiraient aux emplois administratifs, mais l'abbé de Montesquiou, non moins hautain avec ses amis qu'avec ses adversaires, avait dit qu'il ne suffisait pas d'avoir émigré pour connaître la France et être capable de l'administrer, et par dédain autant que par paresse, il n'avait pas changé vingt préfets sur quatre-vingt-sept. Enfin quant à ceux qui songeaient à la magistrature, on était bien décidé à les y admettre, mais l'épuration depuis longtemps annoncée de cette magistrature était à peine commencée, et ils n'avaient pas eu le temps d'y trouver place, tandis que la destitution de MM. Muraire et Merlin avait été pour les magistrats en fonctions un véritable sujet d'alarme. Ainsi l'armée profondément hostile, les fonctionnaires presque tous originaires de l'Empire, suspects à la dynastie qu'ils n'aimaient pas, travaillés en dessous par les royalistes qui voulaient leurs emplois, et fatigués de l'hypocrisie à laquelle ils étaient condamnés, les classes moyennes favorables d'abord, refroidies depuis, le peuple des campagnes complétement aliéné à cause des biens nationaux, le peuple des villes inclinant vers les révolutionnaires par goût et par habitude, enfin quelques amis peu nombreux et peu écoutés parmi les hommes éclairés qui prévoyaient le danger du rétablissement de l'Empire, telle était en résumé la situation des diverses classes de la société française à l'égard des Bourbons, situation se dessinant plus clairement à chacun des incidents qui se succédaient avec une étrange rapidité.

Janv. 1815.

Parmi toutes ces classes, ou froides ou hostiles, la plus redoutable, celle des militaires, avait le sentiment que le gouvernement dépendait d'elle seule, et qu'il serait renversé dès qu'elle le voudrait. Cette disposition ne s'était jamais vue dans notre armée, et fort heureusement ne s'est pas revue depuis, car

L'armée française pour la première fois disposée à intervenir dans la politique.

il n'y a rien de plus dangereux qu'une armée qui veut prendre aux révolutions de l'État une autre part que celle de maintenir l'ordre au nom des lois. Elle est bientôt le plus funeste et le plus abject des instruments de révolution, car elle devient rapidement licencieuse, indisciplinée, insatiable, et quelquefois lâche, bonne à opprimer l'État au dedans, impuissante à le défendre au dehors, le déshonorant et se déshonorant, jusqu'à ce qu'on la détruise par le fer et le feu, comme il est arrivé des prétoriens dans l'antiquité, des strélitz, des mameluks, des janissaires dans les temps modernes. Jusqu'ici en effet, les révolutions accomplies en France n'avaient eu aucun rapport à l'armée, qu'elles n'avaient eue ni pour cause, ni pour but, ni pour moyen. Mais la révolution de 1814, accomplie par toute l'Europe en armes, contre un chef militaire qui avait abusé de son génie et de la bravoure de ses soldats, semblait avoir été spécialement dirigée contre l'armée française, qui l'avait profondément ressenti. Flattée un moment par les Bourbons dans la personne de ses chefs, elle n'avait pas tardé à s'apercevoir qu'entre elle et le gouvernement il y avait toute la différence imaginable entre un parti qui avait défendu le sol et un parti qui avait voulu l'envahir, et cette fois (l'unique, nous le répétons, dans notre siècle) l'idée lui était venue de jouer un rôle politique, un rôle révolutionnaire. — Jetons ces émigrés à la porte, était le propos de toute la jeunesse militaire, accumulée à Paris. — Soit que Napoléon revînt se mettre à sa tête, ce qu'elle souhaitait ardemment (sans savoir, hélas!

ce qu'elle désirait), soit qu'il ne vînt pas, elle était résolue à renverser le gouvernement de ses propres mains, et le plus tôt possible. Les officiers sans emploi l'annonçaient hautement, et lorsqu'ils parlaient de la sorte, ils trouvaient ceux qui étaient employés, ou silencieusement ou explicitement approbateurs, et prêts à les seconder. Quant aux soldats, il n'y avait pas un doute à concevoir sur leurs sentiments, car les jeunes ayant quitté le drapeau par suite de la désertion générale en 1814, et ayant été remplacés par les vieux, revenus des prisons ou des garnisons lointaines, l'armée était, surtout dans les derniers rangs, aussi hostile aux Bourbons que dévouée à Napoléon.

Un ministre de la guerre, quel qu'il fût, ne pouvait être que fort insuffisant pour vaincre de telles dispositions, et le maréchal Soult qu'on avait choisi dans l'espérance qu'il en triompherait, n'y avait guère réussi. Son essai de sévérité envers le général Exelmans avait au contraire amené les choses à un état de fermentation des plus inquiétants. Il n'était pas possible que des officiers de tout grade, généraux, colonels, chefs de bataillon, jusqu'à de simples sous-lieutenants, restés à la demi-solde, et réunis à Paris au nombre de plusieurs milliers, répétassent sans cesse qu'il fallait renvoyer les émigrés à l'étranger, sans que des propos ils songeassent à passer à l'action. Bien qu'ils fussent assez nombreux pour tenter à eux seuls un coup de main, ils sentaient que le résultat serait infiniment plus assuré s'ils avaient avec eux quelques-uns de leurs camarades pourvus de commandements, et pouvant disposer de corps de troupes au signal qu'on leur donnerait. Sous ce rapport ils étaient parfaitement servis par les circonstances, car parmi leurs camarades les plus pétulants s'en trouvaient qui avaient des commandements à très-petite distance de Paris. Le brillant Lefebvre-Desnoëttes était resté à la tête de la cavalerie de la garde, stationnée dans le Nord. Les frères Lallemand, officiers du plus grand mérite et des plus animés contre la Restauration, commandaient, l'un le département de l'Aisne, l'autre l'artillerie de La Fère. Enfin l'un des premiers divisionnaires de l'Empire, Drouet, comte d'Erlon, fils de l'ancien maître de poste de Varennes, était à la tête de la 16ᵉ division militaire à Lille. Ils pouvaient à eux quatre réunir quinze ou vingt mille hommes, les amener à Paris, les joindre aux quelques mille officiers à la demi-solde qui s'y étaient agglomérés, et n'ayant à craindre dans cette capitale que la maison du Roi, ils avaient la presque certitude de réussir. Toutefois, malgré ces conditions si menaçantes pour le gouvernement, leur succès était moins certain qu'ils ne le croyaient, ainsi que le résultat le prouva bientôt, car très-heureusement le sentiment de l'obéissance est tel dans l'armée française, qu'il n'est pas facile d'entraîner des troupes, même dans le sens de leurs passions, si c'est en sens contraire de leurs devoirs. Néanmoins, les officiers mécontents étaient pleins de confiance, et il est vrai que jamais conspirateurs n'avaient été autant fondés à croire au succès de leur entreprise. Ils s'étaient mis d'accord entre eux, officiers sans emploi, officiers en activité, et comprenant très-bien que dans les entreprises de ce genre un grand nom est une importante condition de réussite, ils avaient songé au seul grand nom militaire laissé dans la disgrâce, à celui du maréchal Davout. Ce personnage grave et sévère, le plus ferme observateur de la discipline militaire, était peu propre à conspirer. Pourtant la conduite tenue à son égard l'avait profondément blessé, et cette conduite était vraiment inqualifiable, car il était proscrit à la demande de l'ennemi, pour la défense de Hambourg, l'une des plus mémorables dont l'histoire ait conservé le souvenir. Aussi n'avait-il pas repoussé les jeunes et pétulants généraux qui s'étaient adressés à lui. Disposé ainsi qu'eux à considérer les Bourbons comme des étrangers, se flattant de pouvoir par un mot expédié à l'île d'Elbe faire revenir Napoléon, le remettre à la tête de l'Empire, l'entreprise proposée n'était à ses yeux que la substitution d'un gouvernement national à un gouvernement antinational, imposé à la France par l'Europe. Le maréchal, sans s'engager précisément avec les jeunes artisans de ce projet, leur avait montré assez de sympathie pour leur inspirer la confiance qu'il serait leur chef, et tout joyeux d'une telle adhésion, indiscrets comme des gens joyeux, ils n'avaient guère fait mystère de leurs espérances.

Cependant à travailler ainsi pour Napoléon, il fallait travailler avec lui, avec son assentiment, avec son concours, et dès lors se mettre en communication avec ceux qui étaient supposés le représenter. Tout en cherchant spécialement les grands noms militaires de l'Empire, les hommes qui voulaient

Janv. 1815.

Effort pour y mêler des personnages politiques, et soin de ceux-ci à n'y pas entrer.

se débarrasser des Bourbons avaient songé aussi aux grands noms civils, afin d'entrer en rapport avec Napoléon par leur intermédiaire. Ils ne pouvaient recourir au prudent Cambacérès que sa timidité et sa gravité rendaient inabordable, au sauvage Caulaincourt qui fuyait toutes les relations, au trop suspect et trop surveillé duc de Rovigo qu'il était impossible d'approcher sans se dénoncer soi-même à la police, et ils s'étaient tournés vers les deux hommes qui passaient pour avoir la confiance personnelle de Napoléon, MM. Lavallette et de Bassano. Mais M. Lavallette avait reçu de Napoléon pendant la dernière campagne un dépôt de seize cent mille francs en espèces métalliques, composant toute la fortune personnelle de l'ancien Empereur, et il l'avait soigneusement gardé pour le restituer à la première demande. Dans sa fidélité, craignant de trahir un dépôt qui pouvait devenir le pain de son maître, il l'avait caché avec beaucoup de précautions dans sa propre maison, et pour le mieux cacher, il se cachait lui-même en ne voyant personne. C'était donc au fidèle et toujours accessible duc de Bassano que les auteurs de l'entreprise projetée avaient eu recours. Ils l'avaient à la fois charmé et terrifié, charmé en lui prouvant qu'on ne cessait pas de penser à Napoléon, terrifié en l'informant d'un projet compromettant pour tant de monde, particulièrement pour Napoléon lui-même, qui, à l'île d'Elbe, restait placé sous la main des puissances, et exposé à subir le contre-coup de toutes leurs inquiétudes. Ce qui contribuait à intimider M. de Bassano, c'est que, depuis le départ de Napoléon pour l'île d'Elbe, il n'en avait reçu aucune communication, et n'avait osé lui en adresser aucune. Les hommes qui avaient servi Napoléon étaient si habitués à attendre son initiative, que jamais ils ne se seraient permis de la prévenir, et depuis sa chute ils n'avaient pas changé. Les fautes des Bourbons leur avaient rendu l'espérance, sans leur inspirer une spontanéité d'action dont ils avaient toujours été dépourvus. M. de Bassano, intimement lié avec les jeunes généraux qui s'agitaient en ce moment, leur avait déclaré qu'il était sans rapports avec Napoléon, qu'il ne pouvait par conséquent leur donner ni son avis, ni son assentiment, encore moins l'autorité de son nom, puis il les avait suppliés de ne pas compromettre leur ancien chef, qui, toujours à la merci de ses ennemis, pouvait, sur un mot parti de Vienne, être transporté violemment dans des régions lointaines et sous un ciel meurtrier. Cette réserve n'avait été prise que comme une prudence ordinaire aux personnages politiques, et les jeunes têtes impatientes de relever l'Empire n'avaient été ni découragées, ni jetées dans le doute par la manière de s'exprimer de l'ancien confident de l'Empereur.

Janv. 1815.

Il y avait un autre concours qu'il était tout aussi naturel de désirer et d'espérer, c'était celui du parti révolutionnaire. Les Bourbons auraient eu pour les révolutionnaires, et en particulier pour les *votants*, des ménagements que leur cœur rendait impossibles, qu'ils n'auraient probablement pas réussi à se les concilier. Mais si à cette difficulté fondamentale on ajoute les sanglants outrages prodigués

Janv. 1815.

tous les jours aux révolutionnaires par les gazettes royalistes, on comprendra que leur antipathie se fût transformée en une haine violente. Sous l'influence de ces dispositions, Carnot avait écrit et laissé publier le fameux mémoire dont nous avons parlé; Sieyès d'une modération dédaigneuse avait passé à un déchaînement qui ne lui était pas ordinaire, et une quantité d'autres personnages du même parti avaient suivi son exemple, à l'exception toutefois de Barras, qui, peu jaloux de retomber sous l'ingrat général dont il avait commencé la fortune, désirait mourir paisiblement sous les Bourbons, auxquels il faisait parvenir de sages conseils fort peu écoutés. Hors celui-là, les révolutionnaires étaient exaspérés. Satisfaits d'abord de la chute de Napoléon, ils la déploraient maintenant, et désiraient hautement son retour. A leur tête, on voyait comme de coutume se remuer M. Fouché, qui cherchait toujours à ressaisir un rôle, et s'en faisait un en se mêlant de tout. Tandis qu'il s'était mis, comme on l'a vu, en rapport avec les agents de M. le comte d'Artois, et avec M. le comte d'Artois lui-même, promettant de sauver les Bourbons si les Bourbons se confiaient à lui, il écrivait à M. de Metternich à Vienne, pour lui donner sur la manière d'arranger l'Europe ses idées, que M. de Metternich ne demandait pas: il écrivait à Napoléon pour lui conseiller de s'enfuir en Amérique, désirant sincèrement en débarrasser l'Europe et s'en débarrasser lui-même. Puis, toujours allant et venant d'un parti à l'autre, après avoir excité les révolutionnaires contre les émigrés, il faisait aux

M. Fouché seul, parmi les révolutionnaires, paraît disposé à se mêler au complot projeté.

émigrés un épouvantail de l'agitation régnante, dans l'espoir qu'on l'appellerait pour la calmer. Pourtant le dernier remaniement ministériel, qui avait amené le maréchal Soult à la guerre, M. d'André à la police, lui ôtant l'espoir prochain d'un retour au pouvoir, il avait comme les hommes de son parti, mais par d'autres motifs, passé de l'indulgence à la colère envers les Bourbons, et il était prêt à s'adjoindre à quiconque voudrait les renverser. Il était donc bien difficile qu'il se tramât quelque chose contre eux, sans qu'il fût de l'entreprise et qu'il y eût le premier rôle. Mais les bonapartistes se défiaient profondément de lui, et lui préféraient le comte Thibaudeau, ancien conventionnel, ancien régicide, ancien préfet de l'Empire, habile et dur, retiré à Paris, où il avait fui le ressentiment des Marseillais exaspérés contre son administration. Révolutionnaire par sentiment, bonapartiste par ambition, sûr du reste dans ses relations, il avait été le lien des révolutionnaires avec les bonapartistes, jusqu'au moment où M. Fouché s'était mis au cœur de toutes les menées pour les diriger à son gré et à son profit. M. Fouché présentant aux révolutionnaires sa qualité de régicide pour gage, aux bonapartistes celle du plus ancien ministre de Napoléon, et offrant à tous et pour titre essentiel une activité et un savoir-faire célèbres, était bientôt devenu le personnage principal, et n'avait pas tardé à vouloir imposer ses idées. Or sa principale idée c'était de renverser les Bourbons sans leur substituer Napoléon lui-même. Il disait qu'à un état de choses nouveau, il fallait un prince nouveau, libéral

Janv. 1815.

Idées particulières à M. Fouché.

Janv. 1813.

comme la génération présente, n'inspirant pas à l'Europe la haine dont Napoléon était l'objet, n'étant pas exposé comme lui à voir six cent mille hommes repasser le Rhin pour le détrôner; il disait que la France, fatiguée de guerre et de despotisme, ne voulait pas plus de Napoléon que des Bourbons, et qu'il n'y avait que deux princes souhaitables, le duc d'Orléans, ou Napoléon II sous la régence de Marie-Louise; que le duc d'Orléans, enlacé dans les liens de sa famille, ne pouvait pas se séparer d'elle pour prêter la main à une révolution; que ses manifestations favorables se bornaient à plus de politesse envers les hommes de l'armée et de la Révolution, mais qu'il était impossible d'établir sur de pareils fondements une entreprise telle qu'un changement de gouvernement; que la seule solution convenable, c'était le Roi de Rome avec la régence de Marie-Louise; qu'en se proposant un tel but on aurait l'Autriche, par l'Autriche l'Europe, avec l'Europe la paix; qu'on aurait en outre l'armée heureuse de voir renaître l'Empire, Napoléon lui-même dédommagé dans la personne de son fils du trône qu'il aurait perdu, enfin les révolutionnaires et les libéraux parfaitement satisfaits, car trouvant dans le fils la gloire du père sans son despotisme, débarrassés en même temps des avanies de l'émigration, ils auraient toutes les raisons imaginables de se rattacher à un régime qui leur procurerait les avantages de l'Empire sans aucun de ses inconvénients.

Ces raisons, quoique très-sensées sous plusieurs rapports, péchaient comme toutes celles qu'on alléguait pour tenter une révolution nouvelle, par un côté fondamental, c'était de supposer qu'on pût donner aux Bourbons un autre remplaçant que Napoléon. La régence de Marie-Louise était un pur rêve, car l'Autriche n'aurait livré ni Marie-Louise ni son fils, et cette princesse eût été aussi incapable de ce rôle que peu désireuse de le remplir. M. le duc d'Orléans qui pouvait être amené un jour, la couronne étant vacante, à céder au vœu irrésistible de l'opinion publique, n'aurait ni devancé ni provoqué ce vœu, qui alors était encore très-vague. Marie-Louise, le duc d'Orléans étant impossibles par des motifs différents, il fallait ou se proposer Napoléon pour but, ce qui était une provocation insensée et désastreuse à l'Europe, ou conserver les Bourbons en les redressant, seule chose en effet qui fût alors honnête et raisonnable. M. Fouché, plus sage en apparence, était donc en réalité aussi étourdi et moins innocent que les folles têtes qu'il prétendait diriger. Il produisait néanmoins par ses discours quelque impression sur beaucoup d'anciens serviteurs de l'Empire qui se rappelaient le despotisme, l'ambition de Napoléon, qui redoutaient son ressentiment (car presque tous l'avaient abandonné), et surtout l'effet de sa présence sur l'Europe. Il était difficile cependant de persuader aux jeunes généraux qui étaient prêts à risquer leur tête, de songer à d'autres qu'à Napoléon, et on avait laissé de côté cette question, pour ne s'occuper que du premier but, celui de renverser les Bourbons. Les auteurs du projet de renversement ne voyaient qu'une manière de s'y prendre, c'était de réunir les troupes

Janv. 1815.

dont disposaient quelques-uns d'entre eux, de les amener à Paris, de les joindre aux officiers à la demi-solde, et avec ces moyens d'exécuter un coup de main. Aux mois de janvier et de février 1815, on en était venu à parler de ce plan avec une indiscrétion singulière qui choquait déjà le maréchal Davout, trop grave pour des entreprises conduites aussi légèrement, et qui alarmait M. de Bassano, craignant toujours de compromettre Napoléon sans l'avoir consulté. Aussi M. de Bassano répétait-il à ces jeunes militaires, qu'il n'avait aucune communication avec l'île d'Elbe, que dès lors il ne pouvait leur assurer aucun concours, et qu'il les suppliait de ne pas compromettre Napoléon, qu'une imprudence exposerait à être déporté aux extrémités du globe. M. Lavallette, bien qu'il se cachât, avait pourtant fini par les rencontrer, et par les entretenir de ce qui les occupait. Il les avait suppliés de se tenir tranquilles, de ne pas chercher à devancer les volontés de Napoléon, et ils avaient répondu qu'ils n'avaient besoin de l'assentiment ni du concours de personne pour renverser un gouvernement antipathique à la nation comme à eux, et dont l'existence était entièrement dans leurs mains. Ils avaient donc persisté dans leurs projets, et ils fréquentaient surtout M. Fouché, qui avait cherché à se les attacher parce qu'il voyait en eux un fil de plus à mouvoir, et qui avait employé pour y réussir le moyen facile de les écouter sans les contredire.

Si on appelle conspiration tout désir de renversement accompagné de propos menaçants, assurément il y en avait une dans ce que nous venons de rapporter. Mais si on appelle conspiration un projet bien conçu, entre gens sérieux, voulant fermement atteindre un but, décidés à y risquer leur tête, et ayant combiné leurs moyens avec prudence et précision, il est impossible de dire qu'il y eût ici quelque chose de semblable. Ces jeunes officiers voulaient sans contredit se débarrasser des Bourbons, même au prix de leur vie qu'ils n'avaient pas l'habitude de ménager; quelques-uns, pourvus de commandements actifs, avaient dans les mains de puissants moyens d'action, et de leur part on ne peut nier qu'il y eût conspiration. Mais de la part des prétendus chefs il en était autrement. Le maréchal Davout avait écouté, sans s'y engager, des projets qui flattaient son ressentiment, mais qui blessaient son bon sens et ses habitudes de discipline. M. Lavallette avait repoussé toute confidence. M. de Bassano, tout en fermant un peu moins l'oreille que M. Lavallette, avait pris soin de ne compromettre Napoléon à aucun degré, en affirmant qu'il ne lui avait rien dit, et ne lui dirait rien; et quant aux ducs de Vicence et de Rovigo, quant au prince Cambacérès, on ne leur avait pas même parlé. Le maréchal Ney, et les autres chefs de l'armée réputés mécontents, ignoraient complétement ce qui se passait, étaient suspects d'ailleurs à leurs anciens camarades à cause des faveurs royales qu'ils avaient acceptées, et savaient seulement, comme le public, que Paris regorgeait d'officiers à la demi-solde prêts aux plus grands coups de tête. Le seul personnage qui, par son désir d'avoir la main partout, fût entré dans ces projets, c'était M. Fouché, et au fond il en était devenu le vérita-

Fév. 1815.

conçu qu'il mérite à peine le nom de complot

Fév. 1813.

Erreur de la police, qui cherche les conspirateurs où ils ne sont pas.

ble chef, uniquement parce que loin de décourager les auteurs de l'entreprise, il s'était fait leur confident, leur conseiller, et rarement leur modérateur. A vrai dire, s'il y avait conspiration, c'était de sa part, et de la part des militaires dont il flattait les passions et favorisait les projets. Mais c'est tout au plus si on pouvait l'affirmer d'eux et de lui, car rien n'était fixé, ni l'époque, ni le plan, ni les coopérateurs de l'entreprise. La police en voulant voir des complots partout, ne savait pas discerner le seul qui eût une ombre de réalité. Elle veillait sur les militaires en général, mais sur ceux que nous venons d'indiquer moins que sur les autres. Quant à M. Fouché lui-même, elle était loin d'apercevoir en lui le personnage dangereux dont il aurait fallu suivre toutes les démarches. La police officielle le signalait bien comme un personnage suspect dont il y avait à se défier, mais la police officieuse de M. le comte d'Artois le peignait comme le plus habile des hommes, comme le plus puissant, comme celui dans les mains duquel il fallait remettre le salut de la dynastie et de la France. A entendre cette police, les véritables conspirateurs étaient M. Cambacérès, qui voyait à peine quelques amis à l'heure de son dîner; MM. de Bassano et Lavallette, qui prenaient soin, ainsi que nous venons de le dire, de se séparer de toute entreprise sérieuse; le duc de Rovigo que tout le monde évitait tant il était compromis, et qui évitait tout le monde tant il trouvait ses amis ingrats envers lui; et enfin la reine Hortense, qui avait accepté la protection de l'empereur Alexandre et les bons traitements de Louis XVIII, qui était occupée à plaider contre son mari pour la possession de ses enfants, et qui, bien que toujours attachée à Napoléon, était tellement abattue par sa chute, qu'elle n'imaginait pas que son retour fût possible. D'après cette même police qu'on appelait celle du château, le prince Cambacérès, M. de Bassano, M. Lavallette, la reine Hortense, étaient en correspondance secrète avec Napoléon, recevaient une part de ses trésors pour soudoyer les complots qui se tramaient, et les ramifications de ce complot allaient plus loin encore, car M. de Metternich, brouillé avec les puissances du Nord, et mis par la reine de Naples en rapport avec Napoléon, songeait à le ramener sur la scène, pour se venger d'alliés ingrats qui voulaient s'emparer de la Saxe et de la Pologne.

Les faits déjà exposés dans cette histoire suffisent pour montrer ce qu'il y avait de fondé dans ces suppositions. MM. de Cambacérès, de Bassano, Lavallette, étaient certainement investis de toute la confiance de Napoléon, et justement parce qu'ils la méritaient se seraient bien gardés d'en faire part au premier venu. La reine Hortense était fort dévouée à son beau-père, mais dans le moment la mère avait presque étouffé chez elle la fille adoptive. M. de Metternich était mécontent de la Prusse et de la Russie, il avait eu de la peine à se détacher de la cour de Naples, mais on a pu voir s'il songeait à se servir de Napoléon pour résister aux prétentions des Russes et des Prussiens; et quant à Napoléon, on jugera bientôt s'il avait de l'argent à consacrer à de telles entreprises, et s'il avait la main dans celles qui se préparaient en France. Le véritable inconvénient de ces extravagantes inventions, auxquelles les gouvernements prêtent trop souvent l'oreille quand une froide et solide raison ne les dirige pas, c'est de détourner leur attention des dangers réels pour la porter sur des dangers imaginaires, c'est de leur faire quitter, comme à la chasse, les vraies pistes pour se jeter sur les fausses. On négligeait M. Fouché, que les agents de toutes les polices ménageaient et prônaient même, on ne pensait pas à un seul des jeunes généraux qui avaient des commandements dans le Nord, et dont l'audace pouvait bientôt devenir dangereuse, et on attachait ses yeux et sa haine sur des hommes qui sans doute faisaient des vœux contre le gouvernement, mais dont aucun n'était prêt à lever la main contre lui. On assiégeait ainsi de mille rapports alarmants M. le comte d'Artois qui, toujours effaré, croyait tout, Louis XVIII qui, fatigué de ces perpétuelles alarmes, ne croyait rien, et le gouvernement, faute d'avoir à sa tête un esprit ferme et sagace, flottait entre tout croire et ne rien croire, passait ainsi à côté de tous les périls, non pas sans en avoir peur, mais sans les discerner.

M. de Bassano à la fois inquiet et satisfait de ce qu'il apprenait, frémissait cependant à l'idée de voir une entreprise aussi grave que celle dont il s'agissait, tentée sans que Napoléon en fût averti, car elle pouvait contrarier ses vues, elle pouvait l'exposer à des mesures cruelles, et enfin, exécutée sans lui, elle pouvait profiter à d'autres qu'à lui. Ce fidèle serviteur aurait donc voulu informer Napoléon de ce qui se passait, et tandis qu'il en cherchait le moyen, l'empressement d'un jeune homme inconnu le lui offrit à l'improviste.

Un auditeur de l'Empire, M. Fleury de Chaboulon, ayant de l'esprit, de l'ardeur, de l'ambition, s'ennuyant à Paris de n'être rien, avait résolu d'aller à l'île d'Elbe pour mettre son activité inoccupée au service de l'Empereur détrôné. Mais il voulait y arriver avec une recommandation propre à lui assurer un accueil favorable. Il s'adressa donc à M. de Bassano, qui l'écouta d'abord avec réserve, qui s'ouvrit davantage lorsqu'il eut reconnu sa bonne foi, et finit par lui confier la mission d'exposer verbalement à Napoléon la véritable situation de la France, c'est-à-dire l'impopularité croissante des Bourbons, le refroidissement des classes moyennes pour eux, l'irritation des acquéreurs de biens nationaux, l'exaspération de l'armée, la disposition des jeunes militaires à tout risquer, enfin l'opinion universellement accréditée, que l'état des choses ne pouvait durer, et qu'il changerait ou au profit de la famille Bonaparte, ou à celui de la famille d'Orléans. M. Fleury de Chaboulon pressant M. de Bassano de s'expliquer plus clairement, et d'aboutir à un avis donné à Napoléon, celui par exemple de quitter l'île l'Elbe, et de débarquer en France, M. de Bassano répondit avec raison qu'il ne pouvait prendre une pareille responsabilité, que d'ailleurs à un homme tel que Napoléon on ne donnait pas de conseil, et surtout un semblable conseil. M. Fleury de Chaboulon fut seulement chargé de porter à l'île d'Elbe l'exposé exact de la situation, avec recommandation expresse de ne rien dire qui fût une inci-

Fév. 1815.

L'occasion lui en est offerte par M. Fleury de Chaboulon.

Nature de la mission que M. de Bassano donne à M. Fleury de Chaboulon.

tation à agir dans un sens ou dans un autre. M. de Bassano refusa de lui confier aucun écrit, mais lui remit un signe de reconnaissance qui attestât à Napoléon de quelle part il venait. M. Fleury de Chaboulon partit en janvier, passa par l'Italie, tomba malade en route, et ne put être rendu à l'île d'Elbe que dans le courant du mois de février.

Avant de faire connaître les résultats de sa mission, il convient d'exposer comment Napoléon vivait à l'île d'Elbe, depuis qu'il avait passé de l'empire du monde à la souveraineté de l'une des plus petites îles de la Méditerranée. C'est un curieux spectacle en effet, et digne des regards de l'histoire, que celui de cette activité prodigieuse, qui après s'être étendue sur l'Europe entière, était renfermée maintenant dans un espace de quelques lieues, et s'exerçait sur douze ou quinze mille sujets et un millier de soldats! Notre tâche serait incomplétement remplie si nous négligions de le retracer.

Napoléon transporté à l'île d'Elbe sur la frégate anglaise l'*Undaunted*, avait mouillé le 3 mai 1814 dans la rade de Porto-Ferrajo, et avait débarqué dans la journée du 4. Quelques jours avant son arrivée les habitants l'avaient brûlé en effigie par les motifs qui avaient tourné contre lui tous les peuples de l'Empire : la guerre, la conscription, les droits réunis. En apprenant sa venue ils avaient oublié leur colère de la veille, et étaient accourus, poussés par le sentiment d'une ardente curiosité. Puis ils avaient manifesté une joie bruyante, en songeant qu'ils seraient affranchis du joug de la Toscane, que le nouveau monarque leur apporterait de vastes trésors, attirerait chez eux un commerce considérable, et avec son génie créateur ferait bientôt de leur île quelque chose d'extraordinaire. Ils l'avaient conduit en pompe à l'église, et y avaient chanté un *Te Deum*. Il s'était prêté de bonne grâce à leurs désirs, comme s'il avait pu partager à quelque degré leur joie puérile.

Fév. 1815.

Prenant avec soumission les choses qui s'offraient à lui, ne semblant pas s'apercevoir qu'elles fussent petites, il s'était mis à l'œuvre le lendemain même de son arrivée, et avait commencé par faire à cheval le tour de l'île. Après en avoir parcouru l'étendue en quelques heures, il avait arrêté le plan de son nouveau règne, avec le zèle que quinze ans auparavant il apportait à réorganiser la France.

Ses premiers soins furent consacrés à la ville de Porto-Ferrajo, située sur une hauteur, à l'entrée d'un beau golfe tourné vers l'Italie, et ayant vue sur les montagnes de l'Étrurie. Elle avait été jadis fortifiée, et pouvait devenir une place capable de quelque résistance. Napoléon s'appliqua sur-le-champ à la mettre en complet état de défense. En se faisant suivre à l'île d'Elbe par un détachement de sa garde, il s'était assuré plusieurs centaines d'hommes dévoués, soit pour se défendre contre une basse violence, soit pour servir de fondement à quelque entreprise hasardeuse, si jamais il en voulait tenter une. Ces compagnons d'exil au nombre d'un millier, enfermés dans une bonne place maritime avec des vivres et des munitions, pouvaient s'y défendre quelques semaines, et lui donner le temps de se dérober, si les souverains regrettant

Ses premiers soins donnés à la défense de Porto-Ferrajo.

de l'avoir laissé trop près de l'Europe, songeaient à le déporter dans l'Océan. Il se hâta donc de faire réparer les remparts de Porto-Ferrajo, d'y réunir l'artillerie qui avait été répandue sur les côtes de l'île pendant la dernière guerre, de la hisser sur les murs, d'achever et d'armer les forts qui dominaient la rade, de préparer des magasins, d'y rassembler des vivres et des munitions. En très-peu de semaines Porto-Ferrajo devint une place qui aurait exigé pour s'en emparer une assez grosse expédition. Napoléon gagnait à ces précautions, outre des moyens de défense très-réels, l'avantage d'être plus sûrement averti de ce qu'on méditerait contre lui, par l'étendue même des forces qu'il faudrait déployer pour le violenter. Il ne borna pas là sa prévoyance. Une île très-petite, dépendante de sa souveraineté, celle de Pianosa, distante de trois lieues, présentait des circonstances favorables à ses desseins. Cette île, plate, couverte de bons pâturages, très-précieux en ces climats, était surmontée d'un rocher taillé à pic, et d'un fort où cinquante hommes étaient presque inexpugnables. Il fit mettre le fort en état de défense, y envoya des vivres et une petite garnison, et, sans dire son secret à personne, il disposa les choses de manière que du fort on pût dans la nuit descendre au rivage, s'embarquer, et prendre le large, ce que la position de l'île rendait facile, car elle est située non pas du côté de la Toscane, mais du côté de la pleine mer. Napoléon avait donc la ressource, si on venait pour l'enlever, de se réfugier dans cette île de Pianosa pendant la nuit, et puis de s'y embarquer n'importe pour quelles

Fév. 1815.

Moyens d'évasion préparés dans l'île de Pianosa.

régions. Afin d'en utiliser les pâturages, il y fit transporter ses chevaux et son bétail, de sorte qu'il éloignait, en profitant des avantages de l'île, toute idée d'un établissement militaire.

Fév. 1815.

Après avoir pourvu à la défense de l'île d'Elbe, Napoléon y organisa une police des plus vigilantes. On ne pouvait aborder qu'à Porto-Ferrajo, capitale de l'île, ou bien à Rio, Porto-Longone, Campo, petits ports situés, les uns à l'ouest, les autres à l'est, et destinés ceux-ci au service des mines, ceux-là au commerce des denrées du pays. Des postes de gendarmes devaient interdire l'accès des côtes partout ailleurs, et une police de mer bien organisée dans chacun des ports laissés ouverts, soumettait les arrivants, quels qu'ils fussent, à un examen prompt et sûr. Quatre ou cinq heures après chaque arrivage sur les points les plus éloignés de Porto-Ferrajo, Napoléon savait qui était venu dans son île, et pourquoi on y était venu. Il avait pour en agir ainsi d'assez graves motifs. Le gouvernement français avait placé en Corse un ancien ami de Georges, le général Brulart, qu'on avait élevé à un grade et à un commandement supérieurs à sa position, évidemment pour en faire le surveillant de l'île d'Elbe. Rien assurément n'était plus légitime qu'une semblable surveillance de la part du gouvernement français, mais des avis parvenus à Napoléon lui avaient fait craindre que cette surveillance ne fût pas le seul objet qu'on eût en vue, et qu'un attentat contre sa personne n'eût été médité. Au surplus, il ne ressort des documents trouvés depuis aucun indice accusateur contre le général Brulart; toutefois il est certain que des intri-

Police établie à l'île d'Elbe.

Fév. 1815.

gants, correspondant avec ce qu'on appelait la police du château, se vantaient de pouvoir faire assassiner Napoléon, et même d'y travailler; il est certain encore que des sicaires d'origine corse furent arrêtés, et que les motifs de leur présence dans l'île d'Elbe restèrent fort équivoques. Napoléon les renvoya en leur déclarant qu'à l'avenir le premier d'entre eux surpris dans l'île d'Elbe serait fusillé, et il ajouta qu'au premier grief fondé, il ferait enlever le général Brulart en pleine ville d'Ajaccio par cinquante hommes déterminés, et en ferait à la face de l'Europe une justice éclatante. Nous devons ajouter que, soit crainte, soit innocence d'intentions, le général Brulart se tint tranquille, et que de sa part rien ne parut aller au delà d'une légitime surveillance.

Ainsi Napoléon avait pris ses mesures, soit contre un assassinat, soit contre un projet d'enlèvement, car ayant rendu nécessaire pour le violenter une forte expédition, il était assuré d'être toujours averti en temps utile.

Organisation de la petite armée de Napoléon.

Quant au personnel de ses forces, il avait montré autant d'art à disposer d'un millier d'hommes, que jadis à disposer d'un million. Avant de quitter Fontainebleau, Drouot lui avait choisi avec beaucoup de soin, parmi les soldats de la vieille garde, tous prêts à le suivre, environ 600 grenadiers et chasseurs à pied, une centaine de cavaliers, et une vingtaine de marins, en tout 724 hommes d'élite. Ayant voyagé à pied de Fontainebleau à Savone, embarqués ensuite sur des bâtiments anglais, ils avaient abordé à Porto-Ferrajo vers la fin de mai. Napoléon qui avait craint un moment qu'on ne voulût les retenir, les avait vus arriver avec une joie dans laquelle il entrait autant de prévoyance que de plaisir de retrouver d'anciens compagnons d'armes. Il avait caserné les hommes de son mieux, et envoyé les chevaux dans les pâturages de Pianosa. N'ayant pas dans son île grand usage à faire des cavaliers, il les avait convertis en canonniers, et il employait le loisir de l'exil à les instruire. Une soixantaine de Polonais se trouvant à Parme, et ayant obtenu la permission de s'embarquer à Livourne, Napoléon avait payé le fret, et s'était renforcé d'un nouveau détachement d'hommes dévoués. Quelques officiers français mourant de faim étaient aussi venus le joindre à travers l'Italie, voyageant comme ils pouvaient, et il les avait également accueillis. Sa troupe s'était ainsi élevée à huit cents hommes environ, malgré quelques morts et malades manquant au nombre primitif.

A ces huit cents hommes Napoléon trouva le moyen d'ajouter un renfort de soldats durs et intrépides. Sous son règne la garde des îles avait été confiée à des bataillons d'infanterie légère, dans lesquels on plaçait les conscrits enclins à la désertion, la plupart indociles mais vigoureux et braves. Deux de ces bataillons, appartenant au 35° léger, et contenant des Provençaux, des Liguriens, des Toscans, des Corses, tenaient garnison à l'île d'Elbe en 1814. Au moment où ils allaient s'embarquer pour la France, Napoléon leur déclara qu'il garderait auprès de lui ceux d'entre eux qui voudraient entrer à son service. Il en retint ainsi environ trois cents, Corses pour la plupart, lesquels, sauf quelques déserteurs peu nombreux, lui demeurèrent invariablement

LIVRE LVII.

Fév. 1815.

fidèles. Il disposait par conséquent de 1100 hommes de troupes régulières, et de la première qualité. Il y joignit quatre cents hommes du pays, organisés de la manière suivante.

L'île d'Elbe possédait un bataillon de milice de quatre compagnies, assez bien discipliné, et composé d'aussi bons soldats que les Corses. Napoléon ordonna que chacune des quatre compagnies formant ce bataillon, aurait tous les mois vingt-cinq hommes de garde, et soixante-quinze laissés dans leurs champs, ce qui supposait cent hommes de service, et trois cents toujours disponibles au premier appel. On ne payait que les cent hommes de service, lesquels faisaient la police dans l'intérieur de l'île et sur les côtes. La nouvelle armée de Napoléon comptait donc 1500 soldats, valant presque tous la vieille garde par le mélange avec elle.

Ce n'étaient point là les vaines occupations d'un maniaque, s'amusant avec des hochets qui lui rappelaient son ancienne grandeur : c'était pour lui, ainsi que nous venons de le dire, un moyen de se garantir, ou contre une violence, ou contre une déportation lointaine, laquelle ne pouvait jamais être une surprise, s'il était en mesure de se défendre quelques jours; c'était enfin, si un nouvel avenir s'ouvrait devant lui, un moyen de descendre sur le continent, et d'y tenter un nouveau rôle, sans s'exposer à être arrêté par quelques gendarmes et fusillé sur une grande route.

A sa petite armée Napoléon ajoute une

Dans les mêmes vues Napoléon avait pris soin de se créer une marine. Il avait trouvé à Porto-Ferrajo un brick, *l'Inconstant*, en assez bon état,

L'ILE D'ELBE.

comportant 60 hommes d'équipage, une goëlette, *la Caroline*, en exigeant 16. Il avait acheté à Livourne une felouque, *l'Étoile*, à laquelle il fallait 14 hommes, et deux avisos, *la Mouche* et *l'Abeille*, auxquels il en fallait 18 pour les deux. Ces bâtiments supposaient par conséquent une centaine de marins, et avec une ou deux felouques, qu'il était facile de se procurer, Napoléon avait de quoi embarquer les onze cents hommes composant sa petite armée régulière. C'était tout ce dont il avait besoin si jamais il songeait à sortir de son île, chose fort douteuse à ses yeux, mais possible. Ces cent et quelques marins avaient été rangés dans ses dépenses indispensables, et, en y ajoutant un petit nombre de matelots levés dans le pays, il pouvait en vingt-quatre heures compléter l'équipement de sa flottille. En attendant, au moyen de ses deux avisos il correspondait avec les ports de Gênes, de Livourne, de Naples, en recevait des provisions, des lettres, des journaux; il faisait avec la goëlette *la Caroline* la police de la rade de Porto-Ferrajo, puis de temps en temps il promenait sur le brick *l'Inconstant* le pavillon de son petit État, pavillon blanc, barré d'amarante et semé d'étoiles, et habituait ainsi les marines anglaise, française, génoise, turque, à voir ses couleurs dans la mer de Toscane.

Fév. 1815

marine proportionnée.

Ces soins donnés à sa sûreté et à son avenir, quel qu'il pût être, Napoléon songea à embellir son séjour, à le rendre supportable pour lui, pour sa famille, pour ses soldats, à développer la prospérité de son petit peuple, et enfin à ménager ses finances de manière à en assurer la durée. En arri-

Napoléon se ménage une habitation de ville et une habitation de campagne.

vant il s'était logé d'abord à l'hôtel de ville de Porto-Ferrajo, et s'était ensuite transporté dans un palais des anciens gouverneurs, fort délabré et fort insuffisant. Il résolut d'y ajouter un corps de bâtiment, pour le régulariser et l'agrandir, et pour se mettre en mesure d'y recevoir convenablement sa mère, ses sœurs, même sa femme, si contre toute vraisemblance celle-ci se décidait à venir. Il acheta des meubles à Gênes, et finit par rendre ce séjour habitable. Il construisit un bâtiment pour les officiers de son bataillon, afin qu'ils fussent réunis sous sa main, et un peu mieux logés que dans la ville. Outre sa résidence à Porto-Ferrajo, il voulut avoir une maison des champs, et il entreprit d'en construire une, à la fois simple et décente, dans le val San-Martino, charmante vallée débouchant sur la rade de Porto-Ferrajo, et ayant vue sur les montagnes d'Italie. Il y exécuta des défrichements et des plantations, et prêta fort à rire au maire, homme simple et peu habitué à flatter, en prétendant qu'il y sèmerait bientôt cinq cents sacs de blé. — Vous riez, monsieur le maire, lui dit-il vivement, c'est que vous ne savez pas comment les choses se développent et grandissent. Je sèmerai cinquante sacs la première année, cent la seconde, deux cents la troisième, et ainsi de suite. — A cette entreprise agricole, comme à son grand empire, il ne devait manquer, hélas, que le temps! Après avoir préparé sa double résidence à la ville et à la campagne, il s'occupa de sa capitale, Porto-Ferrajo, qui était une ville de trois mille habitants. Il en fit nettoyer et paver les rues; il y construisit une jolie fontaine qui versait des eaux jaillissantes; il rendit carrossables deux grandes routes traversant l'île entière, et qui partant de Porto-Ferrajo allaient, l'une à Porto-Longone, port principal pour les relations avec l'Italie, l'autre à Campo, petit port tourné vers l'île de Pianosa et la grande mer.

Ses finances ne lui permettaient pas d'affecter plus de six à sept cent mille francs à ces divers travaux (somme dont il ne faut pas mesurer l'importance sur les dépenses de l'époque actuelle), et il parvint à s'y renfermer, en usant des bras de ses soldats auxquels il payait un modique salaire, en fournissant la pierre, le marbre, la brique, les ciments, les bois. Montant à cheval une partie du jour, il appliquait à ces objets, infiniment petits, ce puissant regard naguère fixé sur le monde, et toujours sûr dans les moindres choses comme dans les plus grandes. Il consacra également ses soins à tout ce qui pouvait améliorer le sol et faire prospérer le commerce de son île. Il voulait la couvrir de mûriers pour y développer l'industrie de la soie, et il commença par planter de ces arbres précieux les deux routes qu'il venait de créer. Près de Campo se trouvaient des carrières de beau marbre; il en ordonna l'exploitation. Les salines et les pêcheries de thon constituaient deux des plus gros revenus du pays. Il s'occupa d'en améliorer l'exploitation et le produit. Enfin il donna toute son attention aux mines de fer, composant la principale richesse de l'île d'Elbe. Ces mines fournissaient depuis longtemps un minerai excellent en qualité, contenant plus de quatre-vingts pour cent de métal pur. Mais faute

Fév. 1815.

développer la prospérité de l'île d'Elbe.

Fév. 1815.

Les finances de Napoléon constituent la principale difficulté de sa nouvelle existence.

de combustible on ne pouvait le convertir en fer, et on était réduit à le vendre aux négociants italiens qui se chargeaient de le traiter. Napoléon se hâta de recommencer sur une grande échelle l'extraction de ce minerai presque réduite à rien, et dans cette vue il s'efforça d'attirer des ouvriers en les nourrissant avec des blés achetés sur le continent italien. Mais pour toutes ces entreprises, l'exiguïté de ses finances était un obstacle difficile à surmonter. A en croire les habitants de son île, ses soldats, le public européen, et surtout les Bourbons, il avait emporté avec lui d'immenses trésors, car, excepté sa personne physique, on ne pouvait croire à rien de petit lorsqu'il s'agissait de lui. En pensant à ces trésors, ses ennemis tremblaient, et ses naïfs sujets tressaillaient de joie. Mais ces trésors n'étaient que chimère, car cet homme, le plus ambitieux des hommes, était de tous le moins occupé de ce qui le concernait personnellement. Il avait marché jusqu'au jour suprême de son abdication sans se demander de quoi il vivrait loin du trône. Ayant eu l'art d'économiser sur sa liste civile 150 millions, qu'il avait dépensés non pour lui, mais pour les besoins extraordinaires de la guerre, il compta pour la première fois au moment de quitter Fontainebleau, et il se trouva qu'il n'avait que les quelques millions transportés à Blois, et dont la plus grande partie avait été enlevée à l'Impératrice par l'envoyé du Gouvernement provisoire, M. Dudon. Heureusement qu'avant cet enlèvement, il avait eu le temps d'envoyer chercher 2,500,000 francs, que les lanciers de la garde avaient escortés, et d'ordonner à l'Impératrice d'en prendre 2,900,000 pour elle-même. Sur ces 2,900,000 francs, l'Impératrice avait pu lui en expédier encore 900,000, ce qui portait son trésor lorsqu'il était parti pour l'île d'Elbe à 3,400,000 francs. Cette somme consistant en or et en argent, suivit ses voitures et lui parvint à Porto-Ferrajo. C'était là son unique ressource pour le faire vivre à l'île d'Elbe, lui et ses soldats, s'il se résignait à y finir ses jours. En effet, le subside annuel de 2 millions, stipulé par le traité du 11 avril, n'avait point été acquitté, et il ne lui restait d'autres revenus que ceux de l'île. Or, ces revenus étaient fort peu de chose. La ville de Porto-Ferrajo rapportait en droits d'entrée et autres environ cent mille francs; l'île elle-même rapportait cent autres mille francs en contributions directes. Les pêcheries, les salines, les mines, dans leur état actuel, produisaient à peu près 320,000 francs, ce qui composait un total de 520,000. Sur cette somme, les dépenses municipales de Porto-Ferrajo et des autres petits bourgs de l'île, celles des routes, dans l'état où Napoléon les avait mises, absorbaient au moins 200,000 francs, ce qui laissait un produit net d'à peu près 300,000 francs par an. Or, il fallait que Napoléon entretînt sa maison, sa marine et son armée, et ces trois objets n'exigeaient pas moins de 15 à 1600,000 francs. C'était par conséquent une somme de 1,200,000 francs au moins à prendre annuellement sur son trésor, déjà réduit de 3,400,000 francs à 2,800,000 par la dépense des bâtiments. Il ne pouvait donc pas vivre longtemps à l'île d'Elbe, si on ne lui payait le subside convenu, à moins de licencier sa garde,

Fév. 1815.

c'est-à-dire de se priver des fidèles soldats qui l'avaient suivi, de se livrer sans défense à la première troupe de bandits qui voudrait l'assassiner, et de renoncer enfin à un noyau d'armée dont il ne pouvait se passer, quelque entreprise qu'il fût amené à tenter plus tard. Aussi, sans avoir encore formé aucune espèce de projet, il s'appliquait à veiller sur ses moindres dépenses, au point d'étonner ceux qui étaient le plus habitués à son esprit d'ordre, et même jusqu'à faire crier autour de lui à l'avarice.

Son extrême économie.

Dès le sixième mois de son séjour, il avait cessé d'exiger le service des miliciens de l'île, lesquels, comme nous l'avons dit, avaient toujours un quart de leur effectif sous les armes. C'était l'entretien de cent hommes de moins à payer. Il avait changé la formation de son bataillon de vieille garde, et ramené le cadre de six compagnies à quatre. Il avait réduit ses écuries au plus strict nécessaire, n'avait conservé que les voitures indispensables pour sa mère, sa sœur et lui-même, et n'avait gardé en chevaux de selle que ce qu'il lui fallait pour parcourir l'île à cheval avec Drouot, Bertrand et quelques hommes d'escorte. Il avait fixé à un taux très-modeste, quoique convenable, le traitement de ses principaux officiers, sans pouvoir toutefois rien faire accepter à Drouot. Ce dernier, ayant le toit et la table de son ancien général, n'avait nul besoin, disait-il, d'autre chose pour vivre.

Manière de vivre de Napoléon à l'île d'Elbe.

Tels avaient été les arrangements de Napoléon à l'île d'Elbe pour le présent et pour l'avenir. Sa vie du reste était calme et remplie, car c'est le propre des esprits supérieurs de savoir se soumettre aux sévérités du sort, surtout quand ils les ont méritées, et de s'intéresser aux petites choses, parce qu'elles ont leur profondeur comme les grandes. Sa mère, dure et impérieuse, mais exacte à remplir ses devoirs, avait cru de sa dignité de partager le nouveau destin de son fils, et elle était à Porto-Ferrajo l'objet des respects de la cour exilée. La princesse Pauline Borghèse, qui poussait jusqu'à la passion l'amitié qu'elle ressentait pour son frère, n'avait pas manqué de venir aussi, et sa présence était infiniment douce à Napoléon. Elle s'était fort appliquée à le réconcilier avec Murat, ce qui n'avait pas été très-difficile. Napoléon avait peu de rancune, parce qu'il connaissait les hommes. Il savait que Murat était léger, vain, dévoré du désir de régner, mais bon autant que brave, et il lui avait pardonné d'avoir cédé aux circonstances qui étaient extraordinaires. Murat repentant, surtout depuis qu'il avait senti la duperie autant que l'ingratitude de sa conduite, avait envoyé à l'île d'Elbe l'expression de son repentir, et en retour Napoléon avait chargé la princesse Pauline d'aller à Naples apporter à Murat, avec son pardon, le conseil d'être prudent, et de se tenir prêt pour les événements imprévus qui pouvaient encore éclater. La princesse avait porté à Murat ce message qui l'avait ravi, et elle était revenue ensuite tenir fidèle compagnie à son frère. Elle était le centre d'une petite société, composée des habitants les mieux élevés de l'île, qui vivaient autour de Napoléon comme autour de leur souverain. On avait disposé un théâtre dans lequel Napoléon admettait cette société, et très-habituellement les soldats de sa garde. Il s'y montrait doux, poli, serein, et même attentif, comme s'il n'eût pas assisté jadis aux chefs-d'œuvre de la scène française représentés par les premiers acteurs du siècle. Les devoirs de sa modeste souveraineté remplis, il passait son temps avec Bertrand et Drouot, tantôt à cheval et courant à travers l'île pour inspecter ses travaux, tantôt à pied ou en canot. Quelquefois il s'embarquait avec ses officiers dans une grande chaloupe à demi pontée, et allait faire en mer des courses d'une et deux journées, reconnu et salué par toutes les marines. Dans ces longues promenades par terre ou par eau, il s'entretenait gaiement ou gravement selon les sujets, quelquefois avec la vive humeur d'un jeune homme, le plus souvent avec la gravité d'un génie vaste et profond. Il nourrissait toujours la pensée d'écrire l'histoire de son règne, et discutait les points obscurs de sa carrière avec assez de franchise, revenant fréquemment sur l'irréparable refus de la paix de Prague. C'était la seule faute qu'il avouât sans difficulté. — J'ai eu tort, disait-il, mais qu'on se mette à ma place. J'avais gagné tant de victoires, et tout récemment encore celles de Lutzen et de Bautzen, où j'avais rétabli ma puissance en deux journées ! Je comptais sur mes soldats et sur moi-même, et j'ai voulu jeter une dernière fois les dés en l'air. J'ai perdu, mais ceux qui me blâment n'ont jamais bu à la coupe enivrante de la fortune... — Drouot l'écoutait la tête baissée, n'osant lui dire qu'il est peu sage de jouer ainsi sa propre existence, mais qu'il est coupable de jouer celle de ses enfants, et criminel celle de sa nation ! L'honnête homme se faisait, ne se pardonnant ce silence que parce que son maître était vaincu et proscrit.

Dans cette vie paisible où il rêvait d'élever un monument historique immortel, Napoléon était presque heureux, car au calme il joignait un reste d'espoir. Il lisait les journaux avec soin, et avec une pénétration qui lui faisait deviner la vérité à travers les mille assertions des journalistes, comme s'il avait assisté aux délibérations des cabinets. Selon lui, la Révolution française, arrêtée un moment dans sa marche, reprenait son cours irrésistible. L'ancien régime et la Révolution allaient se livrer de nouveaux et terribles combats, et au milieu de ces troubles il devait trouver l'occasion de reparaître sur la scène. Il ne savait pas précisément s'il régnerait encore; il était certain en tout cas qu'il ne pourrait pas régner de la même manière, car les esprits un moment paralysés par l'effroi de la Révolution, avaient repris leur animation et leur indépendance. Que serait-il encore, que deviendrait-il, quel rôle aurait-il à jouer? Il n'en savait rien, mais à voir la gaucherie des Bourbons à Paris, l'ambition des puissances à Vienne, il se disait que le monde n'était pas près de se rasseoir, et dans le monde agité sa place devait toujours être grande comme lui. Telles étaient ses prévisions confuses, et elles suffisaient pour que son immense activité, actuellement enfermée dans son âme, ne l'étouffât point. Il jouissait donc d'un repos éclairé par un rayon d'espérance. Quelquefois le langage outrageant des feuilles publiques finissait par le remuer. Un jour qu'il avait reçu un grand nombre de gazettes, il en avait trouvé une qui disait qu'il était devenu fou, que ses plus fidèles serviteurs, Bertrand, Drouot, que ses proches les plus dévoués, sa mère, sa sœur, n'avaient pu supporter la violence de son caractère, et qu'ils l'avaient quitté. Il se rendit dans le salon où sa mère, sa sœur, Bertrand, Drouot, se réunissaient, et jetant une masse de journaux sur une table, Vous ne savez pas, leur dit-il, vous ne savez pas que je suis devenu fou.... Aucun de vous n'a pu supporter les emportements de mon caractère, vous ma mère, vous Drouot, vous êtes tous partis... — Puis il leur donna à lire ces feuilles en répétant : Je suis fou ! je suis fou !... Il se rassit, et se vengea en discutant les affaires du monde, les fautes des uns, les fautes des autres, avec une sagacité merveilleuse. — Les Bourbons, l'Europe, s'écria-t-il, n'en ont pas pour six mois de la situation actuelle. —

Il menait ainsi à l'île d'Elbe une vie tolérable, voyant tous les jours plus clairement que la scène du monde allait redevenir abordable pour lui. Dans cette disposition il était avide de nouvelles et il aurait voulu en avoir d'autres que celles qu'il trouvait dans les gazettes. Il avait bien envoyé quelques agents sur le continent italien, et ceux-ci lui avaient rapporté que l'Italie tout entière se lèverait à son apparition s'il voulait y descendre ; mais cette perspective ne l'avait guère tenté, car ce n'était pas avec les Italiens qu'il se flattait de tenir tête à l'Europe. C'est sur la France qu'il aurait voulu recevoir des renseignements, mais il n'osait pas écrire aux hommes considérables qui l'avaient servi, de peur de les compromettre, et ceux-ci, de peur de le compromettre lui-même, avaient gardé une égale réserve. Il avait été mieux informé de ce qui se passait à Vienne. Ce n'était pas sa femme qui l'avait tenu au courant, c'était M. Meneval, dont la fidélité et le zèle ne s'étaient point démentis, et qui lui envoyait par le commerce de Gênes des nouvelles fréquentes de son fils et du congrès. M. Meneval tenait ses renseignements de madame de Brignole, noble Génoise d'un rare esprit, d'un grand dévouement à la France, et ayant vainement essayé de faire entendre la voix du devoir à Marie-Louise, dont elle était l'une des dames d'honneur. Madame de Brignole recevait ses informations des principaux personnages de Vienne, et notamment de M. le duc de Dalberg son gendre, ministre de Louis XVIII. Elle suivait les événements avec une extrême sollicitude, et avait appris le projet de déporter Napoléon dans une île de l'océan Atlantique. M. Meneval n'avait pas manqué de faire part de ce projet à Napoléon en exagérant la probabilité de l'exécution, car, ainsi que nous l'avons dit, on se préparait à quitter Vienne sans avoir rien décidé sur ce sujet. A cette nouvelle M. Meneval en avait ajouté une autre, celle de la séparation prochaine du congrès, et du départ des souverains pour le 20 février au plus tard.

Ces diverses informations avaient produit sur Napoléon une impression extrêmement vive, et provoqué chez lui de profondes réflexions sur sa situation présente et future. Il s'était déjà dit plus d'une fois qu'il ne pouvait pas mourir dans cette île, que pour lui, pour sa gloire même, il valait mieux une fin tragique qu'une molle vieillesse dans cette tranquille prison de l'île d'Elbe. L'ennui visible de ses compagnons

Fév. 1815.

Traces de ce qui se passe à Vienne, se joint l'impossibilité financière d'entretenir sa petite armée.

d'infortune l'encourageait fort dans ces pensées. Le grand maréchal Bertrand souffrait un peu moins de l'exil, depuis l'arrivée de sa famille; Drouot avait son attitude ordinaire, celle de la simple vertu dans l'accomplissement de ses devoirs. Il n'en était pas ainsi des autres. Soldats et officiers, la première chaleur du dévouement passée, s'ennuyaient profondément de leur oisiveté. Ils le témoignaient souvent à Napoléon, et dans leur familiarité lui disaient : Sire, quand partons-nous pour la France? — Il leur répondait par le silence et un sourire amical, mais il devinait ce qui se passait au fond de leur cœur, et prévoyait bien que leur patience n'égalerait pas la durée de son exil. Il cherchait à occuper les soldats en les faisant travailler à ses routes, à son jardin, moyennant un supplément de solde, et laissait ceux qui ne voulaient rien faire ravager les vignes de son domaine de San-Martino, en riant de leurs innocentes déprédations. — Nous venons de Saint-Cloud, lui disaient-ils, quand il les rencontrait sur la route mangeant encore les raisins qu'ils lui avaient dérobé. — C'est bien, leur répondait-il, mais il sentait toute l'étendue de leur ennui, et en souffrait plus qu'eux. Une vingtaine d'entre eux ne pouvant plus y tenir, lui avaient demandé leur congé, et il le leur avait accordé en termes honorables. Il est vrai qu'en revanche il lui était arrivé quelques officiers du continent, mais ceux-ci avaient fui l'ennui de France, sans connaître encore l'ennui de l'île d'Elbe. A ces dispositions trop manifestes de ses soldats, qui lui faisaient craindre de ne pouvoir les retenir longtemps auprès de lui, se joignait la réflexion fort simple qu'il serait bientôt dans l'impossibilité de les nourrir, car il avait emporté 3,400,000 francs à Porto-Ferrajo, et il ne devait plus lui en rester que 2,400,000, lorsque ses travaux seraient finis, et c'était tout juste de quoi payer pendant deux ans sa marine et son armée. Il aurait suffi de ces seules raisons, sans compter l'activité indomptable de son âme, pour lui faire résoudre en lui-même le parti de s'élancer de nouveau dans le champ des grandes aventures. Pourtant ces réflexions n'avaient encore provoqué chez Napoléon aucune détermination précise, lorsqu'il apprit le double fait que nous venons de rapporter, c'est qu'on voulait l'enlever pour le transférer dans l'Océan, et que les souverains après avoir achevé leurs travaux allaient se séparer. Il n'en fallut pas davantage pour mettre son âme ardente en fermentation. Deux considérations puissantes le frappèrent sur-le-champ. D'abord si les souverains allaient se séparer, la résolution qui le concernait devait être arrêtée, et une fois arrêtée on ne la laisserait pas longtemps sans exécution. Secondement, les souverains devant bientôt quitter Vienne et rentrer chacun chez eux, l'occasion serait bonne pour tenter une révolution en France, car une fois partis il ne leur serait pas facile de se réunir de nouveau, et tout concert établi de loin, par correspondance de cabinet à cabinet, serait lent, incomplet, de médiocre vigueur. Ces deux considérations étaient d'un grand poids, mais comme Napoléon en toutes choses pensait immédiatement aux moyens d'exécution, il trouva dans la saison

Fév. 1815

Par tous ces motifs, Napoléon incline à quitter l'île d'Elbe.

Les longues nuits sont une raison de ne pas différer.

Fév. 1815.

La lecture des gazettes, racontant le procès Exelmans, donne à Napoléon la certitude d'être bien accueilli en France.

Arrivée soudaine

elle-même un motif de prendre un parti immédiat. On était à la moitié de février 1815, et les grandes nuits allaient faire place aux grands jours. Or, pour s'échapper de l'île d'Elbe sur une flottille qui porterait ses soldats, il fallait à Napoléon de très-longues nuits. Cette dernière raison le décida presque, et à tout événement il ordonna le 16 février de faire entrer le brick *l'Inconstant* dans la darse, pour le réparer, le peindre comme un bâtiment anglais, le pourvoir de quelques mois de vivres. Le même jour il prescrivit à son agent des mines à Rio, de noliser deux gros transports, sous prétexte d'envoyer du minerai en terre ferme. Du reste il ne dit rien de ses projets à personne.

Tandis qu'il inclinait ainsi à s'échapper de sa prison, il reçut, après avoir été privé de communications pendant deux ou trois semaines, une quantité de gazettes à la fois. Il les dévora, et y trouva avec une vive satisfaction de nouveaux indices de la fermentation des esprits en France, car elles contenaient le récit du procès Exelmans, celui de l'émeute occasionnée par les funérailles de mademoiselle Raucourt, et prouvaient que les militaires et le peuple de Paris étaient mûrs pour une révolution. Le *Journal des Débats* notamment, assez exactement informé par le duc de Dalberg de ce qui se passait à Vienne, lui apporta la confirmation de la séparation prochaine des souverains, et cette concordance avec les rapports de M. Meneval corrobora chez lui la résolution de faire ses préparatifs de départ.

En ce moment on lui annonça l'arrivée à Porto-Ferrajo d'un jeune homme inconnu qui se disait chargé d'une mission importante auprès de lui. Ce jeune homme était M. Fleury de Chaboulon, dont il vient d'être parlé. A peine débarqué à Porto-Ferrajo il avait demandé à être conduit chez le général Bertrand, en se donnant pour un envoyé de M. de Bassano. Napoléon l'admit sur-le-champ auprès de lui, l'accueillit d'abord avec une certaine méfiance, l'observa des pieds à la tête, vit bientôt qu'il avait affaire à un jeune homme plein de bonne foi et d'ardeur, et quand il en eut reçu la révélation d'une circonstance secrète, connue de M. de Bassano et de lui seul (c'était le moyen imaginé par M. de Bassano pour accréditer M. Fleury de Chaboulon), il lui prêta une oreille attentive. — On se souvient donc encore de moi en France? dit-il d'un ton de mécontentement; M. de Bassano ne m'a donc pas oublié?... — M. Fleury de Chaboulon ayant donné les motifs de la réserve extrême dans laquelle les plus fidèles serviteurs de l'Empire s'étaient renfermés, Napoléon n'insista pas un instant sur ce léger reproche, et écouta l'exposé de l'état des choses, fait avec agitation mais avec sincérité par son interlocuteur. Quoique M. Fleury de Chaboulon ne lui apprît rien, et que sur la simple lecture des journaux il eût tout deviné, il fut charmé d'en recevoir la confirmation par un témoin oculaire, et surtout par un témoin qui lui rapportait les propres paroles de M. de Bassano. Ce qui le toucha, et ce qui devait le toucher particulièrement, ce fut la révélation positive des sentiments de l'armée, et de l'impatience qu'elle manifestait d'échapper à l'autorité des Bourbons. C'était une forte raison de croire qu'à la première apparition de son ancien général elle ferait éclater ses sentiments, et pour une âme audacieuse comme celle de Napoléon, la présomption du succès suffisait pour décider l'entreprise. Aussi après avoir entendu l'envoyé de M. de Bassano, il résolut de partir immédiatement. Voulant cependant le faire expliquer davantage, il lui posa la question suivante : — Concluez, lui dit-il. M. de Bassano me conseille-t-il de m'embarquer et de descendre en France?... — Le jeune homme interrogé avec ce regard perçant auquel personne ne résistait, n'osa ni assumer sur lui, ni faire peser sur M. de Bassano une responsabilité aussi grande, et il répondit en tremblant, que M. de Bassano ne donnait aucun conseil, et lui avait expressément recommandé de se renfermer dans le pur exposé des faits. Napoléon n'insista pas, et, comprenant qu'on n'avait pu prendre vis-à-vis de lui une aussi lourde responsabilité, il renvoya M. de Chaboulon sans lui annoncer ses projets, mais en les lui laissant entrevoir. Craignant que l'émotion de ce jeune homme, initié pour la première fois de sa vie à d'importants secrets, n'amenât quelque indiscrétion, il lui donna une mission imaginaire pour Naples, en lui prescrivant, quand il l'aurait remplie, de se rendre en France auprès de M. de Bassano, qui lui transmettrait de nouveaux ordres [1]. A cette époque

[1] M. Fleury de Chaboulon, dans son ouvrage sur les Cent-Jours, intitulé : *Mémoires sur la vie privée de Napoléon en* 1815, ouvrage sincère qui a eu l'honneur d'être commenté par Napoléon à Sainte-Hélène, a un peu grossi son rôle, qu'il a raconté sous un nom supposé. Dans son récit il paraît croire que c'est lui qui avait décidé Napoléon à quitter l'île d'Elbe. Mais comme tous ceux qui n'ont connu qu'un côté des choses, il a tout rapporté à ce qui lui était personnel, et à

L'ILE D'ELBE. 61

Napoléon devait avoir renversé le trône des Bourbons, ou succombé sur une grande route.

Gardant son secret pour lui seul, Napoléon s'en ouvrit cependant à sa mère. — Je ne puis, lui dit-il, mourir dans cette île, et terminer ma carrière dans un repos qui serait peu digne de moi. D'ailleurs, faute d'argent, je serais bientôt seul ici, et dès lors exposé à toutes les violences de mes nombreux ennemis. La France est agitée. Les Bourbons ont soulevé contre eux toutes les convictions et tous les intérêts attachés à la Révolution. L'armée me désire. Tout me fait espérer qu'à ma vue elle volera vers moi. Je puis sans doute rencontrer sur mon chemin un obstacle imprévu, je puis rencontrer un officier fidèle aux Bourbons qui arrête l'élan des troupes, et alors je succomberai en quelques heures. Cette fin vaut mieux qu'un séjour prolongé dans cette île, avec l'avenir qui m'y attend. Je veux donc partir,

Fév. 1815.

Napoléon prend le parti de quitter l'île d'Elbe, et s'entretient avec sa mère de cette résolution.

ce qu'il avait vu. Les ordres de Napoléon à l'île d'Elbe, lesquels ont été conservés, ses récits à la reine Hortense et au maréchal Davout, depuis son retour à Paris, récits contenus dans des Mémoires manuscrits qui nous ont été communiqués, les propres notes de Napoléon sur l'ouvrage en question, font ressortir clairement que les faits se sont passés un peu autrement que ne les raconte M. Fleury de Chaboulon, et tout à fait comme nous les rapportons ici. Une circonstance d'ailleurs lève tous les doutes à ce sujet, c'est la date des ordres pour la mise en état du brick *l'Inconstant*. Ces ordres, dans le registre des Correspondances de l'île d'Elbe, lequel a été conservé, sont du 16 février. Or à cette époque, bien que M. Fleury de Chaboulon, en racontant son voyage sous un nom supposé, n'ait pas donné la date précise de son arrivée à l'île d'Elbe, des indices certains prouvent qu'il n'y était pas encore rendu. Ce point est important, et on verra plus tard pourquoi, car il prouve que ce n'est pas ce qui se tramait à Paris qui détermina l'entreprise de Napoléon. Les communications de M. Fleury de Chaboulon achevèrent de le décider, mais ne furent certainement pas la cause principale de sa résolution.

et tenter encore une fois la fortune. Quel est votre avis, ma mère? — Cette énergique femme éprouva un saisissement en écoutant cette confidence, et recula d'effroi, car elle comprenait que son fils, malgré sa gloire, pourrait bien expirer sur les côtes de France comme un malfaiteur vulgaire.—Laissez-moi, lui répondit-elle, être mère un moment, et je vous dirai ensuite mon sentiment. — Elle se recueillit, garda quelque temps le silence, puis d'un ton ferme et inspiré : Partez, mon fils, lui dit-elle, partez, et suivez votre destinée. Vous échouerez peut-être, et votre mort suivra de près une tentative manquée. Mais vous ne pouvez demeurer ici, je le vois avec douleur; du reste, espérons que Dieu, qui vous a protégé au milieu de tant de batailles, vous protégera encore une fois. — Ces paroles dites, elle embrassa son fils avec une violente émotion [1].

Le parti de Napoléon déjà pris, le fut plus résolûment encore. Tout à fait au dernier moment, il s'ouvrit à Bertrand, qu'il remplit de joie, car Bertrand avait du mérite à braver l'exil, vu qu'il en souffrait malgré la présence de sa famille. Napoléon s'expliqua aussi avec Drouot, qu'il remplit de trouble. Ce héros, le plus honnête des hommes, se demandait si le devoir de partager l'infortune de Napoléon s'étendait jusqu'à le suivre dans une entreprise qui pouvait exposer la France à d'affreux malheurs. Napoléon combattit ces doutes en lui montrant l'état de la France, divisée, déchirée par les partis, condamnée à de prochaines tentatives des uns ou des autres,

[1] C'est le propre récit de Napoléon, consigné dans des mémoires manuscrits.

indignement traitée par l'Europe, et ayant chance, au contraire, de se relever sous la main vigoureuse qui l'avait organisée en 1800. Les idées nouvelles d'ailleurs avec lesquelles Napoléon retournait en France après dix mois de réflexions profondes, sa résolution de ne pas retomber dans l'abîme de la guerre si la chose dépendait de lui, de traiter le peuple français en peuple libre et de lui rendre une large part à son gouvernement, étaient des raisons de plus d'espérer qu'on parviendrait peut-être à procurer à la France le repos, l'union, une liberté modérée, une situation forte, tout ce qu'elle aurait eu, si, dans son premier règne, Napoléon avait su se contenir. Le dévouement faisant le reste, Drouot se soumit aux volontés de son maître, et se prêta aux préparatifs secrets de la prochaine expédition. Sous un prétexte spécieux, Napoléon fit venir à Porto-Ferrajo le bataillon corse cantonné dans l'île, et fit confectionner des vêtements pour l'habiller à neuf. Mais il laissa dans les pâturages de Pianosa les chevaux des lanciers polonais, dont le déplacement n'aurait pas été suffisamment motivé, et dont le transport eût été difficile. On réunit en hommes tout ce qui était valide, au nombre d'environ onze cents, dont huit cents de la garde, et trois cents Corses, Piémontais ou Toscans, reste du 35ᵉ léger trouvé dans l'île. Aucun de ces hommes ne soupçonnait l'entreprise projetée; ils pouvaient supposer qu'on allait les passer en revue, car les travaux continuaient comme à l'ordinaire. Une circonstance d'ailleurs favorisait le projet d'évasion. Les Anglais avaient conservé dans cette mer, pour

Fév. 1815.

Préparatifs de départ.

Fév. 1815.

Absence du commissaire anglais.

y surveiller l'île d'Elbe, le colonel Campbell, l'un des commissaires qui avaient accompagné Napoléon de Fontainebleau à Porto-Ferrajo, et afin de mieux dissimuler le rôle de cet agent, lui avaient donné une mission auprès de la cour de Toscane. Le colonel Campbell allait et venait de Florence à Livourne, de Livourne à Porto-Ferrajo, et était un vrai surveillant sans le paraître. Dans ce moment il avait quitté Porto-Ferrajo pour se rendre à Livourne. L'œil de la politique anglaise était donc fermé, et il ne restait que ses croisières, toujours faciles à tromper ou à éviter. Pour mieux assurer le secret de ses préparatifs, Napoléon, deux jours avant de s'embarquer, fit mettre l'embargo sur tous les bâtiments entrés dans l'île d'Elbe, et ne permit plus une seule communication avec la mer. Il fit saisir par son officier d'ordonnance Vantini un gros bâtiment, parmi ceux qui étaient dans le port, et avec ce bâtiment, avec *l'Inconstant* de 26 canons, avec la goëlette *la Caroline*, la felouque *l'Étoile*, l'aviso *la Mouche*, et deux autres transports frétés à Rio, en tout sept bâtiments, il s'assura le moyen d'embarquer ses onze cents hommes et quatre pièces de canon de campagne.

Enfin, après avoir bien ruminé sa résolution et son plan, après s'être dit qu'il ne pouvait finir sa carrière dans cette île si voisine de France, sans être bientôt seul faute de moyens pour nourrir ses soldats, et exposé aux coups des plus vulgaires assassins, sans être d'ailleurs prochainement déporté par les puissances européennes; après s'être dit que dans l'état de la France d'autres tenteraient peut-être ce qu'il allait faire, sans avoir la même chance de réussir, qu'en se montrant sa présence suffirait pour attirer à lui toute l'armée, et mettre les Bourbons en fuite; que les souverains à la veille de se séparer, ainsi que l'attestaient les nouvelles reçues, ne seraient pas faciles à réunir de nouveau, qu'ils hésiteraient à reprendre les armes pour les Bourbons, en les voyant si fragiles, et en le trouvant lui si pacifique (car il était résolu à l'être), qu'il avait donc toute chance de rétablir d'un coup de baguette magique le trône impérial, qu'enfin il fallait se hâter pendant que les nuits étaient longues encore; après s'être dit tout cela une dernière fois, il adopta le 26 février pour le jour de sa fabuleuse entreprise.

<small>Fév. 1815.</small>

<small>Le départ fixé au 26 février.</small>

Avant de partir il expédia un message à Naples par l'un des deux avisos qui servaient à ses communications avec les côtes d'Italie. En mandant à Murat son embarquement pour la France, Napoléon le chargeait d'envoyer un courrier à Vienne, afin d'annoncer à la cour d'Autriche qu'il arriverait dans peu à Paris, mais qu'il y arriverait avec la ferme résolution de maintenir la paix, et de se renfermer dans le traité de Paris du 30 mai 1814. Il lui traçait en outre la conduite à tenir comme roi de Naples. Il lui recommandait expressément de préparer ses troupes, de les concentrer dans les Marches où elles étaient en partie réunies, mais de ne pas prendre l'initiative des hostilités, d'attendre patiemment ce qui se passerait à Paris et à Vienne avant d'opérer aucun mouvement, et s'il était absolument réduit à combattre, de rétrograder plutôt que d'avancer jus-

<small>Message à Murat avant de quitter l'île d'Elbe.</small>

qu'à ce qu'on pût lui tendre la main, car plus la bataille se livrerait près de Naples, plus il serait fort, et plus les Autrichiens seraient faibles.

Le 26 jusqu'au milieu du jour, Napoléon laissa ses soldats continuer les travaux auxquels ils étaient employés. Dans l'après-midi on les convoqua subitement, on leur fit manger la soupe, et puis on les rassembla sur le port avec armes et bagages, en leur disant qu'ils allaient monter à bord des bâtiments. Bien qu'on ne leur eût pas avoué que c'était pour se diriger vers la France, ils n'eurent pas un doute, et se livrèrent à des transports de joie inexprimables. Sortir de leur immobilité fatigante, se déplacer, agir, revoir la France, revenir au faîte de la puissance et de la gloire, étaient autant de perspectives qui les ravissaient, et ils remplirent la rade de Porto-Ferrajo des cris de *Vive l'Empereur!* Les habitants, seuls attristés de ce départ, car il leur semblait que la fortune de leur île s'en allait avec Napoléon, entouraient, silencieux et mornes, la foule animée et bruyante qui s'embarquait. Beaucoup d'entre eux, liés avec nos officiers et nos soldats, leur faisaient de touchants adieux en souhaitant l'heureux succès de leur entreprise, et se consolaient en pensant que si l'étoile de Napoléon, comme ils en étaient convaincus, s'élevait de nouveau radieuse au ciel, il rejaillirait sur leur île quelques-uns de ses rayons. Napoléon ne tarda pas à paraître, accompagné de Bertrand, de Drouot, de Cambronne, et de tout l'état-major qui l'avait suivi dans l'exil. Il venait de dîner avec sa mère et sa sœur, et les embrassant à plusieurs reprises, tâchant en vain d'essuyer leurs larmes, leur rappelant l'espèce de miracle qui, au milieu de tous les feux de l'Europe, avait protégé vingt ans sa personne, il les quitta le cœur ému mais ferme, et descendit au rivage le front rayonnant d'espérance. Sa présence fit éclater de nouveaux cris d'enthousiasme, et bientôt la petite armée de onze cents hommes qui allait conquérir l'empire de France à la face de toute l'Europe, fut à bord des sept bâtiments destinés à la transporter. Environ trois cents hommes avec l'état-major s'embarquèrent sur le brick *l'Inconstant*; le reste fut réparti sur la goëlette *la Caroline*, et sur les cinq autres bâtiments composant la flottille. Vers sept heures du soir, la foule étant sur le quai, la mère et la sœur de Napoléon aux fenêtres du palais, la flottille impériale mit à la voile, se dirigeant vers le cap Saint-André. Elle voulait, en prenant cette direction, déborder l'île d'Elbe, et s'élever au nord, entre l'île de Capraia et la côte d'Italie, le plus loin possible des parages fréquentés par les croisières. Le vent soufflant du sud en ce moment, la fortune semblait vouloir favoriser cette audacieuse expédition, et protéger une dernière fois l'homme extraordinaire qu'elle avait plusieurs fois transporté au delà des Alpes, conduit en Égypte, ramené sain et sauf en France, secondé dans toutes ses entreprises des bords du Tage à ceux du Borysthène, et abandonné à Moscou seulement! Lui accorderait-elle encore une de ces faveurs dont elle avait rempli sa prodigieuse vie? Là était le doute, qui du reste n'en était pas un pour Napoléon et ses soldats, tant ils étaient confiants.

Fév. 1815.

Départ le 26 à sept heures du soir.

Fév. 1815.

Premières circonstances de la navigation.

Bientôt commencèrent les alternatives qui se produisent même dans les plus brillantes réussites. L'heureux vent du sud faiblit sensiblement, et arrivée en vue du cap Saint-André la flottille demeura immobile. A peine put-on s'élever quelque peu au nord vers l'île de Capraia, et le 27 au matin on n'avait franchi que sept ou huit lieues. On se trouvait dans les eaux mêmes des croisières anglaise et française, et exposé à les rencontrer. Le péril était grand. Le capitaine de frégate Chautard, qui était venu joindre Napoléon à l'île d'Elbe, le capitaine Taillade, qui commandait le brick *l'Inconstant*, et plusieurs marins étaient d'avis de rentrer à Porto-Ferrajo, afin d'y attendre sous voile un vent meilleur. C'était pour éviter un péril se jeter dans un autre, car malgré l'embargo mis à Porto-Ferrajo sur tous les bâtiments, un avis pouvait être parvenu aux Anglais, et dans ce cas on aurait été enfermé dans Porto-Ferrajo par une apparition subite des forces britanniques, surpris en flagrant délit d'attentat à la paix générale, et consigné dans une île non plus en souverain mais en prisonnier. Il valait donc mieux persévérer, et rester en panne jusqu'à ce que soufflât de nouveau ce vent si désiré du sud. Napoléon qui avait des hasards de ce monde une expérience sans égale, savait que dans toute entreprise il faut voir de sang-froid les aspects si divers que prennent les événements, et prendre patience jusqu'au retour des circonstances favorables. Le plus grand danger après tout c'était de rencontrer la croisière française, composée de deux frégates et d'un brick. Or, on connaissait l'esprit qui animait les équipages, et il était possible de les enlever sans coup férir, en sautant à l'abordage avec les aigles et les trois couleurs. Il attendit donc avec la résolution de sortir d'embarras par un coup d'audace, si on était aperçu par la croisière française.

A midi le vent fraîchit, et on s'éleva à la hauteur de Livourne. A droite vers la côte de Gênes on voyait une frégate, et une autre à gauche vers le large; au loin un vaisseau de ligne, poussé par un vent d'arrière, semblait se diriger à toutes voiles sur la flottille. C'étaient là des périls qu'il fallait braver, en se fiant du résultat à la fortune. On continua de naviguer, et tout à coup on se trouva bord à bord avec un brick de guerre français, *le Zéphire*, commandé par le lieutenant de vaisseau Andrieux, bon officier, que la petite marine de l'île d'Elbe rencontrait souvent. On pouvait essayer d'enlever ce brick, mais Napoléon ne voulut pas courir sans nécessité la chance d'une pareille tentative. Il fit coucher ses grenadiers sur le pont, et ordonna au capitaine Taillade, qui connaissait le commandant Andrieux, de parlementer avec lui. Le capitaine Taillade prenant son porte-voix, salua le commandant Andrieux, et lui demanda où il allait. — A Livourne, répondit celui-ci, et vous? — A Gênes, repartit le capitaine Taillade; et il offrit de se charger des commissions du *Zéphire*, ce que le commandant Andrieux n'accepta point, n'en ayant, disait-il, aucune pour ce port. Et comment se porte l'Empereur? demanda l'officier de la marine royale. — Très-bien, répondit le capitaine Taillade. — Tant mieux, ajouta le commandant Andrieux; et il pour-

Mars 1815.

suivit son chemin, sans soupçonner la rencontre qu'il venait de faire, et l'immensité de choses qu'il venait de laisser passer sans s'en apercevoir.

À la nuit on vit disparaître les bâtiments de guerre qui avaient donné de l'inquiétude quelques heures auparavant, et on mit le cap sur la France. On employa la journée du 28 à traverser le golfe de Gênes, sans autre rencontre que celle d'un vaisseau de 74 qu'on prit d'abord pour un croiseur ennemi, mais qui bientôt ne parut plus s'occuper de la flottille, et le 1er mars au matin, jour à jamais mémorable, quoique bien funeste pour la France et pour Napoléon, on découvrit la côte avec une satisfaction indicible. À midi on aperçut Antibes et les îles Sainte-Marguerite. À trois heures on mouilla dans le golfe Juan, et Napoléon ayant surmonté de la manière la plus heureuse les premières difficultés de son entreprise, put croire au retour de son ancienne fortune, et ses soldats qui le croyaient comme lui, firent retentir les airs du cri de *Vive l'Empereur!*

Arrivée le 1er mars dans le golfe Juan.

Heureux débarquement.

À un signal donné, et au bruit du canon, on arbora sur tous les bâtiments le drapeau tricolore, chaque soldat prit la cocarde aux trois couleurs, et on mit les chaloupes à la mer pour opérer le débarquement. Napoléon ordonna au capitaine d'infanterie Lamouret d'aller avec vingt-cinq hommes s'emparer d'une batterie de côte, située au milieu du golfe. Le capitaine Lamouret s'y transporta en chaloupe, ne trouva que des douaniers charmés d'apprendre l'arrivée de Napoléon, et fort pressés de se donner à lui. On toucha terre avec une joie facile à comprendre, et tandis que les chaloupes opéraient le va-et-vient des bâtiments à la côte, le capitaine Lamouret imagina de se diriger sur Antibes pour enlever la place, ce qui eût procuré un point d'appui d'une assez grande importance.

Ce téméraire officier se présenta en effet devant Antibes, aborda le poste qui gardait la porte, et en fut très-bien accueilli. Le général Corsin, commandant Antibes, était en ce moment en visite aux îles Sainte-Marguerite. Le colonel Cuneo d'Ornano le remplaçait. Celui-ci apprenant ce dont il s'agissait, et tenant à remplir ses devoirs militaires, laissa entrer les vingt-cinq grenadiers, puis ordonna de lever tout à coup le pont-levis, et les fit ainsi prisonniers. Mais ils se mirent à parler aux soldats du 87°, en garnison à Antibes, et les émurent à tel point que ceux-ci criant *Vive l'Empereur!* voulurent absolument livrer la place à Napoléon. Le colonel d'Ornano parvint à les calmer, et en attendant désarma les vingt-cinq grenadiers, auxquels il promit de rendre leurs armes dès que les faits seraient mieux éclaircis.

Ces vingt-cinq hommes trop confiants se trouvaient donc perdus pour Napoléon, et on aurait pu regarder ce début comme de fort mauvais augure, si, en même temps, on n'avait vu une multitude de soldats du 87° se jeter à bas des remparts, et courir vers Cannes pour se joindre, disaient-ils, à leur empereur.

A cinq heures le débarquement était terminé. Les onze cents hommes de Napoléon, avec quatre pièces de canon et leur bagage, étaient descen-

Mars 1815.

Fausse tentative sur Antibes.

Mars 1815.

Curiosité de la population, sans aucune manifestation prononcée.

dus à terre, et avaient établi leur bivouac dans un champ d'oliviers, sur la route d'Antibes à Cannes. D'abord les habitants en voyant plusieurs bâtiments chargés de monde tirer le canon, crurent que c'étaient des Barbaresques qui enlevaient des pêcheurs, et furent épouvantés. Mais bientôt mieux renseignés, ils accoururent avec curiosité, sans se prononcer ni dans un sens ni dans un autre, car les populations du littoral n'étaient pas en général très-favorables à l'Empire, qui leur avait valu quinze ans de guerre maritime. Napoléon envoya Cambronne à la tête d'une avant-garde à Cannes, pour commander des vivres et acheter des chevaux, et sachant que pour attirer les gens il ne faut pas commencer par froisser leurs intérêts, il fit tout payer argent comptant. Les vivres furent en effet préparés, et quelques mulets, quelques chevaux achetés. Malgré l'ordre de ne laisser sortir personne de Cannes, surtout par la route qui menait à Toulon, un officier de gendarmerie, auquel Cambronne avait proposé d'acheter des chevaux et qui avait feint de vouloir les céder, s'échappa au galop pour aller à Draguignan donner avis au préfet du Var du grand événement qui venait de s'accomplir. Heureusement pour Napoléon, cet officier ayant remarqué que l'artillerie qu'on avait débarquée était placée sur la route de Toulon, s'en fia aux premières apparences, et alla répandre la nouvelle que l'expédition se dirigeait vers la Provence, c'est-à-dire vers Toulon et Marseille.

Bivouac à Cannes.

Il n'en était rien, comme on va le voir. Dans le champ d'oliviers où Napoléon avait établi son bivouac, on lui avait dressé un siège et une table, et il y avait déployé ses cartes. Deux routes s'offraient : l'une d'un parcours facile, celle de la basse Provence, aboutissant à Toulon et Marseille, l'autre, celle du Dauphiné, hérissée de montagnes escarpées, couverte alors de neige et de glace, et coupée d'affreux défilés où cinquante hommes déterminés auraient pu arrêter une armée. Cette dernière, tracée au milieu des Alpes françaises, était en plusieurs endroits non carrossable, de façon qu'il fallait, si on la préférait, commencer par se séparer de son artillerie. Malgré ces difficultés effrayantes au premier aspect, Napoléon n'hésita point, et par le choix qu'il fit en ce moment assura le succès de son aventureuse entreprise.

Mars 1815.

Les deux routes qui s'offrent à Napoléon.

Les obstacles physiques dont la route des Alpes était hérissée consistaient dans des chemins escarpés ou couverts de glace, dans des défilés à forcer ou à tourner, et ces obstacles on pouvait les surmonter avec de la patience, de l'opiniâtreté, de l'audace. Napoléon amenait avec lui onze cents hommes, capables de tout, et très-suffisants pour triompher de la résistance qui pouvait s'offrir dans ces contrées, où il était impossible qu'il trouvât autre chose que de petites garnisons commandées par un capitaine ou un chef de bataillon. Au contraire les obstacles moraux qui l'attendaient sur la route du littoral étaient bien autrement redoutables. En suivant cette route qui passe par Toulon, Marseille, Avignon, Valence, il devait rencontrer des populations violentes, animées d'un royalisme furieux, et capables de retenir le zèle des troupes pour lui. De plus il allait

Motifs profonds qui décident Napoléon à préférer celle des montagnes, et à négliger celle du littoral.

trouver sur son chemin des autorités d'un ordre élevé, des amiraux à Toulon, un maréchal de France à Marseille (c'était Masséna qui commandait dans cette ville). Or, dans l'entreprise qu'il tentait, les hauts grades étaient le plus grand des dangers. Dans l'armée, les soldats, presque tous anciens au service, venus des prisons ou des garnisons étrangères, éprouvaient pour Napoléon un véritable fanatisme. Les officiers partageaient cette disposition, mais avec un peu plus de réserve, parce qu'ils étaient gênés par leurs serments et par le sentiment de leur devoir. Les généraux, les maréchaux surtout, plus retenus encore par ces mêmes considérations, et d'ailleurs appréciant mieux le danger du rétablissement de l'Empire, craignant aussi de se compromettre gravement, devaient céder plus difficilement que les officiers à l'entraînement des troupes. Il y avait donc moins de chances d'enlever un maréchal à la tête de huit ou dix mille hommes, qu'un colonel ou un capitaine à la tête de quelques centaines de soldats.

Par toutes ces raisons il fallait éviter les autorités supérieures, civiles ou militaires, et préférer les chemins même les plus mauvais, si on devait n'y rencontrer que des officiers de grade inférieur. Sur la route du Dauphiné, Napoléon ne pouvait avoir affaire, comme nous venons de le dire, qu'à de petites garnisons faiblement commandées, et à des paysans qui n'aimaient ni les nobles, ni les prêtres, et qui presque tous étaient acquéreurs de biens nationaux. La plus grande ville à traverser, en prenant par les montagnes, était Grenoble. Or, Napoléon savait que les

Grenoblais, animés d'un fort esprit militaire, comme toutes les populations de la frontière, et fidèles aux traditions libérales, depuis la fameuse assemblée de Vizille, étaient tout à fait opposés aux Bourbons. Il avait dans sa garde un chirurgien, Dauphinois de naissance, le docteur Émery, qui avait entretenu des relations secrètes avec sa ville natale, et qui répondait de ses compatriotes. Napoléon choisit donc la route des montagnes, en laissant sur sa gauche la belle route du littoral et le royalisme marseillais, et fit preuve ici encore une fois de ce coup d'œil supérieur, qui lui avait si souvent procuré les plus grands triomphes militaires, et qui devait lui procurer en cette occasion le plus grand triomphe politique que jamais ait obtenu un chef d'empire ou de parti. Il fit toutes ses dispositions en conséquence.

Mars 1815.

Il prit le parti d'abandonner son artillerie, dont il n'avait pas un sérieux besoin, car l'idée d'un combat à coups de canon n'entrait guère dans son esprit. Les onze cents hommes qu'il avait suffisaient pour le garantir de la main des gendarmes, ou de la résistance d'un chef de bataillon, et quant aux autres résistances c'était sur l'effet de sa présence qu'il comptait pour les faire évanouir. Ou bien à la vue de sa redingote, de son chapeau si fameux, le premier détachement envoyé à sa rencontre tomberait à ses pieds, et successivement l'armée tout entière, ou bien il expirerait sur la grande route de la mort des plus vils malfaiteurs : là était la question qui ne pouvait pas évidemment se décider à coups de canon. Renonçant à son artillerie qui

Napoléon abandonne son artillerie, et met son bagage sur des mulets.

Mars 1815.

n'aurait pas pu le suivre, il fit charger sur des mulets son petit trésor, reste de ce qu'il avait porté à l'île d'Elbe, et montant à 17 ou 1800 mille francs. Le surplus avait été, ou dépensé à l'île d'Elbe, ou laissé à sa mère. Il résolut de quitter Cannes vers minuit. En même temps, il envoya à Grasse pour faire préparer des vivres, et pour livrer à l'impression deux proclamations dont ses officiers avaient déjà fait de nombreuses copies à bord du brick *l'Inconstant*, et qui étaient destinées l'une au peuple français, l'autre à l'armée. Ces proclamations contenaient ce qui suit, ou textuellement, ou en substance.

Ses proclamations au peuple et à l'armée.

« Français, disait-il dans la première, les victoires de Champaubert, de Montmirail, de Château-Thierry, de Vauchamp, de Mormans, de Montereau, de Craonne, de Reims, d'Arcis-sur-Aube, de Saint-Dizier, l'insurrection des braves paysans de la Lorraine, de la Champagne, de l'Alsace, de la Franche-Comté, de la Bourgogne, la position que j'avais prise sur les derrières de l'armée ennemie, en la séparant de ses magasins, de ses munitions de guerre, de ses équipages, l'avaient placée dans une situation désespérée. Les Français ne furent jamais sur le point d'être plus puissants, et l'élite des troupes coalisées eût trouvé son tombeau dans ces vastes contrées qu'elles avaient si cruellement ravagées, lorsque la trahison du duc de Raguse livra la capitale et désorganisa l'armée. Au même moment, la défection du duc de Castiglione, à qui j'avais confié des forces suffisantes pour battre les Autrichiens, et qui en paraissant sur les derrières de l'ennemi eût complété notre triomphe, acheva notre ruine. La conduite inattendue de ces deux généraux, qui trahirent à la fois leur patrie, leur prince et leur bienfaiteur, changea ainsi le destin de la guerre. Dans ces tristes circonstances, mon cœur fut déchiré, mais mon âme demeura inébranlable. Je ne consultai que l'intérêt de la patrie, je m'exilai sur un rocher au milieu des mers, je conservai une existence qui pouvait encore vous être utile…. »

Après avoir ainsi expliqué ses revers, Napoléon cherchait à caractériser l'esprit de l'émigration, qui s'appuyait, disait-il, sur l'étranger, et voulait rétablir les abus du régime féodal. Il ajoutait :

« Français, dans mon exil, j'ai entendu vos plaintes et vos vœux; j'ai traversé les mers au milieu des périls de toute espèce; j'arrive parmi vous reprendre mes droits qui sont les vôtres. Tout ce que des individus ont fait, écrit ou dit depuis la prise de Paris, je l'ignorerai toujours, et je ne conserverai que le souvenir des importants services qu'ils ont rendus, car il est des événements d'une telle nature qu'ils sont au-dessus de l'organisation humaine…. Français, il n'est aucune nation, quelque petite qu'elle soit, qui n'ait eu le droit, et n'ait tenté de se soustraire au déshonneur d'obéir à un prince imposé par un ennemi momentanément victorieux. Lorsque Charles VII rentra dans Paris et renversa le trône éphémère de Henri VI, il reconnut tenir son trône de la vaillance de ses braves, et non du prince régent d'Angleterre. C'est aussi à vous seuls et aux braves de l'armée que je me fais, et ferai toujours gloire de tout devoir. »

Napoléon disait à l'armée :

« Soldats !

» Nous n'avons pas été vaincus : deux hommes sortis de nos rangs ont trahi nos lauriers, leur pays, leur prince, leur bienfaiteur.

» Ceux que nous avons vus pendant vingt-cinq ans parcourir toute l'Europe pour nous susciter des ennemis, qui ont passé leur vie à combattre contre nous, dans les rangs des armées étrangères, en maudissant notre belle France, prétendraient-ils commander et enchaîner nos aigles, eux qui n'ont jamais pu en soutenir les regards ? Souffrirons-nous qu'ils héritent du fruit de nos travaux, qu'ils s'emparent de nos honneurs, de nos biens, qu'ils calomnient notre gloire ? Si leur règne durait, tout serait perdu, même le souvenir de nos plus mémorables journées.

» Votre général, appelé au trône par le choix du peuple, et élevé sur vos pavois, vous est rendu : venez le joindre.

» Arrachez ces couleurs que la nation a proscrites, et qui pendant vingt-cinq ans servirent de ralliement à tous les ennemis de la France. Arborez cette cocarde tricolore que vous portiez dans nos grandes journées. Nous devons oublier que nous avons été les maîtres des nations, mais nous ne devons pas souffrir qu'aucune se mêle de nos affaires. Qui prétendrait être maître chez nous ? Qui en aurait le pouvoir ? Reprenez ces aigles que vous aviez à Ulm, à Austerlitz, à Iéna, à Eylau, à Wagram, à Friedland, à Tudela, à Eckmühl, à Essling, à Smolensk, à la Moskova, à Lutzen, à Wurtchen, à

Montmirail... Venez vous ranger sous les drapeaux de votre chef. Son existence ne se compose que de la vôtre; ses droits ne sont que ceux du peuple et les vôtres; son intérêt, son honneur, sa gloire ne sont autres que votre intérêt, votre honneur, votre gloire. La victoire marchera au pas de charge; *l'aigle avec les couleurs nationales volera de clocher en clocher jusqu'aux tours de Notre-Dame.* Alors vous pourrez montrer avec honneur vos cicatrices; alors vous pourrez vous vanter de ce que vous aurez fait : vous serez les libérateurs de la patrie. »

Mars 1815.

Ainsi dans ces proclamations ardentes, empreintes de toutes les passions du temps, mais touchant avec habileté à tous les points essentiels du moment, Napoléon, sans s'inquiéter d'être juste, livrait aux fureurs des soldats Augereau et Marmont, qu'il savait odieux à l'armée. Aux droits des Bourbons il opposait le droit populaire, et touchait ainsi les masses par leur côté le plus sensible. Il promettait adroitement l'oubli, en imputant certaines faiblesses à la toute-puissance des révolutions, faisait appel à la cocarde tricolore qu'il savait cachée dans le sac des soldats, leur rappelait leur immortelle gloire flétrie par la haine maladroite des émigrés, et en une image saisissante, restée populaire, il annonçait la victoire à ses partisans. Ces proclamations n'étaient pas le moins profond, et ne devaient pas être le moins efficace de ses calculs.

Avant de se mettre en route il fit repartir pour l'île d'Elbe son heureuse flottille, afin qu'elle annonçât à sa mère et à sa sœur le succès de la première moitié de son entreprise, et ordonna au brick *l'Inconstant* de les transporter à Naples, pour qu'elles pussent y attendre en sûreté la fin de cette crise.

Vers le soir il s'était approché de Cannes, et on lui amena à son bivouac, par suite de l'ordre qu'il avait donné d'arrêter toutes les voitures, le prince de Monaco, passé, comme tant d'hommes du temps, d'un culte à l'autre, de l'Empire à la Restauration. Il le fit relâcher sur-le-champ, l'accueillit avec gaieté, et lui demanda où il allait. — Je retourne chez moi, répondit le prince. — Et moi aussi, répliqua Napoléon. Puis il quitta le petit souverain de Monaco, en lui souhaitant bon voyage.

A minuit il partit pour Grasse, suivant Cambronne qui avait pris les devants avec un détachement de cent hommes. Au centre se trouvait le bataillon de la vieille garde, escortant le trésor et les munitions, puis venait le bataillon corse formant l'arrière-garde.

Au sortir de Cannes commençait la route de montagnes qu'il fallait suivre pendant quatre-vingts lieues pour atteindre Grenoble. On arriva le 2 mars à Grasse, vers la pointe du jour. Les quelques heures passées aux environs de Cannes avaient été employées à préparer des rations, à se procurer des chevaux, et surtout à imprimer les deux proclamations. A dater de ce moment, Napoléon était décidé à ne plus perdre une heure, afin d'arriver à Grenoble avant tous les ordres expédiés de Paris. Il déjeuna debout, entouré de son état-major, un peu en dehors de la ville de Grasse, sous les yeux de la population curieuse mais perplexe, et ne manifestant rien de l'enthousiasme qu'il espérait bientôt rencontrer.

À huit heures du matin il se mit en route, toujours précédé de son avant-garde, et employa plusieurs heures à gravir par un sentier couvert de glace la chaîne élevée qui sépare les bords de la mer du bassin de la Durance. La plus grande partie de la route se fit à pied. Les hommes qui avaient su se procurer des chevaux cheminaient à côté de leurs montures, les autres suivaient en portant leur équipement sur les épaules. Le froid était rigoureux, et Napoléon fut souvent obligé de descendre de cheval pour se réchauffer en marchant, exercice auquel il était peu habitué. Plus d'une fois il trébucha dans la neige, et il s'arrêta pour se reposer un moment dans une espèce de chalet occupé par une vieille femme et quelques vaches. Tandis qu'il ranimait ses forces devant un feu de broussailles, il s'adressa à cette paysanne, qui ne savait pas quels hôtes elle venait de recevoir sous son toit de chaume, et lui demanda si on avait des nouvelles de Paris. Elle parut fort étonnée d'une question à laquelle elle était peu accoutumée, et naturellement elle répondit qu'elle ne savait rien. — Vous ne savez donc pas ce que fait le Roi? reprit Napoléon. — Le Roi! repartit la vieille femme avec plus d'étonnement encore, le Roi!... vous voulez dire l'Empereur... il est toujours *là-bas*. — Cette habitante des Alpes ignorait donc que Napoléon avait été précipité du trône, et remplacé par Louis XVIII! Les témoins de cette scène furent comme frappés de stupeur en présence d'une aussi étrange ignorance. Napoléon,

Mars 1815.

Départ de Grasse.

Passage de la montagne.

Entretien avec une vieille femme gardienne de troupeaux.

qui n'était pas le moins surpris, regarda Drouot, et lui dit : Eh bien, Drouot, à quoi sert de troubler le monde pour le remplir de notre nom? — Il sortit tout pensif, et songeant à la vanité de la gloire. On se remit en marche, et on alla prendre gîte le soir à Seranon, petit hameau composé de quelques fermes. Les soldats couchèrent dans les granges, et Napoléon trouva un lit convenable dans la maison de campagne d'un habitant de Grasse. On avait dans cette première journée franchi un espace de quinze lieues, sans avoir eu à surmonter d'autre obstacle que celui de la glace et des rochers. Les hommes étaient extrêmement fatigués, mais l'enthousiasme de leur entreprise les soutenait, et ils étaient prêts à réaliser la prophétie de l'aigle *volant de clocher en clocher*.

Le 3 mars on partit de grand matin. On rencontra encore des chemins montueux et couverts de neige, et le soir, après avoir parcouru une distance à peu près égale à celle de la veille, on vint coucher à Barrême, dans la vallée même de la Durance, mais à dix lieues de ses bords.

Le 4 on était en route de bonne heure malgré la fatigue croissante; on fit une halte à Digne pour y déjeuner, et on poussa jusqu'à Malijay. On était presque au bord de la Durance, et il fallait la remonter par Sisteron et Gap, pour se jeter ensuite par un col étroit dans le bassin de l'Isère. On allait rencontrer ici un obstacle des plus inquiétants. A Sisteron, la route passait de la rive gauche sur la rive droite de la Durance, et traversait un pont que les feux de la place auraient rendu inaccessible s'il avait été défendu. Un officier fidèle aux Bourbons, en fermant seulement les portes de cette chétive forteresse, pouvait arrêter la colonne expéditionnaire. Il aurait fallu dans ce cas qu'elle descendît la Durance pour la franchir au-dessous, perdît des heures précieuses, laissât ainsi à tous les commandants des environs le loisir de se reconnaître, et à la fougueuse population marseillaise le temps de se précipiter sur les traces de Napoléon. Le danger était donc fort grand, mais toujours confiant dans son ascendant, Napoléon marcha sans hésiter sur Sisteron.

Mars 1815.

Il avait deviné juste, et dans leur trouble ceux qui lui étaient opposés, au lieu d'accumuler les difficultés sur sa route, les faisaient disparaître. En effet, d'après les indications de l'officier de gendarmerie dont nous avons parlé, le préfet du Var, croyant que Napoléon se dirigeait sur Toulon et Marseille, avait placé dans la forêt de l'Esterel, c'est-à-dire sur la route du littoral, tout ce qu'il avait pu réunir de gardes nationales et de troupes, les premières fort zélées, les secondes au contraire animées de sentiments très-équivoques. Ces précautions prises dans la journée du 2, il avait expédié au maréchal Masséna à Marseille une estafette qui ne pouvait arriver que le 3 mars, et une autre à Grenoble qui ne pouvait y parvenir que le 4. En même temps il avait tâché d'informer de ce qui se passait tous les commandants des petites places des Alpes, sans leur donner des instructions que du reste, malgré son zèle, il aurait été incapable de leur tracer. Dans cet état de choses, chaque commandant, frappé d'une sorte de saisissement en apprenant la terrible nouvelle, n'avait songé qu'à se retirer derrière ses mu-

Le trouble des commandants militaires est cause que Sisteron n'est point gardé.

railles, sans oser en sortir pour barrer le chemin à Napoléon. Le général Loverdo, qui avait sous son autorité le département des Basses-Alpes, avait replié le peu de troupes dont il disposait sur la basse Durance et sur Aix; de leur côté les commandants d'Embrun et de Mont-Dauphin, pressés de s'enfermer dans les places confiées à leur honneur, avaient rappelé tous leurs postes sur la haute Durance, et de la sorte Sisteron, situé entre-deux, s'était trouvé sans défense. Cette espèce de mouvement de contraction, naturel chez des gens surpris et effrayés, avait ainsi ouvert le chemin à Napoléon, sans que la trahison y fût pour rien. Son nom seul avait produit ces résolutions irréfléchies dont il allait si bien profiter.

Cambronne se présentant devant Sisteron à la tête de cent hommes, y pénétra sans difficulté le 5, et Napoléon vint y déjeuner, après avoir vu tomber comme par enchantement l'un des plus grands obstacles de sa route. Il commençait à rencontrer ici l'esprit des montagnards du Dauphiné, montagnards braves, très-sensibles à la gloire des armes, haïssant l'étranger, détestant ce qu'on appelait les nobles et les prêtres, alarmés outre mesure des prédications du clergé sur les biens nationaux et la dîme, et par tous ces motifs enthousiastes de Napoléon. On les voyait descendre en foule des montagnes au cri de *Vive l'Empereur!* fournir avec empressement des vivres, des chevaux, tout ce qu'on leur demandait, le donner volontiers gratis, et plus volontiers encore pour de l'argent.

Malgré le bon accueil qu'il avait reçu à Sisteron,

Napoléon n'eut garde de s'y arrêter, et il alla coucher à Gap, afin de s'emparer des défilés qui conduisent du bassin de la Durance dans celui de l'Isère. Sa troupe était exténuée de fatigue, car il lui faisait faire dix ou douze lieues par jour, quand ce n'était pas quinze, et beaucoup d'hommes restaient en arrière. Mais les paysans les recueillaient, les voituraient, et il suffisait de quelques heures de repos pour que les traînards eussent rejoint. Arrivé à Gap le 5 au soir, il avait franchi près de cinquante lieues en quatre jours, par d'affreux chemins de montagnes, marche d'armée prodigieuse et qui allait devenir plus surprenante encore les jours suivants.

Mars 1815.

Napoléon, fort bien reçu à Gap, y apprit cependant des nouvelles qui ne lui permettaient point d'y séjourner. Il avait envoyé un émissaire pour sonder la garnison d'Embrun, et cet émissaire avait rapporté que les soldats étaient prêts au premier signal à prendre la cocarde tricolore, mais que le sentiment du devoir retenant les officiers, ceux-ci, loin de vouloir livrer la place, songeaient au contraire à occuper le défilé dit de Saint-Bonnet, qui communique de la vallée de la Durance dans celle du Drac, affluent de l'Isère. Ce défilé commence au sortir de Gap, traverse une haute montagne au col dit de Saint-Guignes, et descend ensuite sur Saint-Bonnet. Napoléon craignant d'être prévenu à un passage aussi dangereux, y achemina son avant-garde le 6 de très-bonne heure, et la suivit lui-même après avoir attendu jusqu'à midi la queue de sa colonne à Gap. Le défilé n'était point gardé, et il put aller coucher le soir au bourg de Corps, sur la

Prompte traversée de Gap, et arrivée à Corps.

86 LIVRE LVII.

Mars 1815.

limite du département de l'Isère. Jusqu'ici tout lui avait parfaitement réussi : il était en plein Dauphiné, et pouvait même ressentir déjà les émotions de la ville de Grenoble, profondément agitée à son approche. S'il enlevait cette ville, importante par son site, ses ouvrages, son arsenal, sa nombreuse garnison, et la valeur politique et morale de ses habitants, il était presque maître de la France, car Grenoble lui donnait Lyon, et Lyon lui donnait Paris. Ne voulant négliger aucune précaution il se fit précéder par le docteur Émery, qui avait des intelligences dans Grenoble, et qui pouvait y préparer les esprits en sa faveur.

L'estafette expédiée de Draguignan par le préfet du Var était arrivée à Grenoble le samedi 4 mars, dans la soirée. Un savant illustre, M. Fourier, était préfet de l'Isère. Le général Marchand, l'un des officiers de l'Empire les plus estimés, commandait à Grenoble, siége de la 7ᵉ division militaire. Le préfet et le général furent très-désagréablement surpris par la nouvelle qu'on leur mandait, car, outre ce qu'elle avait de grave pour la France entière, elle s'aggravait pour eux de la responsabilité qui allait peser sur leur tête. En effet le préfet du Var, mieux informé, venait de leur indiquer la direction de Grasse, Digne, Gap et Grenoble, comme celle que Napoléon avait dû prendre. L'orage se portait donc directement sur eux. Par une disposition assez naturelle à tous les gouvernements qui apprennent un événement fâcheux, ils tinrent la nouvelle cachée, ce qui du reste avait l'avantage de leur laisser quelques heures de calme pour délibérer sur

Situation de Grenoble. Embarras du préfet et du général commandant la division, et leur résolution de faire leur devoir.

la conduite à tenir. M. Fourier était du nombre de ces savants que les agitations publiques importunent, et qui ne demandent aux gouvernements qu'ils servent, que l'aisance dans l'étude. Il aurait donc fort désiré que la Providence eût écarté de lui cette terrible épreuve. Attaché à Napoléon par des souvenirs de gloire (il avait été de l'expédition d'Égypte), aux Bourbons par estime et par amour du repos, il n'avait de préférence bien marquée pour aucune des deux dynasties, et était fort disposé à en vouloir à celui qui venait troubler sa paisible vie. Ajoutez à ce sentiment un honnête amour de son devoir, et on comprendra qu'il voulût d'abord être fidèle aux Bourbons, sans toutefois pousser le dévouement jusqu'au martyre. Quant au général Marchand, quoique largement associé à la gloire impériale, il était sévère observateur de la discipline militaire, et, tout en désapprouvant la conduite de l'émigration, il était assez intelligent pour comprendre les dangers auxquels le retour de Napoléon allait exposer la France. Sa résolution était beaucoup plus ferme que celle du préfet, mais à cette heure le plus ou le moins d'énergie ne procurait guère de moyens de résistance. Les troupes ne manquaient pas dans le pays. Le mouvement de concentration vers les Alpes, ordonné à la suite des imprudences de Murat, avait commencé, et il y avait dans la Franche-Comté, le Lyonnais, le Dauphiné, plus de soldats que n'en comportait l'effectif général de l'armée. Malheureusement en présence de Napoléon, ce n'était pas le nombre des troupes qui importait, mais leur fidélité. Résisteraient-elles à son nom, et bientôt

Mars 1815.

La difficulté n'était pas dans le nombre, mais dans la fidélité des troupes.

à sa présence? Le général Marchand connaissait assez l'armée pour en douter. Il convoqua en secret les chefs de corps, et ceux-ci déclarèrent que, prêts à faire leur devoir, ils répondaient médiocrement de leurs officiers, et nullement de leurs soldats. On était même assez mal partagé à Grenoble quant au choix des régiments. A côté du 5ᵉ d'infanterie, bien discipliné et bien commandé, on avait le 4ᵉ d'artillerie, dans lequel Napoléon avait fait ses premières armes, et qui depuis la dissolution de l'artillerie de la garde impériale, en avait reçu plusieurs compagnies. On avait aussi le 3ᵉ du génie, animé de sentiments peu favorables aux Bourbons, et on craignait avec raison l'ordinaire influence des corps savants sur le reste des troupes. Le général Marchand conçut donc de vives inquiétudes, et attendit pour prendre un parti l'arrivée du général Mouton-Duvernet, qui commandait la subdivision de Valence. La 7ᵉ division militaire, formée alors de quatre départements, était partagée en deux subdivisions, celle de Grenoble qui comprenait l'Isère et le Mont-Blanc, celle de Valence qui comprenait la Drôme et les Hautes-Alpes. Il en résultait que le général Mouton-Duvernet, pour aller donner des ordres dans les Hautes-Alpes, c'est-à-dire à Gap, était obligé de passer par Grenoble.

Ce général informé de son côté des événements, avait pris à la hâte quelques précautions pour la défense du pont de Romans sur l'Isère, en cas que Napoléon suivît les bords du Rhône, puis était parti précipitamment pour les Hautes-Alpes, et il était arrivé à Grenoble le dimanche 5, au matin. Là, dans une réunion composée du préfet Fourier, du général Marchand, du général Mouton-Duvernet, et de quelques officiers d'état-major, on avait délibéré sur les mesures qu'il convenait d'adopter. Il n'était pas aisé d'en imaginer qui répondissent aux justes inquiétudes des esprits prévoyants.

Mars 1815

Envoyer des troupes à la rencontre de Napoléon c'était probablement les lui livrer, car malgré la fidélité des chefs, il était peu vraisemblable qu'elles résistassent à sa présence. Les rappeler à soi pour faire le vide autour de lui, c'était lui livrer du pays, et souvent des postes de la plus haute importance, comme celui de Sisteron par exemple. Ainsi, quoi qu'on fît, on était exposé à lui abandonner ou des hommes ou du terrain. Cependant l'occupation de Grenoble par l'ennemi était un fait si grave, que toute incertitude cessait par rapport à elle. Cette capitale du Dauphiné, outre qu'elle avait une grande importance morale, était une place anciennement fortifiée; elle contenait une école d'artillerie, une école du génie, et un matériel immense, consistant en 80 mille fusils, 200 bouches à feu, et tout l'attirail qui accompagne un pareil dépôt d'armes. On ne pouvait donc pas déserter un poste d'une telle valeur. Il fut convenu qu'on y réunirait toutes les troupes répandues dans le Dauphiné et la partie de la Savoie restée à la France. On envoya à Chambéry l'ordre d'en faire partir les deux régiments d'infanterie qui s'y trouvaient, les 7ᵉ et 11ᵉ de ligne, et à Vienne celui d'expédier le 4ᵉ de hussards dont on avait un extrême besoin, car on manquait de cavalerie. Mal-

Fâcheuse alternative où l'on se trouvait de livrer à Napoléon ou du terrain ou des troupes.

On prend le parti de concentrer à Grenoble toutes les troupes réunies en Dauphiné.

Mars 1815.

heureusement le 4ᵉ de hussards, quoique commandé par un officier excellent et plein d'honneur, le major Blot, était si peu sûr, que, pendant la récente visite du comte d'Artois, on n'avait pu l'empêcher de crier *Vive l'Empereur!* Mais il fallait se servir de ce qu'on avait, et on se flatta qu'en réunissant une masse considérable de troupes, on parviendrait à ranimer chez elles l'esprit militaire, et avec l'esprit militaire le sentiment des devoirs attachés à cette noble profession. Ces résolutions adoptées, le général Mouton-Duvernet partit pour les Hautes-Alpes, en suivant la route même de Gap, par laquelle arrivait Napoléon. Ce général espérait le devancer au passage important de Saint-Bonnet, et prendre des précautions matérielles qui peut-être suffiraient pour l'arrêter.

Sentiments divers de la population de Grenoble.

La nouvelle, d'abord renfermée entre les principales autorités de la ville, s'était bientôt répandue, et dans le milieu de la journée du dimanche elle était devenue publique. Le préfet, le général, crurent alors qu'il convenait de l'annoncer officiellement, et publièrent une proclamation dans laquelle ils engageaient les fonctionnaires de toutes les classes à remplir leurs devoirs, promettant de leur donner eux-mêmes l'exemple. Grenoble offrait un échantillon complet de l'état de la France à cette époque. On y voyait quelques anciens nobles affichant imprudemment leurs espérances et leurs vœux, mais ayant compris depuis le procès Exelmans, depuis les funérailles de mademoiselle Raucourt, qu'ils devaient se contenir s'ils ne voulaient s'exposer à de nouveaux malheurs. On y voyait une bourgeoisie nombreuse, riche, éclairée, n'ayant donné ni dans les excès ni dans les brusques retours de l'esprit révolutionnaire, admirant le génie de Napoléon, détestant ses fautes, profondément blessée de la conduite de l'émigration, mais sentant vivement le danger d'un rétablissement de l'Empire en présence de l'Europe en armes. On y voyait enfin un peuple laborieux, aisé, brave, moins combattu dans ses sentiments que la bourgeoisie parce qu'il était moins éclairé, passionné pour la gloire militaire, ayant en aversion ce qu'on appelait les nobles et les prêtres, partageant en un mot toutes les dispositions des paysans du Dauphiné, bien que pour sentir comme eux il n'eût pas le motif intéressé des biens nationaux.

On devine, sans qu'il soit besoin de le dire, les émotions que la nouvelle de l'approche de Napoléon dut produire parmi ces diverses classes. La noblesse poussa des cris de colère, et courut chez les autorités pour les exciter à faire leur devoir, en les menaçant de tout son courroux si elles montraient la moindre hésitation. Mais tout en criant, s'agitant, elle n'apportait aucun moyen sérieux de résistance. Toutefois elle en avait un à sa disposition, c'était de fournir quelques hommes dévoués qui tireraient le premier coup de fusil, seule manière d'engager les troupes et de les décider. Elle promettait de trouver ces quelques hommes, mais on en doutait, et elle en doutait elle-même. La bourgeoisie se montra inquiète et partagée, car si elle condamnait la marche politique des Bourbons, elle entrevoyait clairement les périls attachés à leur chute. Quant au peuple, dans les rangs duquel s'étaient mêlés beaucoup d'officiers à la demi-solde, il tressaillit de joie, et ne cacha guère ses désirs et ses espérances. Les fonctionnaires dissimulaient plus que jamais leurs véritables sentiments, mais au fond du cœur ils souhaitaient le succès de Napoléon, pour être dispensés envers les Bourbons d'une hypocrisie fatigante, qui les humiliait sans les rassurer sur la conservation de leurs emplois. Une population disposée de la sorte ne présentait donc pas beaucoup de ressource. Si on avait possédé une garde nationale unie et bien organisée, on aurait pu en la mêlant aux troupes les contenir par le bon exemple. Mais les nobles avaient comme partout affecté de se renfermer dans la cavalerie de la garde nationale, et laissé à la bourgeoisie seule le soin de composer l'infanterie. Celle-ci ayant manifesté plus d'une fois une vive opposition à la marche du gouvernement, avait été, sous divers prétextes, privée de ses fusils, et elle était en ce moment désarmée et désorganisée. On n'avait par conséquent sous la main que les troupes de ligne, dont la fidélité était le grand problème du jour.

Toute la fin de la journée du dimanche 5, toute la première moitié du lundi 6, se passèrent en vives agitations, en une succession rapide d'espérances et de craintes, qui à chaque instant faisait de la joie des uns un sujet de vive douleur pour les autres. Tantôt on disait Napoléon poursuivi, arrêté, fusillé, et les royalistes promenaient dans les rues des visages riants, même provocants, puis rentraient chez eux pour mander à Lyon et à Paris les plus heureuses nouvelles : tantôt on disait Napoléon vainqueur de tous les obstacles, arrivé presque aux portes de Grenoble, et alors c'étaient les royalistes qui étaient tristes et silencieux, et à son tour le peuple transporté de joie courait les rues en criant *Vive l'Empereur!* Les officiers à la demi-solde, dont l'influence fut alors funeste, cherchaient à s'approcher des troupes, à se mettre en rapport avec elles, trouvaient les officiers gênés et silencieux, mais les soldats expansifs, joyeux, et ayant la cocarde tricolore cachée au fond de leurs schakos. Les généraux instruits du danger de semblables relations essayèrent de les interdire, tinrent pour cela les troupes ou casernées ou sous les armes, mais ils ne réussirent qu'à les mécontenter, sans empêcher ces communications en quelque sorte électriques qui tiennent à la parfaite communauté des sentiments.

Mars 1815.

Le lundi 6, au milieu du jour, on eut des nouvelles du général Mouton-Duvernet. S'étant avancé en toute hâte sur la route de Gap par Vizille, ce général avait rencontré un voyageur qu'il avait fait arrêter. C'était le docteur Émery, dépêché à Grenoble par Napoléon. Il avait questionné ce voyageur, qui avait déclaré ne rien savoir, être parti de l'île d'Elbe depuis plusieurs mois, et revenir tranquillement à Grenoble, sa patrie, pour y fixer son séjour. Trompé par ces déclarations, le général Mouton-Duvernet avait laissé passer le docteur Émery, et s'était ensuite porté en avant. Il avait bientôt appris que Napoléon, après avoir couché la veille à Gap, marchait ce jour-là même sur Corps, où il allait arriver, après avoir franchi le défilé de Saint-Bonnet. Il n'était donc plus temps de l'arrêter, et rebrousser chemin vers Grenoble était la seule chose que le général Mouton-Duvernet eût à faire. En route, ce général s'étant ravisé à l'égard du docteur Émery, avait fait courir après lui pour s'emparer de sa personne. Mais le docteur, fort alerte, avait eu le temps de gagner Grenoble, où il était allé se cacher chez des amis qu'il avait chargés de répandre les proclamations de Napoléon et la nouvelle de son approche.

Quand on sut à Grenoble qu'il n'avait pas été possible de devancer Napoléon aux défilés qui séparent le bassin de la Durance de celui de l'Isère, qu'il serait dans la soirée à Corps, et peut-être le lendemain à Grenoble, l'agitation redoubla. D'une part, on disait que rien ne lui résisterait, et que les troupes envoyées à sa rencontre ne serviraient qu'à augmenter ses forces; de l'autre, on prétendait qu'une armée, commandée par le comte d'Artois et plusieurs maréchaux, se réunissait à Lyon pour arrêter l'évadé de l'île d'Elbe, et le punir d'une manière éclatante. Les royalistes, qui répandaient cette nouvelle afin de reprendre courage, ne parvenaient guère à se rassurer. Ils entouraient les autorités, les gourmandaient, les accusaient de ne rien faire, sans faire davantage eux-mêmes, et leur reprochaient amèrement de s'enfermer passivement dans Grenoble. A les entendre, c'était ouvrir toutes les issues à Napoléon, et lui livrer la France. On citait un nouvel endroit où il serait possible de l'arrêter en faisant sauter un pont. Ce pont était celui de Ponthaut sur une petite rivière, la Bonne, qui se jette dans le Drac, affluent de l'Isère, et barre la route de Gap. On disait qu'en faisant sauter ce pont, on réduirait Napoléon à se réfugier dans les montagnes, ou bien à descendre dans la plaine, c'est-à-dire au bord du Rhône, où les forces assemblées à Lyon ne manqueraient pas de le détruire. On insista tellement auprès des autorités civiles et militaires, que le préfet et le général prirent le parti d'envoyer à ce pont de la Bonne une compagnie d'artillerie, une compagnie du génie, et un bataillon du 5e de ligne, dont on augurait bien à cause de sa parfaite discipline. Ce bataillon était commandé par un officier très-distingué, nommé Lessard, ayant servi jadis dans la garde impériale, mais rigoureux observateur de ses devoirs, et résolu à tenir ses serments. On suivit ces troupes jusqu'à la porte de Bonne par laquelle elles sortirent, les royalistes se confiant en leur excellente tenue, les bonapartistes, au contraire, disant que les regards, les gestes des soldats ne laissaient aucun doute sur la conduite qu'ils tiendraient en présence de Napoléon.

La colonne étant partie dans la soirée, on ne pouvait avoir de ses nouvelles que le lendemain, et on les attendit avec impatience. Le lendemain, mardi 7, arrivèrent le 11e et le 7e de ligne, venus de Chambéry, et le 4e de hussards venu de Vienne. En même temps on s'était mis à l'ouvrage, et on avait activement travaillé à l'armement de la place, en tirant les canons de l'arsenal pour les hisser sur les murailles. Les royalistes fondaient beaucoup d'espérances sur l'un des deux régiments d'infanterie arrivés de Chambéry, sur le 7e, commandé par le colonel de La Bédoyère, jeune officier

Mars 1815

On envoie un bataillon du 5e avec une compagnie d'artillerie et une du génie au pont de Ponthaut, dans l'espérance d'arrêter Napoléon au passage de la Bonne.

Arrivée des troupes mandées à Grenoble, et notamment du 7e de ligne commandé par le colonel de La Bédoyère

des plus brillants, ayant fait les campagnes les plus rudes de l'Empire, très-ancien gentilhomme, allié par sa femme à la famille des Damas, protégé de la cour, et paraissant lui être dévoué. On racontait qu'en entrant dans Grenoble, il avait distribué à ses soldats une somme d'argent prise sur ses propres deniers, et on ne doutait pas qu'il ne l'eût fait pour s'attacher son régiment et le maintenir dans la voie du devoir.

Ce jeune colonel dînait en ce moment avec les officiers de la garnison chez le général Marchand, qui les avait réunis à sa table pour mieux s'assurer de leurs dispositions. La plupart, sous les yeux de l'autorité supérieure, manifestaient assez de zèle, mais quelques-uns plus sincères, tout en affirmant qu'ils feraient leur devoir, n'avaient pas caché qu'il leur en coûterait de le faire contre Napoléon. Au milieu de ces manifestations diverses, le colonel de La Bédoyère s'était tu, et ce silence, de la part d'un officier supposé royaliste, avait paru singulier, mais nullement inquiétant, tant le doute semblait impossible à son égard. On quitta la table vers deux heures, et comme à cette heure les troupes envoyées au pont de Ponthaut devaient être en face de Napoléon, et que la crise approchait, chacun se retira pour vaquer à ses fonctions.

En effet, les troupes parties la veille au soir s'étaient dirigées par Vizille, La Frey, La Mure, sur Ponthaut, les deux compagnies du génie et de l'artillerie en semant la route de leurs cocardes blanches et en tenant de fort mauvais propos, le bataillon du 5ᵉ au contraire en ne donnant aucun signe de ses sentiments. Les deux compagnies du génie et de l'artillerie s'étaient arrêtées au village de La Mure, à une petite distance du pont de Ponthaut sur la Bonne. Le maire et les habitants de La Mure en apprenant ce qu'on venait faire s'émurent vivement, et s'opposèrent à la destruction d'un pont qui était leur principal moyen de communication avec la Provence. Ils alléguèrent pour raison de leur résistance qu'un peu au-dessus de Ponthaut la Bonne était guéable, et que tout le tort qu'on ferait à la colonne impériale serait de l'obliger à passer la rivière dans une eau assez froide. Les soldats du génie feignirent de trouver suffisantes les raisons des habitants de La Mure, et sans insister ils demandèrent des logements, qu'on s'empressa de leur procurer en attendant l'arrivée du 3ᵉ de ligne.

Napoléon, comme nous l'avons dit, était venu coucher au bourg de Corps, très-pressé qu'il avait été de s'emparer des défilés entre Gap et Grenoble. Il les avait franchis heureusement, et s'avançait avec confiance en voyant l'esprit des populations se manifester autour de lui par des cris continuels de *Vive l'Empereur!* Pourtant il savait bien que le lendemain serait le jour décisif, car il rencontrerait pour la première fois un rassemblement de troupes, et de la conduite que tiendrait ce rassemblement dépendrait le sort de son aventureuse expédition. Tandis qu'il se préparait à prendre quelques heures de repos à Corps, il avait eu soin d'envoyer Cambronne, avec une avant-garde de 200 hommes, pour s'assurer du pont de la Bonne et en empêcher la destruction. Les lanciers polonais, pourvus de

Mars 1815.

Rencontre de ces troupes avec l'avant-garde de Cambronne.

Mars 1815.

Les soldats des deux partis se mêlent, et s'entretiennent les uns avec les autres.

Le chef de bataillon du 5ᵉ ramène sa troupe en arrière.

Cambronne en fait autant, et La Mure se trouve évacué.

Le chef de bataillon du 5ᵉ prend position.

chevaux depuis qu'on avait pénétré dans l'intérieur, avaient devancé Cambronne, et franchissant la Bonne, étaient venus demander des logements au maire de La Mure. A cette heure, c'est-à-dire vers minuit, arrivait le bataillon du 5ᵉ. Bientôt on se mêla, et les lanciers cherchant à fraterniser avec les soldats du 5ᵉ les trouvèrent bien disposés, mais gênés par la présence de leurs officiers. Néanmoins il s'établit entre eux de nombreux entretiens, et déjà les soldats du 5ᵉ inclinaient visiblement vers les lanciers, lorsque le chef de bataillon Lessard survenu presque aussitôt, et redoutant pour sa troupe le contact des soldats de l'île d'Elbe, résolut de la faire rétrograder, et de rebrousser jusqu'au village de La Frey. De son côté, Cambronne arrivé aussi à La Mure, craignant qu'au milieu de ces pourparlers un homme pris de vin ne provoquât une collision, ce que Napoléon lui avait recommandé d'éviter, alla chercher ses gens pour ainsi dire un à un, afin de les ramener en deçà de Ponthaut. Ainsi de part et d'autre on abandonna spontanément La Mure. Toutefois le pont de Ponthaut resta au pouvoir de Cambronne.

La nuit se passa de la sorte, l'anxiété la plus vive régnant chez ceux qui étaient chargés d'arrêter Napoléon, comme chez ceux qui le suivaient. Pendant ce temps, le chef de bataillon du 5ᵉ avait fait une marche rétrograde de quelques heures pour empêcher toute communication entre ses soldats et ceux de Napoléon, et s'était arrêté dans une bonne position, ayant à droite des montagnes, à gauche des étangs. Il était là en mesure de se défendre, et procurait à sa troupe un peu de repos. Il attendit jusque vers midi, ne voyant rien venir, et se flattant déjà que Napoléon aurait changé de route, ce qui l'eût déchargé d'une immense responsabilité. Vers une heure quelques lanciers se montrèrent, et plusieurs d'entre eux s'approchèrent assez pour être entendus des soldats du 5ᵉ, leur annonçant que l'Empereur allait paraître, les pressant de ne pas tirer et de se donner à lui. Le brave chef de bataillon, fidèle à son devoir, les somma de s'éloigner, menaçant de faire feu s'ils s'obstinaient à donner à sa troupe des conseils de défection.

Ces cavaliers se replièrent sur une colonne plus considérable qui s'avançait, et paraissait être de plusieurs centaines d'hommes. Cette colonne était celle de l'île d'Elbe dirigée par Napoléon lui-même. Il avait couché à Corps, était venu à La Mure, où il avait laissé à sa troupe le temps de manger la soupe, et s'était ensuite dirigé sur la position où on lui disait que se trouvait un bataillon du 5ᵉ de ligne avec quelques troupes d'artillerie et du génie, dans l'attitude de gens prêts à se défendre. Les lanciers qui s'étaient repliés lui avaient dit que les officiers semblaient disposés à résister, mais que probablement les soldats ne feraient pas feu. Napoléon regarda quelque temps avec sa lunette la troupe qui était devant lui, pour observer sa contenance et sa position. Dans ce moment survinrent des officiers à la demi-solde, déguisés en bourgeois, qui lui donnèrent des détails sur les sentiments de la troupe chargée de lui barrer le chemin. — L'artillerie et le génie ne tireraient pas, assuraient-ils. Quant à l'in-

Mars 1815.

Arrivée de Napoléon à La Mure le 7 au matin.

fanterie, l'officier qui la commandait ordonnerait certainement le feu, mais on doutait qu'il fût obéi. — Napoléon, après avoir entendu ce rapport, résolut de marcher en avant, et de décider par un acte d'audace une question qui ne pouvait plus être décidée autrement. Il rangea sur la gauche de la route l'avant-garde de Cambronne, sur la droite le gros de sa colonne, et en avant la cinquantaine de cavaliers qu'il était parvenu à monter. Puis d'une voix distincte il commanda à ses soldats de mettre l'arme sous le bras gauche, la pointe en bas, et il prescrivit à l'un de ses aides de camp de se porter sur le front du 5e, de lui dire qu'il allait s'avancer, et que ceux qui tireraient répondraient à la France et à la postérité des événements qu'ils auraient amenés. Il avait raison, hélas! et ceux qu'il interpellait ainsi allaient décider si Waterloo serait inscrit ou non sur les sanglantes pages de notre histoire!

Ses ordres donnés, il ébranla sa colonne et marcha en tête, suivi de Cambronne, Drouot et Bertrand. L'aide de camp envoyé en avant aborda le bataillon, lui répéta les paroles de l'Empereur, et le lui montra de la main, qui s'approchait. A cet aspect les soldats du 5e furent saisis d'une anxiété extraordinaire, et regardant tantôt Napoléon, tantôt leur chef, semblaient implorer ce dernier pour qu'il ne leur imposât pas un devoir impossible à remplir. Le chef de bataillon les voyant troublés, éperdus, devina bien qu'ils étaient incapables de tenir devant leur ancien maître, et d'une voix ferme ordonna de battre en retraite. — Que voulez-vous que je fasse? dit-il à un aide de camp du général Marchand qui était en mission auprès de lui; ils sont pâles comme la mort, et tremblent à l'idée de faire feu sur cet homme. — Tandis qu'il bat en retraite, les cinquante lanciers de Napoléon courent au galop sur le 5°, non pour le charger, mais pour le joindre et lui parler. Le brave Lessard croyant qu'il va être attaqué ordonne sur-le-champ à ses soldats de s'arrêter, et de présenter la baïonnette aux assaillants. Les lanciers, arrivés sur les baïonnettes du 5°, le sabre dans le fourreau, crient : Amis, ne tirez pas; voici l'Empereur qui s'avance. — Et en effet, Napoléon, arrivé aussitôt qu'eux, se trouve devant le bataillon et à portée de la voix. S'arrêtant alors, Soldats du 5°, s'écrie-t-il, me reconnaissez-vous? — Oui, oui! répondent plusieurs centaines de voix. — Ouvrant alors sa redingote, et découvrant sa poitrine : Quel est celui de vous, ajoute-t-il, qui voudrait tirer sur son empereur ? — Transportés à ces derniers mots, artilleurs et fantassins mettent leurs schakos au bout de leurs sabres et de leurs baïonnettes en criant *Vive l'Empereur!* puis rompent leurs rangs, entourent Napoléon, et baisent ses mains en l'appelant leur général, leur empereur, leur père! Le chef de bataillon du 5° abandonné de sa troupe ne sait que devenir, lorsque Napoléon, se débarrassant des mains des soldats, court à lui, lui demande son nom, son grade, ses services, puis ajoute : Mon ami, qui vous a fait chef de bataillon? — Vous, Sire. — Qui vous a fait capitaine? — Vous, Sire. — Et vous vouliez faire tirer sur moi! — Oui, réplique ce brave homme, pour remplir mon devoir. — Il remet ensuite son épée à Napoléon, qui la prend, lui serre la main, et d'une voix où ne perce pas la moindre irritation, lui dit : Venez me retrouver à Grenoble. — En ce moment le geste, l'accent de Napoléon indiquent qu'il ne prend l'épée de ce digne officier que pour la lui rendre. S'adressant alors à Drouot et à Bertrand, Tout est fini, leur dit-il, dans dix jours nous serons aux Tuileries. — En effet, après ce grave événement, la question paraissait résolue, et il n'était plus douteux qu'il régnerait encore. Combien de temps, personne ne le savait !

Après quelques instants donnés à la joie, les troupes conquises à La Mure, mêlées avec celles qui arrivaient de l'île d'Elbe, marchèrent confondues vers La Frey et Vizille. Chemin faisant on rencontra des partisans enthousiastes de l'Empire qui accouraient au-devant de Napoléon, et qui annonçaient qu'un régiment entier se dirigeait de Grenoble vers La Mure, son colonel en tête. Ils semblaient croire aux manifestations des soldats qu'il n'y avait rien à en craindre. Bientôt en effet on aperçut de loin ce régiment qui s'avançait en colonne, et de nouveaux survenants apprirent ce qu'il fallait penser de ses dispositions. C'était le 7ᵉ de ligne commandé par le colonel de La Bédoyère, dont le silence à la table du général Marchand avait paru singulier, et en contradiction avec ses sentiments supposés. Le jeune de La Bédoyère avait, comme nous l'avons dit, par sa femme, par sa famille, des liens étroits avec la maison de Bourbon, et on aurait dû croire qu'il lui était dévoué. Mais il nourrissait au fond du cœur des sentiments contraires à son origine et à sa parenté. Il avait conservé pour Napoléon, pour la gloire des armes françaises, un attachement des plus vifs. Partageant les préjugés de la plupart de ses camarades, il voyait dans les Bourbons des créatures de l'étranger, et il ne voulait plus servir. Néanmoins sur les instances de sa famille, il avait consenti à reprendre du service, et il avait accepté le commandement du 7e, se flattant d'après les bruits vagues de guerre qui avaient circulé pendant le congrès de Vienne, qu'on pourrait venger sur les Autrichiens les derniers malheurs de la France. Envoyé en Dauphiné par une fatalité déplorable, et se trouvant sur le chemin de Napoléon, il n'avait pu résister à l'entraînement qui le portait vers lui. Mais incapable d'attendre que la fortune se fût prononcée pour se prononcer lui-même, il avait, en quittant la table du général Marchand, réuni son régiment sur l'une des places de Grenoble, fait tirer d'une caisse l'aigle du 7e, crié *Vive l'Empereur!* et brandissant son épée, dit à ses soldats : Qui m'aime me suive ! — Le régiment presque entier l'avait suivi, et avait pris la route de La Mure, au milieu des applaudissements frénétiques du peuple de Grenoble.

Mars 1815.

Tels furent les détails rapportés à Napoléon, détails qui étaient de nature à dissiper ses inquiétudes, s'il avait pu en conserver après ce qui venait de se passer à La Mure. Bientôt le 7e s'étant rapproché, on vit La Bédoyère se jeter à bas de cheval pour courir vers Napoléon, et celui-ci de son côté mettre pied à terre, recevoir dans ses bras le colonel, et le remercier avec effusion du mouvement

Le colonel de La Bédoyère se jette dans les bras de Napoléon.

spontané qui l'avait porté vers lui, dans un moment où tout était incertain encore. La Bédoyère répondit qu'il avait agi de la sorte pour relever la France humiliée, puis, avec l'abandon d'un cœur qui ne se possédait plus, dit à Napoléon qu'il allait trouver la nation bien changée, qu'il devait renoncer à son ancienne manière de gouverner, et qu'il ne pouvait régner qu'à la condition de commencer un nouveau règne[1]. — Je le sais, dit Napoléon, je reviens pour relever votre gloire, pour sauver les principes de la Révolution, pour vous assurer une liberté qui, difficile au début de mon règne, est devenue aujourd'hui non-seulement possible mais nécessaire. —

Napoléon traversa ensuite Vizille, et après y avoir reçu l'accueil le plus démonstratif, continua sa route vers Grenoble, où il arriva vers les neuf heures du soir dans cette même journée du 7. Il avait exécuté en six jours un trajet de quatre-vingts lieues, à la tête d'une troupe armée, marche, comme il l'a dit lui-même, sans exemple dans l'histoire. Le zèle des habitants fournissant des chevaux, des charrettes à

---

[1] Napoléon a nié à Sainte-Hélène que La Bédoyère lui eût parlé de la sorte. Sans doute Napoléon était autorisé à contester la violence de langage qu'on a prêtée à La Bédoyère, mais il ne pouvait nier le fond des idées exprimées par ce dernier, et que nous avons rapportées en substance. Du reste, je puis garantir toutes les circonstances du récit qu'on vient de lire. J'ai eu pour les événements de l'île d'Elbe, de Cannes, de Grasse, de Gap, de La Mure, de Grenoble, de Lyon, une quantité de relations manuscrites du plus haut intérêt, rédigées les unes par des militaires, les autres par des magistrats, tous témoins oculaires, dignes d'une entière confiance par leur caractère et leur position. Quant au séjour à l'île d'Elbe, le document le plus curieux, le plus complet, c'est le registre des Ordres et des Correspondances de Napoléon, et c'est en l'ayant sous les yeux que j'ai composé cette narration.

ses soldats, l'avait singulièrement aidé à réaliser ce prodige de vitesse.

En cet instant la confusion régnait dans Grenoble. Le général en apprenant le départ du 7ᵉ avait fait fermer les portes de la ville, et déposer les clefs chez lui, ce qui n'avait pas empêché quelques soldats du 7ᵉ restés en arrière de se jeter à bas des remparts pour rejoindre leurs camarades. La noblesse consternée s'était retirée dans ses maisons; la bourgeoisie partagée entre le plaisir d'être vengée de la noblesse, et la crainte des malheurs qui menaçaient la France, se montrait à peine. Le peuple, livré à lui-même, courait les rues pêle-mêle avec les officiers à la demi-solde, en criant *Vive l'Empereur!* Poussé au dernier degré d'exaltation par la nouvelle de l'événement de La Mure, que quelques hommes à cheval avaient apportée, il avait couru aux portes de la ville, et les trouvant fermées, il s'était accumulé sur les remparts, attendant que la colonne de l'île d'Elbe apparût à ses yeux impatients.

Lorsque Napoléon fut en vue de Grenoble, des transports de joie éclatèrent. Le peuple qui était sur les remparts se précipita vers la porte pour essayer de l'ouvrir, tandis qu'au dehors des bandes de paysans travaillaient à l'enfoncer. La porte cédant sous ce double effort, s'abattit à l'instant même où Napoléon arrivait à la tête de ses soldats. Il eut la plus grande difficulté à s'avancer à travers les rangs pressés de la foule, et il alla descendre à l'hôtel des Trois Dauphins.

Dès qu'on avait connu son approche, les principales autorités avaient disparu. Le général s'était

Mars 1815.

Transports du peuple de Grenoble en apprenant l'approche de Napoléon.

Entrée triomphale à Grenoble.

Mars 1815.

Napoléon logé à l'hôtel des Trois Dauphins.

Réception des autorités civiles et militaires.

transporté dans le département du Mont-Blanc, pour y réunir autour de lui ce qui restait de troupes, et tâcher jusqu'au dernier moment de s'acquitter de ses obligations militaires. Le préfet, embarrassé par ses relations passées avec Napoléon, s'était enfui, de peur, s'il le voyait, d'être entraîné hors de la ligne de ses devoirs. Il s'était dirigé vers Lyon, en se faisant excuser auprès de son ancien maître de ce départ précipité. Napoléon ne voulut loger ni à la préfecture ni à l'hôtel de la division militaire, et il resta à l'auberge des Trois Dauphins, où il était d'abord descendu, par suite de la loi qu'il s'était imposée dans cette expédition de payer partout sa dépense, afin de se distinguer en cela des princes de Bourbon, dont les voyages avaient été fort onéreux aux provinces visitées.

A peine établi dans le modeste appartement de l'hôtel des Trois Dauphins, il se mit à recevoir ceux qui se présentèrent, et passa la soirée à entretenir le maire, les autorités municipales, les chefs des troupes, et à se montrer de temps en temps à la fenêtre pour satisfaire l'impatience du peuple. Il remit au lendemain la réception officielle des autorités départementales, ainsi que la revue des troupes.

Le lendemain 8 mars, il employa la première partie de la matinée à donner des ordres pour organiser son gouvernement dans les contrées qu'il venait de conquérir, puis il reçut les autorités civiles, judiciaires et militaires. Toutes, en le félicitant de son triomphe, en lui présageant un triomphe plus complet encore dans sa marche sur Paris, s'applaudirent de le voir revenir pour relever les principes menacés de la Révolution française, et cependant, à travers de nombreuses protestations de dévouement, lui déclarèrent hardiment qu'il fallait se préparer à un nouveau règne, entièrement différent du précédent, à un règne à la fois pacifique et libéral. Bien que le respect pour l'autorité à peine rétablie de Napoléon fût grand, le langage n'était plus celui qu'on tient à un maître, mais au chef d'un État libre. Les visages, en exprimant toujours en sa présence la curiosité et l'admiration, ne révélaient plus cette humble soumission qui se manifestait autrefois dès qu'on le voyait paraître.

Mars 1815.

Napoléon ne témoigna ni gêne, ni mécontentement. Tranquille, serein, et comme façonné à son nouveau rôle, il dit à tous ceux qu'il entretint, soit en particulier, soit en public, tantôt avec le langage familier de la conversation, tantôt avec le langage contenu d'une réception officielle, qu'il venait d'employer dix mois à réfléchir au passé, et à tâcher d'en tirer d'utiles leçons; que les outrages dont il avait été l'objet, loin de l'irriter, l'avaient instruit; qu'il voyait ce qu'il fallait à la France, et tâcherait de le lui procurer; que la paix et la liberté étaient, il le savait, un besoin impérieux du temps, et qu'il en ferait désormais la règle de sa conduite; qu'il avait sans doute aimé la grandeur, et trop cédé à l'entraînement des conquêtes, mais qu'il n'était pas le seul coupable; que les puissances de l'Europe par leur soumission, les corps constitués par leur empressement à lui offrir le sang et les trésors de la France, la France elle-même par ses applaudissements, avaient contribué à un entraînement qui

Discours de Napoléon à toutes les autorités; sentiments pacifiques et libéraux dont il fait profession.

Mars 1815.

Napoléon promet la paix.

avait été général; que d'ailleurs la tentation de faire de la France la dominatrice des nations était excusable, qu'il fallait se la pardonner, mais n'y plus revenir; qu'il n'aurait pas signé le traité de Paris, car il n'avait pas hésité à descendre du trône plutôt que d'ôter lui-même à la France ce qu'il ne lui avait pas donné, mais que le respect des traités était la loi de tout gouvernement régulier, qu'il acceptait donc le traité de Paris une fois signé, et le prendrait pour base de sa politique; que, moyennant cette déclaration, il ne doutait pas du maintien de la paix; qu'il avait transmis l'expression de ces sentiments à son beau-père, qu'il avait des raisons d'espérer que cette communication lui vaudrait le concours de l'Autriche, qu'il allait encore écrire à Vienne par Turin, et qu'il comptait sur la prochaine arrivée à Paris de sa femme et de son fils.

Il promet la liberté.

Quant au gouvernement intérieur de la France, Napoléon empruntant le langage des passions du temps, dit qu'il venait pour sauver les paysans de la dîme, les acquéreurs de biens nationaux d'une spoliation imminente, l'armée d'humiliations insupportables, et assurer enfin le triomphe des principes de 1789, mis en péril par les entreprises de l'émigration; que les Bourbons, eussent-ils les lumières et la force qui leur manquaient, n'auraient jamais pu se comporter autrement qu'ils n'avaient fait; que, représentants d'une royauté féodale, s'appuyant sur les nobles et les prêtres, proscrits avec eux, ils n'avaient pu revenir sans eux; qu'en se gardant d'être injustes ou injurieux pour les Bourbons, on devait tirer de leurs fautes une seule conclusion, c'est qu'ils étaient incompatibles avec la France, et qu'il fallait pour protéger les intérêts nouveaux un gouvernement nouveau, né de ces intérêts, formé par eux et pour eux; que son fils, pour lequel il allait travailler, serait le vrai représentant de ce gouvernement; qu'il venait pour préparer son règne, et le lui ménager digne et tranquille; qu'au surplus s'il n'était pas venu, les Bourbons n'en eussent pas moins succombé au milieu des convulsions qu'ils auraient provoquées; que lui, au contraire, en donnant sécurité aux intérêts nouveaux, satisfaction à l'esprit de liberté, préviendrait les agitations futures en supprimant leur cause; qu'il proposerait lui-même la révision des constitutions impériales, pour en faire sortir la véritable monarchie représentative, seule forme de gouvernement qui fût digne d'une nation aussi éclairée que la France; que quiconque le seconderait dans cette œuvre patriotique serait le bienvenu, car il ne voulait tirer des derniers événements que des leçons et non des sujets de ressentiment; qu'il aurait les bras ouverts pour tous ceux qui épouseraient la cause nationale; qu'on avait bien fait de recevoir les Bourbons, d'essayer encore une fois de leur manière de gouverner, qu'il n'en pouvait vouloir à personne de s'être prêté à cet essai, car il l'avait conseillé en quittant Fontainebleau à ses serviteurs les plus fidèles; mais que l'essai était fait, et qu'il fallait nécessairement en conclure que le gouvernement des Bourbons était impossible; qu'il attendrait donc avec confiance, et accueillerait cordialement le retour de tous les bons Français à la cause de la Révolution, de la liberté,

Mars 1815.

Napoléon se montre surtout occupé d'assurer le règne de son fils.

de la France, dont lui et son fils étaient les vrais, les uniques représentants.

Dans tout ce qu'il dit, Napoléon, simple, ouvert, adroit, convint de ce qu'on aurait pu lui reprocher, de manière à faire expirer le blâme en le devançant. Il s'exprima du reste avec une suffisante dignité, mettant les fautes d'autrui et les siennes sur le compte des circonstances, plus fortes, disait-il, que les hommes. Il excusa même les Bourbons en s'appliquant à les montrer moins coupables pour les montrer plus incorrigibles, ne fit jamais mention des droits de sa dynastie que comme des droits de la nation elle-même; parla de son fils plus souvent que de lui-même, afin d'indiquer qu'il reparaissait sur la scène uniquement pour préparer, sur la tête d'un enfant qui serait celui de la France, un règne paisible, libéral et prospère. Ces explications eurent un succès général, même auprès de ceux qui redoutaient cette tentative de rétablissement de l'Empire en face de l'Europe armée, et qui craignaient aussi chez Napoléon ses habitudes d'autorité arbitraire et absolue. On se flatta, ou du moins, le sort en étant jeté, on prit plaisir à se flatter qu'avec ces dispositions, et son génie rajeuni par le repos, la réflexion, le malheur, il parviendrait à surmonter les difficultés de son nouveau rôle, et à donner à la France tout ce qu'il avait le bon esprit de lui promettre.

Toujours libre dans ses pensées au milieu des situations les plus agitées, il s'entretint avec M. Berryat-Saint-Prix de quelques dispositions de nos codes sur lesquelles les jurisconsultes n'étaient pas d'accord, et il lui promit de ranger l'examen, et au besoin le changement de ces dispositions au nombre des réformes législatives dont il allait s'occuper au sein d'une paix profonde, qu'il ne songerait plus, disait-il, à troubler.

Mars 1815.

Après avoir ainsi donné audience aux diverses autorités, il alla passer la revue des troupes, et naturellement il en fut accueilli avec transport. Le 5ᵉ de ligne caserné à Grenoble, les 7ᵉ et 11ᵉ venus de Chambéry, le 4ᵉ de hussards tiré de Vienne, le 3ᵉ du génie, le 4ᵉ d'artillerie, poussèrent des acclamations dont la vivacité tenait de la frénésie. Deux ou trois chefs de corps avaient par scrupule militaire quitté leur régiment, mais la plupart étaient restés, se tenant pour dégagés de leur serment par l'autorité d'une révolution. Les cocardes tricolores, conservées par les soldats au fond de leurs sacs, avaient reparu avec une promptitude magique; les aigles même, cachées on ne sait où, s'étaient retrouvées au sommet des drapeaux tricolores, et on n'aurait pas dit qu'il venait d'y avoir dans le règne impérial une interruption d'une année. Napoléon parla beaucoup aux soldats de leur gloire flétrie par l'émigration, puis leur répéta qu'il voulait la paix, qu'il y comptait, car il était résolu à ne plus se mêler des affaires d'autrui, mais qu'il ne souffrirait pas qu'on se mêlât des affaires de la France, et que si par malheur on s'en mêlait, il ne doutait pas de les retrouver aussi vaillants et aussi heureux que jadis. Il ajouta qu'après avoir marché sur Grenoble sous l'escorte de ses compagnons d'exil, sortis avec lui de l'île d'Elbe, il allait sous l'escorte des braves qui venaient de se rallier à sa cause, marcher sur Lyon

Après avoir donné audience aux autorités, Napoléon passe les troupes en revue.

Langage qu'il leur tient.

Il les dirige immédiatement sur Lyon, en séjournant lui-même

Mars 1815.

À Grenoble vingt-quatre heures de plus.

et Paris, et achever ainsi la conquête de la France, laquelle s'accomplirait comme s'était accomplie celle de la Provence et du Dauphiné, non par les armes, mais par l'élan irrésistible de l'armée et du peuple; que les heures étaient précieuses, qu'il ne fallait pas laisser aux Bourbons le temps de se reconnaître et d'appeler l'étranger à leur secours; qu'il importait donc de partir tout de suite sans perdre un seul instant. Aussi, après avoir fait distribuer aux troupes des rations qui étaient préparées, il les mit lui-même en route vers quatre heures de l'après-midi, en les dirigeant sur Lyon par Bourgoin.

En les quittant Napoléon leur annonça qu'il les suivrait de près, que le lendemain au plus tard il serait à leur tête, et irait s'ouvrir les portes de Lyon, comme il s'était ouvert celles de Grenoble, en montrant le drapeau tricolore. Les 5e, 11e et 7e de ligne, le 3e du génie, le 4e d'artillerie, munis d'un parc de campagne de trente bouches à feu, le 4e de hussards en tête, partirent pour Lyon au cri de *Vive l'Empereur!* C'était un corps de 7 mille hommes, complétement fanatisés, suffisants pour vaincre des soldats fidèles aux Bourbons si on en rencontrait, mais plus certains encore d'entraîner par le sentiment qui les avait entraînés eux-mêmes toutes les troupes qu'on essayerait de leur opposer.

Napoléon, reprenant l'habitude qu'il avait dans ses campagnes de travailler pendant que ses armées marchaient, rentra à l'hôtel des Trois Dauphins pour y donner des ordres indispensables, se proposant de partir le lendemain sous l'escorte des soldats de l'île d'Elbe, qui grâce à cette disposition auraient goûté une journée de repos. Il devait ainsi arriver le surlendemain 10 aux portes de Lyon, à la tête d'un rassemblement beaucoup plus considérable que tous ceux qu'on pourrait diriger contre lui.

Mars 1815.

Il était mécontent du préfet Fourier, qui ne l'avait pas attendu, et qui avait fui Grenoble pour ne pas se trouver en sa présence. — Il était en Égypte avec nous, répétait-il; il a trempé dans la Révolution, il a même signé une des adresses envoyées à la Convention contre le malheureux Louis XVI (Napoléon se trompait en ce point), qu'a-t-il donc de commun avec les Bourbons? — Dans son premier mouvement de dépit Napoléon allait prendre un arrêté contre M. Fourier, lorsqu'on lui communiqua les explications que ce préfet, en quittant Grenoble, lui avait adressées par voie indirecte. Il se calma, et lui expédia l'ordre de le venir joindre à Lyon. Il expédia le même ordre au général Marchand, puis se mit à écrire à Marie-Louise pour lui annoncer son entrée à Grenoble et la certitude de sa prochaine entrée à Paris, pour la presser de le rejoindre, de lui amener son fils, et de renouveler à l'empereur François l'assurance de ses intentions pacifiques. Il adressa cette lettre au général de Bubna, commandant les troupes autrichiennes à Turin, le même avec lequel il avait traité si amicalement à Dresde en 1813, lui recommanda de la transmettre à Marie-Louise, et voulut que le courrier porteur de son message prît publiquement la route du mont Cenis, afin qu'on crût à des communications établies avec la cour d'Autriche. Le jeudi 9, tous ses ordres étant donnés, il quitta Grenoble à midi, accompagné des

Napoléon adresse au préfet Fourier et au général Marchand l'invitation de le rejoindre.

Message à Marie-Louise.

vœux du peuple du Dauphiné, et s'achemina sur Lyon.

Mars 1815.

Impression produite à Paris par la nouvelle du débarquement de Napoléon.

Tandis que Napoléon pénétrait ainsi en France, s'emparant successivement des troupes envoyées pour le combattre, le bruit de son apparition avait causé partout une émotion profonde. Cette nouvelle, partie du golfe Juan dans l'après-midi du 1ᵉʳ mars, s'était répandue aussi vite que le permettaient les moyens de communication dont on disposait à cette époque. Elle avait été apportée à Marseille le 3, et avait jeté la population effervescente de cette ville dans un état d'agitation extraordinaire. Elle était arrivée le 5 au matin à Lyon, où elle avait trouvé les habitants partagés, et fort animés les uns contre les autres; enfin transmise par le télégraphe à Paris, elle y était parvenue au milieu de cette même journée du 5. Remise à l'instant par M. de Vitrolles à Louis XVIII, elle avait singulièrement surpris ce prince, qui prenant en général toutes choses avec assez de sang-froid, s'était montré dans le premier moment plus étonné qu'alarmé, et cherchait pour ainsi dire dans les yeux de ceux qui l'entouraient ce qu'il fallait penser de ce grand événement. Bientôt, à la folle joie des uns, qui croyaient qu'on n'aurait qu'à saisir et à fusiller l'échappé de l'île d'Elbe, à la terreur des autres, qui le voyaient déjà maître de toutes les forces envoyées contre lui, il avait compris que l'événement était de la plus haute gravité, et il avait tâché de démêler dans les avis contradictoires de ses conseillers habituels ce qu'il y avait de plus convenable à faire. Impotent dès son jeune âge, n'ayant agi que très-peu dans l'exil,

Cette nouvelle arrive le 5 mars.

Louis XVIII la reçoit avec peu d'émotion.

s'étant même raillé très-souvent de l'activité incessante de son frère, il était devenu inerte autant par habitude que par nature, répugnait aux résolutions promptes et décisives, et était aussi lent d'esprit que de corps dans les occasions difficiles.

Mars 1815.

À l'exemple de ses préfets il voulut que l'on tînt la nouvelle secrète le plus longtemps possible. Il n'y avait eu d'abord d'initiés au redoutable mystère que les princes, le ministre de la guerre, personnage indispensable en semblable circonstance, M. de Blacas, qui était toujours instruit de tout, et M. de Vitrolles, qui des débris de l'ancien ministère d'État avait conservé le télégraphe. Les princes furent fort émus, car appelés par leur position à se mettre à la tête des troupes, ils sentaient mieux que personne la difficulté de leur rôle. Quant au maréchal Soult, ministre de la guerre, qui s'était jeté dans les bras des Bourbons comme s'il n'avait jamais dû rencontrer désormais la terrible figure de Napoléon, il fut consterné des embarras qui se dressaient devant lui. Il n'en fit pas moins grande montre de zèle. L'idée qui se présenta naturellement à tous les esprits, fut de donner aux princes le commandement des divers rassemblements de troupes qu'on allait former, et de placer le principal de ces rassemblements sous les ordres de M. le comte d'Artois, toujours le plus remuant des membres de la famille, et le plus populaire parmi les royalistes extrêmes, qui cette fois pouvaient rendre des services signalés si leur dévouement était aussi actif que bruyant. Napoléon étant en marche depuis le 1ᵉʳ mars, et ayant dû se diriger sur Lyon quelque

Secret gardé; convocation des princes et des ministres.

Réunion de corps d'armée dans diverses directions.

route qu'il eût prise, celle de Grenoble ou celle de Marseille, c'était à Lyon évidemment qu'on devait le rencontrer, et qu'il fallait accumuler les moyens de résistance. M. le comte d'Artois offrit avec beaucoup d'empressement de s'y transporter, et cette mesure coulait tellement de source que son offre fut acceptée sur-le-champ. On imagina de lui donner pour lieutenants ses deux fils, le duc de Berry à gauche, le duc d'Angoulême à droite (celui-ci était en ce moment à Bordeaux), l'un et l'autre devant partir des provinces qu'ils avaient l'habitude de visiter, et en amener les forces sur les flancs de Napoléon. Il fut convenu que M. le duc de Berry, qui était connu des provinces militaires de l'Est, se rendrait en Franche-Comté, réunirait à Besançon les troupes de ligne, les gardes nationales de bonne volonté, et les conduirait par Lons-le-Saulnier sur la gauche de Lyon; que M. le duc d'Angoulême, familiarisé avec les populations du Midi, quitterait Bordeaux immédiatement, se rendrait par Toulouse à Nîmes, et prendrait ainsi Napoléon par derrière, avec les forces qu'il aurait rassemblées. Ces combinaisons, que le ministre de la guerre regardait comme très-savantes, supposaient deux conditions : premièrement, qu'on aurait le temps de concentrer les troupes sur ces divers points, et secondement, qu'elles seraient fidèles. Or on délibérait le 5 au soir; les ordres expédiés le 6 ne pouvaient arriver dans chaque lieu que le 7, le 8, le 9, le 10, selon les distances, exigeaient en outre un certain temps pour leur exécution, et on vient de voir que Napoléon devait être dans la journée même du 10 devant Lyon. Quant à la fidélité des troupes, le récit qui précède prouve ce qu'il restait d'espérance fondée sous ce rapport.

Mars 1815.

Le ministre de la guerre n'en affectait pas moins un grand zèle, une grande activité, et proposait très-sérieusement comme des moyens infaillibles de salut les mesures que nous venons d'énumérer. On le laissa faire, car après tout il savait mieux que les hommes dont la royauté était entourée, comment il fallait s'y prendre pour remuer des soldats. Ignorant ce qui s'était passé à La Mure et à Grenoble, on ne désespéra pas de la fidélité des troupes, et pour s'en mieux assurer, on résolut de placer auprès des princes des chefs populaires et respectés dans l'armée. Le maréchal Ney, commandant en Franche-Comté, fut choisi pour accompagner le duc de Berry. Le maréchal Macdonald, commandant à Bourges, reçut ordre de partir sur-le-champ pour Nîmes, afin d'assister le duc d'Angoulême. Ces deux maréchaux, qui avaient été à Fontainebleau les négociateurs de Napoléon, semblaient parfaitement choisis pour lui être opposés. On ne doutait pas de la rigide probité avec laquelle le maréchal Macdonald remplirait ses devoirs. Quant au maréchal Ney, quoiqu'on le sût mécontent de la cour et pour ce motif retiré dans ses terres, on supposait qu'il devait voir avec peine le retour de Napoléon, surtout en se rappelant les scènes de Fontainebleau, et on se flattait qu'à l'aspect de ce formidable revenant, toutes ses passions se réveilleraient.

Enfin, pour procurer à M. le comte d'Artois un

Mars 1815.

Le duc d'Orléans adjoint au comte d'Artois.

lieutenant de plus, et un lieutenant de grande importance, on fit un choix, en apparence malicieux, mais en réalité proposé très-innocemment par M. le comte d'Artois lui-même, celui de M. le duc d'Orléans. Ce prince, quoiqu'il se comportât avec beaucoup de réserve, était, comme nous l'avons dit, redevenu l'objet de toutes les défiances de l'émigration. Fort visité chez lui, il était agréable aux militaires qui se souvenaient de ses services dans les armées républicaines, et aux partisans des idées constitutionnelles qui étaient charmés de voir leurs opinions partagées par un membre de la famille royale. Cette espèce de popularité, dont M. le duc d'Orléans ne songeait nullement à abuser, offusquait la cour, et Louis XVIII n'était pas fâché de se débarrasser de lui en le donnant à M. le comte d'Artois, qui, pour sa part, n'était pas fâché d'avoir à ses côtés un Bourbon militaire. Ce choix fut accueilli aussi facilement que les autres, et on chargea le ministre de la guerre de prescrire immédiatement les mouvements de troupes et de matériel qui devaient être la conséquence des combinaisons adoptées. Il fut convenu que M. le comte d'Artois partirait pour Lyon dans la nuit même du 5 au 6 mars. On manda M. le duc d'Orléans aux Tuileries, pour lui communiquer la nouvelle qu'on tenait secrète, et pour lui transmettre par la bouche même du Roi les ordres qui le concernaient. Ce prince ne se fit point attendre. — Eh bien, lui dit Louis XVIII avec une singulière nonchalance, *Bonaparte* est en France ! — M. le duc d'Orléans, apercevant avec son ordinaire sagacité le danger qui menaçait la dynastie, ne dissimula pas ses craintes. — Que voulez-vous que j'y fasse? répondit Louis XVIII avec un mouvement d'impatience; j'aimerais mieux qu'il n'y fût pas, mais il y est, et il faut nous en débarrasser comme nous pourrons. — M. le duc d'Orléans, convaincu que les mesures adoptées pour la défense de Lyon seraient tardives et inefficaces, se sentait peu de goût pour la mission qu'on lui offrait, et tâcha de persuader au Roi de le garder à Paris, où ne resterait aucun prince du sang s'il s'éloignait, et où la popularité dont il ne se vantait pas, mais qui était reconnue, pourrait être utile. Mais en demandant à rester, il demandait justement ce que le Roi voulait le moins, et il dut se soumettre et partir. Le seul résultat qu'il obtint de ses conseils, fut de faire retenir à Paris M. le duc de Berry. On pensa, en effet, qu'il fallait laisser auprès du Roi l'un de ses neveux, et que d'ailleurs il ne convenait pas de livrer à lui-même le caractère trop bouillant de M. le duc de Berry. En conséquence on décida que le maréchal Ney se rendrait seul à Besançon. Ce maréchal, qui était dans sa terre des Coudreaux, fut immédiatement appelé à Paris par le télégraphe.

Après avoir pris ces mesures militaires, on convoqua les autres ministres pour s'occuper des mesures politiques. L'impression fut la même chez tous, c'est-à-dire extrêmement vive, mêlée de quelque repentir chez ceux qui sentaient les fautes commises, accompagnée chez les autres d'un seul regret, celui d'avoir été trop doux, c'est-à-dire, trop faibles à les entendre. Aussi voulaient-ils compenser leur récente faiblesse par une grande énergie

Mars 1815.

Ordre
de courir sus
à Napoléon.

dans les circonstances présentes. Sans réfléchir, sans se rendre compte de la gravité de l'acte qu'ils allaient commettre, du terrible droit de représailles auquel ils allaient s'exposer, ils rédigèrent une ordonnance, fondée sur l'article 14 de la Charte, par laquelle il était prescrit à tout citoyen de courir sus à Napoléon, de le prendre mort ou vif, et si on le prenait vivant, de le livrer à une commission militaire, qui lui ferait sur-le-champ l'application des lois existantes, et par conséquent le ferait fusiller. Cette ordonnance fut non-seulement rendue contre Napoléon, mais aussi contre les compagnons et les fauteurs de son entreprise. Il suffisait de l'identité constatée pour que la condamnation et l'exécution fussent immédiates.

A cet acte dictatorial, premier emploi de cet article 14 qui devait être si funeste à la dynastie, on en ajouta un autre fort légitime, fort nécessaire, ce fut de convoquer les Chambres, qui avaient été ajournées au 1ᵉʳ mai. Il n'y avait rien de mieux entendu que de les appeler autour du Roi, pour prendre d'accord avec elles les mesures de défense que les circonstances comportaient, et d'opposer ainsi à Napoléon, représentant du despotisme militaire, la royauté légitime entourée de tout l'appareil de la liberté constitutionnelle. Les Chambres furent donc appelées à se réunir dans le plus bref délai possible, et leurs membres présents à Paris furent invités à se rendre à leurs palais respectifs, afin de se constituer dès qu'ils seraient en nombre suffisant pour délibérer.

Convocation
immédiate
des
Chambres.

Ces résolutions adoptées le lundi 6 mars, publiées

L'ILE D'ELBE.

le mardi 7 (jour même où Napoléon entrait à Grenoble), révélèrent au public la grande nouvelle, qu'on avait retenue tant qu'on avait pu, mais qui peu à peu s'était échappée des Tuileries, et avait causé une profonde sensation parmi les gens informés. Pourtant les détails publiés diminuèrent un peu la première émotion. Le gouvernement ne connaissait encore que le débarquement de Napoléon au golfe Juan, à la tête de onze cents hommes, la tentative manquée sur Antibes, et la marche vers les hautes Alpes. Les préfets en mandant ces faits avaient mis en relief les circonstances les plus favorables, et le gouvernement s'appliqua de son côté à communiquer au public l'impression rassurante qu'on avait cherché à lui inspirer à lui-même. Comme on attachait une extrême importance à la première manifestation des sentiments de l'armée, on appuya beaucoup sur ce qui s'était passé à Antibes, et on présenta *Buonaparte*, ainsi qu'on l'appelait alors, comme repoussé par les troupes qu'il avait rencontrées en débarquant, et comme obligé de se jeter dans les montagnes, où il ne pouvait tarder de succomber sous les coups de la misère ou de la justice. — Ce *lâche brigand*, s'écriait-on, indigne de mourir de la mort des héros, mourrait bientôt de la mort des malfaiteurs, et il fallait remercier le ciel qui prenait soin de le faire sortir de la retraite où l'on avait eu la faiblesse de le laisser, pour venir s'offrir lui-même au supplice qu'il n'avait que trop mérité. — Cette manière de considérer la chose fut adoptée par les royalistes ardents, et après s'être remis de leur première terreur, ils ne

Mars 1815.

Première émotion produite par la nouvelle du débarquement.

Le gouvernement s'applique à en diminuer l'effet.

Mars 1815.

Satisfaction secrète du peuple et des révolutionnaires.

Inquiétudes de la bourgeoisie.

virent plus dans le grand événement du jour qu'un sujet d'espérance.

Le reste du public en jugea autrement. Il ne s'en tint pas à la version officielle, et ne considéra pas Napoléon comme aussi certainement perdu qu'on se plaisait à le dire. La masse du peuple, éprouvant une préférence d'instinct pour l'homme qui avait si puissamment remué son imagination, conçut une secrète joie à la nouvelle de son retour. Les militaires, émus jusqu'au fond de l'âme, se mirent à former pour leur ancien général des vœux qu'ils ne dissimulaient guère, bien que les chefs affectassent une rigide fidélité à leurs devoirs. Les révolutionnaires, après avoir applaudi dix mois auparavant au retour des Bourbons qui les vengeait de Napoléon, applaudirent de même au retour de Napoléon qui les vengeait des Bourbons. Les acquéreurs de biens nationaux, innombrables dans les campagnes, se regardèrent comme sauvés d'une spoliation imminente. La bourgeoisie, au contraire, tranquille, désintéressée dans la question des biens nationaux dont elle avait beaucoup moins acheté que les habitants des campagnes, désirant la paix et une liberté modérée, fut saisie d'une profonde inquiétude. Quoique blessée par la partialité des Bourbons pour les nobles et les prêtres, elle aimait mieux conserver les Bourbons en leur résistant, que de courir avec Napoléon de nouvelles chances de guerre, et très-peu de chances de liberté. Ces sentiments étaient surtout ceux de la bourgeoisie de Paris, la plus sage de France, parce qu'elle a beaucoup de lumières, et beaucoup moins de ces intérêts particuliers de province qui font fléchir la rectitude des opinions. Ainsi dans les villes maritimes, ruinées par le blocus continental, la bourgeoisie éprouva une sorte de fureur, tandis que dans les villes manufacturières, dont l'industrie créée par Napoléon avait beaucoup souffert des communications avec l'Angleterre, elle ressentit une joie véritable, balancée seulement par les craintes de guerre.

Chez les hommes véritablement éclairés, il n'y eut qu'un sentiment, celui de la douleur. Ces hommes en général peu nombreux, mais influents sans chercher à l'être, n'attendirent du retour de Napoléon que d'affreuses calamités. Pour aucun la guerre ne parut douteuse. Le congrès qu'on avait cru près de se dissoudre, s'était prolongé, et il était évident dès lors qu'il ne se séparerait plus, et s'efforcerait de renverser, sans lui laisser le temps de se rasseoir, l'homme qui venait mettre en question tout ce qu'on avait fait à Vienne. Ce serait donc un nouveau duel à mort de la France avec les grandes puissances européennes. Ce premier danger devait suffire à lui seul pour décider tout bon citoyen contre la tentative faite en ce moment. A la vérité le tort en était non-seulement à Napoléon, mais aux Bourbons eux-mêmes, qui par leurs fautes avaient suggéré l'idée et préparé le succès de cette entreprise : mais que le tort fût aux uns ou aux autres, pour la France le malheur était le même.

Sous le rapport des affaires intérieures, les motifs de regrets, sans être aussi graves, étaient sérieux pourtant. Les Bourbons avaient choqué quiconque avait dans le cœur l'amour du sol et l'attachement aux principes de quatre-vingt-neuf, mais enfin on était occupé à leur tenir tête, et à les vaincre constitutionnellement. Les élections de l'année allaient faire arriver un contingent d'opposants modérés, lesquels renforceraient la majorité indépendante qui s'était formée dans la Chambre des députés, et on avait ainsi la certitude d'une victoire régulière, lente peut-être, mais tôt ou tard complète, sur les fâcheux penchants de l'émigration. De la sorte on rétablirait avec les vrais principes de la Révolution française, une liberté sage, légale, pratique, à l'image de celle qui faisait le bonheur de l'Angleterre. C'était au surplus une œuvre commencée, et il valait mieux la mener à fin, que d'en aller entreprendre une autre, et de recommencer ainsi toujours sans jamais rien achever.

D'ailleurs aurait-on avec Napoléon, même éclairé par l'adversité et la réflexion, d'égales chances de succès? C'était fort contestable. Sans doute on n'aurait aucune difficulté avec lui à l'égard des principes de quatre-vingt-neuf, qui composaient en quelque sorte sa philosophie politique; mais sous le rapport de la liberté constitutionnelle, on aurait probablement fort à faire. Même en supposant bien rapide chez lui l'éducation du malheur, ne rencontrerait-on pas sa puissante volonté, son redoutable génie, et pourrait-on le plier à toutes les exigences du régime constitutionnel? Il fallait donc prévoir avec lui une guerre certaine, une liberté douteuse, et c'était plus qu'il n'en fallait pour empêcher les hommes éclairés de souhaiter son retour.

Il n'y a ni exagération ni partialité à dire que ces

hommes se trouvaient presque exclusivement dans les rangs du parti constitutionnel. On appelait parti constitutionnel celui qui cherchait à fonder une liberté régulière sous les Bourbons, en les y soumettant peu à peu par des victoires légalement remportées sur leurs mauvaises tendances. Soit dans les Chambres, soit au dehors, ce parti fut unanime pour se rallier aux Bourbons, et essayer de les soutenir. Sans doute quelques sentiments personnels se mêlaient à la générosité de cette résolution. Ainsi les membres des deux Chambres se sentaient compromis, les uns pour avoir prononcé la déchéance de Napoléon, les autres pour y avoir chaudement adhéré. Certains écrivains, comme M. Benjamin Constant, avaient déployé contre le régime impérial une violence de langage qui devait les rendre au moins incompatibles avec le souverain de l'île d'Elbe, redevenu souverain de la France. Mais indépendamment de quelques motifs particuliers, la plupart furent dirigés par le désir parfaitement honnête de tenir le serment prêté aux Bourbons, d'achever avec eux l'édifice commencé de la liberté constitutionnelle, et d'épargner à la France une nouvelle et fatale lutte avec l'Europe. Les chefs du parti constitutionnel mettaient d'ailleurs à honneur de prouver que leur opposition, manifestée ou par des discours ou par des écrits, s'adressait non à la dynastie des Bourbons, mais à leur marche politique. C'était de la part de ces hommes une conduite loyale, sensée et habile.

Mars 1815.

et conduite du parti constitutionnel

Ceux qui appartenaient aux Chambres se hâtèrent d'accourir au lieu de leurs séances, de s'y

Les chefs du parti constitutionnel

Mars 1815.

entourent M. Lainé, président de la seconde Chambre.

voir, de s'y entretenir, d'épancher dans leurs conversations les sentiments qu'ils éprouvaient, en attendant qu'ils pussent les faire éclater par leurs discours lorsqu'ils seraient en nombre pour délibérer. C'est autour du président de la Chambre des députés, M. Lainé, qu'on chercha surtout à se grouper. M. Lainé, devenu partisan ardent des Bourbons par haine de Napoléon, avait tous les sentiments des royalistes sans leurs préjugés. Il commençait à reconnaître les fautes commises, auxquelles d'ailleurs il n'était pas étranger, et n'était pas homme à cacher ce qu'il ressentait. Il se hâta d'avouer ces fautes, et trouva de l'écho parmi les royalistes modérés, même chez quelques-uns des ministres.

Manière dont se partagent les ministres par suite du grand événement annoncé.

Ces derniers, ainsi que nous l'avons déjà dit, ne composaient pas un vrai cabinet. Pour qu'il y ait un cabinet, sous la forme de gouvernement qu'on essayait alors de donner à la France, il faut d'abord que la royauté y consente, en souffrant qu'il s'élève une volonté à côté de la sienne; secondement, il faut qu'il se trouve parmi les ministres un chef, admis comme tel par ses collègues, et accepté à la fois par les Chambres et par la royauté comme leur intermédiaire et leur lien. Or Louis XVIII, ainsi que nous l'avons dit encore, quoique moins effarouché qu'aucun des monarques que nous ayons eus, par le spectacle des assemblées libres, ce qu'il devait à un long séjour en Angleterre, n'avait pas fait jusqu'alors tous les sacrifices d'autorité qu'exige le régime représentatif, et si dans la pratique il cédait beaucoup de son pouvoir royal, c'était autant par ennui des affaires que par bon sens. Quoi qu'il en soit, il ne cherchait pas à se donner un véritable chef de cabinet, et de plus il n'avait autour de lui aucun homme capable de le devenir. M. de Talleyrand, absent et nonchalant, ne pouvait pas l'être, bien qu'il fût le personnage le plus éminent de cette époque. M. de Montesquiou, le plus considérable après M. de Talleyrand, et le seul capable de figurer devant une assemblée, aurait pu être ce chef, si on avait accordé plus d'importance aux Chambres, et s'il avait eu le caractère à la fois souple, ferme et laborieux, que ce rôle exige. Il y avait donc des ministres, comme nous avons déjà eu occasion de le faire remarquer, et point de ministère. Ces ministres se partageaient en gens d'esprit, sentant les fautes commises, portés même à les reconnaître, et en complices ou complaisants de l'émigration, croyant que si on avait eu un tort, c'était de s'être montré trop faible, trop condescendant pour les partis adverses. Parmi les premiers, il fallait ranger M. le baron Louis, exclusivement occupé des finances, et ayant dans sa spécialité déployé les qualités d'un grand ministre; M. Beugnot, fort injustement attaqué par l'émigration dont il avait repoussé l'intervention dans la police, et auquel les royalistes ardents reprochaient avec amertume d'avoir laissé consommer l'évasion de l'île d'Elbe, qu'il aurait dû en sa qualité de ministre de la marine empêcher par des croisières plus vigilantes; M. de Jaucourt, remplaçant temporaire de M. de Talleyrand, ayant peu d'avis en dehors des affaires de son département, homme honnête, intelligent et modéré; enfin M. de Montesquiou,

Mars 1815.

Les uns reconnaissent les fautes commises, les autres les nient, et tendent plutôt à les aggraver.

apercevant à quel point on s'était peu à peu laissé entraîner hors du vrai courant des sentiments nationaux, mettant une noble franchise à en convenir, mécontent de tous les partis, mais du sien plus que d'aucun autre, lui imputant volontiers tout le mal qui s'était accompli, et dans son chagrin, aimant à dire que lui et ses collègues n'avaient rien de mieux à faire que de céder la place à des hommes plus populaires et plus capables de sauver la royauté.

MM. Dambray et Ferrand par aveuglement, le maréchal Soult par les engagements qu'il avait pris avec les royalistes extrêmes, partageaient au contraire les idées de l'émigration. Selon eux, il fallait tout simplement être un peu plus royaliste qu'on ne l'avait été, surtout plus rigoureux, frapper à droite et à gauche si on en avait l'occasion, reprendre peut-être quelques-unes des concessions de la Charte (ceci se disait tout bas), et essayer par ces moyens de sauver la monarchie. M. de Blacas ne se prononçait point. Il avait assez de clairvoyance pour reconnaître qu'on s'était trompé, soit dans un sens, soit dans un autre, mais il se regardait comme tellement identifié à la royauté, qu'il ne supposait même pas que le blâme et le changement pussent l'atteindre.

Les ministres à repentir s'étaient portés vers M. Lainé, et M. de Montesquiou notamment n'avait pas hésité à dire que s'il fallait sacrifier trois ou quatre membres du cabinet, lui compris, il était prêt à les jeter dans le gouffre pour le refermer. M. Lainé avait fort applaudi à ces dispositions, et cherché à s'entourer des chefs de l'opposition modérée, soit dans les Chambres, soit au dehors. Il en était deux notamment qu'il avait attirés auprès de lui, c'étaient M. Benjamin Constant, dont les écrits avaient produit une vive sensation, et M. de Lafayette, qui, après avoir fait une visite à Louis XVIII au moment de la promulgation de la Charte, pour prouver qu'il était prêt à accepter la liberté sous les Bourbons, était retourné à son domaine de Lagrange, et y vivait paisiblement, en attendant qu'il reçût des électeurs la mission formelle de se mêler des affaires publiques.

Mars 1815.

de son portefeuille.

M. Lainé s'entoure des chefs de l'opposition.

Entre M. Lainé, M. de Montesquiou et les divers chefs du parti constitutionnel, on avait émis certaines idées, comme de changer trois ou quatre ministres, tels que M. de Montesquiou qui s'offrait en sacrifice, MM. de Blacas, Soult, Ferrand qui ne s'offraient pas, de mettre à leur place des personnages populaires, d'augmenter la Chambre des pairs, d'y appeler des hommes signalés par de grands services civils ou militaires, de compléter la Chambre des députés, en faisant remplacer les deux séries dont les pouvoirs étaient expirés par des députés agréables à l'opinion libérale, et, vu le peu de temps dont on disposait, de confier ces choix à la Chambre elle-même; de réorganiser les gardes nationales, de les composer de la bourgeoisie, généralement bonne, et d'en donner le commandement supérieur à M. de Lafayette; de s'expliquer sur les biens nationaux de manière à dissiper les inquiétudes des acquéreurs; de rechercher enfin les mesures qui avaient froissé l'armée, de les abroger immédiatement, et de leur substituer des dispositions contraires.

Concessions qu'on demande au gouvernement.

M. de Montesquiou avait paru croire qu'aucune de ces concessions, même le choix de M. de Lafayette, n'était un prix trop élevé du service qu'on rendrait en sauvant la monarchie. Les ministres opposés aux concessions, et en particulier les sacrifiés, avaient jeté les hauts cris, et M. de Blacas, écoutant tout pour le compte de Louis XVIII qui ne se prononçait pas, demeurait immobile et silencieux. En vain M. Lainé, prévoyant que Napoléon marcherait avec sa rapidité ordinaire, insistait-il pour qu'on prît promptement un parti, M. de Montesquiou, désavoué par la cour depuis qu'il montrait des sentiments si sages, ne pouvait guère donner une réponse qu'il n'obtenait pas lui-même, et Louis XVIII, obsédé par les remontrances de la portion raisonnable des royalistes, par les emportements de la portion exaltée, ne sachant qui entendre, qui croire, aimait mieux dans le doute ne pas sortir de ses habitudes, c'est-à-dire garder M. de Blacas et ne renvoyer personne.

Dans cette cruelle perplexité, on ne se bornait pas à consulter les constitutionnels, qui de tous les opposants étaient les seuls sincères, les seuls animés du désir de conserver la dynastie en redressant sa marche, on reprenait certaines relations avec les principaux révolutionnaires, tels que MM. Fouché, Barras et autres, imitant en cela les malades, presque toujours portés à préférer les empiriques qui les flattent, aux vrais médecins qui leur prescrivent des remèdes déplaisants. Il faut ajouter que dans les partis, les entêtés, les fous, lorsqu'ils sont obligés de choisir entre leurs adversaires, pardonnent plus volontiers aux extrêmes qui leur ressemblent, qu'aux modérés avec lesquels ils n'ont pas plus de rapports de caractère que d'opinion.

Les intermédiaires ordinairement employés auprès de M. Fouché lui firent encore entrevoir le ministère de la police, dont on l'avait dégoûté en le lui faisant trop attendre, mais ils le trouvèrent évasif cette fois, beaucoup moins empressé que de coutume à donner ses conseils, et indiquant clairement qu'il était trop tard. M. d'André, dirigeant la police avec sagesse et modération, chercha même à attirer auprès de lui le duc de Rovigo, pour avoir son avis, et le duc de Rovigo lui répondit sans détour, qu'on avait tellement maltraité les hommes de l'Empire, et en particulier ceux de l'armée, qu'il y avait bien peu de chances d'en ramener aucun.

Tandis que du côté des royalistes on s'agitait sans rien produire, on ne s'agitait pas moins du côté des bonapartistes et des révolutionnaires, et d'une manière tout aussi inefficace pour le but qu'on avait en vue. Les uns et les autres avaient été surpris comme par un coup de foudre en apprenant l'apparition de Napoléon. M. de Bassano, qui seul s'était mis en communication avec l'île d'Elbe, uniquement pour envoyer quelques informations, n'avait pas été moins surpris que les autres, car M. Fleury de Chaboulon ne lui avait rien mandé depuis son départ, et n'était pas encore revenu. Dans la crainte d'un résultat malheureux, l'ancien et fidèle ministre de Napoléon en était à regretter la part, si petite qu'elle fût, qu'il pouvait avoir eue à la détermination de son maître. Les jeunes militaires, premiers inven-

Mars 1815.

Nouvelles tentatives auprès de M. Fouché.

Celui-ci n'y répond point.

Agitations et inquiétudes des bonapartistes.

Mars 1815.

teurs du complot que nous avons exposé, lesquels n'avaient eu aucune communication avec l'île d'Elbe, pas même avec le colonel de La Bédoyère, devenus plus ardents que jamais, voulaient agir sur-le-champ, afin de seconder l'entreprise de Napoléon. Les bonapartistes de l'ordre civil, MM. Regnaud de Saint-Jean d'Angély, Boulay de la Meurthe, Thibaudeau, et autres, aussi peu informés que M. de Bassano, craignaient autant d'agir que de ne pas agir, car s'il pouvait être bon d'opérer au nord une diversion en faveur de Napoléon, il était possible d'un autre côté qu'on dérangeât ses plans, en conseillant un mouvement qu'il n'aurait ni prévu ni ordonné. Habitués à attendre, et point à devancer les déterminations de l'Empereur, ils étaient plongés dans les plus étranges perplexités.

Satisfaction des révolutionnaires.

M. Fouché seul éprouve une sorte de dépit du retour de Napoléon.

Cependant il est d'avis de le seconder.

Quant aux révolutionnaires, ils furent en général satisfaits. Cependant le principal d'entre eux, M. Fouché, bien qu'il aimât par-dessus tout les événements, toujours agréables à sa nature agitée, avait été fort contrarié par la nouvelle du retour de Napoléon, qui venait déranger ses calculs. Il croyait en effet avoir les Bourbons dans ses mains, et être en mesure de les maintenir ou de les renverser à son gré, par la position qu'il avait prise au sein de toutes les intrigues, même royalistes. — Nous allions, disait-il à ses affidés, composer un ministère de régicides, tels que Carnot, Garat et moi, de militaires inflexibles, tels que Davout, et nous aurions renvoyé ou dominé les Bourbons. Mais voilà cet homme terrible qui vient nous apporter son despotisme et la guerre. Pourtant, au point où en sont les choses, il faut le seconder, afin de l'enchaîner par nos services, sauf à voir ce que nous ferons ensuite lorsqu'il sera ici, et qu'il sera probablement aussi embarrassé que nous par son triomphe. —

Mars 1815.

Plus hardi que les bonapartistes à la façon de M. de Bassano, moins respectueux pour l'infaillibilité de l'Empereur, et sachant risquer, sinon sa vie, du moins celle des autres, il fut d'avis de mettre la main à l'œuvre, et de lâcher la bride aux jeunes militaires. Les généraux Lallemand, Lefebvre-Desnoëttes, Drouet d'Erlon, étaient venus à Paris, et il les encouragea dans leur projet d'agir immédiatement. Drouet d'Erlon commandait à Lille sous le maréchal Mortier, et il pouvait disposer de plusieurs régiments d'infanterie. Lefebvre-Desnoëttes avait à Cambrai les anciens chasseurs de la garde, devenus chasseurs royaux, et tout près à Arras, les grenadiers à cheval, devenus cuirassiers royaux. Les deux frères Lallemand étaient, l'un commandant dans l'Aisne, l'autre général d'artillerie à La Fère. Il fut convenu que le plus téméraire de tous, et le plus sûr de sa troupe, Lefebvre-Desnoëttes, partirait de Cambrai avec les chasseurs de la garde, se porterait vers l'Aisne, se présenterait devant La Fère, où les frères Lallemand amèneraient les troupes qu'ils auraient réussi à entraîner, qu'ensuite descendant l'Oise en commun, ils se rendraient à Compiègne, où Drouet les rejoindrait avec l'infanterie de Lille. Placés ainsi à la tête de douze ou quinze mille hommes, ils pouvaient exercer une influence considérable sur les événements, décider peut-être le soulèvement de l'armée entière, et tout au moins

Projets des frères Lallemand, et encouragement que leur donne M. Fouché.

couper la retraite aux Bourbons, pour les livrer (sains et saufs du reste) à Napoléon, qui en ferait ce qu'il voudrait.

Ce projet devait s'exécuter sur l'heure, sans autre délai que le temps d'aller de Paris à Lille, car on était au commencement de mars, Napoléon avait débarqué le 1ᵉʳ, on ne savait pas plus que le gouvernement la direction qu'il avait prise, mais dans tous les cas il importait d'opérer le plus tôt possible une forte diversion en sa faveur. On s'était toujours flatté que le maréchal Davout prendrait le commandement du corps d'armée insurgé, dès qu'on aurait réuni ce corps quelque part, et on avait espéré qu'un si grand nom, à la tête de troupes éprouvées, déciderait les incertains à se joindre au mouvement. Mais on avait mis tant de pétulance, d'indiscrétion dans l'organisation de ce complot, que le maréchal, soit répugnance pour une entreprise qui ne concordait guère avec ses habitudes de discipline, soit crainte d'être compromis par des étourdis, soit aussi crainte de devancer les ordres de Napoléon, vint déclarer à M. de Bassano qu'il ne fallait pas le compter au nombre des collaborateurs de l'œuvre qu'on préparait, beaucoup trop légèrement à son avis. Les jeunes généraux, fort mécontents, répondirent qu'ils sauraient se passer de lui, et sans plus différer ils partirent pour aller tenter, sans leur illustre chef, l'aventure qu'ils avaient depuis si longtemps projetée.

Tandis que les ennemis de la maison de Bourbon se comportaient avec l'activité et l'audace qui leur étaient naturelles, les Bourbons eux-mêmes, assaillis de conseils contradictoires, continuaient d'hésiter entre les résolutions proposées, et se bornaient à quelques mesures militaires qui n'auraient pu être efficaces que s'ils avaient été sûrs de l'armée. Nous avons dit que le duc de Berry, destiné d'abord à la Franche-Comté, devait rester à Paris auprès du Roi, et que le maréchal Ney était chargé de se rendre seul à Besançon. Ce maréchal, mandé par le télégraphe, avait appris avec beaucoup de peine l'événement qui ouvrait de nouveau à Napoléon le chemin du trône. Moins coupable envers son ancien empereur des torts qu'il avait eus, que de ceux dont il s'était vanté, il n'aurait pas désiré se retrouver sous sa main; mais il faut dire à son honneur qu'avec son bon sens de soldat, il entrevoyait comme certaine et nécessairement funeste une nouvelle guerre contre l'Europe si on rétablissait l'Empire. Ses motifs pour voir avec effroi, même avec colère, le retour de Napoléon, n'étaient donc pas moins patriotiques que personnels. N'ayant jamais pris la peine de dissimuler ses sentiments, il les exprima tout haut dès son arrivée à Paris. Enchanté de le trouver dans ces dispositions, on le combla de caresses, on le conduisit chez le Roi qui lui fit l'accueil le plus flatteur, et auquel il promit de ramener Napoléon, vaincu et prisonnier. Les habitués de la cour prétendirent même qu'il avait dit *prisonnier dans une cage de fer*, propos vrai ou faux, qui ne prouvait rien qu'une intempérance de langage fort pardonnable chez un soldat peu accoutumé à ménager ses paroles. Le maréchal Ney partit donc, donnant à la cour des espérances qui de sa part étaient données sincèrement, plus sincèrement

Mars 1815.

continuent de ne pas prendre de parti.

Arrivée à Paris du maréchal Ney.

Il part pour la Franche-Comté, en promettant

qu'elles n'étaient reçues, car on affectait de croire à sa fidélité plus qu'on n'y croyait véritablement. Sans se l'avouer, en effet, on pressentait l'entraînement général qui allait emporter les esprits et les cœurs vers l'homme qu'on avait par sa faute constitué le représentant de tous les intérêts moraux et matériels de la Révolution française.

Le comte d'Artois, parti dans la nuit du 5 au 6 mars, arriva le mercredi 8 à Lyon, au milieu d'une agitation extraordinaire des esprits. Nous avons précédemment fait connaître la situation morale de cette grande ville. Un parti peu nombreux mais violent de royalistes aveugles avait fini par éloigner des Bourbons toute la population lyonnaise, qui au surplus s'était toujours regardée comme l'obligée de Napoléon, parce qu'il s'était appliqué à réparer ses malheurs, et qu'il avait ouvert le continent à son commerce. Un assassinat récent commis sur un patriote par un royaliste, assassinat demeuré impuni, avait porté l'exaspération au comble, et en apprenant l'approche de la colonne de l'île d'Elbe, tout le monde, à l'exception de quelques esprits sages, avait tressailli de joie. Bientôt même, à la nouvelle des événements de Grenoble, on n'avait plus conservé de doute sur ce qui arriverait prochainement à Lyon.

Les royalistes étaient irrités et consternés, disant comme partout qu'on ne faisait rien, mais pas plus qu'ailleurs n'indiquant ce qu'il y avait à faire. Le comte Roger de Damas, gouverneur de la division, ne manquait certes ni de bonne volonté ni de courage, mais il ne disposait d'aucune force sur laquelle il pût compter. La garde nationale, expression la plus fidèle de la population, était froide au moins, sauf la petite portion de cette garde qui servait à cheval, et qui là comme ailleurs était formée par la noblesse du pays. Les troupes de la garnison consistant dans le 24ᵉ de ligne et le 13ᵉ de dragons cantonnés à Lyon, et dans le 20ᵉ de ligne venu de Montbrison, ne dissimulaient aucunement leurs sentiments, et paraissaient prêtes à ouvrir les bras à Napoléon dès qu'il se montrerait aux portes de la ville. On n'avait pas une seule pièce de canon. Le maréchal Soult avait eu la singulière idée d'en faire demander à Grenoble, c'est-à-dire à un arrondissement d'artillerie qui d'après toutes les probabilités devait être envahi lorsque les ordres de Paris y parviendraient. Du reste la privation n'était pas grande, car il faut des bras pour manœuvrer les canons, et on ne pouvait pas plus compter sur les bras de l'artillerie que sur ceux de l'infanterie.

Mars 1815.

Tel était l'état des choses à Lyon, lorsque M. le comte d'Artois y arriva. Il vit bientôt que le zèle honorable mais peu réfléchi qui l'y avait conduit, ne servirait qu'à l'exposer à une échauffourée. Il fut donc fort au regret d'y être venu, car sans se préoccuper des dangers personnels qu'il pouvait courir, il allait par sa présence rendre infiniment plus grave la perte à peu près certaine de cette grande ville.

Il se donna, suivant sa coutume, beaucoup de mouvement, il prodigua les paroles et les caresses, mais en dehors de ceux qui l'approchaient et sur lesquels il agissait par sa bonté et sa grâce, il ne conquit personne. Il avait besoin de quelques

Vains efforts de M. le comte d'Artois pour se concilier la population fonds pour accorder des gratifications aux troupes, et les caisses du Trésor n'ayant pas été pourvues en temps utile, il trouva partout des excuses au lieu d'argent. Le duc d'Orléans étant arrivé à Lyon vingt-quatre heures après lui, il délibéra avec ce prince sur ce qu'il y avait de plus utile à faire. La question était à Lyon ce qu'elle avait été à Grenoble. Opposer des troupes à Napoléon, c'était les lui livrer; rétrograder en les emmenant avec soi, c'était lui livrer du pays. Ce dernier parti était pourtant le seul à prendre, car d'après toutes les vraisemblances Lyon devant être aux mains de l'ennemi dans deux jours, il valait mieux se retirer avec les troupes que de fournir à Napoléon un renfort de quelques mille hommes. Le duc d'Orléans s'efforça de prouver au comte d'Artois que le parti de la retraite était le plus sage, mais celui-ci retenu par le chagrin d'abandonner une ville telle que Lyon, voulut avant de faire un pareil sacrifice consulter le maréchal Macdonald, qui allait passer pour se rendre à Nîmes auprès du duc d'Angoulême. Ce maréchal, dont la voiture s'était cassée en route, n'arriva que le 9 au soir à Lyon. Conduit chez le comte d'Artois qui l'attendait avec impatience, et qui lui ordonna de rester auprès de lui parce que la route de Nîmes était interceptée, le maréchal montra les meilleures dispositions, mais fut très-peu rassuré par le rapport qu'on lui fit de la situation. Toutefois il ne fut point d'avis d'évacuer Lyon avant d'y être contraint par les événements. Il proposa de couper les ponts du Rhône, si on le pouvait, ou au moins de les barricader; de passer les troupes en revue, de leur parler, de tâcher de les déterminer en faveur de la cause royale, de choisir parmi les royalistes ardents quelques hommes dévoués qui, vêtus en soldats, tireraient le premier coup de fusil, et engageraient ainsi le combat, ce qui déciderait peut-être l'armée à résister à Napoléon. Ces propositions ne firent guère d'illusion à la sagacité du duc d'Orléans, mais ce n'était pas le cas de disputer sur les moyens quand on en avait si peu, et ce prince n'objecta rien. Le comte d'Artois, faute de mieux, agréa ce que lui proposa le maréchal, le chargea de donner les ordres nécessaires, et alla prendre quelque repos en attendant le lendemain. C'était en effet le lendemain 10 que, d'après tous les calculs, Napoléon devait se présenter aux portes de Lyon.

Mars 1815.

Le maréchal Macdonald passa la nuit à faire couper ou barricader les ponts, à ramener les bateaux de la rive gauche à la rive droite du Rhône, et à recevoir les chefs des régiments qu'il trouva prêts à remplir leur devoir, par honneur mais non par affection, et unanimes dans l'opinion qu'ils avaient conçue des mauvaises dispositions de leurs soldats. Il leur recommanda de préparer au comte d'Artois une réception convenable, et tandis qu'il était occupé de ces soins, le général Brayer, commandant à Lyon, vint lui dire qu'il fallait se garder de montrer le prince aux troupes, car l'accueil était trop douteux pour en courir le risque. Le maréchal se transporta en hâte chez le prince qu'il fit éveiller, l'étonna peu en lui rapportant ces tristes nouvelles, et convint avec lui de commencer la revue sans sa

Il fait barricader les ponts et ramener les bateaux à la droite du Rhône.

440 LIVRE LVII.

Mars 1815.

Revue
des troupes
le 10 mars
au matin.

présence, sauf à le faire appeler, si les efforts qu'il allait tenter obtenaient un premier succès.

Dès le matin, par une pluie battante, le maréchal fit assembler les 20° et 24° de ligne, ainsi que le 13° de dragons, lesquels au milieu du désordre régnant n'avaient reçu aucune distribution, ce qui ajoutait à leur disposition hostile la mauvaise humeur des privations. Il les fit former en cercle autour de lui, leur rappela les vingt ans de guerre pendant lesquels il avait toujours servi dans leurs rangs, la loyale conduite qu'il avait tenue à Fontainebleau, les fautes qui avaient amené les malheurs de la France en 1814, et leur annonça de plus grands malheurs encore si on livrait le pays à Napoléon, car on aurait de nouveau l'Europe sur les bras, plus unie, plus puissante, plus irritée que jamais! Il parla avec raison, avec chaleur, mais sans succès. Désirant enfin tirer la conclusion de son discours, il saisit son épée, et, d'une voix forte, cria : *Vive le Roi!* — Pas une voix ne répondit à la sienne. Un peu déconcerté, il voulut essayer si la présence du comte d'Artois ne produirait pas quelque effet, certain d'ailleurs par l'attitude des troupes qu'il n'en pouvait rien advenir de fâcheux. Le prince accourut, montra aux soldats son visage aimable et attrayant, fut reçu d'eux avec respect, mais avec une invincible froideur. Arrivé devant le 13° de dragons, le maréchal fit sortir des rangs un vieux sous-officier, dont les cheveux gris, et la croix étalée sur sa poitrine, attestaient les longs services. Il lui parla de ses campagnes, et puis l'invita, devant le prince, à crier : *Vive le Roi!* — Le vieux soldat, ébahi, resta immobile et muet, salua

Impossibilité
d'arracher
aux soldats
le cri de
Vive le Roi.

M. le comte d'Artois et rentra dans le rang, sans avoir poussé le cri qu'on lui demandait.

Mars 1815.

Le prince vivement affecté changea de couleur, mais ne témoigna rien, et retourna vers sa demeure, laissant sur le terrain le maréchal qui, pour faire un dernier essai, invita les officiers à le suivre chez lui. Ils y vinrent au nombre d'une centaine, et sans s'écarter des égards dus à l'homme de guerre éprouvé qui leur parlait, exposèrent leurs griefs avec une extrême amertume. Le maréchal pour les calmer convint des torts qu'on avait eus envers l'armée, leur en promit la réparation, mais ne put les ramener, même en leur présentant la perspective d'un duel à mort avec l'Europe. Il les trouva profondément irrités contre la maison du Roi, et contre ce qu'ils appelaient les chouans, blessés du dédain qu'on montrait pour la Légion d'honneur, car en ce moment même le comte Roger de Damas ne la portait point, et quoique convaincus de la presque certitude d'une nouvelle lutte avec l'Europe, résolus à en braver les chances, et à mourir tous pour relever la France, pour la purger, disaient-ils, des émigrés, des chouans, des Autrichiens, des Russes, des Anglais, qu'ils confondaient dans les mêmes appellations et la même haine.

Le comte d'Artois abandonne la revue.

Le maréchal Macdonald reçoit chez lui le corps des officiers, et cherche en vain à détruire les préventions dont leur esprit est rempli.

Il n'y avait rien à obtenir d'esprits aussi malheureusement prévenus. Le maréchal se rendit chez M. le comte d'Artois, et bien qu'il n'y eût aucun danger pour sa personne, si ce n'est celui de devenir prisonnier de Napoléon, il l'engagea à partir sur-le-champ avec M. le duc d'Orléans. Quant à lui, il se décida à rester, pour essayer encore d'engager

Sur le conseil du maréchal Macdonald, M. le comte d'Artois quitte Lyon.

le combat, et d'amener les troupes à prendre parti pour la Restauration contre l'Empire.

Après avoir accompagné les princes jusqu'à leur voiture, il revint vers les ponts du Rhône, afin de voir où en était l'exécution de ses ordres. Les ponts, bien entendu, n'avaient pas été coupés, car la population n'y aurait pas consenti; mais ils n'étaient pas même barricadés. Quant à ces agitateurs royalistes qui avaient tant contribué à indisposer la population lyonnaise, aucun ne s'était offert pour prendre la capote du soldat, et tirer le premier coup de fusil. Le maréchal fit obstruer les ponts du mieux qu'il put, et ordonna l'ouverture d'une tranchée, pour commencer une espèce de tête de pont. Tandis qu'il présidait lui-même à ces travaux, un soldat d'infanterie dont il cherchait à stimuler le zèle, lui répondit avec sang-froid : Allons donc, maréchal, vous êtes un brave homme, qui avez passé votre vie dans nos rangs, et non dans ceux des émigrés! Vous feriez bien mieux de nous conduire auprès de notre empereur qui approche, et qui vous recevrait à bras ouverts... — Il n'y avait ni punitions, ni raisonnements à adresser à des soldats ainsi disposés, et le maréchal attendit dans une anxiété cruelle l'apparition de l'ennemi, que plusieurs officiers, envoyés en reconnaissance, disaient prochaine. Il était trois ou quatre heures de l'après-midi, vendredi 10, et on assurait que Napoléon n'était pas loin du faubourg de la Guillotière.

Napoléon, en effet, que nous avons laissé sortant de Grenoble le 9 à midi, n'avait pas perdu de temps, et s'était hâté de rejoindre ses troupes qu'il avait dès le 8 acheminées vers Lyon. Voyageant dans une calèche ouverte, et n'avançant qu'au pas à cause de l'affluence des populations, sa marche de Grenoble à Lyon, au milieu des campagnards acquéreurs pour la plupart de biens nationaux, et curieux de voir cet homme extraordinaire, fut une sorte de triomphe. On n'entendait de tout côté que les cris de *Vive l'Empereur! à bas les nobles! à bas les prêtres!* et, à chaque instant, Napoléon était obligé de s'arrêter pour écouter les harangues des maires, et pour leur faire des réponses conformes à leurs passions. Il avait soupé à Rives, couché à Bourgoin, et continué le 10 à marcher sur Lyon où il espérait entrer avant la fin du jour.

Vers quatre heures son avant-garde, composée d'un détachement du 4ᵉ de hussards, parut à l'entrée du faubourg de la Guillotière, où se trouvait en observation un détachement du 13ᵉ de dragons. A peine ces deux troupes de cavalerie furent-elles en présence l'une de l'autre, qu'elles fraternisèrent au cri de *Vive l'Empereur!* puis elles parcoururent le faubourg, où le peuple les accueillit en poussant le même cri. Bientôt peuple et cavaliers se dirigèrent en masse vers le pont de la Guillotière. Au bruit que faisait cette foule, le maréchal Macdonald fit ordonner à deux bataillons de le suivre, et s'avança lui-même vers le pont en prescrivant à ses officiers de mettre l'épée à la main, pour tâcher d'entraîner les troupes, et de faire partir ce premier coup de fusil, duquel il attendait le salut

Mars 1815.

de Grenoble à Lyon.

Son avant-garde, composée d'un détachement du 4ᵉ de hussards, arrive le 10 à quatre heures au faubourg de la Guillotière.

Elle fraternise avec le 13ᵉ de dragons et avec les troupes qui gardent le pont de la Guillotière.

Mars 1815.

de la cause royale. Tandis qu'il exécutait ce mouvement, les hussards du 4ᵉ mêlés aux dragons du 13ᵉ parurent, et poussant le cri de *Vive l'Empereur!* provoquèrent chez les fantassins qui gardaient le pont un mouvement irrésistible. Ceux-ci répondirent par le cri de *Vive l'Empereur!* puis se jetant sur les barricades qu'on avait essayé d'élever, travaillèrent à les abattre au plus vite. De leur côté les hussards et les dragons, aidés par le peuple du faubourg, se mirent à l'œuvre, et en moins de quelques minutes le passage fut rétabli. Le maréchal, à ce spectacle, ne songea plus qu'à s'échapper, pour se soustraire au zèle de ses soldats qui voulaient le conduire à Napoléon, et le forcer de se réconcilier avec lui. Enfonçant les éperons dans les flancs de son cheval, il s'enfuit au galop, accompagné du général Digeon et de ses aides de camp. Il traversa Lyon ventre à terre, serré de près par quelques cavaliers qui, sans intention de lui faire aucun mal, désiraient s'emparer de sa personne pour le rattacher à la cause impériale. Mais le maréchal, s'opiniâtrant dans l'accomplissement de son devoir, par honneur, par intelligence des vrais intérêts de la France, voulait se dérober à une réconciliation qui, de la part de Napoléon, eût été certainement accompagnée des plus éclatantes faveurs. Il fut poursuivi pendant quelques lieues, puis, comme dirent ses soldats, *abandonné à sa mauvaise étoile*, qu'il s'obstinait à suivre.

Le maréchal Macdonald est réduit à s'enfuir au galop.

Au pont de la Guillotière se passait en ce moment une scène d'un autre genre. On avait débarrassé le pont le plus promptement possible, et une foule

Entrée triomphale de Napoléon à Lyon.

immense composée de bourgeois offensés par les royalistes, de patriotes tourmentés depuis six mois à titre de révolutionnaires, était accourue à la rencontre de Napoléon, et, mêlée aux troupes, le proclamait empereur. Quant à lui, tranquille et accueillant comme un maître qui rentre dans son domaine, il répondait par des saluts affectueux aux témoignages enthousiastes qu'on lui prodiguait de toutes parts.

Mars 1815.

Il alla descendre non pas dans une auberge comme à Grenoble, mais au palais de l'archevêché, qui était pour lui un palais de famille. Les autorités civiles, judiciaires et militaires se hâtèrent de lui apporter leurs hommages et leurs félicitations. Aux unes comme aux autres il répéta les discours qu'il avait déjà tenus à Grenoble, mais cette fois en un langage moins populaire et un peu plus impérial. Il leur dit qu'il venait pour sauver les principes et les intérêts de la Révolution mis en péril par les émigrés, pour rendre à la France sa gloire, sans toutefois lui rendre la guerre qu'il espérait pouvoir éviter; qu'il accepterait les traités signés avec l'Europe, et vivrait en paix avec elle, pourvu qu'elle ne songeât point à se mêler de nos affaires; que les temps étaient changés, qu'il fallait se contenter d'être la plus glorieuse des nations, sans prétendre à maîtriser toutes les autres; qu'au dedans comme au dehors il tiendrait compte des changements survenus, et accorderait à la France toute la liberté dont elle était digne et capable; que si un pouvoir très-étendu était nécessaire quand il avait de vastes projets de conquête,

Son langage à toutes les autorités.

Mars 1815.

un pouvoir sagement limité suffisait pour administrer la France pacifique et heureuse; qu'il arriverait bientôt à Paris, et qu'il se hâterait de convoquer la nation elle-même, pour modifier de concert avec elle les constitutions de l'Empire, et les adapter au nouvel état des choses.

Ce langage réussit à Lyon comme il avait réussi à Grenoble, et il semblait tellement impossible dans le moment de penser autrement, que personne ne se demanda si Napoléon était sincère. Les réceptions et les harangues terminées, son premier soin à Lyon de même qu'à Grenoble, fut de pousser toujours sur Paris, sans perdre une heure. Pour cela il résolut de faire comme il avait déjà fait, de retenir auprès de lui les troupes qui l'avaient escorté, afin de leur procurer un peu de repos, et de porter en avant celles qui venaient de se donner à lui, et qui n'avaient encore essuyé aucune fatigue. Il se proposait de les suivre avec celles qu'il avait amenées de Grenoble, et qui, après une halte d'un jour, seraient capables de se remettre en route. Avec la garnison de Lyon il devait avoir environ 12 mille hommes, et un parc d'artillerie qui se compléterait en passant à Auxonne. Il était douteux que les Bourbons eussent le temps de réunir une force pareille, et surtout qu'ils pussent la décider à se battre. Toutefois Napoléon ne pouvait acheminer sur Paris la division Brayer qui venait de lui livrer Lyon, sans auparavant la voir et lui parler. Il ordonna donc pour le lendemain matin la revue de la garde nationale et des troupes. Le lendemain 11 mars, en effet, il passa en revue, sur la place

Napoléon porte en avant les régiments qui viennent de l'accueillir, et donne un peu de repos à ceux qui l'ont suivi.

Revue des troupes.

Bellecour, qu'il avait réédifiée, les soldats de l'île d'Elbe, ceux de Grenoble, ceux de Lyon, mêlés à la garde nationale lyonnaise. L'espérance, hélas chimérique! d'avoir à la tête du gouvernement un grand homme, dévoué à la cause de la Révolution, acceptant par bon sens autant que par nécessité la paix et les principes d'une sage liberté, de réunir par conséquent le triple avantage du génie, de la gloire, et d'une origine populaire, tout cela sans guerre et sans despotisme, cette espérance séduisait les imaginations, et rendit à Napoléon le cœur des Lyonnais, aliéné depuis trois ans par ses fautes. Il parcourut le front de la division Brayer, la remercia dignement, en général qui savait parler aux soldats, et l'invita à partir immédiatement pour aller lui conquérir de nouveaux régiments et de nouvelles cités.

Rentré à l'archevêché, il s'occupa sans retard des soins de l'administration, dont il cherchait à chaque pas à ressaisir les fils épars. Le jeune Fleury de Chaboulon, de retour de Naples, vint soudainement tomber à ses pieds, ivre de joie de le voir si miraculeusement échappé à tous les dangers de la mer et de la terre. Napoléon l'accueillit avec bonté, et l'attacha sur-le-champ à son cabinet. Il songea ensuite à choisir un préfet de Lyon. Ainsi qu'on l'a vu, il avait été mécontent à Grenoble du départ précipité de M. Fourier. Mais bientôt calmé par ses explications, il lui avait fait dire de le joindre à Lyon, et M. Fourier, incapable de trahir le pouvoir qui tombait, mais tout aussi incapable de tenir rigueur au pouvoir qui se relevait, s'était hâté de

Mars 1815.

venir. Napoléon le reçut à merveille, puis trouvant convenable, et même piquant de faire préfet de Lyon le préfet qui avait voulu lui interdire l'entrée de Grenoble, il lui donna la préfecture du Rhône, ce que M. Fourier accepta sans difficulté.

Décrets de Lyon.

Dissolution des Chambres de Louis XVIII.

A ces actes administratifs Napoléon en ajouta de plus graves. Arrivé à Lyon, il se regardait comme déjà en possession de l'autorité souveraine, et il résolut d'en user pour frapper au cœur les pouvoirs qui lui étaient opposés. Il prononça la dissolution des deux Chambres de Louis XVIII, en alléguant contre chacune d'elles les motifs les plus propres à les rendre impopulaires. Il reprocha à celle des pairs d'être composée, ou d'anciens sénateurs de l'Empire qui avaient pactisé avec l'ennemi victorieux, ou d'émigrés qui étaient rentrés à la suite de l'étranger. Quant à la Chambre des députés, il rappela que ses pouvoirs étaient expirés, au moins pour les deux tiers de ses membres, qu'elle s'était prêtée aussi aux communications avec l'ennemi, enfin qu'elle avait émis un vote scandaleux et antinational en accordant, sous prétexte de payer les dettes du Roi, une somme de trente millions, destinée à solder vingt ans de guerre civile.

Après avoir frappé les deux Chambres actuellement en fonctions, il fallait cependant prendre garde de réveiller dans les esprits l'idée de ce despotisme géant, qui durant quinze années avait voulu exister tout seul, et décider tout seul des destinées de la France. Les Chambres de la royauté détruites, Napoléon prit une mesure qui devait préparer la formation des Chambres de l'Empire. Il décréta que le corps électoral tout entier, réuni sous deux mois à Paris en Champ de Mai, y assisterait au sacre de l'Impératrice et du Roi de Rome, et apporterait aux constitutions impériales les changements commandés par l'état des esprits et par le besoin d'une sage liberté. C'était une manière indirecte d'annoncer, sans la promettre formellement, la prochaine arrivée de Marie-Louise et du Roi de Rome, d'en référer au pays lui-même pour les nouvelles institutions qu'il s'agissait de lui donner, de prendre en même temps pour base du pouvoir impérial la souveraineté de la nation, et non le droit divin invoqué par les Bourbons.

Mars 1815.

Convocation du Champ de Mai.

Napoléon ne se borna point à frapper les grands corps de l'État composant le gouvernement des Bourbons, et à proclamer la formation à bref délai de ceux qui devaient composer le sien, il voulut par quelques autres mesures s'assurer le concours des principaux fonctionnaires. Ainsi les Bourbons avaient annoncé la reconstitution de la magistrature, et, en faisant attendre cette reconstitution, avaient tenu les magistrats dans une inquiétude continuelle. Napoléon déclara nulles les destitutions et les nominations prononcées depuis avril 1814, et ordonna aux anciens magistrats impériaux de remonter immédiatement sur leurs siéges. C'était se donner d'un trait de plume la magistrature tout entière. Il ne prescrivit rien touchant les préfets et sous-préfets, qui pour la plupart étaient ceux de l'Empire restés au service de la Restauration, sur lesquels il était impossible de statuer de loin, et dont il était probable qu'il recouvrerait le plus grand

Rétablissement de la magistrature impériale.

Mars 1815.

Expulsion des émigrés.

Projet de décret comminatoire contre MM. de Talleyrand, de Dalberg, de Vitrolles, etc., contre les maréchaux Marmont et Augereau.

nombre lorsqu'ils seraient en position de faire leur choix. A ces mesures que la politique justifiait, Napoléon en ajouta de moins excusables, destinées les unes à satisfaire les passions du parti révolutionnaire et militaire, les autres à ramener ou à contenir certains ennemis de grande importance en les intimidant sans les frapper. Il décida par décret que les émigrés rentrés sans radiation régulière, antérieure à 1814, seraient tenus d'évacuer le territoire, et que ceux d'entre eux qui avaient obtenu des grades militaires en déposeraient les épaulettes, et quitteraient sur-le-champ les rangs de l'armée. Cette mesure, déjà fort rigoureuse mais inévitable, car si on n'y avait pourvu d'avance les soldats auraient expulsé violemment les officiers émigrés qu'on avait introduits dans leurs rangs, fut de beaucoup dépassée par une autre qui n'avait pas l'excuse de la nécessité, et qui, par la notoriété des personnages atteints, devait produire un effet déplorable. Napoléon en voulait à MM. de Talleyrand, de Dalberg, de Vitrolles, Marmont, Augereau, etc., qui avaient, les uns amené l'ennemi, les autres traité avec lui. Il rédigea donc un décret pour ordonner la mise en jugement, et en attendant le séquestre des biens, contre MM. de Talleyrand, de Dalberg, de Vitrolles, contre M. Lynch, maire de Bordeaux, contre les maréchaux Marmont et Augereau, sous le prétexte que tous indistinctement avaient connivé avec les envahisseurs du territoire. Comme la plupart étaient absents, et que les autres ne pouvaient manquer de s'absenter bientôt, c'était une menace qui devait porter sur les biens seulement, et qu'on pouvait faire cesser si ces personnages demandaient à se rallier. Ce n'en était pas moins de la part de Napoléon un acte de réaction violente, qui contrastait avec la clémence promise dans ses proclamations, et qui pouvait faire beaucoup plus de mal à sa cause en alarmant les esprits, qu'aux absents en les menaçant sans les atteindre. Le grand maréchal Bertrand, revêtu de la qualité de major général, devait contre-signer ces décrets, rendus militairement en quelque sorte. Le caractère généreux du grand maréchal répugnait à de tels actes, et il résista vivement. Il soutint qu'une pareille mesure suffirait pour détruire toute confiance dans les promesses de Napoléon, et pour fournir à ses ennemis l'occasion de dire qu'il revenait en France plein de ressentiments, et aussi enraciné que jamais dans ses habitudes despotiques. Napoléon répondit au grand maréchal qu'il n'entendait rien à la politique, que la clémence ne produisait ses effets qu'accompagnée d'une certaine dose de sévérité, surtout à l'égard d'ennemis dangereux, et quelques-uns implacables; qu'en réalité il ne voulait point exercer de rigueurs, qu'il venait de le prouver en nommant préfet de Lyon M. Fourier, si hautement prononcé contre lui; qu'il fallait pourtant traiter différemment ceux qui avaient cédé aux circonstances, et ceux qui avaient connivé avec l'ennemi pendant que les bons Français versaient leur sang à la frontière; que cette apparence de sévérité serait une immense satisfaction pour tous ceux qui composaient son parti en France; que, du reste, il le répétait, il voulait intimider, non frapper, et qu'il

Mars 1815.

Résistance du grand maréchal Bertrand à ce décret.

Mars 1815.

était prêt à ouvrir les bras à quiconque manifesterait l'intention de revenir à lui. Pourtant Napoléon se laissa fléchir par les observations du grand maréchal Bertrand, qui lui disait qu'il ne fallait pas fermer la voie à un raccommodement, et qu'au lieu de ramener les hommes dont il s'agissait, on les éloignerait en les menaçant. Le décret fut donc non pas abandonné mais ajourné.

Nouvelle lettre à Marie-Louise.

Napoléon avant de quitter Lyon écrivit de nouveau à Marie-Louise, lui fit connaître les progrès de sa marche, lui annonça son entrée triomphale à Paris pour le 20 mars, jour de naissance du Roi de Rome, et la pressa enfin de revenir en France. Il envoya un message à son frère Joseph, qui était dans le canton de Vaud, pour le charger de faire parvenir à Vienne la lettre écrite à Marie-Louise, pour l'informer aussi de ses prodigieux succès, pour l'autoriser en outre à déclarer officiellement à tous les ministres des puissances résidant en Suisse, l'intention formelle où il était de conserver la paix aux conditions du traité de Paris.

Napoléon quitte Lyon le 13 mars au matin, et prend la route de la Bourgogne.

Ayant pourvu à tout, il résolut de quitter Lyon le 13 mars au matin, après y avoir séjourné le 11 et le 12 seulement, c'est-à-dire le temps absolument indispensable pour rallier les troupes qui arrivaient successivement de Grenoble, pour les faire reposer un jour, et les acheminer à la suite de la division Brayer, partie de Lyon dès le 11. Son projet était de choisir entre les deux routes qui menaient de Lyon à Paris, celle de la Bourgogne, beaucoup plus sûre que celle du Bourbonnais, à cause de l'esprit des habitants.

Tout présageait à Napoléon dans le reste de son voyage, un succès aussi prompt, aussi complet, que celui qu'il avait obtenu de La Mure à Lyon. On se donnait cependant beaucoup de mouvement, soit sur ses derrières, soit sur ses flancs. En effet, les Marseillais en apprenant son débarquement, avaient été saisis d'une irritation indicible. Ils avaient cru voir leur port fermé de nouveau, leur misère encore assurée pour des années, et ils avaient demandé à partir tous pour courir après celui qu'ils appelaient *le brigand de l'île d'Elbe*. Le maréchal Masséna, destiné malgré sa gloire aux injustices des deux dynasties, n'avait pas plus à se louer de Napoléon que de Louis XVIII. Dégoûté de tout, excepté du repos, il jugeait la situation de la hauteur de son rare bon sens et de son sincère patriotisme. Attaché de cœur à la Révolution, mais craignant une nouvelle lutte avec l'Europe, il voyait dans Louis XVIII la contre-révolution, dans Napoléon la guerre, et n'avait de penchant ni pour l'un ni pour l'autre. Dans cette disposition, il envisageait avec peine plutôt qu'avec plaisir la tentative de son ancien empereur, et était décidé à se renfermer dans la rigoureuse observation de ses devoirs militaires. Cédant à la demande des Marseillais, il en avait laissé partir douze ou quinze cents, escortés de deux régiments d'infanterie, qui avaient la cocarde tricolore cachée dans leur sac. Cette colonne s'était dirigée sur Grenoble pour prendre Napoléon à revers, et elle ne pouvait certes pas lui faire grand mal, étant à plus de cent lieues de lui. Masséna avait en outre pris ses précautions à Toulon, pour qu'au milieu du

Mars 1815.

Mouvements qu'on exécute sur ses flancs et ses derrières pour l'arrêter.

Marche des Marseillais.

Conduite de Masséna.

Mars 1815.

délire des partis on ne livrât pas cette importante place aux Anglais, et il s'était réservé quelques forces à Marseille, afin de ne pas rester à la merci d'une populace furieuse.

A Nîmes commençaient à se réunir quelques troupes de ligne, à la tête desquelles devait se mettre M. le duc d'Angoulême. Mais ces rassemblements, quoique placés sur les derrières de Napoléon, n'étaient pas fort à craindre à la distance où ils se trouvaient de lui. Ce qui présentait plus de gravité, c'était le mouvement du maréchal Ney, envoyé en Franche-Comté, et destiné à se porter par Besançon et Lons-le-Saulnier dans le flanc de Napoléon. Celui-là pouvait joindre l'armée impériale, mais il lui était difficile de réunir au delà de six mille hommes, qui se battraient à contre-cœur, ou ne se battraient même pas contre les douze ou quinze mille de Napoléon, remplis d'enthousiasme, et résolus à passer sur le corps de quiconque voudrait leur résister. Ce dernier danger n'était donc pas très-inquiétant, mais une collision eût fort contrarié Napoléon, qui avait la prétention et l'espérance d'arriver à Paris sans qu'une goutte de sang eût coulé. Il cherchait par ce motif à éviter tout conflit, mais il était décidé à n'écrire ni au maréchal Ney ni à d'autres, désirant tout devoir aux soldats, dont il ne craignait pas d'être l'obligé, et rien aux chefs militaires, dont il n'avait pas été content au moment de sa chute, et desquels il ne voulait pas recevoir de conditions. Toutefois le grand maréchal Bertrand ne garda pas la même réserve. Il écrivit à Ney pour lui dépeindre la marche triomphale de Cannes à Lyon et lui en prédire la conti-

Forces du maréchal Ney à Lons-le-Saulnier.

Bertrand écrit à Ney pour l'inviter à bien réfléchir à sa conduite.

nuation jusqu'à Paris, pour lui faire sentir la gravité de la résolution qu'il allait prendre, le danger de cette résolution pour lui, son inutilité pour les Bourbons, s'il la prenait contraire à la cause impériale. Il chargea quelques vieux sous-officiers de l'île d'Elbe de se rendre au corps de Ney, pour communiquer avec les soldats de ce corps, et les embraser du feu qui les dévorait tous. Du reste il était probable que l'on aurait dépassé Mâcon et Chalon, seuls points par lesquels on pouvait être pris en flanc, lorsque Ney serait en mesure d'agir. Napoléon quitta Lyon le 13 mars au matin, annonçant à tout le monde qu'il serait le 20 à Paris. Il était vraisemblable en effet que la rapidité de son aigle, *volant de clocher en clocher*, comme il l'avait dit, ne serait pas moins grande de Lyon à Paris, que de Cannes à Lyon.

Mars 1815.

En s'avançant en Bourgogne, Napoléon allait rencontrer des populations animées au plus haut point de l'esprit qui avait assuré son triomphe dans la première partie de son expédition. Les pays qui bordent la Saône avaient singulièrement prospéré pendant l'Empire, parce qu'alors les communications fluviales remplaçant les communications maritimes, la Saône était devenue la voie du commerce continental. Indépendamment de cette circonstance, la présence de l'ennemi si mal combattu en 1814 par Augereau, avait exaspéré les habitants, fort patriotes comme tous ceux des provinces frontières. Les imprudences de la noblesse et du clergé avaient fait le reste, et la Franche-Comté, la Bourgogne étaient aussi disposées que le Dauphiné à ouvrir les

Marche de Napoléon sur Mâcon et Chalon.

156 LIVRE LVII.

Mars 1815.

Accueil enthousiaste des populations de ce pays.

bras à Napoléon. Les villes de Mâcon et de Chalon surtout, à la nouvelle des événements de Lyon et de Grenoble, avaient été saisies d'une véritable fièvre. Napoléon fit une pause de quelques instants à Villefranche, et alla coucher le soir à Mâcon, en marchant au milieu d'une affluence et d'un enthousiasme extraordinaires. En apprenant sa prochaine arrivée, les habitants de Mâcon envahirent le siége des autorités, et opérèrent eux-mêmes la révolution. Ainsi le mouvement des esprits était tel que l'approche de Napoléon produisait ce que quelques jours auparavant sa présence aurait pu seule accomplir. Il fut reçu à Mâcon avec des transports inouïs, le peuple accourant pêle-mêle avec les troupes, qui abandonnaient leurs chefs ou s'en faisaient suivre. *A bas les nobles! à bas les prêtres! à bas les Bourbons! Vive l'Empereur!* étaient les cris de cette multitude composée de paysans, de soldats, de marins de la Saône, et animée de tous les sentiments nationaux et révolutionnaires que les Bourbons avaient eu l'imprudence de froisser.

Entrée à Mâcon.

Napoléon reçut les autorités municipales, s'entretint familièrement avec ceux des habitants qui lui adressèrent la parole, leur dit pourquoi il était sorti de l'île d'Elbe, dans des termes à peu près semblables à ceux qu'il avait employés à Lyon et à Grenoble; leur parla de paix, de liberté, et les charma par cette bonhomie dans la grandeur, dont il savait si habilement se servir quand il voulait s'en donner la peine. Il demanda à l'un des officiers municipaux pourquoi, tandis qu'on s'était si bien défendu à Chalon contre les Autrichiens, on s'était si mal défendu à Mâcon, où les sentiments et le courage étaient les mêmes? — C'est votre faute, lui répondit naïvement le Mâconnais. Vous nous aviez donné de mauvaises autorités, vous nous aviez laissés sans armes et sans chefs, et nous n'avons rien pu avec nos bras seuls. — L'Empereur sourit, et lui dit : Cela prouve, mon ami, que nous avons tous fait des fautes; mais il ne faut pas les recommencer. Nous ne nous fierons désormais qu'à de vrais patriotes; nous n'irons pas chercher les étrangers chez eux, mais s'ils viennent chez nous, nous les recevrons de manière à leur ôter l'envie de revenir. —

Mars 1815.

Après avoir écouté et dit bien des paroles en compagnie de ces bonnes gens, il prit quelque repos, se proposant de continuer sa route le lendemain sur Chalon.

Départ pour Chalon.

Napoléon touchait à la seconde conjoncture décisive de son entreprise, c'était la rencontre possible avec le maréchal Ney. Il ne la redoutait pas précisément, car il avait déjà rallié à sa cause plus de la moitié des troupes concentrées par les Bourbons dans l'est de la France, c'est-à-dire de douze à quinze mille hommes. Or, d'après tous les renseignements, c'est à peine si le maréchal pouvait avoir six mille hommes, probablement mal disposés, et entièrement noyés au milieu d'une population dévouée à l'Empire et à la Révolution. Cependant il était impossible de prévoir ce que pourrait faire la *mauvaise tête* du maréchal, ainsi qu'on s'exprimait généralement, et Napoléon aurait vivement regretté une collision, dont le résultat n'était pas douteux,

En ce moment Napoléon pouvait trouver le maréchal Ney sur son flanc droit.

Situation du maréchal Ney, et force dont il dispose.

mais dont le succès eût ôté quelque chose de son prestige à cette conquête pacifique de la France accomplie sans aucune effusion de sang. Le grand maréchal Bertrand, ainsi que nous l'avons déjà dit, avait seul écrit au maréchal Ney, en son propre nom, et pour lui inspirer de sérieuses réflexions. Quant à Napoléon, il s'était contenté de lui adresser des ordres de mouvement, conçus comme si Ney n'avait jamais cessé d'être sous son commandement. Il lui avait prescrit de diriger ses troupes sur Autun et Auxerre, où il s'attendait à le voir lui-même. Au surplus, on était fort près du maréchal, car on le disait à Lons-le-Saulnier, et si quelques hommes prudents étaient inquiets, le peuple regardait Ney et ses soldats comme aussi conquis que tout ce qu'on avait rencontré de La Mure à Mâcon.

Le moment approchait en effet, où allait s'accomplir l'une des scènes les plus étranges de notre longue et prodigieuse révolution. Le maréchal Ney, complétement étranger aux menées des généraux Lallemand et Lefebvre-Desnoëttes, brouillé depuis longtemps avec le maréchal Davout, convaincu que Napoléon lui gardait rancune pour sa conduite à Fontainebleau, n'ayant par conséquent aucune affinité avec les bonapartistes, avait senti s'évanouir son humeur contre les Bourbons, en apprenant le débarquement opéré au golfe Juan, et dans son simple bon sens, il avait regardé cet événement comme précurseur de la guerre étrangère et peut-être de la guerre civile. Aussi avait-il promis de très-bonne foi à Louis XVIII de s'opposer de toutes ses forces à la marche de Napoléon.

L'ILE D'ELBE. 159

Arrivé à Besançon, il avait fait avec zèle, intelligence et résolution, tout ce qu'exigeaient les circonstances. Presque rien n'était prêt de ce qui est nécessaire à la composition d'un corps d'armée, soit par la faute des circonstances, soit par celle des bureaux de la guerre. Il y avait suppléé tant qu'il avait pu, en se plaignant au ministre avec sa rudesse ordinaire. Trouvant les royalistes abattus, et peu disposés à soutenir l'arrogance qui avait tant nui à la cause des Bourbons, il s'était emporté contre eux, et avait contribué à remonter les esprits par cette énergie naturelle qui respirait dans ses yeux, retentissait dans sa voix, se révélait en un mot dans tous les mouvements de sa personne héroïque. Les royalistes du pays, sans partager sa confiance, avaient été charmés de ses sentiments et de son attitude.

Après avoir donné des ordres pour atteler quelques pièces d'artillerie, pour confectionner des cartouches, pour suppléer enfin au matériel qui lui manquait, il avait résolu de distribuer ses troupes en deux divisions, sous deux généraux de confiance. Il pouvait disposer de cinq régiments d'infanterie, le 15ᵉ léger cantonné à Saint-Amour, le 84ᵉ de ligne à Poligny, le 76ᵉ à Bourg, les 60ᵉ et 77ᵉ déjà réunis à Lons-le-Saulnier, et de trois régiments de cavalerie, le 5ᵉ de dragons établi à Lons-le-Saulnier, le 8ᵉ de chasseurs en route pour s'y rendre, et le 6ᵉ de hussards envoyé à Auxonne pour protéger le dépôt d'artillerie. On lui avait promis en outre le 4ᵉ de ligne et le 6ᵉ léger, lesquels ne devaient guère arriver que dans une dizaine de jours. Il avait choisi pour

Mars 1815.

Efforts du maréchal Ney pour composer son corps d'armée.

Choix

Mars 1815.

des généraux de Bourmont et Lecourbe pour commander ses divisions.

les mettre à la tête de ses deux divisions les généraux de Bourmont et Lecourbe. Le général de Bourmont, commandant à Besançon, était sous sa main. Ancien chef de chouans, il avait de quoi rassurer les royalistes; distingué par ses services militaires sous l'Empire, il était fort présentable aux troupes. Il réunissait donc toutes les convenances à la fois, et il ne pouvait refuser de servir activement, lorsqu'il s'agissait de défendre la cause des Bourbons. Il n'en était pas de même du général Lecourbe. Cet officier, le premier de son temps pour la guerre de montagnes, était un vieux républicain, disgracié par Napoléon, vivant dans ses terres, et resté aussi loin des faveurs des Bourbons que de celles de Napoléon. Ney le fit venir, lui rappela leur ancienne confraternité d'armes à l'armée du Rhin, leur commune aversion pour le despotisme impérial, les maux que l'ambition de Napoléon avait causés à la France, les dangers dont cette ambition la menaçait encore, le trouva dépourvu de rancune à l'égard de Napoléon, mais alarmé de son retour qui pouvait être suivi de la guerre civile et de la guerre étrangère, et parvint à lui faire accepter le commandement de l'une des deux divisions qu'on essayait de former en Franche-Comté.

Ses dispositions terminées, le maréchal Ney se porte à Lons-le-Saulnier le 12 mars au matin. État des esprits

Ces arrangements terminés, son artillerie attelée à la hâte, le maréchal partit pour Lons-le-Saulnier avec les généraux Lecourbe et de Bourmont. Arrivé dans cette ville le 12 mars au matin, il y trouva les 60° et 77° de ligne, et le 5° de dragons. On y attendait le 8° de chasseurs. Il avait deux partis à prendre, ou de se jeter sur Lyon, s'il était temps encore d'en interdire l'entrée à Napoléon, ou s'il était trop tard, de tourner à droite pour se porter sur la Saône, et pour intercepter la route de Paris à travers la Bourgogne. Mais à peine entré à Lons-le-Saulnier, Ney apprit que Lyon était évacué, et il commença à sentir l'immense commotion produite dans le pays par l'approche de Napoléon. Les troupes ne disaient rien, mais malgré leur silence on pouvait apercevoir dans leurs yeux leur profonde émotion. La population curieuse et inquiète, en quête de nouvelles, les désirant favorables à Napoléon, ne prenait guère la peine de cacher ses sentiments. Le clergé s'était enfermé dans les églises. La noblesse désolée était accourue pour chercher auprès du maréchal une confiance qu'elle avait perdue. Le comte de Grivel, ancien militaire, inspecteur des gardes nationales, royaliste dévoué, était venu offrir son épée pour contribuer au salut de la cause royale si gravement compromise.

Mars 1815.

à Lons-le-Saulnier et dans la contrée environnante.

Profonde sensation produite par l'approche de Napoléon.

Le maréchal Ney entrevoyait déjà les embarras dans lesquels il s'était jeté, mais plus il sentait approcher de son cœur les impressions qui régnaient autour de lui, plus il se roidissait pour les en éloigner. Il disait aux royalistes qui lui parlaient de la gravité de la situation, qu'il la connaissait bien, que ce n'était pas une petite entreprise que de tenir tête à Napoléon, mais qu'il fallait avoir le courage de ce qu'on entreprenait; qu'il n'avait pas besoin de *trembleurs* autour de lui, que ceux qui avaient peur étaient libres de se retirer; que fût-il seul, il résisterait; qu'il prendrait un fusil, tirerait le premier coup, et obligerait bien ses soldats à se battre. Les

Efforts du maréchal Ney pour fermer son cœur aux impressions de ceux qui l'entourent.

Son langage énergique.

royalistes éperdus lui serraient la main en entendant ce langage, lui témoignaient leur gratitude, leur admiration même, mais ne lui manifestaient pas de grandes espérances, car ils n'en conservaient que de très-faibles. L'attitude des troupes était en effet désespérante.

Quelques heures après son arrivée, le maréchal Ney voulut passer ses régiments en revue. Il fit déployer les 60° et 77° de ligne, le 5° de dragons, et le 8° de chasseurs qui avait rejoint. Après les avoir soigneusement examinés, il réunit les officiers en cercle autour de lui, et leur parla avec chaleur et résolution. Il leur rappela qu'il avait suivi Napoléon jusqu'à Moscou et jusqu'à Fontainebleau, qu'il l'avait servi par conséquent jusqu'au dernier moment, mais qu'après son abdication, il avait comme eux prêté serment aux Bourbons, et entendait rester fidèle à ce serment; que le rétablissement de l'Empire devait inévitablement amener sur la France un déluge de maux, qu'il attirerait sur elle l'Europe tout entière, et ferait recommencer une lutte désastreuse; que tout bon Français devait s'y opposer; que pour sa part il y était décidé, sans vouloir toutefois contraindre personne, et que si parmi ceux qui l'écoutaient il se trouvait des hommes que leurs affections détournaient de leurs devoirs, ils n'avaient qu'à le déclarer, et qu'il les renverrait chez eux, sans qu'il leur en coûtât d'autre peine que celle de sortir des rangs, mais qu'il n'entendait garder auprès de lui que des hommes sûrs et dévoués.

Malgré son ascendant ordinaire sur les troupes,

le maréchal obtint pour unique réponse un silence glacial, qui lui montrait assez qu'il fallait renvoyer chez eux presque tous ses officiers s'il ne voulait avoir auprès de lui que des hommes de son avis. A peine le cercle était-il rompu, que les aides de camp du maréchal entendirent dans tous les rangs les propos les plus fâcheux. — Qu'avions-nous besoin, murmuraient la plupart des officiers, de ce que nous dit là le maréchal? Ne sait-il pas ce que nous pensons? Ne doit-il pas le penser comme nous? Nous sommes dans les rangs, nous y attendrons en bon ordre ce que le sort décidera. Qu'il attende comme nous, et laisse les royalistes qui l'entourent faire les énergumènes, sans se livrer à des manifestations qui ne lui conviennent point! —

Mars 1815.

Propos glacial des soldats.

Propos que tiennent entre eux les officiers.

Ces propos répétés au maréchal lui déplurent moins que le langage découragé des royalistes qui composaient son état-major. — Qu'on s'en aille, répétait-il avec une sorte d'irritation nerveuse, qu'on s'en aille si on tremble, qu'on me laisse seul, et je saurai bien prendre un fusil des mains d'un grenadier, et tirer le premier coup de feu. —

Plus l'impression générale envahissait son robuste cœur, plus il se défendait, et par cette lutte intérieure il touchait les royalistes clairvoyants sans les rassurer, mais il affligeait les bonapartistes, désolés de le voir s'engager dans une voie sans issue. Plusieurs officiers de M. le comte d'Artois, notamment le duc de Maillé, s'étaient rendus auprès de lui. Il se plaignit amèrement à eux de ce qu'on avait évacué Lyon si facilement, conjura M. le comte d'Artois de ne pas rétrograder davantage, de venir par un mou-

Le maréchal Ney s'obstine, et donne rendez-vous au comte

Mars 1815.

d'Artois sur la Saône.

vement à gauche rejoindre la Saône, tandis qu'il la rejoindrait lui par un mouvement à droite, et soutint qu'en réunissant leurs forces ils réussiraient peut-être à arrêter l'ennemi. Il promit, toujours avec la même sincérité, de s'engager le premier, et ajouta qu'aussitôt son artillerie arrivée, le lendemain probablement, il s'acheminerait sur Mâcon ou Chalon à la rencontre de M. le comte d'Artois. Il ne savait pas, l'infortuné, que le lendemain ce ne serait pas M. le comte d'Artois, déjà retourné à Paris, mais Napoléon lui-même, qui se trouverait sur la Saône!

Suite de nouvelles funestes pendant toute la journée du 13.

Le lendemain 13, pendant que Napoléon marchait sur Mâcon, la situation prit tout à coup l'aspect le plus sombre. A chaque instant on recevait la nouvelle que l'incendie avait éclaté, tantôt sur un point, tantôt sur un autre, de manière qu'on en était comme enveloppé de toute part. M. Capelle, préfet de l'Ain, arriva vers le milieu de la journée, poursuivi par les habitants de Bourg qui venaient de s'insurger. Le 76°, qui occupait cette ville, s'était uni aux habitants pour arborer les trois couleurs. Plus près encore, à Saint-Amour, le 13° léger menaçait d'en faire autant. Vers les dix heures du soir, un officier, parti de Mâcon, apporta la nouvelle, envoyée par le préfet lui-même, que la ville de Mâcon s'était soulevée et avait expulsé les autorités royales. A minuit, une dépêche du maire de Chalon annonça qu'un bataillon du 76°, escortant l'artillerie que le maréchal attendait avec impatience, s'était révolté, et conduisait cette artillerie à Napoléon. Une heure après, un officier qui avait suivi la route de la Bourgogne raconta que le 6ᵉ de hussards, commandé par le prince de Carignan, s'était porté au galop sur Dijon pour insurger cette ville; et une heure plus tard, on apprit par une dépêche du général Heudelet que cette capitale de la Bourgogne, répondant à l'impulsion des villes voisines, venait de proclamer le rétablissement de l'Empire.

Ces divers messages, successivement parvenus au maréchal pendant cette fatale nuit, furent pour lui comme autant de coups de poignard. Ne pouvant retrouver un sommeil sans cesse interrompu par de si terribles émotions, il se leva, et se mit à se promener en tout sens, s'attendant à de nouveaux coups plus douloureux encore. Il savait qu'un certain nombre de soldats de l'île d'Elbe, venus de Lyon, s'étaient mêlés à ses troupes, et s'efforçaient de leur communiquer le souffle de l'insurrection.

Il était dans cet état d'agitation, lorsque vers le milieu de la nuit deux négociants partis de Lyon dans la journée lui furent amenés, et lui causèrent par leur rapport une impression profonde. Ils lui racontèrent avec quelle facilité la révolution en faveur de l'Empire s'était opérée à Lyon, combien on avait de raisons de croire cette révolution déjà effectuée à Paris, et combien il serait inutile de répandre du sang pour s'y opposer. Au même instant survinrent des officiers porteurs de la lettre du grand maréchal Bertrand, connus personnellement du maréchal Ney, et chargés d'ajouter des explications verbales à la lettre qu'ils apportaient. Ces officiers, mêlant le faux et le vrai, et répétant ce qu'ils avaient entendu dire autour de Napo-

Mars 1815.

Arrivée dans la nuit du 13 au 14 de voyageurs partis de Lyon, les uns simples négociants, les autres officiers envoyés par Bertrand.

<small>Mars 1815.

Langage qu'ils tiennent au maréchal Ney, et faux bruits sur lesquels ils s'appuient.</small>

léon, donnèrent des paroles du grand maréchal Bertrand un funeste commentaire. Ils assurèrent que tout était concerté depuis longtemps entre Paris, l'île d'Elbe et Vienne; qu'à Paris une vaste conspiration comprenant l'armée entière, et jusqu'au ministre de la guerre, avait déjà renversé, ou allait renverser les Bourbons; que Napoléon placé au centre de cette trame, était d'accord avec son beau-père, que le général autrichien Kohler était allé s'entendre avec lui à Porto-Ferrajo, que les vaisseaux anglais eux-mêmes s'étaient éloignés pour laisser passer la flottille impériale, que les puissances, fatiguées des Bourbons, étaient décidées à accueillir Napoléon s'il s'engageait à conserver la paix et à observer le traité du 30 mai, ce qu'il venait en effet de promettre solennellement; qu'ainsi tout était convenu, arrangé, et qu'il y aurait folie à résister à une révolution préparée de si longue main, entre les plus hauts potentats, et dont les suites en apparence les plus inquiétantes avaient été conjurées d'avance.

<small>Origine de ces faux bruits.</small>

On sait, par le récit qui précède, ce qu'il y avait de vrai dans ces assertions. Elles étaient une nouvelle preuve de ce qu'on peut, dans les moments de crise, construire de mensonges au moyen de quelques faits et de quelques propos légèrement recueillis, follement interprétés. En effet Napoléon avait laissé entrevoir autour de lui un accord avec l'Autriche, sans cependant l'affirmer; M. Fleury de Chaboulon avait raconté dans l'état-major quelque chose des menées étourdies des généraux Lefebvre-Desnoëttes et Lallemand, lesquelles, comme on l'a vu, n'avaient point été concertées avec l'île d'Elbe; et de ces indices si légers on avait composé autour de Napoléon le tissu de faussetés apporté au malheureux Ney. — Voilà, se dit-il, ce que signifient ces paroles de Bertrand, que toutes les mesures sont prises d'une manière infaillible, et ainsi on m'envoyait combattre seul une révolution désirée, préparée par tout le monde, même par l'Europe!... — A partir de ce moment, le maréchal se regarda comme une dupe, victime de son ignorance, sacrifiée au soutien d'une cause perdue, et ne pouvant pas même essayer de se battre, car ses soldats ne voudraient pas le suivre, et, en décidât-il quelques-uns, il ne verserait qu'un sang inutile, dont il serait gravement responsable envers Napoléon et envers la France. L'idée d'aller presque sans soldats combattre ses anciens compagnons d'armes, pour défendre une cour qui avait fait essuyer plus d'une humiliation à sa femme et à lui, pour écarter d'ailleurs des calamités auxquelles il ne croyait plus, Napoléon paraissant d'accord avec les puissances, lui sembla une idée extravagante, et à laquelle il fallait renoncer.

Mars 1815.

Ney croit Napoléon d'accord avec l'Europe, et suppose la révolution déjà faite à Paris.

Mais comment faire après s'être tant engagé, après avoir tant promis une lutte à outrance contre Napoléon? L'infortuné maréchal était dans une perplexité cruelle. On essaya de lui persuader qu'il n'y avait qu'une manière convenable d'agir, c'était d'agir ouvertement, en disant par exemple dans une proclamation à ses troupes, que la France s'étant formellement prononcée pour Napoléon, lui serviteur obéissant de la France ne voulait pas provoquer la

Brusque revirement qui s'opère dans l'esprit du maréchal.

guerre civile pour une dynastie ennemie de la gloire nationale, et à jamais condamnée par ses fautes. On rédigea une proclamation dans ce sens, et Ney parut disposé à la publier, peut-être même à en faire personnellement la lecture à ses soldats. Si dans notre temps, après quarante années de pratique de la liberté, interrompue mais non oubliée, après avoir appris à nous attacher à des principes, à les respecter, à nous respecter en eux, on nous proposait, militaires ou civils, de passer aussi brusquement d'un parti à un autre, nous nous étonnerions, et nous prendrions une telle proposition pour une offense. Mais la France alors n'avait reçu que l'éducation peu morale des révolutions et du despotisme, et en voyant le gouvernement passer si rapidement de mains en mains, on ne comprenait pas une invariabilité de conduite en contradiction avec la variabilité des événements, et bientôt les hommes politiques, plus accoutumés à calculer leurs démarches que les militaires, ne se montrèrent pas beaucoup plus scrupuleux. Le maréchal, outre qu'il ne pouvait avoir que les mœurs du temps, était d'un tempérament fougueux et violent, qui n'admettait pas les milieux en fait de conduite. S'étant brusquement donné aux Bourbons en 1814 par fatigue de la guerre, s'étant aussi brusquement éloigné d'eux par mécontentement de la cour, il leur était brusquement revenu à la nouvelle du débarquement de Cannes, qui avait réveillé dans son esprit les images sanglantes de la guerre civile et de la guerre étrangère, et il avait exprimé la résolution de résister à Napoléon avec une intempérance de langage qui tenait à l'impétuosité de son caractère. Voyant aujourd'hui disparaître à la fois la probabilité de la guerre civile par l'entraînement des soldats vers Napoléon, celle de la guerre étrangère par un prétendu accord avec l'Europe, il ne croyait pas qu'il lui appartînt de vouloir autre chose que ce que voulait la France, et il changeait sans scrupule, avec la mobilité d'un enfant, car enfant est l'homme que ses impressions gouvernent. Un autre, en reconnaissant qu'il s'était trompé, se serait mis à l'écart, laissant passer la fortune qu'il n'avait pas su deviner. Mais le maréchal, par intérêt autant que par caractère, n'entendait pas briser son épée, parce qu'il avait commis une erreur politique en ne prévoyant pas le triomphe de Napoléon. Cédant en outre à quelques-unes de ses secrètes rancunes, il se disait que si avec Napoléon on n'avait ni la guerre civile ni la guerre étrangère, mieux valait lui que les Bourbons, car on serait débarrassé des émigrés, de leurs préjugés, de leur arrogance, de leurs tendances contre-révolutionnaires. Du reste, il voulut avant d'agir consulter les généraux de Bourmont et Lecourbe, ses deux divisionnaires. L'un était, avons-nous dit, un vieux royaliste, l'autre un vieux républicain, fort opposés tous les deux à Napoléon, mais sensés, et voyant bien ce qu'avait d'irrésistible le mouvement qui se prononçait autour d'eux. Le général de Bourmont, doux et fin, quoique militaire énergique, se tut tristement comme reconnaissant la force des choses, et, quant à la manière de s'y soumettre, laissa au maréchal le soin de sa dignité. Lecourbe, ayant

Mars 1815.

Ney consulte les généraux de Bourmont et Lecourbe, qui n'essaient pas de le retenir.

Mars 1815.

conservé la franchise d'un vieil officier de l'armée du Rhin, dit à Ney : Tu renonces à toute résistance, et je crois que tu as raison, car nous voudrions en vain nous mettre en travers de ce torrent. Mais tu aurais mieux fait de suivre mon conseil, de ne pas te mêler de tout cela, et de me laisser dans mes champs. — Sauf cette apostrophe un peu dure, Ney ne rencontra pas autour de lui une objection sérieuse, et il prit soudainement la résolution, dès qu'il ne résistait plus au torrent, de s'y livrer. Sans plus tarder il appela ses aides de camp, qu'il n'instruisit point de ce qu'il allait faire, et ordonna qu'on réunît les troupes sur la principale place de la ville. Arrivé en leur présence, et entouré de son état-major dans les rangs duquel se trouvaient plusieurs officiers royalistes, qu'il avait souvent gourmandés pour leur tiédeur, il tira son épée d'une manière convulsive, et au milieu d'une attente silencieuse, il lut la proclamation célèbre qu'on lui avait rédigée, et qui devait lui coûter la vie. —

Ney assemble les troupes, et leur lit une proclamation par laquelle il annonce la chute des Bourbons et le rétablissement de Napoléon.

Soldats, s'écria-t-il, *la cause des Bourbons est à jamais perdue...* La dynastie légitime que la France a adoptée va remonter sur le trône... C'est à l'empereur Napoléon, notre souverain, qu'il appartient désormais de régner sur notre beau pays!.. — A ces mots, qui causèrent une indicible surprise autour de lui, une joie furieuse éclata comme le tonnerre dans les rangs des soldats. Mettant leurs schakos au bout de leurs fusils, ils poussèrent les cris

Enthousiasme frénétique des troupes.

de *Vive l'Empereur! vive le maréchal Ney!* avec une violence inouïe, puis ils rompirent les rangs, se précipitèrent sur le maréchal, et baisant les uns ses mains, les autres les basques de son habit, ils le remercièrent à leur façon d'avoir cédé au vœu de leur cœur. Ceux qui ne pouvaient l'approcher, entouraient ses aides de camp un peu embarrassés d'hommages qu'ils ne méritaient pas, car ils étaient étrangers au brusque revirement qui venait de s'accomplir, et leur serrant la main, Vous êtes de braves gens, disaient-ils; nous comptions sur vous et sur le maréchal, et nous étions bien certains que vous ne resteriez pas longtemps avec les émigrés. — Les habitants, non moins expressifs dans leurs témoignages, s'étaient joints aux soldats, et Ney rentra chez lui escorté d'une multitude bruyante et remplie d'allégresse.

Mars 1815.

Pourtant en revenant à sa résidence, il trouva la gêne, et même l'improbation sur le visage de la plupart de ses aides de camp. L'un d'eux, ancien émigré, brisa son épée en lui disant : Monsieur le maréchal, il fallait nous avertir, et ne pas nous rendre témoins d'un pareil spectacle. — Et que vouliez-vous que je fisse? lui répondit le maréchal. Est-ce que je puis arrêter la mer avec mes mains? — D'autres, en convenant qu'il était impossible de faire battre les soldats contre Napoléon, lui exprimèrent le regret de ce qu'il prenait sur lui de jouer à si peu d'intervalle de temps deux rôles si contraires. — Vous êtes des enfants, répliqua le maréchal; il faut vouloir une chose ou une autre. Puis-je aller me cacher comme un poltron, en fuyant la responsabilité des événements? Le maréchal Ney ne peut pas se réfugier dans l'ombre. D'ailleurs il n'y a qu'un moyen de diminuer le mal, c'est de se prononcer

Chagrin de quelques officiers de Ney.

Rude réponse du maréchal.

Il se rallie non à un homme mais à la France, et à condition que Napoléon se conduira tout de suite, pour prévenir la guerre civile, pour nous emparer de l'homme qui revient, et l'empêcher de commettre des folies; car, ajouta-t-il, je n'entends pas me donner à un homme, mais à la France, et si cet homme voulait nous ramener sur la Vistule, je ne le suivrais point! —

Après avoir ainsi rudoyé ses improbateurs, Ney reçut à dîner, outre les généraux, tous les chefs des régiments, un seul excepté qui refusa de s'y rendre. Sauf un peu de gêne, provenant de la violation du devoir militaire qu'on se reprochait intérieurement, ce ne fut qu'une longue récapitulation des fautes des Bourbons, qui sans le vouloir ou en le voulant (chacun en jugeait à sa manière), s'étaient livrés à l'émigration, à l'étranger, et avaient affiché des sentiments qui n'étaient pas ceux de la France. Ce ne fut aussi qu'une protestation unanime contre les anciennes fautes de l'Empereur, contre sa folie belliqueuse, contre son despotisme, contre son refus d'écouter les représentations de ses généraux en 1812 et en 1813, ce ne fut enfin qu'une résolution énergique de lui dire la vérité, et d'exiger de sa part des garanties de liberté et de bonne politique. — Je vais le voir, disait Ney, je vais lui parler, et je lui déclarerai que nous ne nous laisserons plus conduire à Moscou. Ce n'est pas à lui que je me donne, c'est à la France, et si nous nous rattachons à lui comme au représentant de notre gloire, ce n'est pas à une restauration du régime impérial que nous entendons nous prêter. — Les généraux Lecourbe et de Bourmont assistèrent à ce dîner, prenant peu de part à ce qui s'y disait, mais admettant comme inévitable, et comme trop motivée par les fautes des Bourbons, la révolution qui venait de s'accomplir.

Mars 1815.

Le maréchal quitta ses convives pour exécuter les ordres qu'il avait reçus de Lyon, conçus, avons-nous dit, comme si Napoléon n'avait cessé de régner, et prescrivant d'acheminer les troupes sur Autun et Auxonne. Il adressa à sa femme une lettre dans laquelle il racontait ce qu'il avait fait, et qu'il finissait par ces mots caractéristiques : « *Mon amie, tu ne pleureras plus en sortant des Tuileries* [1]. »

Ney exécute les ordres de Napoléon, et dirige ses troupes sur la route de la Bourgogne.

L'entreprise si extraordinaire de conquérir la France avec sa personne seule, commencée par Napoléon à La Mure, presque accomplie à Grenoble et à Lyon, ne pouvait plus présenter le moindre doute après la détermination du maréchal Ney. Napoléon qui avait couché le 14 à Chalon, continua sa route par Autun et Avallon, marchant presque au pas des troupes, que tour à tour il suivait ou devançait, pour se ménager des séjours dans les résidences un peu considérables. Il arriva ainsi le 17 à Auxerre, entouré des populations de la Bourgogne, qui s'insurgeaient de concert avec les troupes pour proclamer le rétablissement de l'Empire. Partout il répétait le langage qu'il avait tenu à Lyon, affirmant qu'il apportait la paix, la liberté, et le triomphe définitif des principes de quatre-vingt-neuf. Le préfet de l'Yonne, M. Gamot, beau-frère du maréchal

Arrivée de Napoléon à Auxerre.

---

[1] Je tiens ce détail d'un ancien colonel de l'artillerie de la garde impériale, membre de plusieurs de nos assemblées, royaliste de cœur, homme d'esprit et d'une parfaite sincérité, qui avait vu cette lettre dans les mains de la maréchale.

Ney, était venu à sa rencontre jusqu'à Vermanton. Il l'accueillit amicalement, et alla s'établir à la préfecture, où il se hâta de faire ses préparatifs pour sa dernière marche, celle qui devait le conduire à Paris même.

Mars 1815.

Événements à Paris pendant la marche si rapide de Napoléon.

Efforts de M. Lainé pour rapprocher l'opposition constitutionnelle de la dynastie.

Pendant que Napoléon s'avançait ainsi vers Paris, M. Lainé, stimulé par les événements, n'avait cessé de faire les plus honorables efforts pour réconcilier la dynastie avec l'opposition constitutionnelle. A mesure que les membres de la Chambre des députés arrivaient à Paris, il les suppliait d'oublier les fautes commises, et de chercher dans ces fautes mêmes l'occasion du bien, en exigeant des réparations qu'on était, disait-il, disposé à leur accorder, telles qu'une large modification du ministère, une augmentation de la Chambre des pairs, le renouvellement des deux tiers de la Chambre des députés (tout cela dans le sens libéral); une loi électorale qui en consacrant l'influence de la propriété consacrerait aussi celle des professions libérales et industrielles, une loi sur la responsabilité ministérielle (garantie à laquelle on tenait beaucoup alors), une nouvelle législation sur la presse, et enfin un système de tarifs qui protégerait l'industrie française contre l'industrie britannique. Ajoutant avec très-bonne intention un mensonge officieux aux promesses qu'il énumérait, M. Lainé affirmait que toutes ces concessions, on y pensait, on s'en occupait même, pour en faire le sujet des travaux de la session, lorsque le *génie du mal* avait de nouveau mis le pied sur le sol de la France. Ne se bornant pas à tenir ces sages propos dans les entretiens particuliers, M. Lainé conduisit au pied du trône les députés arrivés à Paris, et répéta devant le Roi qu'il fallait reconnaître et oublier les fautes commises, et les réparer par un ensemble de mesures conformes aux besoins du temps et aux vœux de l'opinion publique.

Les chefs du parti constitutionnel, tant ceux qui étaient dans les Chambres, que ceux qui n'y étaient pas, et parmi ces derniers MM. de Lafayette et Benjamin Constant, s'étaient empressés d'entourer M. Lainé, et d'adhérer publiquement à ses idées conciliatrices. Tout allait donc bien de ce côté, mais il fallait amener la cour à ces idées, et M. Lainé n'avait cessé d'insister pour qu'on mît la main à l'œuvre et que l'on commençât par le commencement, c'est-à-dire par le changement de trois ou quatre ministres. Il avait persuadé, comme on l'a vu, M. de Montesquiou, qui s'offrait le premier en sacrifice, mais il n'avait persuadé que lui seul. La cour, rendue par le danger à son exaltation royaliste, loin d'être disposée à des concessions, l'était plutôt à des rigueurs, soutenant que les seules fautes commises étaient des fautes de faiblesse. Louis XVIII placé entre les royalistes modérés et les royalistes violents, ne sachant à qui entendre, inclinant toutefois vers les premiers, mais obligé de commencer le sacrifice d'une partie du ministère par M. de Blacas, que les libéraux mal informés considéraient comme l'agent de l'émigration auprès de la royauté, ne se hâtait pas de prendre un parti, et perdait ainsi en déplorables hésitations le temps que Napoléon employait à s'avancer avec une rapidité foudroyante.

Mars 1815.

M. de Montesquiou seconde M. Lainé, mais la cour refuse de l'écouter.

Les royalistes sont convaincus que la seule faute commise c'est d'avoir été faible.

476   LIVRE LVII.

Mars 1815.

En fait de concessions on n'en veut faire qu'à l'armée.

Imprudent appel à tous les officiers à la demi-solde.

Recours tardif et inutile à la garde nationale.

En fait de concessions, on n'avait songé à en faire qu'à l'armée, et celles-là, du reste assez mal conçues, outre le défaut de dignité avaient l'inconvénient de préparer des dangers plutôt que des moyens de salut. Le ministre de la guerre s'était activement occupé des officiers à la demi-solde et des anciens soldats laissés dans leurs foyers. Il avait rappelé les uns et les autres à l'activité. En conséquence les officiers à la demi-solde avaient reçu ordre de se rendre immédiatement à la suite des régiments, pour y former le cadre de nouveaux bataillons que l'on voulait composer avec les soldats rappelés. Ceux qui n'auraient pas trouvé place dans ces bataillons dits de réserve, devaient être employés dans des bataillons de garde nationale qu'on songeait à mobiliser. Les autres enfin devaient être réunis autour de la personne royale, pour accroître la maison militaire, dont ils auraient les avantages et les honneurs. Tous étaient à l'instant même remis en jouissance de la solde entière. Sans doute il est des situations où aucun remède n'est bon; cependant avec l'esprit qu'on avait laissé naître et s'étendre parmi les officiers à la demi-solde, s'imaginer qu'on parviendrait à les rattacher aux Bourbons dans un moment où ils savaient Napoléon descendu sur le sol de la France, était de la part du ministre de la guerre une bien étrange illusion. La garde nationale elle-même, animée de l'esprit de la bourgeoisie qui n'inclinait pas vers le rétablissement de l'Empire, sur laquelle par conséquent on aurait dû compter, était loin d'être sûre. Appelée à temps, préparée de longue main à la double défense du trône et des libertés publiques, elle aurait pu contenir l'armée, et l'empêcher de se jeter dans les bras de Napoléon. Mais on l'avait laissée presque partout se diviser en cavalerie composée de l'ancienne noblesse, et en infanterie composée de la classe moyenne : or, celle-ci blessée, irritée, mécontente, avait été dissoute dans la plupart des villes. Il n'y avait donc pas grand parti à en tirer. Néanmoins on invita les préfets à former des bataillons de garde nationale mobile sous des officiers à la demi-solde. On les autorisa même à convoquer les Conseils généraux pour voter des contributions destinées à cet emploi. On multipliait ainsi les remèdes, comme on fait à l'égard d'un malade désespéré, sans savoir s'ils seront utiles, uniquement pour ne pas assister à son agonie sans lui rien prescrire. A tout cela le ministre de la guerre avait ajouté une proclamation violente, peu propre à lui concilier l'armée, et de nature au contraire à prêter à rire à tous ceux qui se rappelaient son langage et sa conduite à Toulouse.

Mars 1815.

Voilà ce qu'on avait fait pour arrêter la marche de Napoléon. Cependant lorsqu'on apprit ses progrès rapides, lorsqu'on sut qu'il était entré à Grenoble, puis à Lyon, ce qu'on avait d'abord nié, déclaré faux, impossible, il fallut se rendre à l'évidence, et renoncer à dire, comme le faisaient les royalistes, que Napoléon n'était venu en France que pour y être fusillé. Mais si on sentit davantage le besoin d'agir, on ne comprit pas mieux dans quel sens il convenait d'agir. L'usage des partis qui ont commis des fautes n'est pas de se croire coupa-

En apprenant la nouvelle de l'entrée de Napoléon à Lyon, les royalistes exaspérés croient à une vaste conspiration.

bles mais trahis. Les royalistes de toute nuance, en voyant les défections qui venaient de se produire à Grenoble et à Lyon (on ignorait alors celle du maréchal Ney), furent saisis d'une sorte de défiance fébrile, qui s'adressait à tout le monde sans distinction. Ils virent des traîtres partout, et crièrent à la trahison en présence même des chefs de l'armée qu'on avait tant caressés naguère. Ceux d'entre eux qui n'avaient pas l'âme fière, et il s'en trouvait de tels parmi les plus braves, ne répondaient à ces allusions offensantes que par des protestations outrées de dévouement, et n'en étaient pas pour cela plus fidèles. Les autres étaient indignés, et n'avaient qu'un désir, c'était de voir bientôt punie tant de folie et d'arrogance. Comme il était arrivé quelques mois auparavant, les défiances se portèrent plus particulièrement sur les deux personnages qui dirigeaient l'armée et la police. Après les avoir accusés de ne rien faire, on les accusa de faire trop, lorsqu'ils prirent les mesures que nous venons de rapporter. Les royalistes supposaient qu'il y avait une vaste conspiration dans laquelle entraient tous les officiers de l'armée, depuis les sous-lieutenants jusqu'aux maréchaux. Notre récit a démontré pourtant qu'il n'en était rien, qu'à Grenoble les généraux Marchand et Mouton-Duvernet avaient sincèrement essayé de remplir leurs devoirs, qu'à Lyon le général Brayer ne s'était rendu qu'après que ses troupes avaient ouvert les portes de la ville à l'armée impériale, que La Bédoyère était étranger aux menées des frères Lallemand et de Lefebvre-Desnoëttes, que Napoléon même avait agi indépendamment du faible et étourdi complot de Paris. Mais les vérités de cette nature, c'est l'histoire qui, longtemps après les événements, à force de recherches et d'impartialité, finit par les établir; et dans le moment les partis n'en croient rien. Les royalistes, dans leur supposition d'une vaste conspiration embrassant presque tout le monde, se demandaient si le maréchal Soult lui-même n'en était pas. Les plus exaltés d'entre eux, que la conduite du maréchal Soult en Bretagne, que son monument de Quiberon, avaient particulièrement charmés, lui restaient fidèles, et soutenaient que lui seul pouvait sauver la monarchie. Les autres, en bien plus grand nombre, voyaient des raisons de se défier jusque dans les actes qui enchantaient quelques-uns d'entre eux. La proclamation violente du maréchal n'était à leurs yeux qu'une feinte pour mieux tromper la dynastie, et la livrer pieds et poings liés à Napoléon. La mesure consistant à réunir à Paris, et à placer auprès du Roi les officiers à la demi-solde qui n'auraient pas trouvé place dans les nouveaux bataillons, mesure tardive et maintenant imprudente, mais imaginée de très-bonne foi, n'était encore à leurs yeux qu'une perfidie. Il n'en était rien assurément, car le maréchal Soult, très-capable d'abandonner les gens que la fortune délaissait, ne l'était pas de les trahir, et loin d'avoir une tête profonde, l'avait faible. Il n'en passait pas moins pour un Italien raffiné du quinzième siècle, et tandis que trois mois auparavant, lorsqu'il s'agissait d'expulser le général Dupont, on disait que tout était perdu si on ne prenait pas le maréchal pour ministre de la

Mars 1815.

Ils se croient trahis par le maréchal Soult, et mal servis par M. d'André.

Injustice de ces défiances.

guerre, aujourd'hui, au contraire, on disait que tout était perdu si on le laissait dans ce poste.

On tenait des propos semblables, mais avec infiniment moins de violence, contre M. d'André, chargé de la police en qualité de directeur général. Ce fonctionnaire, ancien constituant, comme nous l'avons dit, dévoué au Roi avec lequel il avait correspondu quinze ans, aurait dû rassurer les royalistes sous le rapport au moins de la fidélité. Mais dans certains moments l'esprit de parti, comme un cheval effarouché, ne reconnaît pas même les voix les plus amies. Après avoir succédé à M. Beugnot, M. d'André avait été obligé de suivre la même conduite, et de repousser les absurdes inventions de toutes les polices officieuses, que M. le comte d'Artois encourageait en les souffrant, quelquefois en les payant. Dès lors, M. d'André n'avait plus été pour la cour qu'un incapable, sinon un traître. — Il ne veut rien croire de ce qu'on lui dit, était le grand grief articulé contre lui. — Il faut à ce sujet citer un fait, qui serait bien peu digne de l'histoire, s'il ne peignait avec une extrême vérité l'effarement de l'esprit de parti. On ne recevait que peu de nouvelles, car les préfets qui se trouvaient sur la route de Napoléon, saisis, déconcertés à son approche, avaient à peine le temps d'écrire avant son arrivée, et n'y songeaient plus après. Néanmoins le télégraphe était sans cesse en mouvement, soit pour transmettre des ordres administratifs, soit pour questionner les autorités qui ne parlaient pas assez au gré du gouvernement, et pour leur demander les nouvelles qu'elles n'envoyaient point. On supposa donc que si le télégraphe s'agitait si fort, c'était pour le service de Napoléon, et non pour celui de Louis XVIII. On fit appeler le directeur du télégraphe, qui fut fort étonné des soupçons qu'on avait conçus, et donna des explications simples et convaincantes, devant lesquelles il fallut bien se rendre, après avoir laissé percer les plus ridicules terreurs.

Ces faits prouvent à quel point les royalistes étaient troublés. M. de Blacas, sans partager leur exagération ordinaire, ne pouvait cependant se défendre de leurs défiances, et dans sa profonde inquiétude il se demandait, lui aussi, si le maréchal Soult ne serait pas un traître, et M. d'André un incapable. Poussé au désespoir par les nouvelles de Lyon, il imagina de faire en plein conseil subir un interrogatoire au maréchal Soult, comme à une espèce de criminel, et dans son exaltation, il s'était muni d'une paire de pistolets, prêt, disait-il, à se porter aux dernières extrémités s'il trouvait le maréchal en état de trahison. Naturellement le Roi ne devait point assister à une pareille séance, car on ne voulait pas qu'il fût témoin des violences auxquelles on pouvait être amené. Cependant M. de Vitrolles, plus calme, représenta à M. de Blacas que les soupçons conçus à l'égard du maréchal lui semblaient peu fondés, qu'il avait vu en lui un homme troublé par les circonstances, et nullement un traître, qu'on s'était évidemment trompé sur sa capacité en le choisissant pour remplacer le général Dupont, qu'il fallait peut-être le changer, mais s'en tenir là, sans y joindre un esclandre.

Le maréchal, en effet, ne trahissait personne, comme nous l'avons dit, mais était tombé dans un désordre d'esprit qui n'ajoutait pas à la clarté de ses perceptions. Tourmenté par les soupçons des royalistes, il avait cherché à les calmer au moyen d'une proclamation violente, qui n'avait fait que les inquiéter par sa violence même, et tandis qu'il gagnait si peu leur confiance, il voyait s'avancer à pas de géant l'homme qu'il avait outragé de la manière la plus cruelle. Il y avait là de quoi ébranler une tête plus solide que la sienne. Du reste, les mesures qu'il avait prises en rappelant à l'activité les militaires en demi-solde, en prescrivant divers mouvements de troupes, pouvaient être inefficaces, mais n'avaient rien de perfide, et ce n'était pas sa faute si, arrivés en présence de Napoléon, les soldats abandonnaient la cause royale. Ce qu'il aurait fallu, c'eût été de disposer de la fidélité de l'armée, dont personne ne disposait que Napoléon lui-même, à qui on la voulait opposer, et, par conséquent, le maréchal Soult n'avait agi ni mieux ni plus mal qu'un autre. Son seul tort, c'était d'avoir trop promis à la cour, d'avoir trop fait espérer de son énergie et de sa capacité.

Appelé au Conseil, son attitude y fut conforme à sa situation, c'est-à-dire fort embarrassée. Interrogé presque en coupable, il répondit sans se révolter des soupçons dont il était l'objet, énuméra longuement les mesures qu'il avait prises, protesta plusieurs fois de la pureté de ses intentions, finit presque par y faire croire, donna ainsi une idée un peu meilleure de sa fidélité, mais moins bonne de sa capacité, et ayant souvent répété quand il ne savait plus que dire, que si on doutait de sa loyauté il était prêt à remettre sa démission au Roi, il fut en quelque sorte pris au mot, et sans désemparer conduit par M. de Blacas auprès de Louis XVIII. Ce prince, qui n'entendait rien à toutes les mesures administratives dont on prétendait juger le mérite, mais qui voyait avec son sens fin et droit que le ministre de la guerre n'avait fait ni des merveilles ni des perfidies, et qu'il fallait pourtant sacrifier quelqu'un à la colère du parti royaliste, laissa le maréchal parler aussi longuement qu'il voulut, puis l'offre de sa démission s'étant renouvelée, saisit l'occasion commode qui se présentait, lui dit qu'il faisait grand cas de ses services, qu'il en conserverait un bon souvenir, mais que le fardeau du ministère paraissant le fatiguer dans le moment, il l'en déchargeait, et allait lui donner un successeur. Le maréchal, surpris d'être si facilement cru sur parole quand il montrait le désir de se retirer, aurait voulu revenir sur ce qu'il avait dit, mais le Roi ne s'y prêta point, et il fut obligé de considérer comme définitive sa démission offerte pour la forme. Il sortit du cabinet du Roi fort mécontent d'y laisser son portefeuille, et fut reconduit par MM. de Blacas et de Vitrolles jusqu'aux portes des Tuileries, en protestant toujours de sa loyauté. Il y trouva une foule effarée qui poussait le cri de *Vive le Roi!* dès qu'elle voyait entrer ou sortir quelque grand personnage, et qui ne manqua pas de répéter ce cri en apercevant le maréchal. Il y répondit en agitant son chapeau à plumes blan-

Mars 1815.

Le maréchal ayant offert sa démission, on en profite et on lui retire le portefeuille de la guerre.

ches, et en criant lui-même *Vive le Roi!* puis il se jeta dans sa voiture, et rentra dans les bureaux de la guerre congédié après un ministère de trois mois, accusé de trahison par ceux mêmes auxquels il avait sacrifié son passé, compromis auprès de Napoléon qu'il venait d'injurier violemment dans sa dernière proclamation, et trop heureux s'il eût été tout à fait compromis auprès de ce dernier, car il n'aurait pas encouru la pesante responsabilité de major général dans la funeste journée de Waterloo!

On usa de moins de détours avec M. d'André. C'était un ami sûr, bien que quelques fous affectassent d'en douter, et on lui donna sa démission en alléguant tout simplement l'intérêt du service du Roi. Ces résolutions prises le 11 mars, il fallait pourvoir au remplacement des deux hauts fonctionnaires congédiés. C'était le cas de déférer aux sages avis de M. Lainé, et d'accorder une satisfaction à l'opinion publique. Mais M. de Montesquiou, intermédiaire de M. Lainé, ne paraissait plus qu'un homme sans courage, un faux mérite, depuis qu'il conseillait les concessions, et on ne l'écoutait guère. A mesure même que le danger augmentait, les royalistes extrêmes prenaient plus d'ascendant, et ne voulant pas s'avouer que leur tort était d'avoir éloigné d'eux l'opinion publique, ils imaginèrent que ce qu'il fallait pour les sauver c'étaient des gens habiles, possédant cette infernale habileté qu'ils reconnaissaient à Napoléon, tout en contestant son génie, et ils étaient disposés à les aller chercher partout. Il y avait un ancien ministre de la guerre, celui qui pendant dix années avait reçu, transmis et fait exécuter les ordres impériaux, qui, depuis son retour de Blois, n'avait cessé d'adresser à la cour ses humbles assurances de dévouement, c'était le général Clarke, duc de Feltre. Jusqu'ici on avait accueilli son humilité mais non ses services. On résolut d'y recourir, car celui-là devait savoir, si quelqu'un le savait, comment on pouvait combattre Napoléon par des procédés semblables aux siens. On le fit donc appeler, et on le trouva heureux de cette offre, au point d'en oublier le danger. Dès qu'il ne refusait pas de se compromettre dans un pareil moment, on était autorisé à compter sur sa fidélité, et il fut envoyé sur-le-champ au ministère de la guerre, pour y remplacer le maréchal Soult sans perte d'un seul instant.

Mars 1815.

de Feltre chargé de remplacer le maréchal Soult.

Puisqu'il ne s'agissait pas de conquérir l'opinion publique, et qu'on ne voulait voir dans ce qui se passait qu'une lutte, où l'emporterait le plus habile dans ce genre d'habileté noire attribuée à Napoléon, c'était le cas de songer à M. Fouché pour le ministère de la police. On lui avait toujours fait espérer ce ministère sans jamais le lui donner, et, comme nous l'avons déjà dit, on avait fini par le rebuter. On venait de reprendre avec lui des communications souvent interrompues, et il avait répondu, en affectant comme auparavant un grand respect pour les Bourbons, mais en déclarant qu'il ne pouvait rien accepter, et qu'au point où en étaient les choses une crise grave était impossible à éviter. Privé de ce maître en fait de police, on était descendu infiniment plus bas en importance, en esprit, en renommée, et on avait cherché à compenser ce qui manquait sous tous ces rapports au nouveau candidat, par la violence de sa haine contre Napoléon. On s'était adressé à M. de Bourrienne, exclu depuis longtemps de la confiance impériale, devenu par ce motif directeur des postes, et on lui avait confié la police, non pas comme ministre, car il était impossible de lui conférer un pareil titre, mais comme directeur général. On était certain que celui-là devait connaître, haïr, poursuivre sans pitié les hommes de l'Empire, et que de sa part il n'y aurait à leur égard ni connivence ni ménagement.

Les deux changements dont nous venons de dire l'occasion et les motifs étaient une singulière manière de répondre aux conseils de MM. Lainé et de Montesquiou, qui ne cessaient de demander avec instance qu'on renvoyât quatre ministres, et qu'on les remplaçât par des personnages respectables et populaires. Mais l'exaspération croissait avec le danger, et l'aveuglement avec l'exaspération. On croyait que le salut était une affaire non pas de confiance à inspirer à l'opinion, mais d'astuce profonde, et que le plus habile machinateur, quelque peu estimable qu'il fût, était le seul sauveur à appeler auprès de soi; triste aveuglement, qui attestait non pas la perversité des Bourbons ou des émigrés, fort honnêtes gens pour la plupart, mais la perversité de l'esprit de parti, toujours proportionnée au défaut de lumières!

Ces changements de personnes eurent lieu les 11 et 12 mars, et un succès partiel, obtenu dans le moment, fit luire une espérance passagère. En effet, les généraux Lallemand, Lefebvre-Desnoëttes, d'Erlon, étaient, comme on l'a vu, partis pour le Nord, afin de mettre à exécution leur inutile et imprudente tentative. Lefebvre-Desnoëttes, après s'être concerté avec le comte d'Erlon qui devait amener l'infanterie de Lille sur Compiègne, avec les frères Lallemand qui devaient amener du département de l'Aisne sur La Fère tout ce qu'ils pourraient entraîner de troupes de toutes armes, était parti le 9 mars au matin de Cambray, avec les chasseurs royaux (anciens chasseurs à cheval de la garde), en faisant dire aux cuirassiers royaux (anciens grenadiers à cheval), de venir le joindre. Les chasseurs à cheval habitués à obéir aveuglément au général qui pendant dix ans les avait conduits sur tous les champs de bataille, l'avaient suivi comme de coutume, et le 10 mars au matin s'étaient présentés devant La Fère, dont les portes étaient ouvertes et ne pouvaient se fermer devant des troupes françaises. Les frères Lallemand accourus de leur côté, avaient essayé d'enlever le régiment d'artillerie qui résidait à La Fère, en disant qu'il s'était opéré à Paris une révolution en faveur de l'Empire, que les Bourbons étaient détrônés et prisonniers, et qu'il fallait se mettre en mouvement pour prêter concours à Napoléon. Le régiment d'artillerie n'aurait pas demandé mieux que d'écouter les frères Lallemand et de les suivre, mais le général d'Aboville qui se trouvait là, ferme observateur de ses devoirs, avait résisté, et les généraux Lallemand, craignant de perdre du temps, étaient partis pour

Mars 1815.

dû à la tentative manquée des frères Lallemand.

Comment avorte le complot militaire de ces généraux.

Ils sont obligés de s'enfuir.

Mars 1815.

Compiègne avec Lefebvre-Desnoëttes, espérant trouver les grenadiers à cheval, et surtout l'infanterie de Lille conduite par le comte d'Erlon. Parvenus à Compiègne à la tête des anciens chasseurs de la garde, qui formaient un millier de cavaliers superbes, Lefebvre-Desnoëttes et les frères Lallemand tentèrent d'enlever le 6ᵉ de chasseurs, dont les officiers hésitèrent et finirent par résister. Tandis qu'ils échouaient auprès de ce régiment, il leur fallut attendre le comte d'Erlon qui ne paraissait point. Celui-ci, en effet, au moment d'ébranler son infanterie, avait été surpris et complétement paralysé par le maréchal Mortier arrivant de Paris. Le maréchal lui avait dit de se tenir tranquille, de laisser les révolutions s'accomplir sans s'y compromettre, et de se cacher pour l'instant, afin de ne pas être l'objet de quelque acte de sévérité. Le comte d'Erlon avait donc été réduit à l'impuissance d'agir, et obligé même de se dérober pour éviter des poursuites.

Cette nouvelle consterna les généraux Lallemand et Lefebvre-Desnoëttes, qui comprirent trop tard qu'en ces circonstances si graves, où les âmes flottaient entre le devoir et la passion, tout autre que Napoléon, se présentant pour les décider, les embarrasserait au lieu de les entraîner. Ils étaient ainsi sans savoir quel parti prendre, lorsque le commandant en second, Lion, les voyant dans cette perplexité, les questionna vivement, et les força de dire ce qu'ils entendaient faire du corps ainsi compromis. Alors ils lui avouèrent tout, et lui proposèrent de se jeter en partisans sur la route de

Lyon, seule chose en effet qu'ils eussent à faire. Le commandant Lion, effrayé d'une telle entreprise, s'y refusa, et les tira en quelque sorte d'embarras en prenant le commandement du corps, pendant qu'ils tâcheraient de s'évader. Il envoya sur l'heure même à Paris, au nom des chasseurs, un acte de soumission et de repentir, fondé sur l'ignorance où ils avaient été des intentions des généraux qui avaient essayé de les égarer.

Mars 1815.

Il ne fallait rien moins que la nouvelle de cette tentative impuissante, répandue à Paris le 12 mars, pour contre-balancer l'effet produit par les désastreuses nouvelles de Grenoble et de Lyon. Ce n'est qu'à la dernière extrémité que les partis se résignent à désespérer de leur salut, et si une espérance inattendue vient briller un moment à leurs yeux, ils s'y rattachent avec ardeur, comme les mourants à la vie quand elle semble leur être rendue. L'espérance cette fois était de nature à tromper même des esprits sages, car bien que les troupes restées fidèles n'eussent résisté qu'à des imprudents, et non pas à Napoléon, on pouvait en conclure, avec un peu de penchant à se faire illusion, que dans la main de chefs énergiques elles tiendraient contre Napoléon lui-même. Les rapports qu'on recevait de Franche-Comté, et en particulier de l'état-major du maréchal Ney (on ignorait encore sa défection), étaient favorables aussi. Les officiers royalistes qui entouraient le maréchal donnaient de sa conduite les témoignages les plus satisfaisants. De son côté le maréchal Oudinot, parti pour Metz, affirmait n'avoir trouvé que d'excellents sentiments

Ensemble de nouvelles favorables qu'on tâche d'accréditer pour relever les courages.

dans l'ancienne garde impériale à pied. De tout cela on composa un ensemble de nouvelles rassurantes, auxquelles on se mit à croire et à faire croire. On se dit que de Cannes à Lyon Bonaparte avait pris tout le monde au dépourvu, n'avait rien trouvé de prêt pour la résistance, et qu'il avait triomphé, comme tant de fois en sa vie, en surprenant ses ennemis et en les frappant de stupeur. Mais à partir de ce point, ajoutait-on, il rencontrerait partout une résistance énergique et invincible. Il allait être pris en flanc par le maréchal Ney, et il ne viendrait pas à bout du brave des braves. Le maréchal Oudinot marcherait de Metz pour le prendre en queue. Enfin les troupes réunies à Paris et dans les environs composeraient une armée de quarante mille hommes, que le duc de Berry commanderait en personne, avec le maréchal Macdonald pour chef d'état-major, et sous les yeux du prince et du respectable maréchal qui devait le seconder, chacun ferait son devoir. A cette époque, il était partout question du premier coup de fusil à faire tirer, comme du remède décisif qui sauverait la monarchie, car une fois le conflit engagé, les troupes, disait-on, seraient bien obligées de se battre. Or, on avait à Paris le moyen assuré de faire tirer ce premier coup de fusil, c'était la maison du Roi, forte de cinq mille braves gens, tous profondément dévoués, et quant à ceux-là on ne devait pas douter qu'ils fissent feu. On se flattait d'avoir trente ou quarante mille hommes au moins, tandis que Napoléon n'en pouvait amener que huit ou dix mille à sa suite, et quelque habile général qu'il fût, il ne l'emporterait pas avec une telle disproportion de forces.

Ces raisons étaient spécieuses, et l'esprit de parti s'est souvent payé de moins bonnes. On nomma donc M. le duc de Berry commandant de l'armée de Paris, destinée à camper en avant de Villejuif. On lui donna pour major général le maréchal Macdonald, qui venait de faire à Lyon des prodiges de fidélité et de courage. On chargea M. le duc d'Orléans de se rendre dans le Nord, d'y composer une armée de réserve avec les troupes qui avaient en dernier lieu montré un si bon esprit, de les réunir à Amiens ou à Saint-Quentin, et après les avoir pourvues du matériel nécessaire, de les amener sur Paris, pour former la gauche de M. le duc de Berry, et combattre à ses côtés. On envoya au maréchal Oudinot l'ordre de mettre en mouvement l'infanterie de la vieille garde s'il persistait à compter sur elle, de marcher de manière à prendre par le travers la route de Lyon à Paris, et de promettre le grade d'officier à tout soldat qui s'engagerait à faire feu.

En même temps on ouvrit des registres dans Paris pour l'enrôlement des volontaires. Tous les jours des royalistes ardents se promenaient dans les rues de la capitale, en agitant des drapeaux blancs, et en poussant le cri *Aux armes!* contre l'usurpateur, le tyran, qui allait attirer sur la France le double fléau du despotisme et de la guerre. Quoique ces démonstrations ne fissent pas sur la population un effet bien marqué, cependant la jeunesse libérale, placée sous l'influence du journal *le Censeur*, lequel paraissait en forme de volume

Mars 1815.

Formation de l'armée de Melun sous le duc de Berry et le maréchal Macdonald.

Enrôlement des volontaires royaux.

afin d'échapper à la censure, et s'attachait à montrer tous les dangers du retour de Napoléon, la jeunesse libérale sans être passionnée pour les Bourbons les préférait de beaucoup à Napoléon, et était prête à soutenir ses préférences les armes à la main. Aussi les étudiants en droit s'étaient-ils inscrits en assez grand nombre. On espérait que la garde nationale, inquiète pour la paix comme la jeunesse des écoles pour la liberté, servirait la cause royale avec le même zèle. On s'efforçait donc en ce moment de s'encourager les uns les autres, et de se relever de l'abattement produit par les nouvelles de Grenoble et de Lyon.

Afin de propager ces sentiments par le retentissement de la tribune, on provoqua une séance des Chambres. Cette séance eut lieu le 13 mars. Le nouveau ministre de la guerre, duc de Feltre, et M. de Montesquiou, ministre de l'intérieur, y jouèrent le principal rôle. Le ministre de la guerre proposa de déclarer que les garnisons d'Antibes, de La Fère, de Lille, que les maréchaux Mortier, Macdonald, avaient bien mérité du Roi et de la patrie. Il proposa aussi d'annoncer que les militaires qui rendraient des services dans les circonstances actuelles recevraient des récompenses nationales. Il raconta à cette occasion la tentative du général Lefebvre-Desnoëttes et des frères Lallemand, qu'il qualifia d'infâme; il affirma que les troupes étaient animées d'un excellent esprit, qu'elles rempliraient leur devoir, que d'ailleurs il serait le premier à leur en donner l'exemple, et que si Lyon n'avait pas résisté, c'était uniquement parce que l'artillerie avait manqué. On applaudit à ces explications, à ces espérances, à ces promesses de dévouement, parce qu'on avait un extrême besoin d'y croire. Un membre de la Chambre proposa de placer la Charte sous la protection spéciale de l'armée et des gardes nationales, un autre de payer immédiatement les arrérages de la Légion d'honneur. Toutes ces motions furent votées à la presque unanimité. Au langage quelque peu puéril du ministre de la guerre, le ministre de l'intérieur fit succéder des paroles sages et dignes, et n'ayant pu faire appeler au ministère les chefs du parti constitutionnel, il les remercia du moins de leur noble conduite en cette occasion. Il loua notamment en très-bons termes les écrivains libéraux, qui oubliaient des dissentiments particuliers pour défendre ce qui était le bien commun de tous, le Roi et la liberté.

L'effet de cette scène ayant semblé favorable, on en prépara une plus solennelle. On annonça que le Roi et les princes se rendraient le 16 à la Chambre des députés, pour y renouveler leur alliance avec la nation, et y donner de formelles assurances de leur fidélité à la Charte constitutionnelle. M. de Montesquiou, M. Lainé, ne pouvant obtenir des incertitudes du Roi, des fâcheuses tendances des princes, qu'on se jetât dans les bras du parti constitutionnel, voulaient au moins que par des démonstrations répétées on parvînt à se concilier l'opinion publique, seule force qui pût être utilement opposée à Napoléon.

Le Roi prépara un discours qu'il rédigea lui-même avec soin, et qu'il apprit par cœur afin de le mieux débiter. Ce discours ayant été communiqué au Conseil, fut jugé un chef-d'œuvre, et il était en effet aussi noble qu'habile. Rassuré par ce suffrage, Louis XVIII partit des Tuileries en grande pompe, revêtu du cordon de la Légion d'honneur, entouré de tous les princes, et marchant à travers une double haie composée de gardes nationaux et de troupes de ligne. Il avait le duc d'Orléans dans sa voiture, et il prit soin de lui faire remarquer qu'il portait la plaque de la Légion d'honneur. — Je voudrais bien, lui répondit le prince, que ce ne fût pas aujourd'hui pour la première fois. — Pendant le trajet, le public, composé surtout de la bourgeoisie de Paris, se montrait affectueux ; la garde nationale poussait des cris de *Vive le Roi ;* les troupes gardaient le silence. Tandis que M. le duc de Berry et M. le duc d'Orléans observaient ce spectacle, le Roi n'y donnait aucune attention, et se récitait à lui-même le discours qu'il allait prononcer.

Arrivé au palais Bourbon, Louis XVIII entra dans la salle des séances, et franchit les marches du trône, appuyé sur MM. de Blacas et de Duras. Les membres des deux Chambres se levèrent vivement à l'aspect du monarque, et applaudirent de toutes leurs forces. Les plus expansifs dans leurs témoignages étaient les députés siégeant au côté gauche. Ils voulaient tous la paix, la Charte, le Roi, et tenaient à lui prouver que s'il était sincère avec eux, ils le seraient avec lui. Trois et quatre fois ils se levèrent, en répétant le cri de *Vive le Roi !* Secondés dans cette manifestation par les députés royalistes, ils firent entendre à Louis XVIII des acclamations qui l'émurent profondément, et qui auraient pu lui faire croire qu'il était sauvé. Malheureusement, ce n'était là que le cri de quelques citoyens éclairés et vraiment patriotes. Le reste de la nation, entraîné par des ressentiments dont les Bourbons étaient la cause involontaire, courait à de nouveaux abîmes!

Mars 1815

Le Roi, après s'être remis, prononça, d'une voix claire et bien accentuée, les paroles suivantes :

« MESSIEURS,

» Dans ce moment de crise, où l'ennemi public a
» pénétré dans une portion de mon royaume, et où
» il menace la liberté de tout le reste, je viens au
» milieu de vous resserrer encore les liens qui, en
» vous unissant avec moi, font la force de l'État.
» Je viens, en m'adressant à vous, exposer à toute
» la France mes sentiments et mes vœux.

Discours du Roi.

» J'ai revu ma patrie, je l'ai réconciliée avec
» toutes les puissances étrangères, qui seront, n'en
» doutez pas, fidèles aux traités qui nous ont rendu
» la paix; j'ai travaillé au bonheur de mon peuple;
» j'ai recueilli, je recueille tous les jours les mar-
» ques les plus touchantes de son amour; pourrais-
» je, à soixante ans, mieux terminer ma carrière
» qu'en mourant pour sa défense?... »

Ici de nouvelles acclamations retentirent. — Non, s'écriaient les députés, ce n'est pas à vous, c'est à nous à mourir pour le trône et la Charte! — Le Roi reprit :

« Je ne crains donc rien pour moi, mais je crains
» pour la France. Celui qui vient parmi nous allu-

» mer les torches de la guerre civile, y apporte aussi
» le fléau de la guerre étrangère; il vient remettre
» notre patrie sous son joug de fer; il vient enfin
» détruire cette Charte constitutionnelle que je vous
» ai donnée, cette Charte, mon plus beau titre aux
» yeux de la postérité, cette Charte que tous les
» Français chérissent et que je jure ici de maintenir.

» Rallions-nous donc autour d'elle! qu'elle soit
» notre étendard sacré! Les descendants de Henri IV
» s'y rangeront les premiers; ils seront suivis de
» tous les bons Français. Enfin, Messieurs, que le
» concours des deux Chambres donne à l'autorité
» toute la force qui lui est nécessaire; et cette guerre
» vraiment nationale prouvera, par son heureuse
» issue, ce que peut un grand peuple uni par l'a-
» mour de son Roi et de la loi fondamentale de
» l'État. » —

A peine ces derniers mots étaient-ils prononcés que le comte d'Artois se levant, et saisissant les mains du Roi avec respect, lui dit ces paroles : Permettez, Sire, qu'au nom de votre famille j'unisse ma voix à la vôtre, pour protester de notre franche et cordiale union avec Votre Majesté, et pour jurer d'être fidèle à vous et à la Charte constitutionnelle. — Oui, oui, s'écrièrent le duc de Berry et le duc d'Orléans, nous le jurons! — A cette scène inattendue, les deux Chambres se levèrent pour applaudir à une conformité de sentiments, bien salutaire si elle avait été manifestée plus tôt, pour remercier la royauté de chercher son appui dans la nation, et pour le lui promettre tout entier. Mais, hélas, elles n'en disposaient pas, et ces Chambres elles-mêmes, dans leur extrême prudence, n'avaient peut-être pas assez résisté à la royauté pour acquérir une popularité qui leur permît de la défendre et de la sauver.

Louis XVIII se retira au milieu de l'émotion générale, fort touché du succès de son discours et de celui de la séance, succès d'une utilité certaine quinze jours auparavant, et aujourd'hui d'une utilité bien douteuse!

Après la séance royale on avait convoqué la garde nationale, afin que les princes pussent la passer en revue, et que sous leurs yeux les hommes de bonne volonté, destinés à former les bataillons mobiles, sortissent des rangs. Le comte d'Artois déploya tout ce qu'il avait de grâce pour plaire à la bourgeoisie parisienne sous les armes, mais quand on fit appel aux hommes de bonne volonté il ne s'en présenta qu'un petit nombre. On avait en effet trop froissé les sentiments de cette bourgeoisie pour lui inspirer un dévouement bien ardent. Elle avait peur de ce qui venait, sans avoir grand amour pour ce qui s'en allait. Néanmoins les apparences furent sauvées, et les princes, quoique moins bien accueillis qu'à la Chambre des députés, furent cependant reçus d'une manière convenable. Sous l'impression de ces diverses manifestations, et surtout de la tentative manquée des frères Lallemand, on était revenu un peu à l'espérance, on croyait à la force numérique et à la fidélité du rassemblement de troupes qui allait se former à Melun sous le duc de Berry, sous le maréchal Macdonald, sous les généraux Belliard, Maison, Haxo, etc. Les bonapartistes au contraire déconcertés par l'aventure des frères Lallemand, croyant y voir un symptôme alarmant des dispositions de l'armée, étaient tremblants, et se cachaient, intimidés surtout par le nom du nouveau préfet de police Bourrienne.

Pendant ce temps, Napoléon arrivé à Auxerre le 17 y préparait sa marche sur Paris. Avec les troupes de Grenoble, de Lyon, avec celles de Franche-Comté qu'amenait le maréchal Ney, il pouvait réunir environ une vingtaine de mille hommes et soixante bouches à feu. Le 14ᵉ de ligne, envoyé à Auxerre pour le combattre, l'avait rejoint au cri de *Vive l'Empereur!* et avait ainsi augmenté ses forces d'un régiment d'infanterie. On avait reçu à Auxerre la nouvelle de la formation d'une armée à Melun. On parlait d'une quarantaine de mille hommes de troupes de ligne, de maison militaire, de gardes nationaux, sous les ordres directs du duc de Berry et de plusieurs maréchaux, et il était possible que ce premier coup de fusil tant désiré par les royalistes, si redouté par Napoléon, fût enfin tiré sous Paris. On devait croire, en effet, que dans les cinq ou six mille hommes composant la maison militaire, il s'en trouverait toujours assez pour engager le conflit, et alors la situation pouvait devenir grave. Napoléon n'était guère inquiet de ces rumeurs. Il se disait que les troupes ne tiendraient pas plus en avant de Paris qu'en avant de Lyon et de Grenoble, qu'à son approche le gouvernement perdrait la tête, et que le Roi s'en irait comme avaient fait les préfets, ceux du moins qui avaient voulu être fidèles. D'ailleurs, des émissaires venus des environs de la capitale affirmaient n'avoir pas rencontré de soldats sur leur chemin, et n'avoir vu à Melun que des rassemblements d'officiers à la demi-solde, fort mal disposés pour le gouvernement qu'ils étaient chargés de défendre. Napoléon n'attachait donc pas grande importance aux bruits qui circulaient, mais il était capitaine trop avisé pour n'en pas tenir compte, et il avait résolu de passer deux ou trois jours à Auxerre, afin d'y concentrer ses forces, et de marcher militairement sur Paris. Il attendait le maréchal Ney avec le corps de la Franche-Comté, peut-être même avec la vieille garde qu'on disait échappée aux mains du maréchal Oudinot, et il était certain d'avoir dans ces deux jours donné à son armée une consistance suffisante. Pour que l'infanterie qui le suivait ne fût pas trop fatiguée, il imagina de l'embarquer sur la Seine à Auxerre, et de la faire voyager par eau jusqu'à Montereau. Il en usa de même pour l'artillerie, et dans cette vue il fit rassembler à prix d'argent tous les bateaux de la Seine. Il achemina sa cavalerie par terre sur ce même point de Montereau, et il disposa les choses de manière à pénétrer le 19 dans la forêt de Fontainebleau avec toutes ses armes réunies.

Ces mesures prises avec sa promptitude et sa précision accoutumées, il employa son temps à recevoir les maires, les sous-préfets, les chefs de corps, et à leur tenir les discours qu'il avait tenus partout. Le soir, à la table du préfet, et dans un cercle plus étroit, composé de Drouot, de Bertrand, de Cambronne et du préfet lui-même, il parla confidentiellement, et avec le langage net, expressif, mordant, qui lui était propre. — J'ai laissé répandre autour de moi, dit-il, que j'étais d'accord avec les puissances, il n'en est rien. Je ne suis d'accord avec personne, pas même avec ceux qu'on accuse de conspirer à Paris pour ma cause. J'ai vu de l'île d'Elbe les fautes que l'on commettait, et j'ai résolu d'en profiter. Mon entreprise a toutes les apparences d'un acte d'audace extraordinaire, et elle n'est en réalité qu'un acte de raison. Il n'était pas douteux que les soldats, les paysans, les classes moyennes elles-mêmes, après tout ce qu'on avait fait pour les blesser, m'accueilleraient avec transport. A Grenoble, je n'ai eu qu'à *frapper la porte avec ma tabatière* pour qu'elle s'ouvrît. Sans doute, Louis XVIII est un prince sage, éclairé par le malheur, et s'il avait été seul, j'aurais eu infiniment plus de peine à lui reprendre la France. Mais sa famille, ses amis, détruisent tout le bien qu'il serait capable de faire. Ils se sont persuadés qu'ils rentraient dans l'héritage de leurs pères, et qu'ils pouvaient s'y conduire à leur gré, et ils ne voient pas que c'est dans mon héritage qu'ils rentrent, et que le mien ne pouvait pas être géré comme le leur. — Sur l'observation du préfet que les Bourbons s'étaient cependant renfermés dans la stricte observation des lois, Napoléon répondit que ce n'était pas assez de gouverner selon le texte des lois, qu'il fallait gouverner selon leur esprit. — On exécutait, dit-il, les lois du temps présent avec l'esprit du temps passé, et il n'était pas possible qu'on ne révoltât pas la génération actuelle. C'est là l'unique cause de mon succès. On a prétendu l'année dernière que c'est moi qui avais ramené les Bourbons. Ils me ramènent cette année, par conséquent nous sommes quittes... —

Mars 1815.

Napoléon passa ainsi la soirée à s'entretenir avec sa verve accoutumée, faisant l'exposé le plus frappant des fautes des Bourbons, avouant aussi les siennes avec bonne grâce, mais affirmant du reste qu'il était changé, et qu'on ne trouverait plus en lui ni le maître absolu, ni le conquérant, car il savait, disait-il, se corriger, et n'était pas comme les Bourbons, qui en vingt-cinq ans *n'avaient rien appris, rien oublié*... —

Arrivée du maréchal Ney à Mâcon.

Le lendemain 18, arriva le maréchal Ney. Napoléon l'attendait avec impatience, et semblait même s'étonner qu'il ne fût pas arrivé plus tôt. Le maréchal, retenu par les ordres qu'il avait eu à expédier, était en effet en retard, et ce n'était pas d'ailleurs sans embarras qu'il s'approchait du quartier général. Il avait deux causes de gêne, sa conduite à Fontainebleau, et celle qu'il venait de tenir à Lons-le-Saulnier. Sa conduite à Fontainebleau, sauf les formes qui avaient été rudes, pouvait s'expliquer par l'empire des circonstances. Son dernier revirement, quoique pouvant s'expliquer de même, avait été si brusque, qu'il en était embarrassé même devant Napoléon qui en avait tant profité. Le maréchal, pour se justifier, avait répété partout ce qu'il avait déjà dit à Lons-le-Saulnier, qu'il cédait au vœu de la France, laquelle venait de se montrer unanime à Grenoble, à Lyon, à Mâcon, à Chalon, etc., mais qu'il n'avait pas entendu se donner à un homme, surtout à celui qui avait conduit les Français à Moscou; que les circonstances étaient

Mars 1813.

changées, qu'il fallait aujourd'hui à la France la paix et la liberté, qu'il l'entendait ainsi, et le dirait à l'Empereur à sa prochaine entrevue, et que si l'Empereur ne voulait pas écouter ce langage, il se retirerait dans ses champs pour n'en plus sortir. — Tels étaient les propos que Ney avait semés sur sa route, qu'il répéta en arrivant au préfet son beau-frère, et qu'il voulait adresser à Napoléon lui-même. Pourtant en approchant, sa hardiesse tombait peu à peu, et craignant de ne pas oser, ou de ne pas savoir dire tout ce qu'il avait dans l'esprit, il avait fait de sa conduite et de ses sentiments un exposé par écrit, qui commençait à Fontainebleau et finissait à Lons-le-Saulnier. Il le lut à son beau-frère, qui n'y trouva rien à reprendre, et il se rendit chez Napoléon, cet exposé à la main, peu d'instants après son arrivée.

Entrevue de Napoléon avec le maréchal.

Napoléon, avec sa profonde sagacité, avait deviné tout ce que le maréchal serait tenté de lui dire, et il lui suffisait de ce qu'il avait déjà entendu de plus d'une bouche, pour prévoir que Ney lui apporterait à la fois des excuses et des remontrances. Or, il voulait le dispenser des unes, et s'épargner les autres. Il vint à lui les bras ouverts, en s'écriant :

Son adresse à empêcher le maréchal de dire ce qu'il voulait.

Embrassons-nous, mon cher maréchal.... Puis Ney déployant son papier, il ne lui en laissa pas commencer la lecture. — Vous n'avez pas besoin d'excuse, lui dit-il. Votre excuse, comme la mienne, est dans les événements, qui ont été plus forts que les hommes. Mais ne parlons plus du passé, et ne nous en souvenons que pour nous mieux conduire dans l'avenir. — Après ces premiers mots, Napoléon ne donnant pas au maréchal le temps de proférer une parole, lui fit un exposé de la situation et de ses intentions qui ne laissait rien à désirer, car il reconnaissait à la fois la nécessité de la paix et d'une liberté suffisante, et paraissait résolu à concéder l'une et l'autre. Il déclara qu'il acceptait le traité de Paris, qu'il l'avait fait dire à Vienne, qu'il comptait sur cette communication et sur l'intervention de Marie-Louise pour prévenir une nouvelle lutte avec l'Europe, et que rendu à Paris, il réunirait les hommes les plus éclairés pour se concerter avec eux sur les changements qu'il convenait d'apporter aux constitutions impériales. Le maréchal aurait voulu en vain ajouter quelque chose aux déclarations de Napoléon, car elles comprenaient tout ce qui était désirable, et précisaient mieux qu'il n'aurait pu le faire les besoins du moment. Pourtant il répéta à sa manière tout ce qu'il venait d'entendre, afin de pouvoir au moins se vanter de l'avoir dit, et Napoléon l'écouta sans peine, parce que ce n'était que la répétition de ses propres pensées, précédemment exprimées. L'entretien fut donc très-convenable. Néanmoins Ney, sans avoir la finesse de son interlocuteur, comprit bien que celui-ci n'avait pas voulu se laisser poser des conditions, et Napoléon avait compris encore mieux qu'on avait voulu lui en faire. Ils furent donc au fond moins satisfaits l'un de l'autre qu'ils n'affectaient de le paraître. Ney en se retirant dit à tous les officiers et à son beau-frère qu'il avait été très-content de l'Empereur, qui avait été avec lui très-amical, et très-raisonnable. Ses camarades applaudirent et déclarèrent qu'ils n'avaient rien à

Mars 1815.

Napoléon et le maréchal affectent d'être plus contents l'un de l'autre qu'ils ne le sont véritablement.

Mars 1815.

L'unanimité des militaires à désirer, en se donnant à Napoléon, qu'il soit changé, et qu'il soit à la fois pacifique et libéral.

souhaiter, puisqu'ils retrouvaient l'Empereur, et le retrouvaient corrigé par les événements. Napoléon, de son côté, devinant aux airs de visage, aux mots échappés, qu'on s'excusait de la violation de ses devoirs militaires par la résolution hautement annoncée de lui mettre un frein, feignit de ne pas s'en apercevoir, et affecta de se montrer parfaitement content du maréchal. Toutefois, ce premier moment d'effusion passé, il reprit peu à peu une certaine hauteur impériale avec Ney, et lui donna rendez-vous à Paris, comme s'il n'avait pas eu besoin de lui pour y entrer.

Départ de Napoléon d'Auxerre, et son entrée à Fontainebleau le 20 mars au matin.

Le 19 au matin, toutes ses dispositions étant terminées et ses troupes devant être rendues à Montereau, Napoléon quitta Auxerre pour se mettre à leur tête. Vers la nuit il était à la lisière de la forêt de Fontainebleau entouré de ses soldats. Là, on lui parla beaucoup des mouvements de troupes qui se faisaient en avant de Paris; il n'en tint compte, et s'enfonça dans la forêt suivi de quelques cavaliers. A quatre heures du matin, 20 mars, il pénétra dans cette cour du château de Fontainebleau, où onze mois auparavant (20 avril) il avait adressé ses adieux à la garde impériale. Déjà un groupe de cavalerie, déserteur de l'armée de Melun, s'y était transporté pour l'attendre. En mettant le pied dans ce palais où avait fini le premier Empire, et où semblait recommencer le second, son visage s'illumina d'un profond sentiment de satisfaction. Cette revanche que lui accordait la fortune était assurément bien éclatante, et dans ce grand esprit qui s'était guéri à l'île d'Elbe de toutes les illusions (on en verra bientôt la preuve), la joie fit taire un instant la prévoyance!

Cependant, la plus violente agitation régnait aux Tuileries. Les espérances dont on s'était bercé n'avaient pas été de longue durée, et tandis qu'il avait fallu au maréchal Soult trois mois pour se discréditer, huit jours avaient suffi au ministre Clarke pour perdre toute la confiance qu'on avait mise en lui. En apprenant la marche triomphale de Napoléon à travers les populations de la Bourgogne, en apprenant surtout la défection du maréchal Ney, on avait bientôt reconnu que c'était puérilité d'attendre son salut d'un ministre de la guerre quel qu'il fût, et on s'était livré à un complet désespoir. Les royalistes violents n'avaient vu de ressource que dans une seconde émigration à l'étranger, où ils espéraient trouver encore l'appui qu'ils avaient obtenu à toutes les époques. En effet, si les nouvelles de France étaient désolantes, celles de Vienne étaient rassurantes au contraire, et on savait que le congrès réuni extraordinairement avait fulminé contre Napoléon un véritable arrêt de mort. Malheureusement il fallait aller chercher au dehors ce dangereux appui de l'étranger, qui pouvait procurer quelque force matérielle, mais en en ôtant toute force morale!

On doit à M. Lainé, à M. de Montesquiou, à tous ceux enfin qui avaient cru trouver le salut de la cause royale dans l'union de la dynastie avec le parti libéral, la justice de reconnaître qu'ils ne désespérèrent pas de leur politique, et que jusqu'au dernier jour ils voulurent en essayer à leurs risques et

Mars 1815.

Les fausses espérances conçues par les royalistes promptement dissipées.

Leur désespoir, et leur penchant à émigrer de nouveau.

MM. Lainé et de Montesquiou persistent à conseiller les concessions, mais les conseillent vainement.

Mars 1815.

périls, c'est-à-dire avec le danger de tomber dans les mains de Napoléon, avant d'avoir pu opérer la réconciliation désirée. MM. Lainé et de Montesquiou insistèrent pour qu'on se livrât entièrement aux constitutionnels, qu'on les prît pour ministres, qu'on mît M. de Lafayette à la tête de la garde nationale, et qu'on opposât ainsi à Napoléon la Charte confiée aux mains des libéraux. Les constitutionnels ratifièrent ces propositions en s'offrant jusqu'au dernier instant, et le 19 mars au matin, M. Benjamin Constant écrivit dans le *Journal des Débats* un article de la plus extrême violence contre Napoléon, déclarant pour les Bourbons et pour la Charte une préférence formelle et irrévocable.

Déchaînement de la cour contre MM. de Montesquiou et de Blacas.

A cette heure, le conseil des ministres n'était presque plus le conseil du Roi, car, ainsi qu'il arrive dans les jours de crise, une foule d'empressés accouraient autour du gouvernement, forçaient ses portes, se mêlaient à ses délibérations, et prétendaient conduire les affaires presque autant que ceux qui en étaient responsables. Ces moments sont ceux de la dissolution du pouvoir, car tout le monde ordonne, personne n'obéit, et quand cet état se produit, on peut affirmer que l'agonie commence. Les royalistes de diverses nuances avaient envahi les deux ou trois étages des Tuileries; on les rencontrait partout, se remuant, parlant, déclamant contre MM. de Montesquiou et de Blacas, à qui on attribuait tout le mal. Le premier était devenu un objet d'aversion depuis qu'il faisait entendre des conseils de modération, et on disait que c'était un esprit léger, un faux mérite, inventé et vanté par les femmes, et incapable de supporter le fardeau du pouvoir. Le second avait aux yeux de ces royalistes fougueux le tort d'être l'homme du Roi. On le considérait comme la cause de l'inertie de Louis XVIII et de ses irrésolutions. Les modérés eux-mêmes aussi bien que les immodérés s'en prenaient à lui de n'être pas écoutés, lui reprochaient d'être en quelque sorte un mur élevé autour de la royauté pour empêcher les saines inspirations de lui parvenir, et il est certain que sa froide hauteur était bien faite pour inspirer cette idée, quoiqu'en réalité il s'empressât de transmettre exactement à Louis XVIII tout ce qu'il apprenait. Il faut ajouter que dans les circonstances difficiles, c'est ordinairement aux favoris, ou à ceux qui passent pour tels, qu'on s'en prend des malheurs publics, et qu'on se venge de leur faveur en les accusant de tout, même de ce qu'ils tâchent d'empêcher.

Mars 1815.

M. de Blacas accusé d'être la cause des irrésolutions du Roi.

Le déchaînement contre ces deux personnages était donc extrême. M. de Montesquiou, ne se déconcertant guère, persistait à soutenir le système des concessions, tandis que M. de Blacas gardait un froid silence. Les royalistes extrêmes s'obstinant à ne reconnaître au gouvernement d'autre tort que celui de la faiblesse, regardaient les concessions comme un redoublement de cette faiblesse qui ajouterait à la déconsidération du pouvoir sans apporter aucune amélioration sensible à l'état des choses. A leur avis il n'y avait plus qu'à quitter Paris, et à se retirer à l'étranger, où l'on trouverait l'appui de l'Europe, le seul sur lequel on pût désormais compter. Ils se disaient avec une satisfaction à peine dissi-

Le parti d'une prompte retraite prévaut. Partage d'avis entre les royalistes, sur le lieu où l'on doit se retirer.

mulée que la coalition punirait cette nation ingrate qu'on n'avait pas su gouverner, parce qu'elle ne pouvait être menée que par une main de fer, celle de Napoléon ou celle de l'Europe. Ils ajoutaient qu'on y gagnerait d'être débarrassé de cette Charte, cause essentielle, à les en croire, des nouveaux revers dont la légitimité était menacée. Le tort, à leurs yeux, n'était pas de l'avoir mal observée, mais de l'avoir donnée.

M. de Vitrolles voudrait qu'on se retirât en Vendée. M. de Montesquiou en Flandre, sans toutefois passer la frontière.

Pourtant, même entre royalistes violents, ils étaient loin de s'entendre. Il y en avait, M. de Vitrolles tout le premier, auxquels le recours à l'étranger répugnait profondément. Ils avaient éprouvé récemment combien était importune l'influence de l'étranger, car cette influence les avait empêchés de se livrer à toutes leurs passions, et ils auraient bien voulu ne pas retomber dans sa dépendance. Pour y échapper ils avaient imaginé un moyen, c'était, en sortant de Paris (ce que les uns et les autres considéraient comme inévitable), de se retirer non pas au nord, vers Lille ou Dunkerque, mais à l'ouest, vers Angers, Nantes et la Rochelle, ce qui devait conduire en Vendée, au milieu des vieux soldats du royalisme, qui depuis dix mois avaient repris les armes. On se figurait qu'on réunirait là cinquante mille soldats, lesquels, appuyés sur Nantes, la Rochelle, Bordeaux, recevant des Anglais des secours en argent et en matériel, tiendraient assez longtemps, attireraient une partie des forces de l'usurpateur, et donneraient à l'Europe, sans apparence de complicité avec elle, le temps de résoudre la question fondamentale entre le Rhin et la

Seine. Déjà M. le duc de Bourbon était parti pour Tours et Angers, et on ne doutait pas qu'il ne parvînt à émouvoir profondément la Vendée. On avait des nouvelles de Bordeaux, où M. le duc et madame la duchesse d'Angoulême avaient excité de vifs élans d'enthousiasme, et on regardait l'asile de l'Ouest comme aussi sûr qu'honorable, car enfin, en admettant qu'on fût forcé dans cet asile, il restait la mer pour s'enfuir, et retourner en Angleterre, d'où l'on était venu.

<small>Mars 1815</small>

On pouvait sans doute faire valoir des raisons fort spécieuses en faveur de ce plan, mais il y avait autant d'impopularité attachée à l'appui des chouans qu'à celui de l'étranger, et entre ces deux impopularités le choix était difficile. Aussi M. de Montesquiou, devenu le contradicteur habituel de M. de Vitrolles, disait-il avec le ton d'un homme importuné par de sots conseils : Eh! monsieur, le roi des chouans ne sera jamais le roi des Français! — A quoi M. de Vitrolles répondait que celui des Autrichiens, des Anglais et des Russes, n'avait pas plus de chances de le devenir. — Ces deux personnages en étaient arrivés à une telle antipathie réciproque, qu'ils ne pouvaient plus souffrir la présence l'un de l'autre, et étaient toujours prêts à en venir aux outrages, M. de Vitrolles indiquant assez clairement qu'il regardait M. de Montesquiou comme un abbé de cour, aussi impertinent que léger, M. de Montesquiou, à son tour, qualifiant M. de Vitrolles de brouillon violent, aussi fatigant que dangereux.

<small>Violente altercation entre M. de Vitrolles et M. de Montesquiou.</small>

Le système des concessions étant écarté, M. de Montesquiou ne voyait d'autre ressource que de se retirer vers la frontière du Nord, Dunkerque ou Lille, de rester dans l'une de ces deux places sans abandonner le sol français, et de laisser le duel de Napoléon avec l'Europe se vider sans y prendre part. C'était le conseil que M. le duc d'Orléans, que le maréchal Macdonald, que tous les hommes sages avaient donné à Louis XVIII, s'il fallait, comme tout l'annonçait, quitter la capitale et la livrer à Napoléon. Mais ce plan ne plaisait pas plus au vieux monarque que celui de se réfugier en Vendée. Sortir de Paris était pour la paresse de Louis XVIII une résolution souverainement désagréable, et tout plan qui commençait par un déplacement lui était odieux. Aller guerroyer dans la Vendée lui semblait un parti d'aventuriers, qui ne convenait ni à son âge, ni à sa santé, ni à sa dignité. Prendre une place forte pour asile ne lui paraissait guère praticable, car il fallait d'abord une place prête à se dévouer, secondement une garnison pour la bien défendre, et les trois ou quatre mille cavaliers auxquels allait se réduire la maison militaire lorsqu'on abandonnerait Paris, n'étaient pas une garnison suffisante pour une ville comme Lille, dont la défense exigeait au moins douze ou quinze mille hommes de la meilleure infanterie. Enfin être assiégé dans une forteresse, pour finir par se rendre, était à ses yeux un sort assez ridicule.

Ce qui lui agréait le plus, c'était Paris, et, à défaut de Paris, Londres. Or, avec cette disposition à l'inertie, rester aux Tuileries jusqu'à la dernière extrémité, était au fond sa résolution secrète, car il augurait mal d'une nouvelle émigration. — La première fois, disait-il, on nous a bien reçus, parce qu'on imputait nos revers à la grande et irrésistible catastrophe de la Révolution ; mais, cette fois, on les imputera à notre maladresse, et on nous traitera comme des gens malhabiles et des hôtes importuns. — Il voulait donc attendre jusqu'à la dernière heure, en laissant tout proposer sans rien accueillir, en laissant à M. de Blacas la tâche ingrate d'opposer objection sur objection aux propositions qui lui déplaisaient.

Mars 1845.

Au milieu de cette cour en tumulte, où les auteurs de projets rencontraient tantôt le regard distrait et ironique du Roi, tantôt les sèches négations de M. de Blacas, il y avait un personnage qui n'était pas capable de se tenir tranquille en une conjoncture aussi grave, c'était le maréchal Marmont. Léger, vain, agité, grand faiseur d'embarras comme de coutume, appelé à commander la maison du Roi en cette occasion, et du reste le méritant par sa rare bravoure, il voulait lui aussi sauver le Roi, et prétendait en avoir trouvé le moyen. Se heurtant dans les mouvements qu'il se donnait, contre la froideur peu accueillante de M. de Blacas, il avait conçu pour ce ministre la haine la plus vive, et sans se ranger précisément avec les exagérés, il criait avec eux contre lui, et attribuait à son influence tous les maux de la royauté. Il avait poussé l'imprudence jusqu'à proposer à M. de Vitrolles d'enlever M. de Blacas pour l'éloigner du Roi, de s'emparer ensuite du gouvernement, et de sauver la monarchie sans M. de Blacas, et même sans le Roi. Son plan, lorsque lui et M. de Vitrolles se seraient saisis du pouvoir, con-

Projet du maréchal Marmont.

Mars 1815.

de fortifier les Tuileries, et d'y supporter un siège.

Railleries de Louis XVIII à l'égard de ce projet.

sistait à fortifier les Tuileries, à y amasser des vivres et des munitions, à s'y enfermer avec tous les royalistes fidèles, à y attendre Napoléon, et à lui opposer l'embarras, sans doute assez grand, d'assiéger un vieux roi dans son palais, de l'y bombarder peut-être au milieu de l'indignation universelle. M. de Vitrolles avait répondu que le temps des enlèvements de favoris était passé avec les favoris eux-mêmes, que M. de Blacas ne l'était pas, et qu'on donnerait, sans sauver le Roi, un spectacle aussi odieux que ridicule. Louis XVIII ayant reçu du maréchal Marmont la confidence de la seconde partie de son plan, lui avait répondu d'un ton peu flatteur : Vous me proposez la chaise curule ; cette idée est au moins aussi vieille que toutes celles qu'on reproche à mes pauvres émigrés. —

Dans toute situation désespérée on a volontiers recours aux empiriques, et on s'adressa une dernière fois à M. Fouché, pour en obtenir, à défaut de son concours, au moins un bon conseil, car, ainsi que nous l'avons dit, entre la confusion de recourir à un régicide, ou celle de faire des concessions aux constitutionnels, on aimait mieux la première.

Derniers conseils demandés à M. Fouché.

On chargea donc M. Dambray de voir M. Fouché, et de l'entretenir au nom de Louis XVIII. M. Fouché avait un tel goût d'intrigue, qu'engagé contre les Bourbons jusqu'à pousser lui-même les frères Lallemand à entreprendre leur folle tentative, il avait plaisir encore à rencontrer le chancelier de Louis XVIII, à écouter des propositions et à y répondre. M. Dambray ayant au nom du Roi demandé à M. Fouché son opinion et ses conseils, ce qui indiquait assez qu'on serait prêt à accepter son concours, il dit, ce que tout le monde savait, qu'il était trop tard; que le mouvement était donné, que l'armée le suivrait jusqu'au dernier homme; que Napoléon serait à Paris avant huit jours, qu'il n'y avait donc plus qu'à se retirer, et à mettre la royauté hors d'atteinte, afin d'attendre en sûreté les événements ultérieurs. M. Dambray s'étant récrié contre des prophéties aussi désolantes, et ayant paru dire que M. Fouché ne prévoyait si facilement de telles extrémités que parce qu'au fond il les désirait peut-être, celui-ci, avec un mélange d'imprudence et de vanité sans pareilles, lui répondit, que pour son compte, il éprouvait du retour de Napoléon autant de chagrin que les royalistes eux-mêmes, qu'il détestait Napoléon et en était détesté, mais qu'il se résignait à une épreuve devenue inévitable; que si les Bourbons avaient pris ses conseils moins tardivement, il leur aurait épargné à eux et à la France cette nouvelle et dangereuse crise, mais qu'il n'était plus temps d'y échapper; que pour la traverser heureusement, il fallait même s'y prêter, qu'ainsi on ne devrait pas être étonné, si dans quelques jours lui, duc d'Otrante, devenait ministre de Napoléon, qu'il le deviendrait pour échapper à sa tyrannie et en accélérer la chute; que c'était vers cette voie de salut qu'il avait les yeux fixés, et qu'alors peut-être débarrassé de ce fou dangereux, il pourrait en faveur des Bourbons ce qu'il ne pouvait pas aujourd'hui.

On ne sait de quoi il faut le plus s'étonner, ou du cynisme de tels aveux, ou de l'imprudence de

Mars 1815.

Cynisme de ce personnage.

telles confidences, ou de la puérilité d'un orgueil qui croyait prévoir et dominer les événements de si loin. M. Dambray se laissa prendre à tous ces faux semblants de politique profonde, et quitta son interlocuteur, consterné et écrasé par sa prétendue supériorité. Il en fit part au Roi et au comte d'Artois, qui furent fâchés, le dernier surtout, de s'être adressés si tard au génie de M. Fouché. Cependant son refus de répondre aux avances de la cour parut suspect, et on se dit que puisqu'il repoussait des ouvertures qui étaient des offres véritables, c'est qu'il était résolûment engagé avec l'ennemi. Ne l'ayant pas pour soi, il fallait l'annuler, et pour cela s'emparer de sa personne. La police violente de M. de Bourrienne ne pouvait être détournée d'un tel acte, ni par son bon sens ni par ses scrupules, et elle envoya des agents pour arrêter le duc d'Otrante. C'était une extravagance inutile, qu'en tout cas il ne fallait pas essayer sans réussir. Mais M. Fouché qui, en se mêlant à tout, avait au moins l'esprit de s'attendre à tout, s'était ménagé une retraite dans l'hôtel de la reine Hortense, contigu au sien, et en prétextant auprès des agents qui venaient l'arrêter le besoin de s'éloigner quelques minutes, il leur échappa par son jardin.

Cette aventure eût fort prêté à rire, si la situation eût été moins grave. Le 19 au matin, la nouvelle étant parvenue que Napoléon allait être à Fontainebleau, le moment extrême que Louis XVIII s'était assigné pour prendre un parti, était évidemment arrivé. Avec ses opinions et ses goûts, il n'avait guère à choisir. Il était trop tard, en effet, pour recourir au parti constitutionnel, dont il connaissait peu les principaux chefs, et auxquels, lors même qu'il se serait fié à eux, il n'aurait pu se livrer qu'en excitant la colère de son parti à un point qui dépassait son courage. Il jugeait ridicule le projet du maréchal Marmont de braver un siége dans les Tuileries; il trouvait le projet de M. de Vitrolles de se réfugier en Vendée, digne de M. le comte d'Artois, et pour lui c'était tout dire. Il ne lui restait donc qu'à se retirer sur la frontière du Nord, sans la franchir. Ce dernier projet qui était celui du duc d'Orléans et du maréchal Macdonald, était plus conforme à son esprit de sagesse, et il le préférait de beaucoup à tous les autres. M. le duc d'Orléans s'était rendu en Flandre. Le maréchal Macdonald, destiné à commander l'armée de Melun, sous le duc de Berry, était à Paris, et Louis XVIII avait conçu pour sa prudence, son sang-froid, sa loyauté, une grande estime. Il l'avait appelé auprès de lui, afin d'avoir son avis. Le maréchal, occupé à former l'armée de Melun, avait déclaré au Roi que cette armée ne lui inspirait aucune confiance, que la maison militaire, dévouée, brave, mais inexpérimentée, ne tiendrait pas deux heures contre les troupes impériales; que les bataillons volontaires de la garde nationale étaient presque nuls en nombre; qu'enfin les troupes de ligne passeraient à l'ennemi dès qu'on serait à portée de canon. Leurs dispositions étaient même si peu rassurantes, que le maréchal n'avait pas encore osé les réunir à Melun, de peur, en les assemblant, de faire éclater leurs sentiments secrets. Aussi n'y avait-il en-

Mars 1815.

Il donne sa confiance au maréchal Macdonald, et lui remet le soin de préparer son départ.

Précautions prises par le maréchal.

voyé que les officiers à la demi-solde, formés en bataillons d'élite par le maréchal Soult, lesquels tenaient déjà les plus affreux propos, et menaçaient à chaque instant de s'insurger. De ce sincère exposé des choses, le maréchal avait conclu qu'il fallait se retirer à Lille, s'y enfermer, et y attendre le résultat de la lutte qui allait s'engager entre l'Europe et l'Empire rétabli. Le Roi avait trouvé l'avis du maréchal fort sensé, et s'y était complétement rallié. Seulement il ne croyait pas qu'il fût plus facile de tenir à Lille qu'à Paris, et son penchant était de regagner tout simplement l'asile d'Hartwell, où il avait goûté pendant six ans un parfait repos, et où il craignait d'être obligé de finir sa vie, grâce aux fautes de ses amis et de son frère. Au surplus, comme Lille était le chemin de Londres, et comme après tout, rester à la frontière, si on le pouvait, valait mieux évidemment, il adopta le plan du maréchal, et lui ordonna d'en préparer l'exécution. Mais une inquiétude le préoccupait, et le maréchal ne laissait pas de la partager dans une certaine mesure. La mémoire, cette dangereuse faculté des Bourbons, lui rappelait que Louis XVI, cherchant à fuir, avait été arrêté à Varennes, et ramené de force à Paris. Il craignait donc qu'une émeute populaire, excitée par les gens des faubourgs et par les officiers à la demi-solde, n'arrêtât sa voiture, et ne l'empêchât de partir. Entrant dans ses craintes, le maréchal convint avec lui d'envoyer les troupes à Villejuif, sous prétexte de leur formation en corps d'armée, et après s'être débarrassé de leur présence de réunir la maison militaire dans le Champ-de-

Mars, sous le prétexte, également fort plausible, de la passer en revue, de conduire la famille royale au milieu d'elle, puis de franchir brusquement la Seine, de prendre le chemin de la Révolte, et de gagner par Saint-Denis la route du Nord. Le Roi tomba d'accord de tous ces détails avec le maréchal Macdonald, ne dit rien de ses projets au maréchal Marmont, de l'indiscrétion duquel il se défiait, et ne donna à ce dernier d'autres ordres que de tenir la maison militaire toujours sur pied, et prête à partir pour aller combattre.

Mars 1815.

Les choses en étaient arrivées à ce point dans la matinée du 19, que personne ne songeait plus à contredire, à présenter des projets, et qu'avec la perspective de voir Napoléon entrer dans Paris sous vingt-quatre heures, chacun ne pensait qu'à se dérober à sa férocité, qu'on se figurait d'après la haine qu'on lui portait. Louis XVIII était donc débarrassé de ses contradicteurs, et quant à son frère le comte d'Artois, à son neveu le duc de Berry, l'évidence du danger ne leur permettait plus d'avoir un avis autre que le sien. Tout fut donc disposé en grand secret le 19 au matin, pour partir dans la journée ou dans la nuit, lorsqu'on n'aurait plus aucun doute sur l'approche de Napoléon.

Conformément au projet adopté, le maréchal Macdonald achemina immédiatement les troupes sur Villejuif, dirigea sur Vincennes les volontaires royaux commandés par M. de Viomesnil, et annonça qu'il se rendrait avec les princes à Villejuif pour y prendre le commandement de l'armée. Ces bruits avaient pour but de tromper le gros du public, mais on ne dissimula guère aux gens de la cour qu'il fallait se préparer à quitter Paris. Aussi toute la journée fut-elle remplie de départs individuels. On avait besoin d'argent, et avec un ministre aussi scrupuleux que M. Louis, s'en procurer était difficile. Cependant on parvint à y pourvoir par des moyens parfaitement réguliers. On n'avait pas encore disposé du domaine extraordinaire, qui était administré par la liste civile. Il s'y trouvait pour près de six millions en actions de la Banque, que depuis plusieurs jours on avait eu soin de faire vendre. La liste civile s'en constitua débitrice envers le trésor extraordinaire, et elle les réalisa en or et en argent. Comme on était au commencement de l'année, la liste civile qui était considérable, pouvait prendre une avance de plusieurs millions, et de la sorte on s'en procura encore 5 ou 6, ce qui faisait un total de 11 ou 12. On en confia 4 au trésorier de la maison militaire, et 3 environ à M. de Blacas pour les dépenses de la maison civile. Quelques millions furent distribués entre les princes, les principaux seigneurs de la cour et les généraux accompagnant la famille royale [1]; puis, ce qui n'était pas aussi régulier, on plaça dans des fourgons les diamants de la couronne, pour les emporter à la suite de la royauté fugitive. Politiquement on croyait n'avoir rien à ordonner, et on n'ordonna rien. On se contenta de prescrire aux ministres de suivre le Roi, mais on ne fit aucune communication aux Chambres. Seulement M. le duc d'Angoulême et

[1] Le compte de ces sommes, très-régulièrement présenté, existe aux archives de l'Empire.

madame la duchesse d'Angoulême se trouvant dans le Midi, où se manifestait beaucoup de zèle en faveur de la cause royale, le duc de Bourbon de son côté étant parti pour la Vendée, il fut convenu que M. de Vitrolles, qui avait toujours paru compter beaucoup sur les provinces de l'Ouest, s'y rendrait afin de servir de ministre responsable soit à M. le duc d'Angoulême, soit à M. le duc de Bourbon, et essayerait d'y former sous l'autorité de ces princes un gouvernement particulier à ces contrées. Il était porteur des pouvoirs du Roi, et devait s'acheminer vers le Midi au moment où la famille royale prendrait la route du Nord.

Mars 1815.

M. de Vitrolles chargé d'aller organiser un gouvernement royal dans le Midi.

Pendant toute cette journée du 19 une foule inquiète, curieuse, et visiblement bienveillante, remplit la place du Carrousel, regardant les voitures qui entraient et sortaient, et se doutant par les départs qu'on avait remarqués dans le faubourg Saint-Germain, qu'il s'en accomplirait bientôt un plus important aux Tuileries. Cette foule, bien que dans ses rangs il se cachât plus d'un officier à la demi-solde venu pour observer ce qui se passait, témoignait un intérêt véritable pour la famille royale, et criait de temps en temps *Vive le Roi!* Dans cette même journée, M. Lainé vint au nom du parti constitutionnel renouveler une dernière fois l'offre de faire une tentative de résistance, en mettant M. de Lafayette à la tête de la garde nationale. On l'accueillit avec politesse, mais sans lui annoncer le prochain départ de la cour, et en laissant voir que pour tout projet il était trop tard. Dans l'après-midi le Roi, d'accord avec le maréchal Macdonald,

Mars 1815.

voulut faire une première sortie pour sonder les dispositions du peuple, et voir s'il aurait la liberté de quitter la capitale. Le maréchal Marmont avait reçu ordre de réunir la maison militaire au Champ-de-Mars, ce qui, prescrit à l'improviste, n'avait pu être exécuté que partiellement. Pourtant le gros de la maison militaire avait répondu à l'appel, et il était convenu que le Roi, sous prétexte d'aller la passer en revue, sortirait des Tuileries, y rentrerait si tout lui semblait paisible, et au contraire si l'aspect de la foule était inquiétant, franchirait la Seine sur le pont d'Iéna, traverserait le bois de Boulogne, et gagnerait la route de Saint-Denis en ordonnant à ses gardes du corps de le suivre.

Il sortit en effet entre deux et trois heures, trouva la foule du Carrousel curieuse, mais paisible, affectueuse même, et s'ouvrant avec respect pour le laisser passer. Il se rendit au Champ-de-Mars, aperçut partout le plus grand calme, et rentra aux Tuileries, dans l'intention de ne partir que dans la soirée même, ce qui lui donnait un peu plus de temps pour ses préparatifs.

Départ de Louis XVIII le 19 au soir.

Vers la fin du jour, on sut que Napoléon s'était porté sur Fontainebleau, et on ne douta plus de son entrée à Paris le lendemain. En conséquence, on résolut de ne plus différer le départ. Vers onze heures, la foule des curieux s'étant peu à peu dispersée, on ferma les grilles des Tuileries, et toute la famille royale monta en voiture. Elle se dirigea sur Saint-Denis, sans rencontrer ni résistance ni curiosité, car à cette heure les rues de la capitale étaient entièrement désertes. Le maréchal Macdonald ordonna aux troupes qui n'étaient point encore parties pour Villejuif de prendre le chemin de Saint-Denis, n'ayant pas du reste la moindre espérance de les soustraire à la contagion et de les conserver à la royauté. A minuit, on traversa Saint-Denis, sans avoir essuyé d'autre accident que quelques cris inconvenants d'un bataillon d'officiers à la demi-solde, acheminé dans cette direction. Ainsi, après onze mois, l'infortunée famille des Bourbons, moins par ses fautes que par celles de ses amis, prenait une seconde fois la route de l'exil!

Mars 1815.

Le lendemain, 20 mars, lorsque le jour vint éclairer la solitude des Tuileries, une grande anxiété régna parmi les curieux, accourus comme la veille pour savoir ce qui se passait. On voyait encore des domestiques en livrée, mais on ne découvrait pas un officier, pas un garde du corps, et on remarquait seulement les postes de la garde nationale placés en dehors comme de coutume. Le drapeau blanc flottait toujours sur le dôme principal, quelques cris plus rares de *Vive le Roi!* se faisaient entendre, mais ceux de *Vive l'Empereur!* quoiqu'il y eût là beaucoup d'officiers à la demi-solde, n'osaient pas se produire. Bientôt le fatal secret finit par se répandre, et remplit Paris en un clin d'œil. Les personnages principaux des partis, informés les premiers, coururent se le communiquer les uns aux autres, les royalistes avec désespoir, les constitutionnels avec dépit d'avoir été leurrés et inutilement compromis, les chefs du parti bonapartiste avec une joie bien naturelle, car depuis l'arrestation manquée de M. Fouché ils avaient vécu dans des inquiétudes

Ignorance du public le 20 mars au matin.

continuelles, et, en ce moment encore, ils ne pouvaient se défendre d'une sorte de crainte, car tant que Napoléon n'était pas aux Tuileries, rien ne leur paraissait décidé. Quelques-uns se rendirent chez le vieux Cambacérès, pour lui demander ce qu'il fallait faire. Il leur recommanda expressément de ne devancer en rien les volontés de Napoléon, qui ne saurait gré à personne d'avoir voulu agir avant lui et sans lui. Comme on lui parlait des caisses publiques, des postes, de tout ce qu'il importait enfin de sauver d'un désordre populaire, Ne vous en mêlez pas, disait-il, tout vaut mieux que de chercher à suppléer l'autorité de l'Empereur. — C'était là le vieil Empire, mais le nouveau n'y pourrait guère ressembler.

M. Lavallette voulut cependant aller aux postes, qu'il avait administrées si longtemps, uniquement pour avoir des nouvelles, ne sachant pas qu'il allait ainsi préparer l'arrêt de mort qui devait le frapper plus tard. Les employés, en le voyant, l'entourèrent, le supplièrent de se mettre à leur tête, et M. Ferrand, le directeur des postes pour le compte de Louis XVIII, lui demanda avec instance de le remplacer, et de lui délivrer à lui-même un permis pour obtenir des chevaux. Ce vieux royaliste, persuadé que les Bourbons avaient succombé non par leurs fautes mais par une conspiration, croyait en voir l'accomplissement dans l'apparition de M. Lavallette, pourtant bien accidentelle. M. Lavallette, étranger à toute conspiration, même à la petite échauffourée des frères Lallemand, se borna à faire partir un courrier pour Fontainebleau, afin de prévenir Napoléon de l'évacuation des Tuileries.

A la nouvelle de cette évacuation, les jeunes officiers qui depuis un an remplissaient Paris de leurs propos et de leur opposition, s'étaient transportés à la place du Carrousel au nombre de quelques mille. Le général Exelmans y avait paru des premiers. Après avoir examiné pendant quelque temps ce palais silencieux et désert, sur lequel le drapeau blanc continuait de flotter, ils y pénétrèrent, trouvèrent les domestiques pressés de leur en ouvrir les portes, firent abattre le drapeau blanc et arborer le drapeau tricolore au milieu de la joie des assistants. On se répandit ensuite dans Paris pour chercher les anciens ministres, les anciens dignitaires de l'Empire, MM. de Bassano, de Rovigo, Decrès, Mollien, Gaudin, la reine Hortense et l'ancienne reine d'Espagne, femme de Joseph. En un instant le palais fut rempli des serviteurs de l'Empire, attendant leur maître avec impatience. Un grand nombre de militaires de tous grades étaient allés à sa rencontre sur la route de Fontainebleau.

Mars 1815.

Les officiers à la demi-solde accumulés à Paris font arborer le drapeau tricolore aux Tuileries.

Tous les grands de l'Empire s'y rendent pour recevoir Napoléon.

Napoléon, en effet, parvenu dans la nuit à Fontainebleau, s'y était reposé quelques heures pour attendre sa cavalerie; bientôt il avait reçu le courrier de M. Lavallette, et avait vu M. de Caulaincourt lui-même accourir dans la première voiture de poste qu'il avait pu se procurer. Napoléon avait serré dans ses bras ce fidèle serviteur, et l'avait tenu longtemps pressé sur son cœur. Il résolut de partir sur-le-champ, et d'entrer le jour même à Paris, pour s'emparer du gouvernement sans aucun retard. D'ailleurs le 20 mars était le jour de la naissance de son fils, et il avait la superstition des anniversaires, superstition ordinaire chez ceux qui ont beaucoup demandé à la fortune, et en ont beaucoup obtenu.

Après avoir donné quelques ordres relatifs à la marche de ses troupes, il quitta Fontainebleau à deux heures, en voiture de poste, ayant avec lui M. de Caulaincourt, et ses fidèles compagnons Bertrand et Drouot. Près de Villejuif il vit venir à lui la plupart des troupes destinées à former l'armée de Melun. L'état-major de cette armée s'était, comme nous l'avons dit, dirigé sur Saint-Denis. Les soldats étaient donc sans chefs, et il n'en était que plus facile pour eux de se livrer à leurs sentiments. Napoléon, après avoir reçu les témoignages de leur enthousiasme, continua son voyage, escorté par une foule d'officiers à cheval, appartenant à tous les régiments. Cette foule retardant sa marche, il n'entra dans Paris que vers les neuf heures du soir. Il suivit le boulevard extérieur jusqu'aux Invalides, pour éviter les rues étroites du centre de la capitale, puis il remonta les quais jusqu'au guichet des Tuileries. Le peuple de Paris ignorait son arrivée, et il n'y eut d'autres témoins de cette étrange et prodigieuse restauration impériale, que quelques curieux et la masse des officiers réunis sur la place du Carrousel.

La voiture pénétra dans la cour du palais, sans qu'on sût d'abord ce qu'elle contenait. Mais une minute suffit pour qu'on en fût informé. Alors Napoléon, arraché des mains de MM. de Caulaincourt, Bertrand, Drouot, fut porté dans les bras des officiers à la demi-solde, en proie à une joie délirante. Un cri formidable de *Vive l'Empereur!* avait averti la foule des hauts fonctionnaires qui remplissaient les Tuileries. Elle se précipita aussitôt vers l'escalier, et formant un courant contraire à celui des officiers qui montaient, il s'engagea une sorte de conflit presque alarmant, car on faillit s'étouffer, et étouffer Napoléon lui-même. On le porta ainsi au sommet de l'escalier, en poussant des cris frénétiques, et lui, pour la première fois de sa vie ne pouvant dominer l'émotion qu'il éprouvait, laissa échapper quelques larmes, et, déposé enfin sur le sol, marcha devant lui sans reconnaître personne, abandonnant ses mains à ceux qui les serraient, les baisaient, les meurtrissaient de leurs témoignages.

Mars 1815

Vive émotion qu'il éprouve.

Après quelques instants il recouvra ses sens, reconnut ses plus fidèles serviteurs, les embrassa, puis, sans prendre un moment de repos, s'enferma avec eux pour composer un gouvernement.

Ainsi en vingt jours, du 1ᵉʳ au 20 mars, s'était accomplie cette étrange prophétie que l'aigle impériale *volerait sans s'arrêter de clocher en clocher jusqu'aux tours de Notre-Dame!* Rien dans la destinée de Napoléon n'avait été plus extraordinaire, ni plus difficile à expliquer en apparence, quoique extrêmement facile à expliquer en réalité. Les infortunés Bourbons qui s'en allaient, imputaient cette révolution non pas à leurs fautes, mais à une immense conspiration, qui, à les en croire, embrassait la France entière. Or, de conspiration il n'y en avait pas, comme on l'a vu. A la vérité il avait existé

Caractères et causes de la révolution du 20 mars 1815

un projet insignifiant de quelques jeunes officiers, dupes de M. Fouché, projet qui avait si peu d'importance, que mis à exécution avec le puissant encouragement du débarquement de Napoléon, il avait complétement échoué. Mais ce projet n'avait eu aucun lien réel avec l'île d'Elbe, puisque M. de Bassano qui le connaissait sans s'y être associé, avait envoyé à Napoléon l'avis du mécontentement public, sans même y ajouter un conseil. Napoléon, peu influencé par cette communication, s'attendant à être prochainement enlevé de l'île d'Elbe, à voir ses compagnons d'exil périr d'ennui ou de misère sous ses yeux, et croyant le congrès dissous, s'était décidé à partir, mû surtout par son activité dévorante, par son audace extraordinaire, et comptant pour traverser la mer sur sa fortune, et pour traverser l'intérieur de la France sur tous les sentiments que les Bourbons avaient froissés. Toute la profondeur de sa conception avait consisté à juger d'une manière sûre, que le sentiment national représenté par l'armée, que les sentiments de quatre-vingt-neuf représentés par le peuple des campagnes et des villes, éclateraient à sa vue, que dès lors moyennant un premier danger vaincu, il entraînerait à sa suite le peuple et l'armée, et arriverait d'un trait à Paris suivi des soldats envoyés pour le combattre. Il s'était donc embarqué avec sa foi accoutumée dans son étoile, avait heureusement traversé la mer, avait débarqué sans difficulté sur une côte gardée à peine par quelques douaniers, puis entre deux routes, celle des Alpes semée d'obstacles physiques, celle du littoral semée d'obstacles moraux, avait préféré la première, et trouvant à La Mure un bataillon qui hésitait, l'avait décidé en lui découvrant hardiment sa poitrine. Ce jour-là la France avait été conquise, et Napoléon était remonté sur son trône! Ainsi un acte de clairvoyance consistant à lire dans le cœur de la France blessée par l'émigration, un acte d'audace consistant à entraîner un bataillon qui hésitait entre le devoir et ses sentiments, étaient, avec les fautes des Bourbons, les vraies causes de cette révolution étrange, et bien ordinaire, disons-le, tout extraordinaire qu'elle puisse paraître! Était-il possible en effet que l'ancien régime et la Révolution, replacés en face l'un de l'autre en 1814, se trouvassent en présence sans se saisir encore une fois corps à corps, pour se livrer un dernier et formidable combat? Assurément non, et une nouvelle lutte entre ces deux puissances était inévitable. Napoléon, il est vrai, en s'y mêlant, lui donnait des proportions européennes, c'est-à-dire gigantesques. Sans lui cette lutte aurait été peut-être moins prompte; peut-être aussi n'aurait-elle point provoqué l'intervention de l'étranger, et dans ce cas il faudrait regretter à jamais qu'étant inévitable, elle eût été aggravée par sa présence. Mais ce point est fort douteux, et probablement l'étranger en voyant les Bourbons renversés par les régicides, n'aurait pas été moins tenté d'intervenir qu'en voyant apparaître le visage irritant du vainqueur d'Austerlitz!

Mars 1815.

Quoi qu'il en soit, au milieu de la joie délirante des uns, de la consternation naturelle des autres, les patriotes éclairés qui auraient souhaité que la

Profond chagrin des gens éclairés.

liberté modérée s'interposant entre l'ancien régime et la Révolution, fît aboutir leur dernier conflit à des luttes paisibles et légales, et que ce conflit ne devînt pas un dernier duel à mort entre la France et l'Europe, devaient être profondément attristés. Aussi la bourgeoisie, comprenant de ces patriotes plus qu'aucune autre classe, sans regretter les émigrés, sans repousser Napoléon qui lui plaisait par sa gloire, était incertaine, inquiète, sans larmes dans les yeux, sans joie au visage, et à peine curieuse, tant elle prévoyait de tristes choses qu'elle avait déjà vues, et qui l'alarmaient profondément. Les événements devaient bientôt justifier ses pressentiments douloureux !

FIN DU LIVRE CINQUANTE-SEPTIÈME.

LIVRE CINQUANTE-HUITIÈME.

L'ACTE ADDITIONNEL.

Langage pacifique et libéral de Napoléon dans ses premiers entretiens. — Choix de ses ministres arrêté dans la soirée même du 20 mars. — Le prince Cambacérès provisoirement chargé de l'administration de la justice; le maréchal Davout appelé au ministère de la guerre, le duc d'Otrante à celui de la police, le général Carnot à celui de l'intérieur, le duc de Vicence à celui des affaires étrangères, etc.... — Le comte de Lobau nommé commandant de la première division militaire, avec mission de rétablir la discipline dans les régiments qui doivent presque tous traverser la capitale. — Le 21 mars au matin Napoléon se met à l'œuvre, et se saisit de toutes les parties du gouvernement. — Devait-il profiter de l'impulsion de ses succès pour envahir la Belgique, et se porter d'un trait sur le Rhin? — Raisons péremptoires contre une telle résolution. — Napoléon prend le parti de s'arrêter, et d'organiser ses forces militaires, en offrant la paix à l'Europe sur la base du traité de Paris. — Ordre au général Exelmans de suivre avec trois mille chevaux la retraite de la cour fugitive. — Séjour de Louis XVIII à Lille. — Accueil froid mais respectueux des troupes. — Conseil auquel assistent le duc d'Orléans et plusieurs maréchaux. — Le duc d'Orléans conseille au Roi de se rendre à Dunkerque et de s'y établir. — Louis XVIII approuve d'abord cet avis, puis change de résolution et se retire à Gand. — Les troupes et les maréchaux l'accompagnent jusqu'à la frontière, en refusant de le suivre au delà. — Licenciement de la maison militaire. — Pacification du nord et de l'est de la France. — Courte apparition du duc de Bourbon en Vendée, et sa prompte retraite en Angleterre. — La politique des chefs vendéens est d'attendre la guerre générale avant d'essayer une prise d'armes. — Madame la duchesse d'Angoulême s'arrête à Bordeaux, où la population paraît disposée à la soutenir. — Le général Clausel chargé de ramener Bordeaux à l'autorité impériale. — M. de Vitrolles essaie d'établir un gouvernement royal à Toulouse. — Voyage de M. le duc d'Angoulême à Marseille. — Ce prince réunit quelques régiments pour marcher sur Lyon. — Les troubles du Midi n'inquiètent guère Napoléon, qui regarde la France comme définitivement pacifiée par le départ de Louis XVIII. — Tout en affichant les sentiments les plus pacifiques Napoléon, certain d'avoir la guerre, commence ses préparatifs militaires sur la plus grande échelle. — Son plan conçu et ordonné du 25 au 27 mars. — Formation de huit corps d'armée, sous le titre de corps d'observation, dont cinq entre Maubeuge et Paris, destinés à agir les premiers. — Reconstitution de la garde impériale. — Pour ne pas recourir à la conscription Napoléon rappelle les semestriers, les militaires en congé illimité, et se flatte de réunir ainsi 400 mille hommes dans les cadres de l'armée active. — Il se réserve de rappeler plus tard la conscription de 1815, pour laquelle il croit n'avoir pas besoin de loi. — Les officiers à la demi-solde employés à former les 4ᵉ et 5ᵉ bataillons. — Napoléon mobilise 200 mille hommes de gardes nationales d'élite afin de leur confier la défense des places et de quelques portions de la frontière. — Création d'ateliers extraordinaires d'armes et d'habillements, et rétablissement du dépôt de Versailles. — Armement de Paris et de Lyon. — La marine appelée à contribuer à la défense de ces points importants. — Après avoir donné ces ordres, Napoléon expédie quelques troupes au général Clausel pour soumettre Bordeaux, et envoie le général Grouchy à Lyon pour réprimer les tentatives du duc d'Angoulême. — Réception, le 28 mars, des grands corps de l'État. — Renouvellement, sous une forme plus solennelle, de la promesse de maintenir la paix, et de modifier profondément les institutions impériales. — Prompte répression des essais de résistance dans le Midi. — Entrée du général Clausel à Bordeaux, et embarquement de madame la duchesse d'Angoulême. — Arrestation de M. de Vitrolles à Toulouse. — Campagne de M. le duc d'Angoulême sur le Rhône. — Capitulation de ce prince. — Napoléon le fait embarquer à Cette. — Soumission générale à l'Empire. — Continuation des préparatifs de Napoléon, et formation d'un 9ᵉ corps. — État de l'Europe. — Refus de recevoir les courriers français, et singulière exaltation des esprits à Vienne. — Déclaration du congrès du 13 mars, par laquelle Napoléon est mis hors la loi des nations. — Cette déclaration envoyée par courriers extraordinaires sur toutes les frontières de France. — On enlève le Roi de Rome à Marie-Louise, et on oblige cette princesse à se prononcer entre Napoléon et la coalition. — Marie-Louise renonce à son époux, et consent à rester à Vienne sous la garde de son père et des souverains. — En apprenant le succès définitif de Napoléon et son entrée à Paris, le congrès renouvelle l'alliance de Chaumont par le traité du 25 mars. — Le duc de Wellington, quoique sans instructions de son gouvernement, ne craint pas d'engager l'Angleterre, et signe le traité du 25 mars. — Plan de campagne, et projet de faire marcher 800 mille hommes contre la France. — Deux principaux rassemblements, un à l'Est sous le prince de Schwarzenberg, un au Nord sous lord Wellington et Blücher. — Départ de lord Wellington pour Bruxelles, et envoi du traité du 25 mars à Londres. — État des esprits en Angleterre. — La masse de la nation anglaise, dégoûtée de la guerre, mécontente des Bourbons, et frappée des déclarations réitérées de Napoléon, voudrait qu'on mît ses dispositions pacifiques à l'épreuve. — Le cabinet, décidé à ratifier les engagements contractés par lord Wellington, mais embarrassé par l'état de l'opinion, prend le parti de dissimuler avec le Parlement, et lui propose un message trompeur qui n'annonce que

L'ACTE ADDITIONNEL.   231

de simples précautions, tandis qu'on ratifie en secret le traité du 25 mars, et qu'on se prononce ainsi pour la guerre. — Discussion et adoption du message au Parlement, dans la croyance qu'il ne s'agit que de simples précautions. — Deux membres du cabinet britannique envoyés en Belgique pour s'entendre avec lord Wellington. — État de la cour de Gand. — Violences des Allemands et menace de partager la France. — Lord Wellington s'efforce de calmer ces emportements, et malgré l'impatience des Prussiens empêche qu'on ne commence les hostilités avant la concentration de toutes les forces coalisées. — Napoléon, en présence des déclarations de l'Europe, n'ayant plus rien à dissimuler, se décide à dire toute la vérité à la nation. — Publication, le 13 avril, du rapport de M. de Caulaincourt, où sont exposées sans réserve les humiliations qu'on vient d'essuyer. — Revue de la garde nationale, et langage énergique de Napoléon. — Napoléon redouble d'activité dans ses préparatifs militaires, et fait insérer au *Moniteur* les décrets relatifs à l'armement de la France, lesquels s'étaient exécutés jusque-là sans aucune publicité. — Tristesse de Napoléon et du public. — Napoléon se décide enfin à tenir la promesse qu'il a faite de modifier les institutions impériales. — Il n'hésite pas à donner purement et simplement la monarchie constitutionnelle. — Son opinion sur les diverses questions qui se rattachent à cette grave matière. — Il ne veut pas convoquer une Constituante, de peur d'avoir en pleine guerre une assemblée révolutionnaire sur les bras. — Il prend la résolution de rédiger lui-même, ou de faire rédiger une constitution nouvelle, et de la présenter à l'acceptation de la France. — Ayant appris que M. Benjamin Constant est resté caché à Paris, il le fait appeler, et lui confie la rédaction de la nouvelle constitution. — Napoléon paraît d'accord sur tous les points avec M. Constant, sauf l'abolition de la confiscation, l'hérédité de la pairie et le titre de la nouvelle constitution. — Napoléon veut absolument la qualifier d'*Acte additionnel aux constitutions de l'Empire*. — Le projet est envoyé au Conseil d'État, et M. Benjamin Constant est nommé conseiller d'État pour soutenir son ouvrage. — Rédaction définitive et promulgation de la nouvelle constitution sous le titre d'*Acte additionnel*. — Caractère de cet acte.

Le palais des Tuileries pendant la soirée du 20 mars présenta le spectacle d'une joie confuse et bruyante, que le respect, toujours fort amoindri par les révolutions, ne contenait plus, de rencontres fortuites entre personnages qui ne s'étaient pas vus depuis une année, et qui ne croyaient plus se revoir en ce palais. Dès qu'il en paraissait un auquel on avait cessé de penser, et qui avait eu le mérite, alors fort

Mars 1815.

Aspect des Tuileries pendant la soirée du 20 mars.

Mars 1815.

Entretien de Napoléon avec la reine Hortense.

rare, de se dérober à la faveur des Bourbons, on l'applaudissait en oubliant la majesté du lieu et du maître qui était revenu l'habiter. On vit avec beaucoup d'intérêt défiler à travers les rangs serrés de cette foule la reine d'Espagne et la reine Hortense. Celle-ci, comme nous l'avons dit, protégée par l'empereur Alexandre, était demeurée à Paris, où elle avait obtenu pour ses enfants le duché de Saint-Leu. L'empereur, affectueux pour tous les assistants, ne fut sévère que pour elle. — Vous à Paris! lui dit-il en l'apercevant; c'est vous seule que je n'aurais pas voulu y trouver. — J'y suis restée, répondit-elle en pleurant, pour soigner ma mère. — Mais après la mort de votre mère... — Après cette mort, j'ai trouvé dans l'empereur Alexandre un protecteur pour mes enfants, et je me suis efforcée d'assurer leur avenir!... — Vos enfants!... il valait mieux pour eux la misère et l'exil que la protection de l'empereur de Russie. — Mais vous, Sire, n'avez-vous pas permis que le roi de Rome dût le duché de Parme à la générosité de ce prince? — Ne répondant rien à cet argument péremptoire, Napoléon reprit : Et ce procès, qui vous l'a conseillé? (La princesse venait de plaider devant les tribunaux français, pour disputer ses enfants à son mari)... On vous a fait étaler des misères de famille qu'il fallait cacher, et vous avez perdu votre procès... c'est bien fait... — Regrettant bientôt cette sévérité, et ouvrant les bras à une fille adoptive qu'il aimait, Napoléon l'embrassa en lui disant : Je suis un bon père, vous le savez, ne parlons plus de tout ceci... Vous avez donc vu mourir cette pauvre Joséphine!... Au milieu de nos désastres, sa mort m'a navré le cœur... — Cette courte explication terminée, Napoléon redevint pour la reine Hortense le père le plus affectueux, et continua de se montrer tel pendant tout son séjour en France.

Mars 1815.

On vit ensuite arriver le prince Cambacérès, cassé, vieilli, à peine capable de ressentir un mouvement de joie, M. de Bassano, plus ravi encore de retrouver son maître que de recouvrer la faveur souveraine. Napoléon accueillit le premier avec la considération qu'il avait toujours accordée à sa haute sagesse, le second, avec une amitié démonstrative. Il les entretint longuement tous les deux. Puis vinrent les ducs de Vicence, de Gaëte, de Rovigo, Decrès, les comtes Mollien, Regnaud de Saint-Jean d'Angely, Lavallette, Defermon. Un murmure favorable, toujours mesuré sur leur conduite récente, accueillit ces divers personnages. Lorsque parut le maréchal Davout, que sa mémorable défense de Hambourg et sa proscription avaient rendu cher aux bonapartistes, des applaudissements bruyants éclatèrent, et il fallut rappeler aux assistants qu'on n'était pas dans un lieu public.

Accueil fait aux divers dignitaires de l'Empire.

Napoléon n'avait pas vu le maréchal depuis la lugubre séparation à Smorgoni, en 1812, lorsqu'il quitta l'armée de Russie. Le maréchal retiré d'abord sur le bas Elbe, puis renfermé dans Hambourg, y avait tenu le drapeau tricolore arboré jusqu'à la fin d'avril, en face de toutes les armées européennes, et quand il était rentré à Paris les Bourbons régnaient depuis deux mois. Napoléon l'embrassa, le complimenta sur sa glorieuse défense de Hambourg, lui

Entrevue avec le maréchal Davout.

parla de son mémoire justificatif qu'il loua beaucoup, et ajouta malicieusement : J'ai vu avec plaisir en lisant ce mémoire que mes lettres vous avaient été utiles... — Le maréchal en effet avait cité pour sa justification quelques passages des terribles lettres que Napoléon lui avait écrites de Dresde, en omettant cependant ceux qui ordonnaient des rigueurs excessives, laissées du reste sans exécution. — Je n'ai cité, répondit le maréchal, qu'une très-petite partie des lettres de Votre Majesté, parce qu'elle était absente... Aujourd'hui je les citerais en entier. — Napoléon sourit de cette réponse, et témoigna au maréchal la plus haute estime.

Entrevue avec le duc d'Otrante.

Bientôt se présenta un personnage tout différent, que d'imbéciles courtisans se hâtèrent de conduire à l'Empereur comme celui dont l'adhésion importait le plus, c'était le duc d'Otrante. A force de jouer l'homme nécessaire, M. Fouché l'était devenu aux yeux du public, et on le prenait pour l'auteur de cette prétendue conspiration, dont la journée actuelle semblait le triomphe : chimère funeste, à laquelle les bonapartistes avaient la sottise de croire, que les émigrés fugitifs se promettaient de punir par le sang, et qui devait faire tomber les têtes les plus illustres ! Ces courtisans avaient vanté à Napoléon les services, les dangers même de M. Fouché, et en le voyant paraître, ils s'écrièrent : Laissez passer M. le duc d'Otrante ! comme si ce personnage avait dû amener enchaînés aux pieds de Napoléon tous les partis dont on le supposait le secret moteur. Napoléon n'était pas dupe de la commune illusion, mais sentant la nécessité de ménager tout le monde, il reçut M. Fouché comme un vieil ami de la Révolution et de l'Empire, en mettant cependant une nuance entre son accueil d'aujourd'hui et celui d'autrefois, en lui montrant moins de familiarité et moins de dureté. M. Fouché dit à Napoléon qu'il avait bien fait de venir, car la France n'y tenait plus, et ne manqua pas de raconter avec une sorte de nonchalance que c'était lui, duc d'Otrante, qui avait fait marcher les troupes de Flandre, pour opérer une diversion en sa faveur, et que si ce mouvement n'avait pas réussi, la faute en était à l'étourderie des exécuteurs.

Mars 1815.

Napoléon écouta complaisamment tout ce que M. Fouché et d'autres lui dirent pour se faire valoir. — Je vois, leur dit-il, qu'on a conspiré, et, continuat-il en souriant, je veux bien croire que c'est pour moi. Quant à moi je n'ai conspiré avec personne. Mes seuls correspondants ont été les journaux. Lorsque j'ai vu en les lisant de quelle manière on traitait l'armée, les acquéreurs de biens nationaux, et en général tous les hommes qui avaient lié leur cause à celle de la Révolution, je n'ai plus douté des sentiments de la France, et j'ai résolu de venir la délivrer de l'influence des émigrés. D'ailleurs j'étais certain qu'on voulait m'enlever pour me transporter entre les tropiques. J'ai choisi le moment où le congrès devait être dissous, et où les nuits étaient encore assez longues pour couvrir mon évasion. Une fois échappé à la mer, je me suis présenté aux soldats et je leur ai demandé s'ils voulaient tirer sur moi. Ils m'ont répondu en criant : Vive l'Empereur! Les paysans ont répété ce cri, en y ajoutant : A bas les

Langage tenu par Napoléon aux divers personnages de l'Empire accourus auprès de lui.

nobles! à bas les prêtres! Ils m'ont suivi de ville en ville, et lorsqu'ils ne pouvaient aller plus loin, ils livraient à d'autres le soin de m'escorter jusqu'à Paris. Après les Provençaux les Dauphinois, après les Dauphinois les Lyonnais, après les Lyonnais les Bourguignons, m'ont fait cortége, et les vrais conspirateurs qui m'ont préparé tous ces amis ont été les Bourbons eux-mêmes. Maintenant il faut profiter de leurs fautes, et des nôtres, ajouta-t-il en inclinant la tête avec un sourire modeste. Il ne s'agit pas de recommencer le passé. Je viens de demeurer une année à l'île d'Elbe, *et là, comme dans un tombeau, j'ai pu entendre la voix de la postérité.* Je sais ce qu'il faut éviter, je sais ce qu'il faut vouloir. J'avais conçu jadis de magnifiques rêves pour la France. Au lendemain de Marengo, d'Austerlitz, d'Iéna, de Friedland, ces rêves étaient pardonnables. Je n'ai pas besoin de vous dire que j'y ai renoncé... Hélas, il ne m'est plus permis de rêver après tout ce que j'ai vu. Je veux la paix, et moi qui n'aurais jamais consenti à signer le traité de Paris, je m'engage, maintenant qu'il est signé, à l'exécuter fidèlement. J'ai écrit à Vienne, à ma femme, à mon beau-père, pour offrir la paix à ces conditions. Sans doute la haine contre nous est grande, mais en laissant à chacun ce qu'il a pris, l'intérêt peut-être fera taire la passion. L'Autriche a de puissants motifs de nous ménager. L'Angleterre est écrasée de dettes. Alexandre par vanité, les Prussiens par haine, seront seuls tentés de recommencer; mais il n'est pas sûr qu'ils soient suivis. Nous serons prêts d'ailleurs, et si après nous être présentés à l'Europe le traité de

Paris à la main, on ne nous écoute pas, nous prierons Dieu de nous assister, et, je l'espère, nous serons victorieux encore une fois... — Mais, continua Napoléon, ce n'est pas la paix seule que je veux donner à la France, c'est la liberté. Notre rôle est de faire résolument, et bien, tout ce que les Bourbons n'ont pas su faire. Ils ont alarmé les intérêts légitimes de la Révolution, et ont outragé notre gloire tout en voulant caresser les chefs de l'armée : il faut rassurer ces intérêts, et relever cette gloire. Il faut plus, il faut donner franchement la liberté qu'ils ont donnée contraints et forcés, et tandis qu'ils l'offraient d'une main, essayant de la retirer de l'autre. J'ai aimé le pouvoir sans limites, et j'en avais besoin lorsque je cherchais à reconstituer la France et à fonder un empire immense. Il ne m'est plus nécessaire aujourd'hui... Qu'on me laisse apaiser ou vaincre l'étranger, et je me contenterai ensuite de l'autorité d'un roi constitutionnel... Je ne suis plus jeune, bientôt je n'aurai plus la même activité; d'ailleurs, ce sera bien assez pour mon fils de l'autorité d'un roi d'Angleterre!... Seulement gardons-nous d'être des maladroits, et d'échouer dans nos essais de liberté, car nous rendrions à la France le besoin et le goût du pouvoir absolu. Pour moi, sauver la cause de la Révolution, assurer notre indépendance par la politique ou la victoire, et puis préparer le trône constitutionnel de mon fils, voilà la seule gloire à laquelle j'aspire. Je me croirai assez puissant si je réussis dans cette double tâche. Après les premiers soins donnés à la réorganisation de notre armée et au rétablissement de nos rapports avec l'Europe, je m'occuperai avec vous de revoir nos constitutions, et de les approprier à l'état des esprits. Et sans tarder, nous rendrons, dès demain, la liberté de la presse. La liberté de la presse! s'écria Napoléon, pourquoi la craindrais-je désormais?... *Après ce qu'elle écrit depuis un an, elle n'a plus rien à dire de moi, et il lui reste encore quelque chose à dire de mes adversaires...* —

Ces discours que nous résumons, adressés soit aux uns, soit aux autres, avec un esprit infini, un parfait naturel, et une complète apparence de bonne foi, répondaient si bien à la situation et aux préoccupations de ceux qui les écoutaient, qu'il ne venait à la pensée de personne d'en contester la sincérité. Sans doute les plus clairvoyants, si l'émotion du moment leur avait permis de réfléchir, se seraient demandé si Napoléon serait capable de soumettre son caractère aux dures épreuves de la liberté. Mais ces clairvoyants eux-mêmes, étourdis par l'événement auquel ils assistaient, par le prodige d'un retour si miraculeusement exécuté, songeaient bien plus à jouir du présent qu'à se plonger dans l'avenir, pour y chercher des sujets de tristesse.

Quoi qu'il en soit, il n'entrait guère dans les habitudes de Napoléon, bien qu'il fût éloquent et qu'il aimât à parler, de perdre son temps en vains discours. Ce qu'il avait dit, était nécessaire pour apprendre à tous dans quelles dispositions il arrivait. Il y avait quelque chose d'aussi nécessaire et d'aussi pressant, c'était de composer un ministère. Composer un ministère n'importait guère jadis, quand Napoléon était tout, l'ensemble et le détail du gouvernement. Mais aujourd'hui, voulant associer le pays à son action, et lui prouver ses intentions par ses choix, il était obligé d'apporter beaucoup de réflexion et de discernement dans la désignation de ministres qui ne pourraient plus être de simples commis.

Après avoir conféré le soir même avec le prince Cambacérès, dont il appréciait toujours le grand sens, et M. de Bassano, dont il venait d'éprouver l'invariable dévouement, Napoléon arrêta la liste de ses ministres avec sa promptitude de résolution accoutumée. Il y en avait plusieurs qu'il suffisait de remettre à leur place, car ils étaient dignes de la conserver sous tous les régimes, c'étaient le duc Decrès à la marine, le duc de Gaëte aux finances, le comte Mollien à l'administration du trésor, et enfin le duc de Vicence aux affaires étrangères. Sur ces divers choix, aucun doute ne pouvait s'élever. Il n'en était pas de même pour la guerre, l'intérieur, la police, la justice. Il fallait là des choix nouveaux et caractéristiques. Le duc de Feltre avait suivi les Bourbons, il ne pouvait donc plus être question de lui. Mais on pouvait le remplacer avantageusement par un personnage que la voix publique aurait indiqué elle-même si elle avait eu le temps de se faire entendre, c'était le défenseur de Hambourg, le maréchal Davout, administrateur probe, ferme et laborieux, autant qu'homme de guerre intrépide, joignant à ses mérites essentiels un grand mérite de circonstance, celui d'avoir été le seul maréchal proscrit par les Bourbons. Napoléon résolut de lui proposer et de lui faire accepter le portefeuille de la guerre.

Mars 1815.

Retour du duc Decrès à la marine, du duc de Gaëte aux finances, de M. Mollien au trésor.

Résolution d'appeler le maréchal Davout au ministère de la guerre, le général Carnot au ministère de l'intérieur, M. Fouché au ministère de la police, M. de Caulaincourt aux affaires étrangères.

Pour le ministère de l'intérieur, il aurait désiré M. Lavallette, dont la droiture de cœur égalait la droiture d'esprit, et avec lequel il avait depuis vingt ans l'habitude de s'épancher sans réserve. On lui objecta que pour un ministère aussi important, il fallait un personnage plus éclatant et qui indiquât mieux ses intentions nouvelles, et on lui proposa l'illustre Carnot, type des révolutionnaires honnêtes, ayant joint à ses anciens titres d'organisateur de la victoire et de proscrit de fructidor, ceux de défenseur d'Anvers, et d'auteur du *Mémoire au Roi*. A peine indiqué, ce choix plut à Napoléon. Carnot avait gagné son cœur en demandant du service en 1814, et en résistant hardiment à la Restauration. Seulement il craignait la signification républicaine de son nom, car la France, disait-il, est aujourd'hui éprise de la monarchie constitutionnelle (ce mot était devenu usuel depuis une année), mais elle n'a pas cessé d'avoir peur de la république. — Tenant toutefois à ce choix, Napoléon imagina un moyen d'en corriger la signification en donnant à Carnot le titre de comte, comme récompense méritée de sa belle conduite à Anvers.

Le ministère de la police n'importait pas moins que celui de l'intérieur, et Napoléon aurait voulu y replacer le duc de Rovigo, quoique ce dernier l'eût souvent importuné par sa franchise. Ce fut, dès qu'il en parla, un récri universel, non contre la personne du duc de Rovigo, mais contre l'ancien arbitraire impérial dont il était la représentation vivante. Napoléon n'insista pas, mais accueillit assez mal le nom du duc d'Otrante qui se trouva simultanément dans toutes les bouches. Il voyait dans M. Fouché plus qu'un intrigant toujours en haleine, il y voyait un ennemi secret, capable des plus dangereuses machinations. On lui dit que M. Fouché avait ajouté au régicide de nouvelles incompatibilités avec les Bourbons, puisqu'il s'était exposé à être incarcéré. — Brouillé avec les Bourbons, répondit Napoléon, il est possible qu'il le soit, mais cela même n'est pas certain. En tout cas il ne l'est ni avec le duc d'Orléans, ni avec la république, ni avec je ne sais quelle régence de Marie-Louise qu'il a imaginée, et dont il colporte le projet depuis l'an dernier. — On répliqua que le duc d'Otrante, irrévocablement séparé des Bourbons par le sang de Louis XVI et par une récente arrestation, serait définitivement rattaché à l'Empire par le portefeuille de la police; que d'ailleurs au milieu du réveil des partis, il avait seul assez de dextérité pour les diriger, les contenir sans les froisser, qu'en un mot il était nécessaire.

Napoléon ne convint que de ce dernier mérite, dû au hasard des circonstances, et il céda, sans espérer de M. Fouché tous les services qu'on semblait en attendre. Mais il sentit qu'il serait dangereux d'en faire un ennemi déclaré, en le frustrant d'un poste qu'il ambitionnait ardemment. Au surplus il résolut de lui donner un surveillant, en plaçant le duc de Rovigo qui était son ennemi à la tête de la gendarmerie. Il dédommageait ainsi un serviteur fidèle, et le mettait en sentinelle auprès du ministre trop peu sûr qu'il était obligé de prendre.

Restait à remplir le ministère de la justice. Napoléon voulait le confier, au moins par intérim, au prince

242 LIVRE LVIII.

Mars 1815.

Cambacérès, qui seul avait assez de tact et d'autorité pour rallier la magistrature, inquiète, divisée, mécontente de l'esprit rétrograde des Bourbons, mais alarmée de l'esprit entreprenant de Napoléon, et hésitante entre les maîtres qui s'étaient succédé depuis une année. On ne pouvait qu'applaudir à un tel choix, si Napoléon parvenait à décider le timide archichancelier à prendre au gouvernement une part quelconque.

Napoléon s'adresse aux divers personnages sur lesquels il avait arrêté sa pensée, afin d'avoir leur acceptation.

Les personnages dont il fallait s'assurer le consentement étaient actuellement dans le salon des Tuileries, et sous la main de Napoléon. Il s'en saisit à l'instant même, et, un seul excepté, ne les laissa pas sortir sans les avoir nommés. MM. Decrès, de Gaëte, Mollien, consentirent à reprendre d'anciens postes où tout le monde s'attendait à les revoir. Le duc de Vicence enclin en tout temps, et plus encore aujourd'hui, à mal augurer des événements, n'espérait pas assez la conservation de la paix pour entreprendre la mission de la maintenir. Il résista donc aux instances de Napoléon, et tout dévoué qu'il était, il quitta les Tuileries sans avoir accepté le département des affaires étrangères. Le prince Cambacérès, dégoûté des choses et des hommes, n'avait aucun penchant à se charger d'un ministère, ce qui d'ailleurs pour un ancien grand dignitaire était un amoindrissement de situation. Il est vrai qu'avec le régime constitutionnel qui était annoncé, un ministre responsable pouvait devenir supérieur même aux anciens dignitaires. Ces considérations n'étaient pas de nature à toucher le prince Cambacérès; il céda néanmoins par dévouement et par

M. de Caulaincourt hésite à accepter les affaires étrangères, et remet son acceptation aux jours suivants.

obéissance à Napoléon, et reçut le titre de prince archichancelier, *administrant provisoirement la justice*.

Napoléon prit ensuite à part le maréchal Davout et lui annonça ses intentions. Le maréchal lui exprima le désir de servir activement à la tête des troupes, comme il avait toujours fait, et lui objecta en outre le peu de sympathie qu'il inspirait à l'armée, où sa dureté était devenue proverbiale. — C'est justement cette dureté, jointe à votre probité incontestée, lui répondit Napoléon, dont j'ai besoin. L'armée a été infectée depuis un an par la faveur. Les Bourbons ont prodigué les grades. Tous ceux qui ont épousé ma cause, et le nombre en est considérable, attendent des faveurs à leur tour, et n'en seront pas moins avides. Il me faut un ministre inflexible, et dont l'impartiale justice, dirigée par le seul amour du bien public, ne puisse être taxée de tendance au royalisme. Votre situation vous met au-dessus du soupçon, et vous me rendrez des services que je ne puis attendre d'aucun autre. — Comme le maréchal continuait de résister, l'Empereur ajouta : Vous êtes un homme sûr, je puis vous dire tout. Je laisse croire que je suis d'accord avec une au moins des puissances européennes, et que j'ai notamment de secrètes communications avec mon beau-père, l'empereur d'Autriche. Il n'en est rien : je suis seul, seul, entendez-vous, en face de l'Europe. Je m'attends à la trouver unie et implacable. Il faut donc nous battre à outrance, et pour cela préparer en trois mois des moyens formidables. J'ai besoin d'un administrateur infatigable autant qu'intègre, et en outre quand je partirai pour l'armée, il me faut ici

Mars 1815.

Résistance du maréchal Davout.

Motifs qui décident son acceptation.

quelqu'un de sûr, à qui je puisse déléguer une autorité absolue sur Paris. Vous voyez qu'il ne s'agit pas d'écouter nos goûts, mais de vaincre ou de mourir. Notre existence à tous en dépend. — A ces franches et énergiques paroles, le maréchal Davout obéit en soldat, et il accepta le ministère de la guerre en échangeant avec Napoléon un fort serrement de main.

Napoléon entretint ensuite le duc de Rovigo, et avec son adresse accoutumée lui parla du ministère de la police de manière à provoquer un refus. Ce fidèle serviteur comprenait en effet que la police ne pouvait plus être dans ses mains, et il exposa lui-même les raisons pour lesquelles il ne devait pas s'en charger. Napoléon feignant de se rendre à ses désirs, lui annonça qu'il lui confiait la gendarmerie, et par conséquent la surveillance de M. Fouché. Enfin il prit en particulier le duc d'Otrante. Ce dernier, qui le croirait? aurait voulu non pas la police, qui lui convenait si bien, mais les affaires étrangères. De même que M. de Talleyrand était l'intermédiaire des Bourbons auprès de l'Europe, il aurait voulu être auprès d'elle celui de Napoléon. Il avait la présomption de croire qu'il pourrait par ses intrigues au dehors, ou ramener les puissances européennes à l'Empereur, ou, si la chose était impossible, leur faire agréer quelqu'un qu'il choisirait lui-même, comme Marie-Louise, le duc d'Orléans, ou tout autre. Il se persuadait qu'il arriverait ainsi plus sûrement au grand rôle qu'il rêvait depuis que la carrière des révolutions était rouverte. Il eut donc la hardiesse d'insinuer qu'il serait plus utile au de-

L'ACTE ADDITIONNEL. 245

hors qu'au dedans. Napoléon qui avait discerné d'un coup d'œil la profonde vanité de M. Fouché, se défendit d'en rire, car le malheur lui avait appris à se contenir. Il s'excusa de ne pas le mettre à la tête des affaires étrangères en citant le nom du duc de Vicence, devant lequel toute prétention devait tomber. Il lui adressa d'ailleurs des choses obligeantes sur les grands services qu'il était appelé à rendre dans le ministère de la police, et alors M. Fouché accepta le poste offert, voyant bien qu'on ne lui en offrirait point d'autre.

Mars 1815.

Il ne restait plus à obtenir que le consentement du futur ministre de l'intérieur. Mais le sauvage Carnot n'était pas aux Tuileries. Vivant seul, dans l'un des faubourgs de Paris, ne connaissant les événements qu'avec le public, il ne savait pas encore l'arrivée de Napoléon aux Tuileries. Il était tard, Napoléon le fit mander pour le lendemain matin.

Carnot étant absent, on remet sa nomination au lendemain.

Ainsi s'acheva cette journée du 20 mars, commencée dans la forêt de Fontainebleau, et terminée à Paris au milieu de l'ancienne cour impériale, par la formation d'un ministère. Il fut convenu que le *Moniteur* du lendemain publierait les nouveaux choix, excepté ceux de MM. Carnot et de Caulaincourt. M. de Bassano, toujours dévoué à l'Empereur, reprit la secrétairerie d'État, M. Lavallette les postes, et tous les anciens présidents du Conseil d'État furent réintégrés dans leur présidence.

Le lendemain 21, après quelques courtes heures de repos, Napoléon recommença cette active correspondance au moyen de laquelle il faisait mouvoir si puissamment les ressorts du gouvernement. Il

Le 21 mars Napoléon, sans perdre un moment, donne ses premiers ordres.

traça d'abord au maréchal Davout ce qu'il avait à faire pour se saisir de sa vaste administration, que les circonstances allaient rendre si importante. Il lui ordonna d'annoncer dans toute la France la journée du 20 mars, soit par le télégraphe, soit par des courriers extraordinaires, afin de décider les troupes qui n'avaient pas encore fait éclater leurs sentiments, et les autorités locales qui hésitaient à prendre parti. Il lui recommanda d'expédier des officiers hardis et intelligents dans les départements où les préfets voudraient résister au rétablissement de l'Empire, afin de se servir des troupes contre eux; d'envoyer surtout des instructions aux commandants des places frontières pour y arborer le drapeau tricolore, et en fermer les portes à l'ennemi qui serait peut-être tenté de les surprendre. Il prescrivit au ministre de la police de s'occuper sur-le-champ des préfets et des sous-préfets pour les confirmer ou les révoquer suivant leur conduite, et au nouveau commandant de la gendarmerie, duc de Rovigo, de s'emparer le plus tôt possible de cette troupe si précieuse par son intelligence, sa vigilance et son dévouement à ses devoirs. Il manda le comte de Lobau, dont le sens, le tact et l'autorité morale dans l'armée étaient éprouvés, pour lui conférer le commandement de Paris et des troupes qui devaient y passer. Napoléon en prenant cette mesure avait une intention digne de la profondeur de son esprit. La révolution qui venait de le replacer sur le trône était au fond une révolution militaire. La plupart des régiments avaient été obligés de se prononcer pour lui en présence d'officiers, les uns embarrassés quoique dévoués à sa cause, les autres tout à fait contraires, et à l'égard de ces derniers, du reste bien peu nombreux, les soldats se trouvaient dans un état de révolte qu'il fallait faire cesser au plus tôt, si on ne voulait pas tomber dans une véritable anarchie. Le comte de Lobau était merveilleusement choisi pour porter remède à un semblable état de choses. Napoléon lui donna, outre le commandement de la première division militaire, une autorité dictatoriale sur les troupes de passage, avec mission de changer les officiers, ou de les réconcilier avec leurs soldats, et de rétablir ainsi l'ordre et la discipline dans l'armée. Le projet de Napoléon était d'amener successivement presque tous les régiments à Paris, au moins pour quelques jours, afin de les faire passer sous la main douce et ferme du comte de Lobau. Il lui recommanda d'entreprendre à l'instant même ce genre de reconstitution, car sur les quinze ou vingt mille hommes qui étaient actuellement réunis dans la capitale, sur le nombre à peu près égal qui allait y arriver, il lui fallait en choisir vingt mille environ, en bon état, pour les diriger sur Lille, afin de tenir tête, ou à quelque tentative royaliste de la part des princes fugitifs, ou à quelque pointe, peu vraisemblable mais possible, de l'armée anglo-hollandaise cantonnée en Belgique.

Mars 1815.

Les précautions à prendre de ce côté faisaient naître une question qui n'en était pas une pour Napoléon, mais qu'il discuta le matin même avec le nouveau ministre de la guerre. Devait-il, comme l'ont imaginé depuis certains critiques[1], poursuivre

Grave question qui s'élevait au moment de l'entrée de Napoléon à Paris.

[1] Ce reproche s'adresse au maréchal Marmont, qui, avec la légèreté

Mars 1815.

Devait-il profiter de l'élan des esprits, et pousser jusqu'au Rhin?

Puissantes raisons qui s'y opposent.

État inquiétant du midi de la France.

sa marche triomphale vers le Nord, et aller accomplir jusqu'aux bords du Rhin la révolution qu'il venait d'opérer du Rhône à la Seine, de manière à recouvrer d'un seul coup les anciennes frontières de la France avec la France elle-même? Le projet était séduisant, car avec l'enthousiasme qui régnait, il était sûr de ne rencontrer aucun obstacle jusqu'à Lille, et pouvait se flatter de surmonter ceux qu'il rencontrerait de Lille à Cologne. Pourtant ce projet tout éblouissant qu'il paraissait, n'ébranla pas un instant les résolutions d'une prudence, nouvelle chez lui mais fortement arrêtée.

D'abord, pendant sa marche sur Paris, Napoléon avait recueilli des nouvelles du Midi, lesquelles sans être alarmantes méritaient toutefois quelque attention. On lui disait, ce qui était vrai, que Marseille était en feu, et que la population de la basse Provence marchait sur Grenoble et Lyon sous la conduite du duc d'Angoulême. La matinée du 24 lui procura en même temps des nouvelles de Bordeaux et de l'Ouest. On lui mandait que sous l'influence de madame la duchesse d'Angoulême, Bordeaux imitant Marseille, essayait d'insurger les départements au delà de la Garonne, et avait quelque chance d'y réussir; que M. le duc de Bourbon, établi à Angers, y fomentait un soulèvement dans la Vendée; que le maréchal Saint-Cyr accouru à Orléans avec des pouvoirs extraordinaires de Louis XVIII, y avait

ordinaire de ses jugements, a prétendu dans ses Mémoires qu'il fallait ne pas s'arrêter à Paris, mais profiter de l'élan imprimé aux esprits pour marcher jusqu'au Rhin. On va voir par ce qui suit combien ce jugement est inconsidéré, et dépourvu à la fois de raison et de connaissance des faits.

fait disparaître la cocarde tricolore, arborée par les troupes sous l'impulsion du général Pajol, mis ce général aux arrêts, et relevé le drapeau blanc sur les bords de la Loire. Enfin, et ceci était plus grave, on assurait qu'il ne fallait pas se fier à la garde nationale parisienne. Cette garde, composée de la bourgeoisie de la capitale, n'avait pas vu avec plaisir la chute du trône constitutionnel de Louis XVIII, et craignait par-dessus tout la guerre. Si même on jugeait de ses dispositions d'après le langage de quelques-uns de ses officiers, on était fondé à lui prêter des intentions véritablement hostiles.

Mars 1815.

Il n'y avait pas dans tous ces faits matière à inquiétude sérieuse pour un esprit aussi ferme que celui de Napoléon. Il connaissait la sagesse de la garde nationale de Paris, il savait que, mécontente au premier moment, elle lui redeviendrait bientôt favorable lorsqu'elle serait instruite de ses intentions pacifiques et libérales, et lorsqu'on aurait éloigné de ses rangs quelques officiers qui cherchaient le bruit et l'importance. Quant aux tentatives royalistes dans l'Ouest et le Midi, il était persuadé que le prodigieux effet de son entrée à Paris suffirait pour les déjouer, et en tout cas il était loin de croire que les Bourbons, n'ayant pas réussi à lui résister lorsqu'ils étaient maîtres de Paris, pussent, fugitifs et relégués aux extrémités du territoire, trouver des forces qui leur avaient fait défaut lorsqu'ils disposaient de la plénitude de l'autorité souveraine. Cependant c'eût été leur faire la partie trop belle que de s'éloigner du siége du gouvernement avant d'en avoir saisi for-

Dispositions incertaines de la garde nationale de Paris

Mars 1815.

tement les rênes; que de se lancer témérairement à travers la Belgique et les provinces rhénanes avec les seules troupes organisées qui fussent disponibles, en ne laissant à Paris que des ministres nommés de la veille, des régiments épars ou disloqués, et en s'exposant ainsi à voir renaître derrière soi l'autorité des Bourbons, qu'on avait renversée en passant. Mais il y avait de bien autres considérations encore et de plus graves à opposer à un tel projet.

Forces qu'on devait rencontrer soit en Belgique soit dans les provinces rhénanes, et qui auraient été d'une supériorité numérique écrasante.

D'abord on ne pouvait pas, en ramassant toutes les troupes disponibles de Paris à Lille, réunir plus de 25 à 30 mille hommes d'infanterie, 4 à 5 mille hommes de cavalerie, et 50 à 60 bouches à feu médiocrement attelées[1]. Or savait-on ce qu'on trouverait en Belgique? Des peuples assurément très-bien disposés pour nous, mais des troupes fidèles à leur souverain, et trois ou quatre fois plus nombreuses que celles que nous amènerions. On devait en effet rencontrer aux environs de Bruxelles 20 mille Hollando-Belges, 30 mille Anglais et Hanovriens, qu'on pousserait en marchant vers Liége sur 30 mille Prussiens, et on serait ainsi en présence de 80 mille ennemis avec environ 30 à 36 mille combattants. En faisant un pas de plus, on rencontrerait encore 20 mille Prussiens, 18 mille Bavarois, 20 ou 30 mille Wurtembergeois, Badois, Hessois, etc., et on aurait en arrivant aux bords du Rhin 140 ou 150 mille ennemis sur les bras. On irait donc chercher bien loin une défaite, possible sur la Meuse, presque certaine sur le Rhin; on disséminerait ses forces qui n'étaient que trop éparpillées; on augmenterait

[1] Je parle d'après des états positifs.

Paris, et l'observerait fidèlement, bien qu'il n'eût pas voulu le signer. Cette déclaration avait charmé tous ceux qui l'avaient entendue, car ils avaient compris que s'il y avait une seule chance de sauver la paix, c'était d'annoncer sur-le-champ qu'on acceptait l'œuvre des puissances, c'est-à-dire l'ancienne frontière de 1789, un peu agrandie vers Landau et Chambéry. Or, si le lendemain de son entrée à Paris, Napoléon s'était élancé d'un bond sur la Meuse et le Rhin, on aurait nécessairement cru voir en lui le même homme qui avait conduit la fortune de la France à Moscou, pour la ramener par la route de Leipzig sur les hauteurs de Montmartre; on n'aurait plus douté de retrouver le conquérant, et avec le conquérant le despote qui avait perdu le pays et sa grandeur. Moralement il n'aurait eu personne pour lui, et matériellement il aurait eu quelques cadres vides, portés à l'immense distance du Rhin, où la difficulté de les recruter eût été triplée.

Si donc aux raisons militaires et administratives, on ajoute les raisons politiques, on peut affirmer qu'il y avait non-seulement de puissants motifs de s'arrêter à Paris, mais nécessité absolue et indiscutable.

Aussi le parti de Napoléon était-il pris, une fois parvenu au centre de l'Empire, de s'y saisir des rênes du gouvernement, d'y offrir la paix aux puissances sur la base des traités de Paris et de Vienne, d'y endurer les refus humiliants auxquels il serait vraisemblablement exposé, de rendre ces refus publics au lieu de les dissimuler, afin de mettre avec lui l'orgueil de la nation, de profiter du répit de ces

L'ACTE ADDITIONNEL.   253

pourparlers pour armer avec son activité ordinaire,   Mars 1815.
de tenir ses corps entre la capitale et la frontière du
Nord pour rendre ses opérations plus faciles, puis
en feignant l'inaction, de fondre tout à coup sur
l'ennemi en pénétrant brusquement au milieu de ses
cantonnements dispersés. C'étaient là les seules idées
sensées, solides, dignes du génie administratif et
militaire de Napoléon.

Ayant confié au comte de Lobau le soin de réunir   Formation
dans sa main les troupes qui étaient à Paris, ou   d'un corps
qui devaient y venir, de les inspecter rapidement,   hommes,
d'y remettre l'union et la discipline, il lui prescri-   le général
vit de former tout de suite un corps d'une vingtaine   Reille,
                                                    doit se porter
de mille hommes, que commanderait le sage et   à la frontière
brave général Reille, et qui s'avancerait sur Lille,   du Nord pour
où l'on disait que Louis XVIII avait le projet de   les places.
s'établir avec sa maison militaire, et peut-être un
renfort de troupes étrangères. Heureusement le
maréchal Mortier commandait à Lille sous l'autorité
supérieure du duc d'Orléans. On était assuré que ce
maréchal, s'il recevait Louis XVIII dans cette place,
comme c'était son devoir, ne consentirait pas à y
admettre les troupes anglaises et prussiennes, et
que le duc d'Orléans ne voudrait pas se conduire
autrement que le maréchal Mortier; que par conséquent Lille, s'il devenait momentanément un lieu
de repos pour Louis XVIII, ne serait pas livré à
l'ennemi. Pourtant il fallait surveiller non-seulement cette place, mais toutes celles de la frontière
du Nord, et le général Reille aurait les moyens
de suffire à cette tâche avec les 20 ou 30 mille
hommes qu'on allait successivement placer sous ses

ordres. Le général Reille ne pouvant pas être prêt avant trois ou quatre jours, Napoléon ordonna au général Exelmans de réunir immédiatement la cavalerie disponible, et de suivre avec trois mille chevaux la cour fugitive. La mission du général Exelmans consistait uniquement à pousser cette cour hors du territoire avec les ménagements convenables, sauf peut-être à lui reprendre le petit trésor dont elle s'était munie, et les diamants de la Couronne qu'elle avait placés dans ses fourgons. On était certain que le général Exelmans, malgré ses griefs personnels, n'ajouterait pas à la rigueur de sa mission, et Napoléon désirait qu'il en fût ainsi, parce qu'il mettait de l'orgueil à faire contraster sa conduite avec celle des hommes qui avaient mis sa tête à prix.

Quant au Midi, avant de rien prescrire, il voulut savoir avec précision ce qui s'y passait. D'ailleurs il lui fallait le temps de rassembler quelques troupes indépendamment de celles qu'on allait donner au général Reille, et en attendant l'esprit de Lyon et de Grenoble le rassurait pleinement sur ce qu'on tenterait de ce côté. Relativement à l'Ouest, il expédia un officier pour Orléans, afin d'intimer au maréchal Saint-Cyr, sous la menace des peines les plus sévères, l'ordre de restituer le commandement au général Pajol, et il fit partir pour Bordeaux le général Clausel avec mission d'y marcher avec les troupes qu'il trouverait sur son chemin, et d'en expulser madame la duchesse d'Angoulême, qui, toute respectable qu'elle était, ne pouvait devenir un ennemi bien redoutable.

Après avoir consacré à ces soins urgents la mati-

L'ACTE ADDITIONNEL. 255

née du 21, il employa le reste de la journée à passer
la revue tant des corps qui étaient à Paris, que de
ceux qui l'avaient suivi depuis Grenoble, et qui
avaient eu le temps de venir de Fontainebleau.
C'était une occasion naturelle de se montrer aux
Parisiens qui ne l'avaient pas encore vu, et de tenir
un langage qui, sortant du cercle de ses entretiens
intimes, pût être reporté par tous les échos de la
France à tous les échos de l'Europe.

On réunit sur la place du Carrousel environ vingt-
cinq mille hommes, comprenant les troupes venues de
Grenoble à Fontainebleau, celles du camp de Villejuif, et surtout le bataillon de l'île d'Elbe, qui avait
exécuté à pied et en vingt jours la prodigieuse marche de deux cent quarante lieues. La garde nationale parisienne n'y fut point appelée, parce qu'elle
n'avait point été préparée par quelques changements
d'officiers à figurer dans une solennité où l'on allait célébrer le rétablissement de l'Empire. Mais la
population avertie était accourue, et parmi les plus
empressés se trouvaient naturellement ceux qui
haïssaient les émigrés, ceux à qui la gloire impériale n'avait pas cessé d'être chère, et beaucoup de
curieux que la merveilleuse expédition de l'île d'Elbe
avait arrachés à leur indifférence. Du reste on peut
toujours ménager une fête brillante à un gouvernement, car tout gouvernement, si dépourvu qu'il
soit, a ses partisans qui sont présents à ses solenni-
tés tandis que ses adversaires en sont absents, et qui
applaudissent assez pour simuler l'universalité des
citoyens. Ici d'ailleurs il y avait dans les événements
accomplis de quoi toucher la population la plus

Mars 1815.

Revue militaire le 21 mars au matin.

froide. Le peuple des faubourgs en effet se rendit à la place du Carrousel pour applaudir l'homme qui plus qu'aucun autre avait remué son imagination, pour applaudir surtout les huit cents grenadiers et chasseurs de la garde, qui, après avoir suivi leur général dans l'exil, le ramenaient triomphant sur le trône de France. Ces vieux soldats, couverts de cicatrices, épuisés de fatigue, portant des chaussures en lambeaux, émurent vivement les assistants, et bon nombre d'entre eux répondirent non par des cris, mais par des larmes, aux acclamations de la foule. Les regards avides du public ne les quittaient que pour chercher sous sa redingote populaire le personnage fabuleux, qui venait de réaliser un nouveau miracle digne de sa fortune passée. On le trouvait engraissé, mais fortement bruni, ce qui corrigeait l'effet de son embonpoint, et promenant toujours autour de lui l'œil enflammé du génie. Il fit former les troupes en masse serrée autour de son cheval, les officiers en avant, et leur adressa de sa voix vibrante quelques paroles énergiques et passionnées. « Soldats, leur dit-il, je suis venu avec huit cents hommes en France, parce que je comptais sur l'amour du peuple et sur la mémoire de l'armée. Je n'ai pas été trompé dans mon attente. Soldats, je vous en remercie! La gloire de ce que nous venons d'accomplir est toute au peuple et à vous. La mienne, à moi, c'est de vous avoir connus et devinés... Le trône des Bourbons était illégitime, parce que renversé par la nation il y a vingt ans, il n'avait été relevé que par des mains étrangères, parce qu'il n'offrait de garanties qu'à une minorité arrogante, dont les prétentions

L'ACTE ADDITIONNEL. 257

étaient contraires à vos droits. Le trône impérial peut seul garantir les intérêts de la nation, et le plus noble de ces intérêts, celui de notre gloire. Soldats, nous allons marcher pour chasser du territoire ces princes complices et instruments de l'ennemi, et arrivés à la frontière, nous nous y arrêterons... Nous ne voulons pas nous mêler des affaires des autres nations, mais malheur à celles qui voudraient se mêler des nôtres ! — Puis faisant approcher les officiers du bataillon de l'île d'Elbe, et les montrant aux troupes, Soldats, reprit Napoléon, voilà les officiers qui m'ont accompagné dans mon infortune ; ils sont tous mes amis, ils sont tous chers à mon cœur ! Chaque fois que je les voyais, je croyais revoir l'armée elle-même, car dans ces huit cents braves il y a des représentants de tous les régiments. Leur présence me rappelait ces immortelles journées, qui jamais ne s'effaceront ni de votre mémoire ni de la mienne. En les aimant, c'est vous que j'aimais ! Ils vous ont rapporté intactes et toujours glorieuses ces aigles que la trahison avait couvertes un moment d'un crêpe funèbre. Soldats, je vous les rends ; jurez-moi que vous les suivrez partout où l'intérêt de la patrie les appellera !... — Nous le jurons ! » répondirent-ils en agitant leurs baïonnettes, en brandissant leurs sabres. — L'émotion fut grande, parce que les sentiments auxquels s'adressait Napoléon étaient profonds chez les hommes qui écoutaient son allocution véhémente.

Napoléon rentra ensuite dans l'intérieur du palais au milieu d'une affluence considérable, le regard animé et comme entouré d'un prestige nouveau. Les

Mars 1815.

Grand effet produit par cette revue.

TOM. XIX. 17

hauts fonctionnaires qui ne s'étaient pas présentés la veille, soit qu'ils n'eussent point été avertis, soit qu'ils hésitassent encore, se montrèrent dans cette journée du 21, et l'Empereur fut en quelque sorte universellement reconnu et proclamé. Carnot arraché à sa retraite était venu aux Tuileries, et poussé par un sentiment que partageaient tous ses amis, celui de s'unir à Napoléon pour défendre en commun la cause de la Révolution, avait accepté le ministère de l'intérieur. Le titre de comte ne lui plaisait guère; il ne jugea pas conforme à la gravité de la situation d'en faire une difficulté. Le duc de Vicence accepta également le ministère des affaires étrangères. Le gouvernement de Napoléon se trouva donc complet, et il put immédiatement mettre la main à son immense tâche.

Tandis que Napoléon vaquait à ces premiers soins, Louis XVIII avait continué sa retraite sur Lille. Ainsi qu'on l'a vu, les royalistes extrêmes avaient tâché de l'attirer en Vendée, tandis que les royalistes modérés, soucieux de ménager les sentiments de la France, avaient voulu l'amener à Lille, pour qu'il assistât sans passer la frontière à la lutte qui allait s'engager entre l'Europe et l'Empire rétabli. N'ayant pas grande confiance dans l'asile qu'il pourrait trouver au sein d'une ville française, répugnant au séjour de la Belgique, Louis XVIII n'avait de goût que pour le pays où il avait durant six années joui d'un parfait repos. Aussi, délivré des fous et des sages dès qu'il avait passé Saint-Denis, il avait cédé à son penchant, et pris la route d'Abbeville, qui devait le conduire à Calais, de Calais à Londres.

L'ACTE ADDITIONNEL.   259

Pendant ce temps le comte d'Artois et le duc de
Berry restés à la tête de la maison militaire, avaient
suivi la route de Beauvais au pas de l'infanterie.
Rien n'était plus pénible à voir que la maison militaire en ce moment. Remplie de gens dévoués,
mais pour la plupart étrangers au service militaire,
incomplètement équipée, elle formait une longue
queue de traînards, qui faute de chevaux avaient
mis sur des charrettes leurs personnes et leurs équipements. Il n'y avait de fortement organisée que la
compagnie des gardes du corps du maréchal Marmont, composée avec soin d'anciens soldats, et bien
tenue comme l'étaient ordinairement les troupes
confiées à ce maréchal. Le reste offrait l'aspect le
plus triste et le plus désolé. Il y avait un spectacle
plus triste encore, c'était celui des troupes réunies
à Saint-Denis.

Nous avons dit que pour dissimuler au public le
prochain départ de la famille royale, on avait dirigé
sur Villejuif les troupes destinées à l'armée de Melun, et qu'une fois la sortie du Roi opérée sans obstacle, on leur avait expédié l'ordre de se rabattre
sur Saint-Denis. Elles n'avaient point obéi, comme
on l'a vu, et il n'avait paru à Saint-Denis que le
très-petit nombre de celles qu'on y avait envoyées
directement. Parmi ces dernières figuraient une
grande partie de l'artillerie, un bataillon d'officiers
à la demi-solde, plus quelques jeunes gens de l'école
de droit qui avaient suivi Louis XVIII sous le nom
de volontaires royaux, et qui représentaient la jeunesse honnête, espérant la liberté des Bourbons et
ne l'attendant pas des Bonaparte. Le maréchal Mac-

Mars 1815.

Détails
dont la cour
fugitive
est suivie.

17.

260 LIVRE LVIII.

Mars 1815.

donald s'était transporté à Saint-Denis pour y recueillir ces débris, et les conduire à Louis XVIII. Mais arrivé dans l'après-midi du 20, il trouva le bataillon des officiers à la demi-solde en pleine révolte, s'efforçant d'insurger l'artillerie, et ravageant même les bagages du cortége royal. Le maréchal s'efforça de mettre un terme à ce scandale, mais quoique personnellement respecté, il fut réduit à s'éloigner, et à rejoindre la maison militaire, qu'il rencontra en marche et dans l'état que nous venons de décrire. Il quitta ensuite le comte d'Artois et le duc de Berry pour se rendre auprès du Roi, et essayer de faire prévaloir le conseil qu'il n'avait cessé de donner, celui de se retirer à Lille.

Le maréchal Macdonald suit le Roi, et le rejoint à Abbeville.

État dans lequel il le trouve.

Parvenu le 21 au soir à Abbeville il se présenta au Roi, qu'il trouva entre M. de Blacas et le prince Berthier, parfaitement calme, et paraissant plus sensible à l'incommodité de ce brusque déplacement qu'à la perte du trône. Conservant peu d'espérance, attribuant ses nouveaux malheurs à son frère et aux émigrés, convaincu que l'Europe n'éprouverait qu'un médiocre intérêt pour des gens qui n'avaient pas su se soutenir, Louis XVIII était plus pressé de gagner son asile d'Hartwell que de sauver par une conduite habile les restes d'un avenir dont il doutait fort. Il parla uniquement de sa fatigue, de sa goutte, des gênes auxquelles l'exposait la perte de son bagage, et n'écouta qu'avec une sorte de distraction tout ce que lui dit le maréchal pour le ramener dans la direction de Lille. Ce brave et sage militaire, qui joignait à une rare intrépidité, à une profonde expérience de la guerre, beaucoup de sens politique, lui rappela le mauvais effet produit par les compliments qu'il avait faits au prince régent en quittant Londres, le reproche universellement adressé aux Bourbons de préférer l'étranger à la France, et particulièrement l'Angleterre à tous les autres pays, l'inconvénient de justifier ces préventions en se hâtant de passer la frontière, et de la passer pour gagner Londres. Il insista donc avec véhémence pour que le Roi se rendît à Lille, et qu'il restât au moins sur le bord extrême du territoire. A Lille il serait en sûreté, et pourrait toujours se mettre à l'abri en faisant une ou deux lieues pour sortir de France.

Louis XVIII lui répondit avec finesse qu'il ne serait pas à Lille plus en sûreté qu'ailleurs, parce qu'il y faudrait une garnison, que toute garnison se comporterait comme les troupes dont on avait essayé de se servir, et qu'appeler à Lille les Anglais ou les Prussiens serait aux yeux de la France la pire des conduites. Sensible du reste aux observations d'un serviteur aussi loyal que le maréchal Macdonald, il consentit à suivre son avis; seulement il lui demanda le temps de prendre un peu de nourriture, et l'engagea à le précéder, en promettant de le rejoindre dans quelques heures. Pendant cette espèce de conseil, le maréchal avait parlé seul. M. de Blacas, jugeant tous les partis également mauvais, n'avait presque rien dit, bien qu'il préférât visiblement la retraite sur Lille. L'infortuné Berthier, aussi étonné de se trouver où il était, que le public de l'y voir, avait montré sur son visage abattu et silencieux les perplexités de son âme : triste punition dans la personne d'un honnête homme de ce désir d'être de tous les régimes, et de conserver malgré son passé sa place dans tous !

Le maréchal Macdonald prit donc immédiatement la route de Béthune, afin d'aller préparer à Lille l'établissement de la famille royale. Il arriva le 22 mars au matin devant cette place, occupée par le duc d'Orléans qui en avait fermé les portes. On doit se souvenir que ce prince avait reçu le commandement des troupes du Nord, avec mission d'y former une réserve, qui viendrait prendre la gauche du duc de Berry si on se battait en avant de Paris, et couvrirait la retraite de la famille royale si on était obligé d'abandonner la capitale. Ce prince, le seul qui jouît de quelque popularité parmi les troupes, les avait trouvées tranquilles mais évidemment mal disposées pour la cause royale, et avait eu soin de les tenir séparées, pour retarder en les divisant l'explosion de leurs sentiments. Il avait dirigé sur Lille celles dont la discipline lui semblait un peu moins ébranlée, et s'était enfermé dans cette place avec six à sept mille hommes et le maréchal Mortier, également résolu à y donner asile au roi et à en refuser l'accès aux Prussiens et aux Anglais. Ayant appris le 21 au matin par le télégraphe que Napoléon était entré à Paris, il avait interdit toute communication extérieure, dans la double intention d'empêcher les émissaires bonapartistes de pénétrer dans la ville, et les soldats de déserter.

Les ordres du duc d'Orléans avaient été si ponctuellement exécutés, que les clefs de la ville avaient été déposées à l'état-major de la place, et que les

L'ACTE ADDITIONNEL.   263

gardiens s'étant absentés il n'y avait personne pour répondre. Le maréchal Macdonald ne sachant comment se faire entendre, fut obligé d'écrire un billet au crayon, de l'attacher à une pierre, et de le jeter à la sentinelle qui gardait le rempart. Comme le billet portait sur la suscription qu'il était du maréchal Macdonald, la sentinelle le remit au poste le plus voisin, et ce poste à l'état-major. La porte fut bientôt ouverte et le maréchal fut conduit auprès du duc d'Orléans, qui lui apprit l'état des choses, et lui donna la certitude que le Roi recevrait des troupes une hospitalité respectueuse mais courte, à condition toutefois de ne chercher à introduire dans la place ni la maison militaire, ni les Anglais.

Louis XVIII arriva en effet dans l'après-midi du 22, et fut reçu avec tous les honneurs dus au souverain. La population de Lille, pieuse et royaliste, poussa des cris violents de *Vive le Roi!* tandis que les troupes bordant la haie et présentant les armes gardèrent un morne silence.

À peine arrivé, Louis XVIII voulut entendre le prince et les maréchaux sur la conduite qu'il convenait de tenir. En présence du Roi, de M. de Blacas, du prince Berthier, des maréchaux Macdonald et Mortier, M. le duc d'Orléans exposa la situation avec une parfaite netteté de vues et de langage. Il approuva fort le maréchal Macdonald d'avoir conseillé au Roi de rester le plus possible sur le territoire français, mais il démontra en même temps que la ville de Lille serait à peine habitable quelques heures, que le spectacle qu'on venait d'avoir sous les yeux, celui d'une population bruyamment sympathique et

Mars 1815.

pour entrer dans la place.

Arrivée de Louis XVIII à la suite du maréchal.

Accueil qu'il reçut.

Conseil tenu devant Louis XVIII.

M. le duc d'Orléans lui conseille de se rendre immédiatement à Dunkerque.

de troupes froidement respectueuses, était l'expression vraie de l'état des choses; que les troupes étaient maîtresses de Lille, qu'elles ne souffriraient pas qu'il fût commis la moindre inconvenance envers le Roi, qu'elles s'en feraient même un point d'honneur, mais qu'elles étaient imbues de l'idée qu'on voulait livrer la place aux Anglais, que dans cette défiance elles ne consentiraient jamais à y laisser entrer la maison militaire, encore moins à en sortir elles-mêmes, si par hasard on voulait se débarrasser de leur présence; que du reste, en supposant qu'on parvînt à les éloigner, ce n'était pas avec douze cents hommes de la garde nationale et trois à quatre mille cavaliers écloppés de la maison militaire, qu'on pourrait défendre une forteresse où il fallait au moins douze mille hommes de la meilleure infanterie pour être en sûreté; que pendant quelques jours les troupes se prêteraient à former la garde du Roi, mais qu'elles ne soutiendraient pas longtemps ce rôle, surtout quand viendraient les ordres de Paris; que le meilleur parti était de se transporter à Dunkerque, où la population était aussi royaliste qu'à Lille; que là il faudrait peu de garnison, et qu'on y suffirait avec la maison militaire convertie en infanterie; qu'on y aurait d'ailleurs la ressource de la mer, et le refuge de l'Angleterre au besoin; qu'en demeurant par ce choix sur le territoire français, on y serait en même temps plus éloigné du théâtre de la guerre; que probablement on retiendrait dans son parti Calais, Ardres, Gravelines, qu'on y aurait un peu de marine, qu'on formerait ainsi un petit royaume maritime, où le drapeau blanc continuerait de flotter sans aucune apparence de complicité avec le drapeau ennemi qui allait envahir la France.

Le maréchal Mortier appuya vivement cet avis plein de sagesse, et le prince Berthier ne le contredit point. M. de Blacas l'approuva. Le maréchal Macdonald en l'adoptant, n'éleva d'objection que sur un point, la précipitation du départ, qui donnerait au Roi l'apparence d'un fugitif, saisi de peur ou chassé de Lille. Le duc d'Orléans ayant répondu qu'on avait vingt-cinq lieues à faire pour gagner Dunkerque, et que ce qui était facile le jour même serait peut-être difficile le lendemain, l'avis du départ immédiat sembla prévaloir, sauf néanmoins l'extrême lassitude du Roi, qui exigeait quelques heures de repos.

On se sépara donc avec ordre de préparer le départ; mais toujours perplexe et fatigué le Roi le remit au lendemain. Le duc d'Orléans et les maréchaux employèrent la fin du jour à visiter les troupes et à leur parler. — Le Roi est en sûreté parmi nous, répondirent les officiers auxquels on s'adressa; mais nous savons qu'on veut livrer la place à l'ennemi, et que c'est le projet des émigrés dont le Roi est entouré. Si donc la maison militaire se présente, nous ferons feu sur elle. — Malgré toutes les assurances contraires il n'y eut aucun moyen de dissiper ces préventions, et ce qui contribuait à les enraciner dans l'esprit des troupes, c'est que des gens de l'entourage royal disaient qu'il fallait mettre un terme à cette comédie d'un faux respect pour la personne du souverain, sous lequel se cachait une trahison prochaine, et que le plus simple était d'introduire dix mille Anglais dans la place. Ces imprudents propos étaient crus, et ceux du duc d'Orléans considérés comme un pur effet de sa crédulité. Il était dès lors évident qu'on pourrait à peine passer un jour ou deux dans cette situation équivoque.

Le lendemain 23 il y eut une fausse alerte. Quelques coureurs s'étant montrés en vue des remparts de Lille, le bruit se répandit que c'était la maison du Roi qui approchait. En un instant les troupes manifestèrent la plus vive émotion, et elles se déclarèrent prêtes à tirer sur les nouveaux arrivants. Le duc d'Orléans, les maréchaux, eurent une peine extrême à les calmer, et elles parurent toujours convaincues qu'on songeait à livrer la place aux Anglais. En présence de pareilles dispositions, il n'était plus possible que le Roi prolongeât son séjour à Lille. Le conseil qu'il avait tenu la veille avec le duc d'Orléans, avec M. de Blacas, avec les maréchaux Berthier, Macdonald, Mortier, s'assembla de nouveau le matin même, et reconnut à l'unanimité la nécessité de quitter une ville gardée par des troupes pleines d'égards pour Louis XVIII, mais dévouées à Napoléon, et toujours disposées au premier incident à proclamer l'autorité impériale. Il n'y avait divergence que sur le lieu où le Roi se retirerait en sortant de Lille. Le duc d'Orléans, appuyé par les trois maréchaux, insista de nouveau pour Dunkerque. Le Roi ne repoussa pas cet avis, mais il dit que dans l'état des choses il croyait trop dangereux de faire sur le territoire français les vingt-cinq lieues qui le séparaient de Dunkerque, et il annonça qu'il allait prendre d'abord la route de la Belgique, sauf à gagner Dunkerque par le territoire belge. Les raisons que lui présenta le duc d'Orléans pour ne pas abandonner un instant le territoire national n'ayant point changé sa résolution, le maréchal Macdonald d'un ton respectueux mais ferme lui déclara qu'il était, à son grand regret, obligé de le quitter; que jamais il n'émigrerait, surtout pour se rendre dans un pays rempli des troupes de la coalition; qu'il était resté fidèle à la royauté tant qu'elle avait été en France, qu'il ne pouvait la suivre au delà; qu'il n'irait point offrir son épée à l'homme qui était venu bouleverser son pays, mais qu'il attendrait dans la retraite des jours plus heureux. Louis XVIII écouta avec une parfaite convenance cette franche déclaration, remercia le maréchal de sa noble conduite, lui rendit ses serments, et lui fit les adieux les plus affectueux. Le maréchal Mortier tint le même langage, reçut la même réponse et les mêmes témoignages, et annonça qu'avec le maréchal Macdonald il accompagnerait le Roi jusqu'à l'extrême frontière. Le prince Berthier se tut, mais prenant à part les maréchaux Macdonald et Mortier, il leur dit que capitaine d'une compagnie de gardes du corps il était obligé de suivre le Roi jusqu'au lieu choisi pour sa retraite, et que ce devoir rempli il était décidé à rentrer en France. Il les chargea même d'en donner avis à Paris. Le Roi s'adressant alors à M. le duc d'Orléans, lui demanda, avec une malice visible, ce qu'il allait faire. Le duc d'Orléans lui répondit avec sang-froid, qu'il pensait comme messieurs les maréchaux, mais que, prince du sang, il ne pouvait agir comme eux, c'est-à-dire

Mars 1815.

se rendre en Belgique.

rester en France; qu'il suivrait le Roi jusqu'à la frontière, puis qu'il solliciterait la permission de le quitter, ne voulant point aller en Belgique, lieu de réunion des armées ennemies. Le Roi, d'un ton tranquille, lui dit qu'il faisait bien, et donna les ordres pour son départ immédiat.

Le 23, vers le milieu du jour, Louis XVIII sortit de Lille par la route de Belgique, la population lui témoignant de vifs regrets, les troupes un parfait respect, mais paraissant fort soulagées d'être déchargées d'un dépôt embarrassant. Le duc d'Orléans et les maréchaux escortant à cheval la voiture du Roi le conduisirent jusqu'à la frontière, qui est à deux lieues environ de la place, puis après avoir reçu ses remercîments et lui avoir adressé leurs adieux, rentrèrent dans Lille pour déposer leur commandement. Le duc d'Orléans écrivit à tous les généraux qui dépendaient de lui, pour les délier de leurs obligations militaires, et les rendre à eux-mêmes et à leur pays. Le maréchal Mortier lui apprit alors un détail qu'il avait eu la délicatesse de tenir secret, c'est qu'il avait reçu de Paris le pouvoir et l'ordre d'agir comme il l'entendrait pour le salut de la frontière, pour l'expulsion des princes de Bourbon, même pour leur arrestation si elle paraissait nécessaire. Le maréchal n'avait voulu ni gêner les princes, ni même hâter leur départ, en leur déclarant les devoirs nouveaux qui lui étaient imposés par celui qui était redevenu le maître du territoire, et il ne les leur avait révélés que lorsque leur résolution était prise et à peu près accomplie. M. le duc d'Orléans partit pour l'Angleterre, le maréchal Macdonald pour

L'ACTE ADDITIONNEL.   269

ses terres, et le maréchal Mortier manda par le télégraphe à Paris que Louis XVIII avait quitté Lille, que cette place n'était point et n'avait jamais été en danger. Il transmit le commandement au général comte d'Erlon, qui avait été obligé de se cacher depuis l'échauffourée des frères Lallemand. Au milieu de ces brusques révolutions, qui troublent et font souvent dévier les cœurs les plus honnêtes, l'histoire est heureuse d'avoir à reproduire des scènes où tout le monde, princes, maréchaux, soldats, surent remplir des devoirs presque opposés, avec tant de délicatesse et de précision.

Pendant ce temps la maison du Roi, harassée de fatigue, s'était traînée jusqu'à Abbeville, ayant à sa tête le comte d'Artois et le duc de Berry, et à ses trousses le général Exelmans, qui avec trois mille chevaux la surveillait sans chercher à la joindre. D'Abbeville elle s'était dirigée sur Lille, puis apprenant en route le départ du Roi, elle s'était portée sur Béthune. Là les princes sentant l'impossibilité de la conduire à l'étranger et de l'y entretenir, prirent le parti de la licencier. Trois cents hommes seulement, parfaitement propres au service, et dont l'entretien n'était pas au-dessus des moyens actuels de la famille royale, furent retenus, et suivirent le maréchal Marmont en Belgique, où ils devaient composer la garde personnelle de Louis XVIII. Les autres se dispersèrent dans toutes les directions. Les princes franchirent la frontière pour se réunir au Roi.

Tandis que Louis XVIII avait évacué le territoire, et fait cesser pour le Nord les très-légères

Mars 1815.

Licenciement de la maison militaire.

Soumission des provinces

inquiétudes qu'on avait pu concevoir à Paris, à l'Est les choses s'étaient passées tout aussi tranquillement. Le maréchal Victor, chargé de former un corps d'armée en Champagne et en Lorraine, s'était vu obligé de renoncer à cette entreprise. Le maréchal Oudinot, délaissé par les grenadiers et les chasseurs royaux (ancienne garde impériale), avait également abandonné son commandement, et le drapeau tricolore avait été partout arboré autour de lui. L'ancienne garde impériale s'était spontanément dirigée sur Paris. En Alsace, le maréchal Suchet se soumettant à la révolution qui venait de s'accomplir, avait fait flotter le drapeau tricolore dans toute la province, et mis nos places frontières à l'abri des tentatives extérieures. On a déjà vu par nos précédents récits ce qui s'était passé de Grenoble à Besançon, par conséquent les inquiétudes qu'on aurait pu concevoir pour nos places ne s'étaient réalisées nulle part, et l'ennemi, malgré le désir qu'il en avait, n'en avait surpris aucune.

Dans l'intérieur le progrès de l'autorité impériale n'était ni moins général ni moins rapide. Le maréchal Saint-Cyr, parti de Paris le 20 mars avec M. de Vitrolles, s'était rendu à Orléans où commandait le général Dupont. Trouvant les troupes à moitié soulevées, il avait fait fermer les portes de la ville, abattre le drapeau tricolore, et incarcérer le général Pajol qui était l'auteur du mouvement. Mais des officiers envoyés de Paris ayant pénétré dans la ville, et communiqué avec le 1er de cuirassiers en garnison à Orléans, ce régiment était spontanément monté à cheval, avait assailli le siége des autorités,

L'ACTE ADDITIONNEL.   271

délivré le général Pajol, et mis en fuite le maréchal   Mars 1815.
Saint-Cyr, qui s'était retiré en toute hâte vers la
basse Loire. Le général Pajol, prenant le commandement, avait fait proclamer à Orléans et dans les
environs le rétablissement de l'autorité impériale.

Cette partie importante du cours de la Loire était   Soumission
donc reconquise. À Angers, le duc de Bourbon,   momentanée
après un entretien avec M. d'Autichamp et les prin-   de la Vendée,
cipaux chefs vendéens, avait bientôt acquis la con-   et retraite
viction que si les anciens meneurs de la Vendée   en Angleterre
étaient disposés à s'agiter encore, la population   du duc
des campagnes, quoique royaliste, n'avait plus as-   de Bourbon.
sez d'ardeur pour braver les maux de la guerre
civile, dont le souvenir était resté vivant dans tous
les esprits. Se sentant plus embarrassant pour le
pays qu'utile à la cause royale, le prince avait dé-
féré au conseil, qui lui était généralement donné,
de se retirer. Un officier de gendarmerie, le commandant Noireau, instruit de l'état des choses, lui
avait offert des passe-ports, à condition qu'il en
userait sur-le-champ, ce que le prince avait accepté
sans hésitation. Il était allé s'embarquer à Nantes,
laissant la contrée non pas revenue à Napoléon,
mais paisible.

Le général Clausel, envoyé dans la Gironde,   Marche
s'était arrêté à Angoulême, y avait reçu pour le   du général
compte de l'Empereur la soumission des départe-   Clausel sur
ments voisins, puis, réunissant une partie de la   Bordeaux.
gendarmerie, avait marché sur la Dordogne pour y
rassembler des troupes, et remplir sa mission à
l'égard de la ville de Bordeaux.

Il régnait dans cette grande cité une agitation ex-   Madame

Mars 1815.

la duchesse d'Angoulême à Bordeaux.

traordinaire, produite par la présence de madame la duchesse d'Angoulême et par celle de MM. Lainé et de Vitrolles. La population, royaliste par intérêt et par conviction, désolée du retour de Napoléon qui allait amener de nouveau la clôture des mers, s'était levée avec empressement à la vue de madame la duchesse d'Angoulême (venue avec le prince son époux pour célébrer le 12 mars), et avait promis de soutenir la cause des Bourbons. Ces vives démonstrations se passaient en présence de deux régiments, le 8ᵉ léger et le 62ᵉ de ligne, en garnison à Bordeaux, et y assistant avec un silence peu rassurant. Tout faisait présager qu'à l'aspect du drapeau tricolore arboré sur la rive droite de la Gironde, ils éclateraient et feraient cesser une insurrection sans consistance.

Essai par M. de Vitrolles d'un gouvernement royal à Toulouse.

M. de Vitrolles après avoir communiqué à la princesse les intentions du Roi, s'était transporté à Toulouse pour y établir le centre du gouvernement royal dans le Midi. Il avait opéré des levées d'hommes et d'argent, placé de sa propre autorité le maréchal Pérignon à la tête des rassemblements royalistes, et tâché de maintenir la correspondance entre Bordeaux où était restée madame la duchesse d'Angoulême, et Marseille où était accouru en toute hâte M. le duc d'Angoulême. Le prince en effet s'était

Présence de M. le duc d'Angoulême à Marseille.

rendu à Marseille, et on devine d'après l'esprit qui régnait dans cette ville, les manifestations véhémentes auxquelles la population avait dû se livrer. Ayant toujours haï l'Empire, menacée de nouveau de mourir de faim, après avoir rêvé plutôt que goûté l'abondance, elle était en proie à une sorte de fureur, et avait accueilli M. le duc d'Angou-

L'ACTE ADDITIONNEL.   273

lème avec des transports qui tenaient du délire. Le maréchal Masséna commandait au milieu de ces populations incandescentes avec le sang-froid dédaigneux d'un homme de guerre qui avait réussi jadis à dompter les Calabres, et que les cris de la multitude n'effrayaient guère. Accompagnant le prince le jour de son entrée, il avait vu un groupe de femmes du peuple qui tenaient leurs enfants dans leurs bras, se jeter au-devant de son cheval, puis tomber à genoux, et lui dire dans l'idiome naïf du pays : Maréchal, ne trahissez pas ce bon prince! — Prenant à peine garde à ces démonstrations, n'aimant ni la dynastie qui s'en allait, ni celle qui revenait, et déplorant les nouvelles convulsions qui devaient coûter tant de sang à la France, il avait résolu de se renfermer dans la stricte observation de ses devoirs militaires. Il avait donné à M. le duc d'Angoulême deux régiments, le 83ᵉ et le 58ᵉ, et une colonne de volontaires avec lesquels ce prince devait essayer, en remontant le Rhône, de reprendre Grenoble et Lyon. Le maréchal Masséna qui ne voulait pas le suivre dans cette campagne était resté à Marseille pour y maintenir l'ordre, et surtout pour veiller sur Toulon, bien décidé à appesantir sa dure main sur quiconque tenterait de livrer aux Anglais ce grand arsenal maritime.

Tel était l'état des choses les 23 et 24 mars dans les diverses parties de la France. Napoléon informé de la retraite de Louis XVIII, de la soumission des provinces du Nord et de l'Est, certain dès lors de la conservation des places frontières, ne doutant pas de la soumission de la Vendée, au moins pour le moment, ne tenait aucun compte de l'insurrection du Midi, bien qu'elle s'étendît de Bordeaux à Marseille. La conservation des places lui avait seule causé quelque souci, car c'eût été un grand malheur que l'occupation par l'ennemi d'une forteresse comme Lille, Metz ou Strasbourg. Rassuré sur ce point important, délivré de la présence du Roi, qui n'eût été du reste qu'un embarras, il se regardait comme remis en pleine possession de l'Empire. S'il parvenait à concilier son autorité avec l'indépendance toute nouvelle des esprits, et surtout à apaiser l'Europe, ou à la vaincre, il était certain de recommencer un second règne, moins éclatant peut-être, mais plus prospère que le premier, et plus méritoire s'il savait substituer les douceurs bienfaisantes de la paix aux sanglantes grandeurs de la guerre. Mais il avait toujours douté, sans le dire, de l'apaisement de l'Europe, et en réalité il ne comptait que sur une campagne courte et vigoureuse, exécutée avec les ressources que la France un peu reposée, et trois cent mille soldats revenus de l'étranger, offraient à son puissant génie militaire.

Il n'était que depuis quelques jours dans Paris, et il avait déjà pu s'apercevoir de la vérité de ses pressentiments, car tandis que tout se soumettait dans l'intérieur, tout prenait au dehors un caractère de violence inouïe. Les Bourbons en se retirant avaient répandu une déclaration du congrès de Vienne qui était de la plus extrême gravité. On avait d'abord révoqué en doute l'authenticité de cette déclaration, et Napoléon avait favorisé ce doute qui lui convenait, mais aux résolutions, au style, il n'avait

L'ACTE ADDITIONNEL.   275

pu s'empêcher de reconnaître la fureur de ses en-   Mars 1815.
nemis, fureur qu'il s'était attirée par un intolérable
abus de la victoire pendant plus de quinze années.
Selon cette déclaration, les puissances réunies à
Vienne, considérant que Napoléon Bonaparte, en
violant le traité du 11 avril, avait détruit le seul titre légal sur lequel reposât son existence, et attenté
au repos général, le mettaient hors la loi des nations,
ce qui le rendait passible du traitement réservé aux
plus vils criminels. La conclusion évidente, c'est que
quiconque pourrait se saisir de lui devrait le fusiller
immédiatement, et serait considéré comme ayant
rendu à l'Europe un service signalé. Ce n'était pas
envers un grand homme, qui sans contredit avait
tourmenté l'Europe, mais dont tous les princes
vivants avaient flatté et exploité la puissance et venaient d'égaler l'ambition, ce n'était pas, disons-
nous, envers ce grand homme, un acte digne des
mœurs du siècle, et l'orgueil, l'avidité, la peur,
pouvaient seuls, non pas justifier cet acte, mais
l'expliquer.

Napoléon se réservait de le publier sous quelques
jours, lorsqu'il voudrait faire connaître à la France
la situation tout entière. Pour le moment, en rap-
prochant la déclaration du 13 mars de quelques
autres manifestations, il y voyait la réalisation de
tout ce qu'il avait prévu, et une raison de se préparer, sans perdre un instant, à soutenir une lutte
formidable. De nouvelles manifestations d'ailleurs,
conséquence de la déclaration du 13 mars, ne pu-
rent lui laisser aucun doute. À peine M. de Cau-   Les légations
laincourt avait-il mis le pied dans l'hôtel de son   étrangères
                                                    descendent
18.

Mars 1815.

toutes leurs passe-ports.

On les leur accorde, en donnant aux secrétaires d'ambassade de Russie et d'Autriche des lettres pour Vienne.

ministère, que les légations étrangères vinrent lui demander leurs passe-ports. Pour les unes, telles que celles d'Angleterre et de Russie, dont les chefs étaient absents, les secrétaires avaient pris sur eux de faire cette demande; pour les autres, comme celles d'Autriche, de Prusse, de Suède, de Danemark, de Sardaigne, de Hollande, etc., les chefs de mission s'en étaient chargés eux-mêmes, et malgré les efforts de M. de Caulaincourt pour les retenir, ils avaient persisté dans la volonté de partir. M. de Caulaincourt eut à ce sujet un long entretien avec M. de Vincent, ambassadeur d'Autriche, chercha de toutes les manières à lui persuader que la France voulait la paix, qu'elle entendait même rester fidèle au traité de Paris; mais il parvint difficilement à s'en faire écouter, et n'obtint seulement pas qu'il se chargeât de lettres de Napoléon pour sa femme et pour son beau-père. Toutefois désirant quitter Paris immédiatement, M. de Vincent consentit à ce que l'un des secrétaires de la légation autrichienne qui partait un jour plus tard, emportât les deux lettres. L'humilité était en ce moment l'un des calculs de Napoléon : M. de Caulaincourt ne voulant cependant pas pousser ce calcul trop loin, se contenta de bien constater les dispositions pacifiques de son maître, mais ne mit aucun obstacle au départ des représentants des diverses cours, et leur envoya leurs passe-ports le jour même où ils les avaient réclamés.

Tout en les laissant partir on profita de l'autorisation donnée par M. de Vincent pour confier au secrétaire de la légation autrichienne une lettre destinée à Marie-Louise, et une autre destinée à

L'ACTE ADDITIONNEL   277

l'empereur François. La reine Hortense, fort liée
avec la légation russe depuis qu'Alexandre s'était
constitué publiquement son protecteur, écrivit longuement à ce monarque pour lui exposer de son
mieux les nouvelles dispositions de Napoléon, sous
le double rapport de la politique intérieure et extérieure. Elle remit cette lettre à M. de Boutiakin,
secrétaire de la légation russe, et l'un des étrangers que sa bonne grâce avait rendus tout à fait
bienveillants pour sa personne, sinon pour sa cause.
On se servit de la même voie pour révéler à l'empereur Alexandre le traité secret d'alliance conclu le
3 janvier entre Louis XVIII, l'Angleterre et l'Autriche contre la Prusse et la Russie. On y ajouta quelques papiers laissés par M. de Blacas à Paris, et tous
propres à faire connaître à l'empereur Alexandre
les sentiments de ses alliés à son égard. La reine Hortense profita encore du départ d'un intendant de son
frère qui se rendait à Vienne, pour écrire à différentes personnes, notamment à Marie-Louise, et leur
retracer avec les plus vives couleurs le rétablissement
triomphal de Napoléon sur le trône impérial, l'élan
des populations vers lui, leur éloignement invincible pour les Bourbons, dès lors la nécessité pour
l'Europe, si elle ne voulait pas s'exposer à une
lutte sanglante, d'accepter un fait désormais accompli, et qui ne troublerait ni la paix, ni le partage
qu'on avait fait à Vienne de presque tous les États
de l'univers.

Le départ des légations, quoique fort menaçant,
s'expliquait cependant jusqu'à un certain point, car
accréditées auprès de Louis XVIII, elles étaient sans

Mars 1815.

En réponse
à la démarche
des légations,
on rappelle

Mars 1815.

Les agents français au dehors.

pouvoirs pour rester auprès de Napoléon. Rien à la vérité ne les eût empêchées d'attendre de nouveaux ordres, mais leur empressement à partir ne pouvait être assimilé à une déclaration de guerre, et il importait de ne point prévenir une telle déclaration, et de mettre ainsi tous les torts du côté du congrès de Vienne, qui n'était populaire ni en France ni en Europe. La seule manière digne et non irritante de répondre à la démarche des légations étrangères, c'était de rappeler les légations françaises, qu'il était impossible de maintenir décemment auprès de princes qui avaient rompu leurs relations avec nous, et qui se trouvaient composées pour la plupart d'anciens émigrés, ennemis implacables de l'Empire. M. de Caulaincourt adressa aux divers membres de ces légations une circulaire, pour déclarer qu'on leur retirait leurs pouvoirs, qu'ils étaient rappelés par conséquent sur le territoire national, et devaient y rentrer immédiatement. En attendant, il les autorisait à donner l'assurance que la France ne prendrait avec aucune puissance l'initiative des hostilités, et se renfermerait dans la stricte observation des traités existants.

Quelques différences de conduite à l'égard de certaines cours.

Il était impossible de dire ni de faire autre chose dans la situation présente. Il y avait toutefois quelques différences de conduite à observer à l'égard des diverses cours, et même quelques moyens indirects à employer envers certaines d'entre elles, qu'il ne fallait pas négliger quel qu'en pût être le résultat. La cour de Vienne, par exemple, outre qu'elle était actuellement le siége du congrès, avait pour Napoléon la qualité de cour parente, et il n'était peut-être pas impossible de s'y ouvrir un accès. On savait que l'Autriche était fort mécontente de la Russie et de la Prusse, qu'elle avait failli entrer en guerre avec l'une et l'autre, et que plus d'une fois elle avait regretté d'avoir autant grossi la puissance de la Russie. La perspective d'avoir à Paris un gendre corrigé par le malheur, contenu par de nouvelles institutions, de voir régner après lui le fils d'une archiduchesse élevé par elle dans un esprit assurément pacifique, cette perspective était de nature à provoquer de sages réflexions, et à ramener peu à peu l'Autriche à d'autres sentiments que ceux qui avaient dicté la déclaration du 13 mars. Un homme pouvait beaucoup sous ce rapport, et cet homme était M. de Talleyrand. Si on parvenait à le gagner, il devenait possible de gagner la cour de Vienne elle-même. Napoléon ne savait pas alors à quel point M. de Talleyrand s'était engagé dans la cause de la légitimité, et à quel point surtout il s'était aliéné la cour de Vienne en cédant à la jalousie que lui inspirait M. de Metternich. Néanmoins la conquête de M. de Talleyrand eût été d'un prix inestimable, et par ce motif on imagina de lui envoyer un personnage singulier, homme du monde fort connu dans les salons, fort inconnu dans la politique, souvent employé dans certaines négociations occultes, doué d'un esprit rare, d'une grande audace, présentant le contraste qui se rencontre quelquefois d'un bon sens supérieur avec une conduite désordonnée, et ayant sur M. de Talleyrand l'influence d'un familier initié à tous les secrets de sa vie ; ce personnage était M. de Montrond, et si quelqu'un pouvait pénétrer à Vienne, se faire écouter de M. de Talleyrand, enlever même Marie-Louise et son fils, c'était lui, par son savoir-faire, ses relations nombreuses et sa témérité sans pareille. Prisonnier de Napoléon qui l'avait fait enfermer à Ham pour ses propos satiriques, il avait eu l'art de s'évader, était rentré en France avec les Bourbons, et aujourd'hui par goût des aventures, était prêt à tout tenter même au profit de son ancien persécuteur. C'était le duc d'Otrante, passé maître en fait de moyens occultes, qui avait songé à employer M. de Montrond, et Napoléon réduit aux expédients y avait consenti. On chargea ce singulier envoyé de lettres de M. de Caulaincourt pour M. Meneval (resté, jusqu'alors, auprès de Marie-Louise) et pour divers personnages influents. On l'autorisa à traiter à toutes conditions avec ceux qui voudraient faire leur paix, MM. de Talleyrand, de Dalberg et autres; on l'autorisa s'il parvenait à s'introduire auprès de Marie-Louise, s'il la trouvait disposée à s'enfuir, à lui en fournir les moyens, et on lui ouvrit les crédits nécessaires pour que les ressources financières ne fissent pas défaut à l'inépuisable fertilité de son esprit. Voilà par quelles voies obscures Napoléon était réduit à passer, pour pénétrer auprès des cabinets qu'il avait si longtemps dominés et humiliés! M. de Montrond partit en même temps que les courriers d'ambassade qui portaient la circulaire de rappel à nos légations, mais prévoyant que toutes les frontières seraient fermées, il se fit donner le passe-port d'un abbé attaché à la diplomatie romaine, et parvint ainsi à tromper les polices européennes, et à gagner la

L'ACTE ADDITIONNEL.   281

route de Vienne que nos courriers ne pouvaient pas
s'ouvrir.

Indépendamment de cette mission secrète, on fit
en rappelant nos agents diplomatiques, quelques
exceptions autorisées par les convenances et commandées par la politique. M. Serurier, ministre
de France aux États-Unis, fut laissé à son poste,
d'abord pour l'Amérique qui s'était toujours montrée amie de l'Empire, et ensuite pour M. Serurier
lui-même qui s'y était conduit très-sagement. Les
secrétaires de légation qui se trouvaient en Suisse,
à Rome, à Constantinople, reçurent l'ordre d'y rester, et on leur donna même le titre de chargés d'affaires. La Suisse, maintenant qu'elle était constituée,
paraissait jalouse de conserver sa neutralité, et cette
neutralité couvrant une partie importante de notre
frontière, méritait qu'on fît des efforts pour ne pas
la compromettre. On savait la cour de Rome mécontente de l'obstination des Bourbons à révoquer
le concordat, et on lui fit offrir avec l'abandon de
toute idée de ce genre, la garantie de son ancien
territoire, les Légations comprises. Quant à la Porte,
M. de Rivière, nommé par Louis XVIII ambassadeur à Constantinople, fut retenu à Toulon, et
M. Ruffin, notre ancien chargé d'affaires, reçut
des instructions qui lui recommandaient de flatter
de toutes les manières le sultan Mahmoud. Le retour
miraculeux de Napoléon pouvait bien avoir frappé
l'imagination sensible et superstitieuse des Turcs,
et les avoir ramenés à la cause impériale. Enfin,
tout en rappelant de Madrid M. de Laval, comme
on connaissait les différends qui s'étaient élevés en-

Mars 1815.

On ne rappelle
point
les agents
français
auprès de
l'Amérique,
de la Suisse,
de la cour
de Rome et
de la Porte.

282 LIVRE LVIII.

Mars 1815.

tre les deux maisons de Bourbon à l'occasion de l'arrestation de Mina sur le territoire français, on dépêcha un officier pour traiter la question de l'échange des prisonniers qui n'avait pas été résolue jusqu'alors, et on autorisa même cet officier à ne pas se renfermer dans l'objet apparent de sa mission. La coalition fût-elle encore générale, c'était quelque chose que d'avoir pour amis ou pour neutres l'Amérique, la Suisse, le Saint-Siége, la Turquie et l'Espagne.

Napoléon ne garde ces ménagements que pour laisser aux puissances tout le tort de la guerre.

Ses plans pour l'armement de la France.

Napoléon se prêtait à ces expédients pour se dire à lui-même qu'il n'avait rien négligé, et pour prouver à la France qu'il avait sacrifié tout orgueil personnel au désir de maintenir la paix. Mais il ne comptait que sur son épée pour vaincre la mauvaise volonté des puissances. Aussi profita-t-il de la soumission des provinces du Nord et de l'Est pour arrêter sur-le-champ le plan de ses préparatifs militaires. Arrivé le 20 mars au soir, il avait le 21 au matin invité le maréchal Davout à se rendre à l'hôtel de son ministère, lui avait désigné les commis de la guerre le plus au fait de cette vaste administration, et les avait mandés eux-mêmes aux Tuileries afin de leur donner ses premiers ordres. Sachant par expérience que la formation des corps d'armée pressait plus encore que le recrutement des régiments, parce que les corps une fois formés tout y affluait bientôt, hommes et choses, il commença par prescrire cette formation, et par affecter à chacun d'eux un état-major complet.

Formation de six corps d'armée sur

Avec les troupes qui étaient cantonnées dans le département du Nord il composa le 1ᵉʳ corps, lui as-

L'ACTE ADDITIONNEL.   283

signa le comte Drouet-d'Erlon pour général en chef, et Lille pour emplacement. Les troupes parties de Paris sous le général Reille, durent constituer le 2ᵉ corps, et il leur assigna Valenciennes pour lieu de réunion. Ce corps devait être le plus considérable, parce qu'il était destiné à s'engager le premier à travers les masses ennemies. Quoiqu'il eût le projet d'opérer par Maubeuge, Napoléon plaça le 2ᵉ corps un peu à gauche, c'est-à-dire à Valenciennes, afin de mieux cacher ses desseins[1].

Mars 1815.

Enchevêtrées sous le titre des corps à désignation.

Emplacement de ces divers corps.

Le 3ᵉ, confié au général Vandamme, et cantonné autour de Mézières, comprit les troupes dispersées dans les Ardennes et la Champagne. Le 4ᵉ, sous le général Gérard, établi autour de Metz, fut composé des troupes de la Lorraine. Le 5ᵉ, destiné au général Rapp, avait Strasbourg pour centre de formation, et pour éléments les régiments de l'Alsace.

Ces corps avaient l'avantage de couvrir chacune de nos frontières, et de se prêter par leur situation à une concentration de forces que Napoléon songeait à rendre rapide, et tout à fait imprévue, au moyen de combinaisons profondes que nous ferons connaître en leur lieu. Maubeuge était le point de cette concentration arrêtée déjà dans son esprit, et il la voulait opérer non-seulement par le repliement des ailes sur le centre, mais par celui de la queue sur la tête. Il résolut par ce motif de former un 6ᵉ corps composé des troupes qu'il aurait nécessairement à Paris, et qui par Soissons, Laon, la Fère, seraient

---

[1] Les lettres de Napoléon, des 25, 26, 27 et 28 mars, prouvent que le plan qu'il adopta pour cette campagne était dès cette époque arrêté dans sa pensée.

promptement rendues à Maubeuge. Il confia ce 6ᵉ corps au général comte de Lobau, qui commandait la première division militaire. Nous avons déjà dit qu'en vue de rétablir la discipline dans les régiments, il avait pris le parti de les faire passer presque tous à Paris sous la main du comte de Lobau. Par cette raison, il devait y avoir beaucoup de troupes dans la capitale, et il était facile d'y composer un corps nombreux, vigoureusement constitué, lequel partant de Paris en même temps que le 1ᵉʳ corps partirait de Lille, le 4ᵉ de Metz, viendrait former avec le 2ᵉ et le 3ᵉ une masse compacte à Maubeuge. C'est ainsi que Napoléon, avec un art supérieur, faisait concourir à un même but les diverses combinaisons commandées par les circonstances.

A ce 6ᵉ corps Napoléon ajouta la garde impériale, qu'il se proposait de réorganiser sur une très-grande échelle. Il rétablit la vieille garde sur le pied de quatre régiments de quatre bataillons (grenadiers et chasseurs compris), et la jeune sur le pied de douze régiments de deux bataillons, en y adjoignant une forte cavalerie et l'ancienne réserve d'artillerie qui s'était signalée dans toutes les batailles du siècle. Napoléon estimait qu'avec le 6ᵉ corps et la garde, il aurait une réserve de 50 mille hommes, laquelle, jointe aux quatre corps cantonnés de Lille à Metz, lui permettrait de prendre l'offensive à la tête de 150 mille combattants (plus ou moins, selon le temps qui lui serait laissé pour se préparer), et comme il n'indiquait d'aucune manière le projet de prendre l'offensive, encore moins de la prendre par Maubeuge, son plan pouvait être suffi-

L'ACTE ADDITIONNEL.   285

samment préparé en restant suffisamment secret.

Le 5ᵉ corps établi en Alsace, c'est-à-dire en dehors de ces combinaisons, devait couvrir le haut Rhin, et devenir un second point de concentration, si le fort de la guerre se portait de ce côté. Il devait se lier avec les troupes que Napoléon destinait à garder les Alpes, agir contre la Suisse si elle ne faisait pas respecter sa neutralité, ou contre l'Italie si Murat, comme on avait raison de le craindre, était trop faible pour occuper à lui seul les Autrichiens. Ce corps étant placé en dehors des opérations du Nord, il lui fallait pour chef un de ces hommes qui savent se conduire par eux-mêmes, et n'ont pas besoin d'être menés par la main. Napoléon choisit le maréchal Suchet. Il se proposa de former plus tard un 7ᵉ corps qui surveillerait les Alpes-Maritimes, et enfin un 8ᵉ qui, s'il ne servait à contenir les Espagnols peu dangereux dans le moment, servirait à contenir le midi de la France dont les dispositions restaient fort suspectes. Il destinait ce 8ᵉ corps au général Clausel, actuellement chargé de réduire Bordeaux.

En prescrivant sur-le-champ la composition de ces corps, auxquels il donna le titre de *corps d'observation* pour ôter à ce qu'il faisait tout caractère de provocation, Napoléon avait encore trois mois pour les organiser. Les généraux mis à leur tête, d'Erlon, Reille, Vandamme, Gérard, Rapp, Suchet, parfaitement choisis sous tous les rapports politiques et militaires, reçurent ordre de se transporter sans perte de temps sur les lieux, et de réunir leurs troupes hors des places. Pour cela, chaque régiment en se rendant à son corps dut verser tous ses hommes

Mars 1815.

Projet de former ultérieurement un 7ᵉ et un 8ᵉ corps.

Réunion immédiate des régiments et des états-majors au lieu de formation de chaque corps.

Mars 1815.

disponibles dans ses deux premiers bataillons, et laisser le cadre du troisième dans les places pour y faire fonction de dépôt. Ayant un très-grand nombre d'officiers à la demi-solde, Napoléon décréta la formation immédiate dans chaque régiment du quatrième, du cinquième et du sixième bataillon.

Formation des quatrième et cinquième bataillons.

Lorsque les hommes, appelés par les moyens que nous allons exposer, seraient rendus au dépôt, on devait remplir d'abord le troisième bataillon qui, devenu bataillon de guerre à son tour, irait rejoindre son régiment au corps d'armée. Le quatrième, le cinquième feraient de même, au fur et à mesure de l'arrivée des hommes au dépôt.

Manière de se procurer le personnel nécessaire à ces diverses créations.

Cette organisation si simple étant arrêtée, restait à se procurer les moyens de recrutement. Voici comment s'y prit Napoléon pour les trouver.

Il y avait sous les drapeaux au 20 mars 1815 180 mille hommes, et 50 mille en congé de semestre, qui devaient au premier appel porter l'effectif total à 230 mille hommes. C'était bien peu, et pourtant on n'était parvenu à ce chiffre que par suite de l'armement demandé par M. de Talleyrand à Louis XVIII. La France heureusement possédait en soldats rentrés et laissés dans leurs foyers une masse d'hommes bien plus considérable. Si on se reporte à ce que nous avons déjà dit (tome XVIII) de l'organisation de l'armée sous les Bourbons, on comprendra parfaitement ce que nous allons exposer.

Quelles étaient en 1814 les forces

Au moment de l'abdication de Napoléon, il y avait en France et en Europe le nombre suivant de soldats français de toutes armes, les uns réunis en

L'ACTE ADDITIONNEL. 287

corps d'armée, les autres tenant garnison dans les places lointaines, ou restés comme prisonniers dans les mains de l'ennemi. Pendant la campagne de 1814 Napoléon avait 65 mille hommes sous son commandement direct, le général Maison 15 mille, le maréchal Soult 36 mille, le général Decaen 4 mille, le maréchal Suchet 12 mille, le maréchal Augereau 28 mille, total 160 mille combattants composant l'armée active. Les places de l'intérieur en contenaient 95 mille, ce qui portait à 255 mille à peu près l'effectif réel sur le territoire français. Il était resté 24 mille hommes dans les garnisons de la Catalogne, 30 mille dans celles du Piémont et de l'Italie, plus 32 mille défendant l'Adige sous le prince Eugène, et ramenés en France par le général Grenier. À Magdebourg, à Hambourg, et dans les diverses places d'Allemagne, il y avait 60 mille hommes, et 40 mille dans les places cédées par la convention du 23 avril, telles qu'Anvers, Wesel, Mayence, etc., ce qui faisait un total de 186 mille hommes pour les garnisons de l'Espagne, de l'Italie, de l'Allemagne, de la Belgique. On devait recouvrer 130 mille prisonniers de Russie, d'Allemagne, d'Angleterre, bien que le nombre en fût plus considérable en réalité. Si tous ces soldats s'étaient trouvés dans l'intérieur, la France aurait possédé un armement formidable, car indépendamment d'une quarantaine de mille hommes en gendarmes, vétérans, états-majors, qu'il faut toujours dans les comptes français ajouter au chiffre de l'effectif total, elle aurait eu de 600 à 610 mille soldats, la plupart aguerris, et une moitié au moins ayant fait toutes nos guerres. Si en 1815 Napoléon

Mars 1815.

de la France dans toute l'Europe.

288   LIVRE LVIII.

Mars 1815.

avait pu réunir ce personnel entier autour de lui, il eût été invincible et la France avec lui. Mais voici ce qu'étaient devenues ces masses d'hommes depuis la paix.

Ce qu'étaient devenues ces forces depuis leur rentrée en 1814.

Après l'abdication de Fontainebleau, la désertion, comme on l'a vu, s'était introduite parmi les soldats. Les uns par une sorte de dépit patriotique, les autres par aversion du service dont ils n'avaient connu que les horreurs, avaient quitté le drapeau, que l'autorité militaire ne mettait plus grand intérêt à défendre. On estime que 170 ou 180 mille hommes désertèrent à cette époque, soit parmi les troupes stationnées sur le territoire, soit parmi celles qui rentraient. Il en serait resté encore près de 420 mille dans les rangs, mais le budget de la Restauration, ainsi que nous l'avons dit, permettait à peine d'en payer le tiers. Il fallut donc se débarrasser du surplus par divers moyens. On renvoya chez eux 25 mille hommes, devenus étrangers par suite des cessions de territoire. On congédia par ordonnance ceux qui appartenaient à la conscription de 1815, ce qui en fit partir encore 46 mille ; enfin on délivra des congés définitifs à 115 mille sujets de tout âge, comme ayant suffisamment payé leur dette à la patrie, ou ayant acquis au service de l'État des infirmités plus ou moins graves. L'effectif se trouva ainsi réduit à 230 mille hommes, et comme tout faible qu'il était on ne pouvait le payer, le ministre de la guerre en laissa encore 50 mille en congé de semestre, ce qui réduisit à 180 mille le nombre de soldats réellement présents au drapeau.

La Restauration obligée de les congédier faute de pouvoir les payer.

Comment

Tel était l'état exact de nos forces au 20 mars

L'ACTE ADDITIONNEL. 289

1815 : 180 mille hommes sous les drapeaux, et 50 mille en congé, que sur un ordre des bureaux de la guerre on avait la faculté de réunir immédiatement. Par conséquent la première mesure à prendre était de rappeler ces 50 mille hommes; mais en les rappelant et en portant ainsi l'effectif à 230 mille, il était impossible par ce seul moyen de former les trois premiers bataillons de guerre à 500 hommes chacun, et encore moins de commencer la composition des quatrièmes et cinquièmes bataillons. Il fallait donc de toute nécessité d'autres appels. La conscription, rendue odieuse par Napoléon, et imprudemment abandonnée par les Bourbons, ne pouvait être de nouveau employée sans réveiller à l'instant les plus tristes souvenirs. Il restait la ressource de puiser dans l'immense personnel rentré en France, et dispersé sur toute l'étendue du territoire. La meilleure partie de ce personnel, par les sentiments et par l'expérience de la guerre, c'étaient les prisonniers revenus de l'étranger. Mais la plupart rentrés récemment, étaient aux drapeaux, car c'était pour leur faire place qu'on avait renvoyé les autres. On ne pouvait s'adresser aux 115 mille congédiés définitivement, puisqu'ils se trouvaient en possession de leur libération absolue, ni aux congédiés à titre d'étrangers, puisqu'ils avaient quitté le territoire. On était donc réduit à la masse de ceux qui avaient déserté, et enfin comme dernière ressource aux conscrits de 1815. On avait considéré ceux qui avaient déserté comme en congé sans solde, afin de n'avoir pas à sévir contre eux. On pouvait donc les rappeler, et sur 160 mille

Mars 1815.

S'y prend Napoléon pour rappeler en 1815 la partie recouvrable de cet immense personnel.

TOM. XIX. 19

environ restés sujets de la France, on espérait en reprendre la moitié, c'est-à-dire 80 mille, ce qui devait porter l'effectif de 230 à 310 mille hommes, ou 300 mille net. Mais ce nombre était encore fort insuffisant, et il fallait nécessairement recourir à la conscription de 1815. Cette conscription avait été levée par décret en 1814, décret qu'aucun acte n'avait aboli. On était donc autorisé à l'invoquer et à s'en servir, moyennant toutefois une décision du Conseil d'État, facile à obtenir. Alors sans décréter de nouvelle conscription on devait avoir encore une source de recrutement assez abondante. Cette classe n'était pas loin de 140 mille hommes, lesquels avaient été congédiés par ordonnance royale. En tenant compte du défaut de temps, et de la mauvaise volonté de certaines provinces, le total de la classe ne devait pas donner moins de cent mille hommes, ce qui aurait porté l'armée de ligne à 400 mille, le plus grand nombre ayant fait la guerre, ou ayant au moins figuré quelque temps sous les drapeaux, avantage considérable, et qui devait beaucoup ajouter à la force numérique de cet effectif.

Pour qu'une pareille armée fût suffisante, et pût résister à la coalition, il fallait qu'elle fût convertie tout entière en armée active, et qu'elle n'eût pas de places à garder. Il s'offrait un moyen que Napoléon entrevit sur-le-champ, c'était un appel aux gardes nationales, combiné de façon à ne prendre que la partie capable de servir, et à ne recourir à elle que dans les provinces animées d'un ardent patriotisme. Dès cette époque il existait dans nos lois une disposition qui permettait de faire un pareil choix.

L'ACTE ADDITIONNEL.   291

En formant à part les compagnies d'élite, sous le titre de grenadiers et de chasseurs (manière de procéder empruntée à nos régiments d'infanterie), les autorités locales, chargées du recensement, avaient le moyen de n'introduire dans ces compagnies que les hommes jeunes, valides, ayant les goûts militaires, quelquefois même ayant servi, n'étant de plus ni mariés, ni nécessaires à leurs familles. On l'avait déjà fait en 1814, et à Fère-Champenoise on avait eu un exemple de ce que pouvaient des gardes nationaux ainsi choisis. Il suffisait donc de développer l'institution des compagnies d'élite pour se procurer un précieux supplément à l'armée active, et cette opération devait être singulièrement facilitée par la présence dans les campagnes d'un grand nombre d'anciens soldats rentrés, et d'un nombre plus grand encore de petits acquéreurs de biens nationaux. Avec des comités de recrutement bien composés dans chaque arrondissement, il était facile, en prenant les anciens militaires et les citoyens qui se distinguaient par la vivacité de leurs sentiments, de former des bataillons de 5 à 600 hommes chacun, propres à un très-bon service. La quantité considérable des officiers à la demi-solde ajoutait à la facilité de lever ces bataillons celle de les enfermer dans de bons cadres. Napoléon avait calculé qu'en levant ainsi le trentième de la population, on réunirait près d'un million d'hommes, et en bornant cet appel aux provinces frontières, exaspérées par la dernière invasion, et voisines d'ailleurs des places fortes qu'il s'agissait de garder, on aurait aisément 400 bataillons, qui seulement à 500 hommes chacun, procureraient

Mars 1815.

À
quel nombre
pouvaient
s'élever
les gardes na-
tionales
mobilisables.

19.

200 mille soldats. Il ne serait pas difficile de persuader à des Lorrains de défendre Thionville, Nancy, Metz, à des Alsaciens de défendre Strasbourg, à des Francs-Comtois de défendre Besançon, à des Dauphinois de défendre Grenoble, Embrun, Briançon. En se réduisant pour le moment aux Ardennes, à la Champagne, à la Bourgogne, à la Lorraine, à l'Alsace, à la Franche-Comté, au Lyonnais, à l'Auvergne, au Dauphiné, la réunion de 200 mille hommes de compagnies d'élite était certaine, et alors l'armée de ligne devenait disponible dans sa totalité. Outre que les hommes jetés dans les places devaient y former d'excellentes garnisons, ils pouvaient, ceux du moins qui seraient les mieux organisés, composer des divisions de réserve, capables d'aider utilement l'armée active, et même de marcher dans ses rangs. L'armée serait ainsi dédommagée de ce qu'elle aurait laissé à ses dépôts, et retrouverait son effectif de 400 mille hommes, qui dans la main de Napoléon était suffisant pour écraser la coalition, si toutefois on avait le temps d'exécuter ces diverses créations. La France était donc en mesure d'opposer à l'Europe 600 mille combattants, dont 400 mille de troupes actives, et 200 mille de garnisons. C'était assez pour une campagne, quelque sanglante qu'elle fût, et si cette campagne tournait bien, il était probable que la coalition n'en ferait pas une seconde. Il devenait dès lors possible, en ne se montrant pas trop exigeant, d'aboutir à une paix modérée, infiniment plus avantageuse que celle de Paris.

Tels furent les principes sur lesquels Napoléon

L'ACTE ADDITIONNEL.   293

fonda son plan de résistance nationale à l'étranger. La présence d'une immense quantité d'anciens soldats rentrés, l'esprit des campagnes irritées contre la noblesse et le clergé, l'existence d'un grand nombre d'officiers à la demi-solde, rendaient ce plan beaucoup plus facile à réaliser qu'il ne l'eût été dans des circonstances ordinaires.

Mars 1815.

dans lequel Napoléon prescrit les mesures relatives à l'armement de la France.

Napoléon à qui son expérience administrative enseignait comment et à quel moment il fallait exécuter chaque chose, prescrivit ces diverses mesures dans l'ordre convenable. S'il eût essayé de les entreprendre toutes à la fois, bien qu'il eût de fortes raisons de se hâter, il en serait résulté, outre beaucoup de confusion, une émotion dans les esprits plus vive qu'il ne lui convenait encore de la produire. Il ne voulait rien cacher, mais il ne voulait pas que le lendemain même de son arrivée fût le signal d'une sorte de levée en masse, car on n'aurait pas manqué d'attribuer à ses goûts, au lieu de l'attribuer à la nécessité, cet appel désespéré au dévouement du pays.

Par ce motif il résolut de commencer ses opérations par l'ordre de rejoindre, expédié aux hommes en congé de semestre. Quelques jours après un décret devait rappeler sous les drapeaux les militaires qui les avaient quittés sans autorisation, et ensuite le Conseil d'État devait prononcer sur la question de savoir si le décret qui avait levé la conscription de 1815 était encore valable. Si on eût prétendu exécuter ces trois opérations à la fois, les autorités locales et la gendarmerie n'y auraient pas suffi, et quelques jours d'intervalle entre chacune d'elles n'étaient pas de trop. Du reste, les soldats en congé de semestre, les anciens militaires échappés au drapeau sans ordre, étaient déjà plus ou moins formés au métier des armes, et pourvu qu'ils fussent habillés et armés le jour de leur arrivée au corps, ils pouvaient figurer tout de suite dans les bataillons de guerre.

Napoléon se proposant de réorganiser la garde impériale en fit revenir les cadres à Paris, et afin de fournir aux anciens militaires un motif de plus de reprendre du service, il décida que tous les hommes valides qui avaient porté les armes, et qui demanderaient à entrer dans la garde, seraient admis dans les douze régiments de jeune garde qu'on allait créer. Il y avait là de quoi en attirer douze ou quinze mille.

Ne voulant pas sacrifier un seul corps de troupes à des emplois accessoires, Napoléon ordonna d'expédier pour la Corse les bâtiments disponibles à Toulon, afin de ramener trois régiments d'infanterie qui se trouvaient dans cette île. Il profita de ce que les Anglais continuaient de ménager le drapeau blanc, pour le laisser sur les bâtiments de la marine de l'État, en faisant prendre toutefois la cocarde tricolore aux équipages. Grâce à cette ruse, il pouvait recouvrer avec ces trois régiments les éléments d'une bonne division pour le 7ᵉ corps qui, faute de ressources, n'était encore qu'en projet.

Ces soins donnés à l'infanterie il s'occupa de la cavalerie qui ne pouvait manquer de redevenir superbe, à la seule condition d'avoir des chevaux. En effet, les principales ressources du recrutement consistant en hommes qui avaient déjà servi, il y avait possibilité de n'admettre dans la cavalerie que des sujets tout formés, ce qui était bien plus important pour cette arme que pour celle de l'infanterie. Les 180 mille hommes composant l'effectif au 1ᵉʳ mars comprenaient à peu près 20 mille cavaliers. Napoléon résolut de porter tout de suite cette cavalerie à 40 mille hommes, et dès qu'il le pourrait à 50 mille. L'administration royale avait passé des marchés pour 4 mille chevaux. Il ordonna l'exécution immédiate de ces marchés, et ensuite il rétablit le grand dépôt de Versailles qui, sous la direction du général Bourcier, lui avait été si utile en 1814. Il prescrivit à ce général de se rendre sur-le-champ à Versailles, de s'emparer de tous les locaux qu'il avait occupés un an auparavant, et d'y réunir en masse des équipements et des chevaux. Il lui ouvrit un crédit de plusieurs millions pour payer comptant les chevaux que les paysans amèneraient.

Mars 1815.

Rétablissement du dépôt de Versailles.

Moyennant qu'ils envoyassent à Versailles leurs hommes à pied les régiments de cavalerie étaient donc assurés d'y trouver de quoi suppléer à tout ce qui leur manquait, et comme l'armée active allait s'organiser entre Lille et Paris, ils n'avaient pas beaucoup de chemin à faire pour se monter et s'équiper. Napoléon espérait tirer de la maison du Roi licenciée deux à trois mille chevaux tout formés; il se proposait en outre d'en prendre quelques mille à la gendarmerie, en remboursant immédiatement aux gendarmes la valeur de leur monture. Enfin il fit partir de Paris des officiers de cavalerie, qui, en courant les campagnes avec de l'argent, devaient, selon lui, ramener dix ou quinze mille chevaux.

Divers modes employés pour se procurer des chevaux.

L'expérience qu'il venait de faire dans sa marche du golfe Juan à Grenoble lui persuadait qu'on les trouverait, moyennant qu'on se présentât partout l'argent à la main. Il avait pour maxime que, dans les moments d'urgence, c'est par la variété des moyens qu'on réussit, parce que si ce n'est l'un, c'est l'autre qui procure les objets qu'on est pressé d'obtenir.

L'artillerie étant l'arme qui exige le plus de temps pour être mise en campagne, même quand le matériel existe, il prescrivit de la faire sortir des arsenaux, et de la diriger vers chaque corps d'armée. Il restait un assez grand nombre de chevaux d'artillerie, débris de notre ancien état militaire, placés en dépôt chez les paysans. Napoléon ordonna de les reprendre, et d'en acheter sur-le-champ la quantité nécessaire pour atteler une puissante artillerie, qui ne devait pas être de moins de trois pièces par mille hommes. Enfin il décréta la formation à Vincennes d'un parc de 150 bouches à feu pour reconstituer l'ancienne réserve de la garde.

Après s'être occupé de la composition de l'armée, Napoléon donna son attention aux ouvrages de fortification. Ayant apprécié par la fatale journée du 30 mars 1814 le rôle que la capitale était appelée à jouer dans la défense de l'Empire, il était résolu d'entourer Paris d'ouvrages aussi solides qu'on pourrait les construire en trois mois, et de couvrir ces ouvrages d'une artillerie formidable. L'expérience lui ayant également appris l'importance qu'il fallait attacher en cas d'invasion, aux places de La Fère, Soissons, Château-Thierry, Langres, Béfort, il projeta de les fortifier en proportion du temps dont il disposerait, et comme il y avait encore beaucoup d'autres points qui pouvaient devenir momentanément utiles, il forma une commission de généraux pour faire une rapide étude de toutes nos frontières, et désigner non-seulement les villes, mais les passages de montagnes et de forêts susceptibles de résistance. Quant aux grandes places, considérées depuis longtemps comme le boulevard du territoire, il ordonna de les réparer, de les armer, de les approvisionner, de les mettre, en un mot, en complet état de défense.

La marine, dans la situation actuelle, ne pouvait être d'aucune utilité, car une victoire navale, dût-on la remporter, n'aurait pas couvert Paris. Avec sa fertilité d'esprit accoutumée, Napoléon imagina de faire concourir la marine à la protection du territoire, ce qui devait avoir le double avantage de procurer du pain aux matelots privés d'emploi par la clôture des mers, et d'utiliser les bras robustes de soixante mille hommes aussi zélés que braves. Il décida qu'on les formerait en vingt régiments sous des officiers de mer, qu'on en laisserait une partie sur le littoral pour la garde de nos ports et de nos côtes, et qu'on en amènerait 30 mille aux environs de la capitale, pour contribuer à sa défense. Il avait en outre, le projet de distribuer quelques mille canonniers de marine sur les ouvrages de Paris, et de leur donner à servir deux ou trois cents bouches à feu de gros calibre, qui devaient être amenées de Brest, de Cherbourg, de Dunkerque, et de toutes les parties du littoral.

298   LIVRE LVIII.

Mars 1815.

Restait à pourvoir de vêtements et d'armes les nombreux soldats appelés sous les drapeaux. L'habillement présentait de grandes difficultés à cause du peu de temps qu'on avait. Avec de l'argent, il était possible de diminuer ces difficultés. Napoléon manda auprès de lui les fournisseurs ordinaires de l'État, et leur fit payer en valeurs réelles 16 millions qui leur étaient dus, et que la Restauration n'avait pas encore acquittés. A ce prix, Paris et les principales villes allaient se couvrir d'ateliers extraordinaires, et au moyen d'une surveillance incessante, on avait l'espérance de satisfaire aux plus urgents besoins. Napoléon ne demandait pour chaque soldat de ligne qu'une capote, une veste, un pantalon, et quant à la garde nationale, il avait adopté une blouse d'uniforme qui devait suffire au service dans les places.

Création d'ateliers d'habillement.

Réparation et fabrication des armes à feu.

L'armement était plus difficile encore. Napoléon se rappelait que les fusils avaient manqué dans la dernière campagne, et que par ce motif vingt mille hommes des faubourgs n'avaient pu concourir à défendre la capitale. Il espérait, comme on vient de le voir, porter l'armée de ligne à 310 mille hommes par l'appel des semestriers et des déserteurs de 1814, et à 400 mille par l'appel de la conscription de 1815. Enfin, il comptait sur un complément de 200 mille gardes nationaux qui élèveraient le total des défenseurs du pays à 600 mille, et à 660 mille avec les marins.

Il lui fallait donc au moins 600 mille fusils pour les premiers jours de juin, époque où il supposait que les hostilités commenceraient. Il y en avait à peu près 200 mille, soit dans les mains des soldats, soit dans les divers dépôts. Il en existait 150 mille neufs dans les magasins, ce qu'on devait au duc de Berry qui n'avait cessé de réclamer et de presser la fabrication des armes à feu. Restait par conséquent à s'en procurer 250 mille. Les soldats revenus de l'étranger avaient rapporté un grand nombre de fusils qui pouvaient servir moyennant quelques réparations; mais ces fusils étaient dispersés sur toutes les frontières, et le plus souvent dans des lieux où il était impossible d'organiser des ateliers. Napoléon résolut de les faire transporter à Paris, où il en avait déjà 40 mille à réparer, mais où les moyens de réparation et de fabrication allaient devenir considérables par la création de nouveaux ateliers. Il répartit les autres entre les places fortes, depuis Grenoble jusqu'à Strasbourg, depuis Strasbourg jusqu'à Lille. Il comptait en avoir réparé 200 mille, et fabriqué 50 mille en deux mois. Il se flattait d'atteindre ainsi le chiffre de 600 mille, répondant à celui des hommes appelés sous les drapeaux. Son projet était, dans les six derniers mois de 1815, de pousser la fabrication des fusils neufs à 300 mille au moins, afin de pourvoir aux consommations, et de se mettre en mesure d'armer de nouveaux bras. Mais pour cela il prescrivit la formation d'ateliers extraordinaires à Paris et aux environs, en y employant des ébénistes, des serruriers, des horlogers même, dirigés par des officiers d'artillerie. Il fit payer aux fabricants de l'État 1800 mille francs qui leur restaient dus, et mettre en outre à leur disposition tous les fonds dont ils auraient besoin.

Mars 1815.

Moyens financiers employés pour suffire aux dépenses de cet armement général.

C'était l'habile ministre des finances de la première restauration, M. Louis, qui, sans savoir pour qui il travaillait, avait préparé les moyens financiers dont Napoléon allait se servir pour assurer la défense du territoire. Grâce à la paix et au maintien courageux des contributions indirectes, M. Louis avait rétabli la perception des impôts ordinaires, et fait affluer leurs produits au Trésor. De plus, par son exactitude à reconnaître les dettes de l'État, et par l'heureuse combinaison des *reconnaissances de liquidation*, il s'était ménagé les précieuses facilités de la dette flottante, qui permettent d'anticiper sur les revenus de l'année, et procurent ainsi au trésor d'un grand État la disponibilité de toutes ses ressources. Cet habile ministre avait donc laissé en se retirant, outre la perception régulière et facile des impôts ordinaires, la possibilité d'en devancer le produit par une création de cinquante ou soixante millions de bons du Trésor. Cette ressource, avec celle des impôts courants, suffisait pour les premiers mois, les dépenses n'étant point à cette époque ce qu'elles sont devenues depuis. Dans trois mois on devait avoir la paix ou une bataille décisive, après laquelle, si on était vainqueur, on ne serait point embarrassé pour remplacer au budget la portion du revenu absorbée d'avance.

Ces moyens dus en grande partie au baron Louis.

Par cette prompte et heureuse création du crédit, due au baron Louis, MM. Mollien et de Gaëte avaient trouvé tous les services à jour, et des latitudes pour dépenser cinquante millions au delà des recettes courantes. C'était tout ce qu'il fallait dans les mains créatrices et économes de Napoléon, pour subve-

L'ACTE ADDITIONNEL. 301

nir aux premiers armements, sans recourir à des moyens extraordinaires et inquiétants[1].

Grâce à cet ensemble de moyens, Napoléon était à peu près certain d'avoir sous quelques mois 400 mille hommes de troupes actives, 200 mille de troupes de garnison, les unes et les autres pourvues du matériel nécessaire, et d'avoir approché d'autant plus de ces nombres, que la guerre serait plus différée. Dans les grandes opérations administratives, c'est la prévoyance sachant saisir l'ensemble aussi bien que les détails, n'oubliant rien, et n'ajournant rien parce qu'elle n'oublie rien, c'est la prévoyance, disons-nous, qui assure les résultats dans le temps quelquefois fort court qu'on peut leur consacrer. C'est lorsqu'on n'embrasse pas tout d'une seule vue, et que ne prévoyant pas tous les détails,

Mars 1815.

Grâce à cet ensemble de mesures, Napoléon se flatte d'avoir sous quelques mois 400 mille hommes d'armée active, et 200 mille de garnison dans les places.

---

[1] Ce qu'il y a de plus difficile dans les temps de révolution, c'est d'amener les gouvernements qui se succèdent à être justes les uns envers les autres, et cette difficulté, déjà si grande, s'accroît lorsqu'il s'agit de finances. La calomnie, souvent la plus noire, est la seule justice qu'on puisse attendre d'eux. J'en ai vu de mon temps des exemples bien étranges, mais aucun de plus extraordinaire par la promptitude des représailles, que celui que présentent les années 1814 et 1815. Lorsque le baron Louis succéda à MM. Mollien et de Gaete, il fit des finances impériales un tableau peu équitable, et il donna de l'état du Trésor un bilan des plus injustement chargés. On devait, onze mois après, lui rendre une justice de la même sorte. On ne vécut pendant les Cent Jours que des ressources qu'il avait créées, et on se garda bien de le reconnaître. Napoléon à Sainte-Hélène, où il a montré en général assez d'impartialité, et où il en aurait montré davantage encore si son grand esprit n'avait été dominé par les mauvaises habitudes du temps, Napoléon, parlant très-brièvement des finances des Cent Jours, dit en passant que M. le comte Mollien (auquel il adresse d'ailleurs des louanges fort méritées), se servant habilement d'une quarantaine de millions que le baron Louis employait à *agioter sur les reconnaissances de liquidation*, parvint à suffire à tous les besoins extraordinaires du moment. Telle est la manière

on laisse au temps le soin de vous les révéler successivement, c'est alors qu'on est exposé à être en retard, parce que les parties non prévues n'étant pas entreprises avec les autres, se trouvent ajournées dans l'exécution, et qu'on se voit souvent arrêté par l'omission en apparence la moins importante.

Pour quiconque a une idée de l'administration des États, il sera facile de reconnaître dans l'exposé que nous venons de faire des préparatifs de Napoléon, qu'il n'y manquait pas un seul des objets dont se compose un vaste armement, que tous étaient prévus, ordonnés sans tâtonnements, et avec une sûreté dans le choix des moyens qui ne pouvait appartenir qu'au plus grand génie mûri par la plus grande expérience. Il faut ajouter que dans l'exécution de ces mesures, il était soi-

Mars 1815.

Napoléon commence l'exécution des mesures projetées, par celles qui n'exigent aucune publicité.

cavalière et calomnieuse dont Napoléon parle de l'une des plus belles opérations financières du siècle. Ces quarante millions (Napoléon ne dit pas assez) étaient la ressource de la dette flottante, que le baron Louis avait procurée à l'État, et le prétendu *agiotage* sur les reconnaissances de liquidation n'était qu'un expédient temporaire, critiquable sans doute dans des temps réguliers, mais nécessaire aux débuts du crédit. Le baron Louis, en émettant sur la place les *reconnaissances de liquidation*, qui n'étaient autre chose que nos bons du Trésor, alors inconnus, crut devoir les soutenir, en les rachetant quand elles fléchissaient, et il réussit ainsi à leur donner crédit, et à les maintenir très-près du pair. Ce n'était pas plus de l'*agiotage* que les rachats des bons de la caisse d'amortissement, que Napoléon se permit plus d'une fois pour soutenir ces bons, lorsqu'il faisait vendre en grande quantité des biens nationaux et des biens des communes. Le baron Louis racheta très-peu des *reconnaissances de liquidation* quand elles eurent obtenu crédit, et ne fit à cet égard que l'indispensable. Aujourd'hui que les bons du Trésor, grâce à des finances régulières, sont toujours au pair, on est dispensé de recourir à ces moyens, et si des circonstances graves pouvaient mettre les bons du Trésor au-dessous du pair, on blâmerait le ministre qui, au lieu de les relever par l'acquittement exact des bons échus, voudrait les racheter gneusement tenu compte des considérations de la politique. Ainsi la formation immédiate des corps d'armée, si essentielle pour leur bonne organisation, et palliée autant que possible par la qualification de *corps d'observation*, l'appel des semestriers, la création instantanée des quatrièmes et cinquièmes bataillons, le rétablissement du dépôt de Versailles, le transport des armes dans les lieux de réparation, enfin la formation au ministère de l'intérieur de bureaux auxquels devait ressortir la garde nationale, étaient des mesures urgentes, et qu'à aucun prix il ne fallait différer. Mais elles avaient l'avantage de pouvoir dans les premiers moments s'exécuter par simple correspondance administrative. Dans dix ou quinze jours, lorsque la situation serait éclaircie, lorsqu'il n'y aurait plus à cacher l'hostilité

sur la place à des cours avilis. On le considérerait comme un commerçant rachetant son papier à perte, et spéculant sur sa propre déconsidération. Mais nous sommes au temps du crédit *établi*, et, à l'époque dont nous parlons, on en était aux difficultés du crédit *à établir*. Du reste, nous n'avons pas présenté ces réflexions pour soutenir des vérités qui ne font plus doute parmi les esprits éclairés en finances, mais pour montrer une fois de plus ce que c'est que la justice des hommes les uns envers les autres, et ce que doit être au contraire la justice de l'histoire. Les ressources créées par un ministre habile, et dont Napoléon vécut en 1815, étaient qualifiées par lui de *somme tenue en réserve pour l'agiotage*, et il rendait ainsi la calomnie à ceux qui, dix mois auparavant, faisaient de ses licences un si triste et si injuste tableau. Cependant un jour vient où chaque chose, chaque homme est remis à sa place, et trop heureuse l'histoire, lorsqu'au lieu d'avoir des renommées mensongères à détruire, ou des condamnations ajournées à prononcer, elle n'a qu'à relever des mérites réciproquement méconnus. Quant à moi, toujours soucieux d'être juste, je sens comme ces jurés qui se félicitent d'avoir un acquittement au lieu d'une condamnation à prononcer, et je crois être équitable envers les deux régimes en disant : Le comte Mollien créa le mécanisme du Trésor, et le baron Louis, le crédit.

déclarée de l'Europe, lorsqu'il faudrait avertir le pays, et, loin de craindre de le troubler, l'émouvoir au contraire sur ses dangers, les autres mesures qu'il était impossible d'entreprendre en secret, telles que l'appel et le triage des anciens militaires déserteurs de leurs corps, la mobilisation des gardes nationales, la décision du Conseil d'État sur la conscription de 1815, les levées de chevaux, la création d'ateliers extraordinaires, les mouvements de terre autour de Paris, auraient leur tour, sans qu'il y eût un jour perdu, puisque ces mesures ne pouvaient administrativement venir qu'après les autres, et l'éclat qu'elles feraient serait dès lors sans inconvénient, puisque la politique, au lieu de se taire, commanderait de parler très-haut.

C'est le 24 mars, quatre jours après son entrée dans Paris, que Napoléon avait été rassuré sur l'évacuation du territoire par les Bourbons. C'est le 25, le 26, le 27 mars, que les résolutions dont on vient de lire l'exposé furent conçues, directement transmises aux principaux chefs des bureaux de la guerre, même avant que le maréchal Davout eût pu se familiariser avec les hommes et les choses dont se composait son ministère. En attendant que le ministre fût au courant, les mesures pour l'armement de la France étaient décidées et ordonnées, de manière qu'il n'avait plus qu'à en suivre l'exécution sous la direction et la surveillance de son infatigable maître. Appliquant la même vigueur d'impulsion au ministère de l'intérieur, Napoléon indiqua au ministre Carnot un choix excellent pour diriger les bureaux de la garde nationale, celui du général Ma-

L'ACTE ADDITIONNEL.

thieu Dumas, qui présentait une réunion de qualités militaires et civiles parfaitement adaptées à la double nature de la milice qu'il était chargé d'organiser. Il prescrivit au général Mathieu Dumas de préparer sans bruit mais sur-le-champ le travail relatif à la mobilisation des gardes nationales. Napoléon s'occupa aussi de la révision des grades militaires accordés par les Bourbons, et qui avaient été trop prodigués pour qu'il fût possible de les maintenir tous. Il posa sur cette matière quelques principes sûrs et équitables, et remit à une commission de généraux, jouissant de la confiance publique, le soin de les appliquer. Il décida lui-même la question pour les maréchaux. Dans son décret de Lyon, qui exceptait treize personnes de l'oubli promis à toutes, il avait compris les maréchaux Marmont et Augereau. Il n'eut pas le courage de persévérer à l'égard d'Augereau, qui, étant gouverneur à Caen, venait d'expier sa proclamation de Lyon par une proclamation des plus violentes contre les Bourbons. Il persista quant au maréchal Marmont, et laissa son nom sur le décret, dont l'exécution était du reste ajournée. Napoléon résolut de retrancher de la liste des maréchaux, en leur réservant des pensions proportionnées à leurs anciens services, les maréchaux Oudinot, Victor, Saint-Cyr, qui avaient chaudement épousé la cause des Bourbons. Il songeait, en agissant ainsi, bien moins à punir qu'à créer des vacances pour ceux qui se dévoueraient encore à la défense de la France. Trois autres maréchaux, Berthier, Soult, Macdonald, se trouvaient dans une position à peu près semblable. Napoléon différa sa

Mars 1815.

Révision des grades militaires conférés par les Bourbons.

Traitements employés à l'égard des maréchaux Marmont, Augereau, Berthier, Soult, Macdonald, etc.

résolution relativement à eux. Il était si attaché à Berthier, qu'il lui en coûtait beaucoup de se montrer sévère envers cet ancien serviteur, et il lui fit dire qu'il oublierait bien volontiers ses faiblesses de père de famille, à condition d'un prompt retour à Paris. Quant au maréchal Soult, il ne le croyait point inflexible, et le supposait très-irrité contre les Bourbons, qui, après l'avoir exposé à de si étranges contradictions, l'en avaient si mal récompensé. Il ne prit aucune mesure à son égard, pas plus qu'à l'égard du maréchal Macdonald, dont il avait pu apprécier le noble caractère. Son projet était de les attirer l'un et l'autre à Paris pour leur offrir de l'emploi, avec la conservation de toutes leurs dignités. Quant aux maréchaux Lefebvre, Suchet, Davout, Ney, Mortier qui s'étaient prononcés pour l'Empire, quant à Masséna dont il ne doutait point, il avait déjà employé les uns, et voulait employer les autres d'une manière conforme à leurs mérites. Il prit à l'égard du maréchal Ney une mesure dictée à la fois par l'intérêt du maréchal et par celui du service public. Ney éprouvait un véritable malaise de la conduite si contradictoire qu'il avait tenue à Fontainebleau et à Lons-le-Saulnier, et les reproches qu'il avait mérités, croyait les apercevoir sur le visage de tous ceux qu'il rencontrait, lors même qu'il ne les trouvait pas dans leur bouche. Cette fausse position agitait son esprit et égarait sa langue. Cherchant dans les torts d'autrui la justification des siens, il laissait échapper tantôt sur les Bourbons, tantôt sur Napoléon, des propos fâcheux, nuisibles à sa propre dignité, et qui pouvaient rendre diffi-

Mars 1815.

Ney envoyé en inspection sur la frontière du Nord et de l'Est.

cidé de l'employer. Or comme Napoléon ne voulait à aucun prix se priver des services du maréchal, il imagina de l'éloigner de Paris, et lui donna l'ordre d'aller inspecter la frontière depuis Dunkerque jusqu'à Bâle, avec des pouvoirs étendus sur les autorités civiles et militaires, et la recommandation expresse de faire connaître tout ce qui intéresserait la défense du territoire et la composition de l'armée. Ney, malgré les travers de son caractère, avait une grande sagacité dans les affaires de son métier, et il ne pouvait qu'être fort utile sur la frontière, tandis qu'à Paris il aurait été aussi nuisible à la chose publique qu'à lui-même.

Ces diverses dispositions relatives à l'armement général de la France avaient été, comme nous l'avons dit, conçues et ordonnées du 25 au 27 mars. Pendant ce temps on avait reçu de fréquentes nouvelles du midi de l'Empire. Napoléon avait appris que dans l'Ouest tout tendait à la soumission, du moins pour le moment, mais que dans le Midi, surtout entre Marseille et Lyon, les royalistes faisaient quelques progrès. Quoiqu'il n'en eût aucun souci, il voulait mettre fin à des démonstrations qui auraient pu contrarier ses préparatifs de guerre. Il ordonna au général Morand de faire descendre deux colonnes mobiles le long de la Loire, l'une sur la rive gauche, l'autre sur la rive droite, de composer chacune d'elles d'un régiment d'infanterie et de deux régiments de cavalerie, et de réprimer impitoyablement tout mouvement insurrectionnel. Il lui prescrivit également de prendre sur le littoral trois régiments d'infanterie, et de les envoyer au général

Clausel, pour aider celui-ci à soumettre Bordeaux. Il manda près de lui le général Grouchy, qui s'était publiquement brouillé avec les Bourbons à l'occasion de la dignité des colonels généraux, transférée aux princes du sang, et le chargea de se rendre à Lyon pour arrêter les entreprises du duc d'Angoulême. Il lui recommanda d'agir avec vigueur et promptitude, en employant toutefois envers le prince d'autres traitements que ceux qu'on lui avait destinés à lui-même. — Mais, lui demanda le général, si le prince tombe dans mes mains, que dois-je faire? — Le prendre et respecter sa personne, dit Napoléon, car je veux que l'Europe juge de la différence entre moi et les *brigands couronnés qui mettent ma tête à prix*. — Ces paroles avaient trait à la déclaration du 13 mars, faite au nom des souverains réunis à Vienne, et se ressentaient de l'irritation qu'il en avait éprouvée. Napoléon se tut un instant, puis paraissant réfléchir de nouveau à ses résolutions, il ajouta : On pourrait peut-être faire de ce prince un moyen d'échange avec les cours étrangères, et le donner pour qu'on me rendît mon fils et ma femme... — Bientôt renonçant à cette idée, par la raison qu'on ne tiendrait pas assez au duc d'Angoulême pour consentir à un pareil échange, Napoléon revint à ses premières instructions. — Poussez, dit-il, le prince hors du territoire; ayez les plus grands égards pour lui si vous le prenez; écrivez-moi immédiatement, et nous le renverrons sain et sauf, en exigeant cependant qu'on nous restitue les diamants de la couronne, que j'avais en ma possession l'année dernière, que je me suis hâté de

L'ACTE ADDITIONNEL.   309

rendre, et qui n'appartiennent ni à Louis XVIII, ni   Mars 1815.
à moi, mais à la France. —

Ces paroles prononcées, Napoléon expédia sur-
le-champ le général Grouchy, et, bien qu'il fût loin
de s'en défier, il le fit accompagner par l'un de ses
aides de camp dans la vigueur, l'honnêteté et l'intelligence duquel il avait la plus entière confiance,
le général Corbineau. Il prescrivit à celui-ci de ne
pas quitter le général Grouchy, afin de le pousser
ou de le contenir suivant le besoin. Il fit en même
temps partir en poste l'une des divisions du 6ᵉ corps
déjà organisée par le comte de Lobau, et bonne
surtout à employer dans le Midi, car elle était composée des régiments qui s'étaient prononcés pour
l'Empire avec le plus d'élan, c'est-à-dire du 7ᵉ de
ligne (régiment de La Bédoyère), des 20ᵉ et 24ᵉ (régiments de la garnison de Lyon), enfin du 14ᵉ,
venu au-devant de Napoléon entre Fontainebleau
et Auxerre. Ces quatre régiments suffisaient pour
disperser les insurgés du Midi, et, cette facile tâche
accomplie, ils devaient fournir le fond du 7ᵉ corps
destiné à garder les Alpes.

Les mesures militaires étaient loin d'occuper ex-   Après
clusivement l'attention de Napoléon. Il fallait qu'il s'être occupé
s'occupât aussi de la politique intérieure, et qu'il   des provinces
                                                       méconnues,
s'expliquât à l'égard du gouvernement réservé à la   Napoléon
France. Déjà dans la revue du 21, et dans une ou   donne
deux autres qui avaient suivi, il avait fait entendre son attention
                                                       à la politique
aux troupes un langage conforme à celui qu'il avait   intérieure.
tenu à Grenoble, à Lyon, à Auxerre. Il était venu,
avait-il dit, pour relever la gloire nationale, pour   Langage
remettre en vigueur les principes de 1789, et don-   conforme
                                                       à celui
                                                       qu'il a tenu

ner à la France toute la liberté dont elle était capable. Ces professions de foi adressées à quelques municipalités de province, à quelques régiments, devaient être répétées à des autorités plus élevées, c'est-à-dire aux grands corps de l'État, avec la solennité convenable, et de manière à bien préciser les engagements pris envers la France.

Napoléon avait fixé au dimanche 26 mars la réception des grands corps de l'État, pour entendre de leur part et pour leur adresser en réponse un langage convenu avec eux. Mais la veille même de ce jour il voulut parler aux esprits par un acte patent, qui révélerait clairement ses dispositions actuelles.

Jamais gouvernement n'avait comprimé plus que le sien la manifestation de l'opinion publique. Il l'avait comprimée dans les premiers temps de son règne par une admiration qui ne laissait à personne la liberté de son jugement, et dans les derniers temps par une police inexorable qui ne permettait, ni dans les journaux, ni dans les livres, l'expression d'aucune autre pensée que celle du pouvoir lui-même. Mais vers la fin de son règne, Napoléon avait senti les inconvénients de ce régime oppressif, et les avait signalés plus d'une fois au duc de Rovigo, ministre de la police, qui de son côté les avait reconnus et avoués. Le principal, mais non le seul de ces inconvénients, consistait dans une défiance telle qu'on n'ajoutait plus aucune foi aux paroles du gouvernement, même quand il disait vrai. En fait d'événements de guerre, par exemple, l'incrédulité à l'égard de l'autorité française s'était changée en véritable crédulité pour l'étranger, et en refusant absolument de croire à nos bulletins, on croyait aveuglément à ceux de l'ennemi, cent fois plus menteurs que les nôtres. Profondément affecté de cette disposition du public, Napoléon écrivait au duc de Rovigo en 1813 : On ne nous croit plus, il ne faut donc plus parler en notre nom, et en faisant parler d'autres pour nous il faut dire toute la vérité, car il n'y a plus qu'elle qui puisse nous sauver. — Napoléon avait en effet renoncé à rédiger des bulletins en 1813 et en 1814, et s'était borné à insérer dans le *Moniteur* des articles sous la forme qui suit : *On nous écrit de l'armée...*

Cette cruelle expérience avait fort dessillé les yeux de Napoléon au sujet de la liberté de la presse. Pourtant si en 1813 et en 1814 on lui avait soudainement proposé de s'exposer de gaieté de cœur à toute la violence de la presse, violence redoutable quand elle passe brusquement de la compression à la liberté sans limites, il aurait certainement refusé, comme on se refuse à une vive souffrance dont la nécessité immédiate n'est pas démontrée. Mais il revenait de l'île d'Elbe, où il avait pendant une année essuyé un affreux débordement des journaux de toute l'Europe. Après une telle épreuve il n'avait plus rien à craindre, et comme il le remarquait si spirituellement, *on n'avait plus rien à dire sur lui, tandis qu'il restait beaucoup à dire encore sur ses adversaires.*

Sans méconnaître les inconvénients de la liberté de la presse, il était donc converti à son sujet par la double expérience qu'il avait faite comme souverain et comme proscrit. Mais il était dirigé par un motif plus puissant encore, motif qui par rapport à la politique intérieure allait dicter toute sa conduite, c'était la nécessité de faire en chaque chose l'opposé de ce qu'avaient fait les Bourbons. Il n'avait effectivement d'autre excuse d'être venu prendre leur place, au risque d'une guerre affreuse, que de se montrer en tout leur contraire et leur correctif. Ainsi ils n'avaient pas assez épousé la gloire de la France, et dès lors il la fallait exalter plus que jamais. Ils avaient alarmé les intérêts nés de la Révolution, et sur-le-champ il fallait déclarer ces intérêts sacrés. Ils avaient donné la liberté en hésitant, en tâtonnant, en y apportant une quantité de restrictions : il fallait la donner franche, entière, sans réserve, avec un air tranquille et assuré, quoi qu'il en pût résulter, parce que le pire eût été de fournir l'occasion de dire qu'on agissait comme les Bourbons, et que dès lors il ne valait pas la peine pour se débarrasser d'eux d'exposer la France à une révolution, et ce qui était plus grave, à une guerre générale. La censure notamment avait paru un manque de foi à la Charte, et un contre-sens complet avec le système de gouvernement qu'elle était destinée à inaugurer : Napoléon résolut donc de l'abolir par un simple décret inséré au *Moniteur*.

Seulement il prit dans le détail certaines précautions de police, que les lois plus tard ont consacrées comme sages et nécessaires. Il exigea de chaque feuille publique la désignation d'un personnage principal, qui répondrait des actes de cette feuille, et qu'on a nommé depuis *éditeur responsable*. C'était

L'ACTE ADDITIONNEL.   313

M. Fouché qui avait imaginé cette précaution, parce qu'il dans sa persuasion vaniteuse de faire des hommes ce qu'il voulait, il s'était flatté en personnifiant les journaux de les avoir tous à sa disposition. Napoléon ne le croyait guère, mais il était décidé à en courir la chance, et le 25 mars le *Moniteur* annonça l'abolition de la censure.

En voulant recevoir les grands corps de l'État Napoléon ne pouvait y comprendre les deux Chambres qui avaient été dissoutes par les décrets de Lyon. Il y suppléa par les ministres reçus en corps (ce qui leur attribuait une importance qu'ils n'avaient jamais eue), par le Conseil d'État, la Cour de cassation, la Cour des comptes, la Cour d'appel, etc. Le prince Cambacérès portant la parole pour les ministres, prit en leur nom tous les engagements qui étaient désirables de la part des dépositaires du pouvoir exécutif. Après avoir adressé des félicitations au monarque que la Providence avait suscité deux fois, disait-il, la première pour sauver la France de l'anarchie, la seconde pour la sauver de la contre-révolution, le prince Cambacérès résumait comme il suit les principes du pouvoir exécutif. — *Déjà, Votre Majesté a tracé à ses ministres la route qu'ils doivent tenir; déjà elle a fait connaître à tous les peuples par ses proclamations les maximes d'après lesquelles elle veut que son Empire soit désormais gouverné.* Les Bourbons avaient promis de tout oublier, et n'ont point tenu leur parole. Votre Majesté tiendra la sienne, oubliera les violences des partis, et *ne se souviendra que des services rendus à la patrie. Elle oubliera* aussi *que nous avons été les maîtres du monde*, et ne fera de guerre que pour repousser une agression injuste. Elle ne veut plus aucun arbitraire, elle veut le respect des personnes, le respect des propriétés, la libre circulation de la pensée, et nous serons heureux de la seconder dans l'accomplissement de cette tâche, qui lui vaudra la plus douce et la meilleure de toutes les gloires. —

En attendant la garantie des institutions, toujours la plus sûre, on ne pouvait demander au gouvernement un meilleur langage. — *Les sentiments que vous exprimez sont les miens*, répondit Napoléon, puis il donna audience au Conseil d'État.

Ce corps s'était proposé d'établir les principes en vertu desquels Napoléon recommençait à régner, et en vertu desquels aussi le Conseil d'État n'hésitait pas à reprendre ses fonctions, comme si rien ne se fût passé entre avril 1814 et mars 1815.

Voici quelle était son argumentation.

La France, en 1789, avait aboli la monarchie féodale, et lui avait substitué la monarchie représentative, fondée sur l'égalité des droits et la juste intervention des citoyens dans le gouvernement de l'État.

Les Bourbons en 1790 avaient feint de se soumettre aux nouveaux principes proclamés par la nation, et bientôt par leur sourde résistance ils avaient provoqué et mérité leur chute, confirmée par une suite de décisions nationales.

En l'an VIII et en l'an X, après de longues et cruelles agitations, la France avait confié le soin de la gouverner à Napoléon Bonaparte, *déjà couronné par la victoire*, et lui avait remis le soin de ses des-

L'ACTE ADDITIONNEL.

tances, sous les titres successifs de Premier Consul et d'Empereur. Le peuple avait deux fois confirmé par ses votes ces délégations de sa souveraineté.

En 1814 les puissances coalisées ayant profité d'un moment de revers pour pénétrer dans notre capitale, le Sénat, chargé de défendre les constitutions nationales, les avait livrées, et appuyé sur l'étranger avait aboli l'Empire, et rappelé Louis-Stanislas-Xavier au trône. En se comportant ainsi, ce corps avait fait ce qu'il n'avait pas le droit de faire. Pourtant il avait attaché à ce rappel une condition expresse, celle d'une Constitution qui sauvegardait en partie les droits de la nation, et que le monarque était tenu d'accepter avant de remonter sur le trône.

Louis XVIII n'avait pas même observé cette condition fondamentale, car, entré à Paris sous la protection des baïonnettes étrangères, il avait daté ses actes de la dix-neuvième année de son règne, et de la sorte déclaré nuls tous les actes antérieurs de la nation. Il avait donné une Constitution imparfaite, rendue plus imparfaite par l'exécution ; il avait humilié la gloire de la France, favorisé les prétentions de l'ancienne noblesse, laissé mettre en question les propriétés dites nationales, privé la Légion d'honneur de sa dotation, avili ses insignes en les prodiguant, mis en un mot en péril tout ce que la Révolution avait consacré.

On devait donc considérer ce qui s'était fait depuis 1814 comme nul en principe aussi bien que mauvais en fait, car le Sénat n'avait pas eu le droit d'abolir l'Empire, et en admettant qu'il le pût,

Mars 1815.

Louis XVIII n'avait pas rempli la condition qu'on lui avait imposée pour remonter sur le trône. Enfin la conduite de ce gouvernement d'émigrés avait répondu à l'illégitimité de son origine.

Napoléon en revenant miraculeusement de son exil, et accueilli sur son passage par les acclamations de l'armée et du peuple, *avait rétabli la nation dans ses droits les plus sacrés*, et seul était légitime, car il n'y a de légitime que le pouvoir conféré par la nation.

Toutefois, le temps et les vœux de la France avaient indiqué des modifications nécessaires aux institutions du premier Empire. Napoléon avait pris l'engagement d'opérer ces modifications. Cet engagement il le tiendrait, et il ferait confirmer les modifications promises dans une grande assemblée des représentants de la nation, annoncée pour le mois de mai. En attendant la réunion de cette assemblée, Napoléon devait exercer et faire exercer le pouvoir d'après les lois existantes, et le Conseil d'État, jadis chargé par lui de veiller à l'application de ces lois, venait lui prêter son concours loyal et constitutionnel.

A quelles conditions les gouvernements sont fondés à se dire légitimes.

C'était Thibaudeau, successivement conventionnel et préfet, qui avait prêté sa plume à cette logique serrée mais artificielle, et à laquelle il n'y avait presque rien à répondre, si on fait consister la légitimité des gouvernements dans certaines conditions d'origine, et non pas dans leur forme et leur conduite. Les gouvernements en effet sortent de tous les hasards des révolutions, et il est difficile d'assigner à quels signes précis leur origine peut les rendre légitimes. Tantôt ils naissent d'une émotion populaire, tantôt de la victoire, tantôt même de la défaite, et quelquefois du retour d'une nation désabusée vers une ancienne dynastie, que de communs malheurs lui ont fait regretter ; et chaque fois il faut les subir, imposés qu'ils sont par la nécessité, et chaque fois ils se prétendent seuls légitimes, en alléguant des théories admises par les uns, contestées par les autres, et sur lesquelles le monde disputera éternellement. Sans nier ce qu'ont de respectable, d'auguste, de solide les titres à régner fondés sur une longue transmission héréditaire, nous dirons cependant que pour les gens d'un simple bon sens, les gouvernements toujours nécessaires à leur début, deviennent légitimes avec le temps, lorsque la nation pour laquelle ils sont établis, trouvant leur forme appropriée à ses mœurs comme à ses lumières, et leur conduite conforme à ses intérêts, les maintient par un assentiment réfléchi et durable. Telle est la légitimité sinon dogmatique au moins pratique, laquelle est de toutes la plus sérieuse, car un gouvernement, fût-il proclamé par une nation tout entière, hommes, femmes, vieillards, enfants, votant chez les maires et les notaires, ou bien vînt-il du mont Sinaï, sans interruption de succession, n'a plus de raison d'être s'il froisse les croyances, les mœurs, l'honneur, les intérêts d'une nation. C'est à l'œuvre, et à l'œuvre seule qu'un gouvernement se juge et se légitime. Hors de là tout est artificiel et pure argutie. Mais à Louis XVIII datant ses actes de la dix-neuvième année de son règne, il n'y avait pas de meilleure réponse à opposer que la souveraineté du peuple, exercée chez les maires et les notaires, en écrivant *oui* ou *non* sur un méprisable registre. L'une valait l'autre.

Napoléon appréciait ces théories à leur valeur, mais il se prêta à la logique conventionnelle, pour répondre à la logique royaliste, et y donna son assentiment dans les termes suivants :

« Les princes sont les premiers citoyens de l'État.
» Leur autorité est plus ou moins étendue selon l'in-
» térêt des nations qu'ils gouvernent. La souverai-
» neté elle-même n'est héréditaire que parce que
» l'intérêt des peuples l'exige. Hors de ces principes,
» je ne connais pas de légitimité.

» J'ai renoncé aux idées du grand Empire, dont,
» depuis quinze ans, je n'avais encore que posé les
» bases. Désormais le bonheur et la consolidation
» de l'Empire français seront l'objet de toutes mes
» pensées. »

Ce qui importait véritablement dans toutes ces manifestations, c'était l'abandon formel de l'ancien système d'empire guerrier et conquérant, la renonciation au pouvoir arbitraire, la promesse de se conformer rigoureusement à la légalité, et l'engagement de donner des institutions qui garantissent la liberté de la nation et la bonne gestion de ses intérêts. Cet engagement, Napoléon était disposé à le tenir le plus tôt possible, ne fût-ce que pour se justifier d'avoir jeté la France dans une nouvelle révolution ; mais il était naturel que n'étant à Paris que depuis six jours, le soin de saisir les rênes de l'État, d'établir les premiers rapports avec l'étranger, de préparer la réorganisation de l'armée,

L'ACTE ADDITIONNEL.   319

d'expulser du territoire les princes ses rivaux, l'eût exclusivement absorbé. Cette dernière partie de sa tâche n'était pas même complétement achevée, il lui restait à délivrer le Midi de toutes les insurrections royalistes; mais il s'en occupait avec activité, et il ne lui fallait que quelques jours pour y réussir.

En effet, le rétablissement de l'autorité impériale ne rencontrait nulle part d'obstacles sérieux, malgré quelques émotions vives, mais locales, et destinées à être passagères. Dans l'Ouest, les chefs vendéens, étourdis de la nouvelle chute du trône des Bourbons, sentaient confusément qu'ils étaient pour quelque chose dans cette catastrophe, et n'osaient former jusqu'ici le projet d'une insurrection, en présence du découragement des campagnes, de la joie des villes, et en songeant surtout à quel ennemi ils avaient affaire, ennemi prêt à devenir selon leur conduite bienfaisant ou terrible. Quelques chouans de profession, quelques paysans bretons ou vendéens pleins de leur ancienne foi, étaient bien disposés à s'agiter encore, mais leurs généraux, sans l'appui de l'Angleterre, sans son argent et ses munitions, sans l'aide surtout d'une guerre générale, n'étaient pas prêts à tenter une guerre civile.

Aussi le général Morand n'avait-il rencontré en Vendée aucune difficulté, et après avoir fait arborer le drapeau tricolore sur les deux rives de la Loire, il s'apprêtait à courir au secours du général Clausel, qui lui-même n'en avait pas grand besoin. Ce dernier avait ramassé à Angoulême quelques détachements de garde nationale et de gendarmerie, puis avait marché sur la Dordogne, en dépêchant à

Mars 1815.

Apaisement successif des insurrections royalistes.

Hésitations des chefs vendéens, et soumission momentanée des provinces de l'Ouest.

Marche du général Clausel sur Bordeaux.

la garnison de Blaye un officier sûr pour la rallier. Cette garnison était formée par quelques compagnies du 62ᵉ, régiment en résidence à Bordeaux. Elle s'était hâtée d'adhérer aux événements de Paris dès qu'elle les avait connus, et de détacher 150 hommes qui étaient venus joindre le général Clausel à Cubzac. Cet illustre général arriva donc au bord de la Dordogne avec une centaine de gendarmes, 150 hommes du 62ᵉ, et trois ou quatre cents gardes nationaux. Le pont de Cubzac ayant été coupé, le général s'arrêta sur la rive droite de la rivière tandis que les volontaires bordelais en occupaient la rive gauche. Après avoir essuyé quelques coups de canon mal dirigés, il parvint à rétablir le passage au moyen de barques recueillies çà et là, et se mit à parlementer avec le chef des volontaires bordelais qui s'étaient hâtés d'évacuer l'entre-deux-mers (on appelle ainsi le terrain compris entre la Dordogne et la Gironde). Le chef de ces volontaires était M. de Martignac, depuis ministre du roi Charles X, resté cher à la génération qui l'a connu par la modération de son caractère et le charme de sa parole. Le général Clausel lui fit savoir les événements de Paris qu'on s'efforçait de tenir cachés à Bordeaux, afin de prolonger les illusions et la résistance de la population. Le général n'eut pas de peine à démontrer à M. de Martignac que toute résistance sérieuse était impossible, et ne ferait qu'attirer des malheurs sur une cité grande et intéressante. M. de Martignac promit de se rendre à Bordeaux, d'y transmettre les communications du général, et de rapporter bientôt une réponse commandée par la

L'ACTE ADDITIONNEL. 321

nécessité. Le général suivit de près M. de Martignac, et vint avec sa petite troupe camper à la Bastide, sur la rive droite de la Gironde, en face et au-dessus de Bordeaux.

En ce moment il régnait dans cette ville la plus étrange confusion. M. de Vitrolles en la traversant pour aller à Toulouse, y avait laissé les instructions de Louis XVIII et ses propres conseils. Le premier projet des royalistes avait été de défendre les bords de la Loire, depuis Nantes jusqu'à l'Auvergne, de profiter du pays montagneux qui forme le centre de la France entre l'Auvergne et les Cévennes, pour s'y maintenir, et en outre de conserver les deux rives du Rhône jusqu'à Arles, Marseille et Toulon. Ils avaient écrit aux Anglais pour demander des armes et de l'argent, et à Ferdinand VII pour obtenir des soldats espagnols. Dans cet imprudent recours à l'étranger, nos ports restant ouverts au pavillon britannique comme au pavillon blanc, on s'exposait à revoir les scènes de 1793 à Toulon. Mais la passion et le besoin ne raisonnent pas, surtout lorsque l'esprit de parti fait complètement illusion au patriotisme. Toutes ces combinaisons n'avaient pas empêché qu'on eût perdu la Loire, et la Loire perdue, on avait tâché de garder la ligne de la Garonne, prolongée par le canal du Midi jusqu'au Rhône, c'est-à-dire Bordeaux, Toulouse, Nîmes, Marseille, Toulon. On parlait même avec espérance des succès de M. le duc d'Angoulême sur les bords du Rhône.

La ligne de la Garonne étant restée aux royalistes, madame la duchesse d'Angoulême mettait tous

Mars 1815.

Agitation régnant dans l'intérieur de Bordeaux.

Passage de M. de Vitrolles dans cette ville.

Madame la duchesse d'Angoulê-

ses soins à ne pas la perdre. M. Lainé qui s'était rendu auprès de cette princesse, la secondait de son mieux. Certainement il aurait été bien à désirer qu'à Paris M. Lainé eût réussi à éclairer les Bourbons, et que par ce moyen on eût prévenu la révolution du 20 mars, laquelle ne pouvait amener que d'affreux malheurs. Mais Napoléon s'étant de nouveau emparé du trône de France, et un dernier et suprême engagement avec l'Europe étant inévitable, ce qu'il y avait de plus sensé et de plus patriotique était de se rattacher à lui le plus promptement possible, pour qu'il eût toutes les forces nationales à sa disposition. Quelques personnes comprenaient cette vérité dans la population si sensée et si spirituelle de Bordeaux, mais la masse, irritée par vingt ans de souffrances, désolée de voir les mers se fermer de nouveau devant elle, partageait par conviction et par intérêt les sentiments de madame la duchesse d'Angoulême, et voulait la soutenir au prix de son sang. Dans cette situation tout dépendait des troupes et de la conduite qu'elles tiendraient. Elles consistaient en deux régiments, le 62ᵉ de ligne et le 8ᵉ léger, et elles avaient exactement l'attitude de la garnison de Lille, c'est-à-dire qu'elles observaient envers l'auguste fille de Louis XVI le plus profond respect, sans dissimuler que leur cœur battait pour Napoléon.

M. de Martignac étant venu annoncer à Bordeaux l'arrivée du général Clausel et porter ses propositions, on visita les casernes, on parla aux soldats; madame la duchesse d'Angoulême s'y employa elle-même, et néanmoins leur réponse fut peu satisfaisante. Les troupes déclarèrent unanimement qu'elles ne souffriraient pas qu'on manquât en rien à la princesse, mais qu'elles ne tireraient pas sur le général Clausel, et ne permettraient pas qu'on tirât sur lui. Après une semblable déclaration, il n'y avait plus qu'à s'éloigner, et c'était l'opinion de tous les hommes raisonnables de la garde nationale. La partie ardente de la population, enrégimentée dans des corps de volontaires, voulait au contraire qu'on s'obstinât, mais elle n'offrait aucune consistance, et aurait été obligée elle-même de s'enfuir, après avoir échangé quelques coups de fusil.

M. de Martignac revint donc auprès du général Clausel avec l'assurance d'une reddition prochaine, si on ne précipitait pas les événements, et si on donnait à madame la duchesse d'Angoulême le temps de se retirer. Le général Clausel appréciant cette situation, promit de se tenir immobile à la Bastide, afin d'attendre que la raison eût prévalu sur la passion.

Il occupait, le 1er avril, la droite de la Gironde, observant paisiblement du lieu où il était le tumulte de Bordeaux. En face de lui, de l'autre côté du fleuve, la garde nationale était sous les armes, ayant près d'elle les compagnies de volontaires. Déjà la nouvelle était répandue que madame la duchesse d'Angoulême allait abandonner la ville, et les volontaires exaspérés s'en prenaient de cette retraite à la garde nationale, et en particulier à certains bataillons réputés trop modérés. Bientôt une collision s'ensuivit : un officier estimé de la garde nationale fut tué, et alors cette garde irritée de la violence

Avril 1815.

La nécessité de céder étant reconnue, M. de Martignac vient demander au général Clausel le temps convenable pour la retraite de la princesse.

Le général Clausel consent à temporiser.

Conflit entre les royalistes modérés et les royalistes

des volontaires, se prononça tout à fait pour une reddition immédiate. Madame la duchesse d'Angoulême s'embarqua; le général Clausel auquel on avait livré le pont de la Gironde, pénétra dans Bordeaux, et sans un seul acte de rigueur y rétablit le calme et la soumission à l'autorité impériale.

A Toulouse, M. de Vitrolles avait essayé, comme nous l'avons dit, d'établir un gouvernement royal, qui devait former la liaison entre Bordeaux où agissait madame la duchesse d'Angoulême, et Marseille où M. le duc d'Angoulême préparait une campagne offensive. M. de Vitrolles leva des impôts et des troupes, forma des bataillons de volontaires, et pour commander ces volontaires ainsi que les rares détachements de ligne qu'on avait retenus, fit choix du maréchal Pérignon, lequel vivait en Languedoc, et n'était ni d'âge ni de caractère à servir très-utilement la cause royale. A toutes ces mesures M. de Vitrolles joignit la création d'un *Moniteur*, dans lequel on s'attachait à nier les nouvelles favorables à la cause impériale, et à propager au contraire celles qui étaient favorables au rétablissement des Bourbons. Ce petit gouvernement toulousain tenta, quelquefois avec succès, plus souvent sans succès, des expéditions contre les villes voisines, qui d'après des informations parties de Paris, avaient arboré le drapeau tricolore. Il comptait pour se maintenir dans cette région sur le secours des Espagnols, mais M. de Laval avait mandé de Madrid, que Ferdinand VII, très-zélé d'ailleurs pour la maison de Bourbon, était lui-même dans de tels embarras, qu'il ne pouvait disposer d'un seul

Avril 1815.

et être revenu sur Nîmes, avait par sa présence surexcité le royalisme méridional, qui certes n'avait pas besoin de l'être. Le maréchal Masséna le laissant faire, et se bornant à conserver la tranquillité jusqu'au moment où l'esprit de parti mettrait nos ports en danger, lui avait abandonné une portion des troupes, et avait gardé seulement ce qu'il fallait pour défendre Toulon et Marseille contre toute tentative des Anglais. Il avait confié Toulon aux 69e et 82e de ligne, et avait amené à Marseille le 16e pour y maintenir l'ordre, ce qui n'était pas facile au milieu de populations incandescentes.

Ce prince remonte le Rhône, et envoie une colonne sur Grenoble.

Ce plan, bien conçu, ne pèche que par les moyens d'exécution, qui menacent de faire défaut par suite de l'infidélité des troupes.

De son côté le duc d'Angoulême parti de Nîmes avait remonté le Rhône, en dirigeant par la vallée de la Durance une seconde colonne qui devait par Sisteron et Gap se porter sur Grenoble. Le projet du prince était, si on réussissait dans la vallée du Rhône à occuper Montélimart, Valence, Vienne, et dans les Alpes Gap et Grenoble, de réunir sur Lyon les deux colonnes expéditionnaires, de reprendre cette capitale du Midi, et de relever ainsi sur les derrières de Napoléon le drapeau blanc momentanément abattu. Ce plan, conçu par les généraux Ernouf et d'Aultanne, restés fidèles à la cause royale, ne péchait que par les moyens d'exécution. Pouvait-on compter sur les troupes, et à leur défaut les populations enflammées du Midi suffiraient-elles pour vaincre les populations du Dauphiné, du Lyonnais, de l'Auvergne, qui moins bruyantes que celles du Midi étaient néanmoins aussi prononcées et aussi courageuses? Là résidait toute la question, qu'on ne pouvait résoudre que par le fait même, c'est-à-dire

L'ACTE ADDITIONNEL.   327

en essayant l'expédition proposée. De ce côté également on comptait sur l'étranger, et M. le duc d'Angoulême avait dépêché un officier de confiance au roi de Sardaigne pour obtenir de lui quelques mille Piémontais.

M. le duc d'Angoulême avait à sa disposition les 58ᵉ et 83ᵉ de ligne, envoyés dans le premier moment à la poursuite de Napoléon, et restés depuis dans la vallée de la Durance, plus le 10ᵉ de ligne et le 14ᵉ de chasseurs à cheval, ces deux derniers tirés du Languedoc. Le 10ᵉ de ligne commandé par M. d'Ambrugeac, portant le titre de régiment du colonel général, avait à sa tête beaucoup d'officiers sûrs, et quoiqu'il nourrît au fond du cœur les sentiments du reste de l'armée, ne semblait pas les partager, parce qu'il avait été tenu dans un courant d'idées différent. La présence du prince, l'entourage des volontaires royalistes, avaient achevé de l'entraîner dans une voie qui n'était pas naturellement la sienne. Le 14ᵉ de chasseurs avait suivi, mais plus froidement, l'impulsion donnée. On avait joint à ces troupes un détachement du 3ᵉ d'artillerie, dont une compagnie venait d'opérer la révolution de Toulouse, et on avait renforcé le tout de bandes de volontaires fournies par Nîmes, Avignon, Arles, Aix, Beaucaire. Comme on se défiait des régiments de ligne les mieux disposés en apparence, on avait essayé de les affaiblir, même de les dissoudre, en offrant soixante francs par homme aux soldats qui voudraient passer dans les rangs des volontaires royalistes. On en avait trouvé un certain nombre parmi ceux qui, sortis depuis quinze ou vingt ans de leur pays étaient

Avril 1815.

Forces dont dispose M. le duc d'Angoulême.

devenus des espèces de mercenaires, prêts à servir toutes les causes, celle de l'étranger exceptée. On se flattait que ces hommes très-aguerris donneraient aux volontaires une consistance qui leur manquait, non pas faute de courage, mais faute d'expérience de la guerre.

En exécution du plan convenu, le général Ernouf prit les 58° et 83° de ligne restés sur les bords de la Durance, et se chargea de l'expédition qui en remontant cette rivière devait déboucher sur Grenoble. On lui adjoignit un contingent de volontaires. M. le duc d'Angoulême, avec le 10° de ligne (colonel général), le 14° de chasseurs, 400 hommes du premier régiment étranger, et une troupe de volontaires, en tout cinq mille hommes environ, se réserva l'expédition principale, qui devait remonter le Rhône, et s'emparer successivement de Montélimart, de Valence et de Vienne. Le général Ernouf lui avait promis de ne pas le faire attendre, et d'être à Grenoble aussi vite qu'il serait à Vienne.

Le 28 mars M. le duc d'Angoulême enleva bravement le pont Saint-Esprit, y laissa un détachement, et le 29 entra dans Montélimart. Les populations de ces contrées étaient ardemment royalistes sur le Rhône inférieur, et successivement devenaient bonapartistes sur le Rhône supérieur, mais comme elles étaient divisées, il y avait partout une minorité suffisante pour que chaque parti pût à son tour faire entendre de vives acclamations. Le duc d'Angoulême fut bien accueilli à Montélimart, et chercha à s'y établir solidement en faisant enlever le pont de la Drôme.

À la première nouvelle de ce mouvement, les autorités du Lyonnais et du Dauphiné avaient rassemblé en toute hâte ce qu'elles pouvaient réunir de forces, et elles n'en avaient guère, la plupart des régiments ayant suivi Napoléon à Paris. Elles ne purent rassembler que des gardes nationales, fort zélées mais peu propres à se mesurer avec des troupes de ligne. Le général Debelle, sorti de Valence avec quelques gardes nationaux, essaya de se maintenir au delà de la Drôme, et malgré sa bonne volonté fut repoussé par le comte Amédée d'Escars qui avait avec lui, outre un détachement du 10ᵉ de ligne, des troupes de volontaires entremêlées d'un certain nombre d'anciens soldats. Le général Debelle obligé de repasser la Drôme, s'efforça du moins d'en conserver le cours, et pour cela se proposa de bien défendre le pont de Loriol.

Le duc d'Angoulême, prenant confiance en lui-même, résolut de pousser de Montélimart sur Valence. Il séjourna un jour ou deux à Montélimart pour organiser le pays dans ses intérêts, et le 2 avril il essaya de forcer le passage de la Drôme. Le général Debelle avait envoyé au pont de Loriol le chef de bataillon d'artillerie Noël, brave homme qui n'avait consenti à reprendre du service qu'affranchi de ses serments par le départ de Louis XVIII. Il lui avait donné 300 hommes du 39ᵉ, un demi-escadron de gardes d'honneur, et 400 gardes nationaux des environs. Le chef de bataillon Noël plaça son artillerie sur le pont, avec une partie du détachement du 39ᵉ pour la garder, et répandit le reste de son monde le long de la Drôme, pour défendre les quais de la rivière au-dessus et au-dessous de Loriol. Dans cette position il se maintint quelque temps, et il serait parvenu à arrêter les royalistes sans un incident bizarre, qui fut à cette époque interprété de manières très-diverses. On comptait beaucoup du côté des bonapartistes sur la défection du 10° de ligne et du 14° de chasseurs, et on était prêt au premier signal à leur ouvrir les bras. En effet quelques soldats du 10° croyant le moment venu de se prononcer, quittèrent le régiment et se précipitèrent sur le pont la crosse en l'air. On les accueillit fraternellement, et on crut pouvoir en faire autant pour les troupes qui suivaient. Mais deux compagnies du 10°, bien tenues par leurs officiers, firent feu, et coururent ensuite sur le pont baïonnette baissée. Les soldats du 39° surpris, se retirèrent en désordre en criant à la trahison. Cet accident valut aux royalistes la conquête du cours de la Drôme, et le lendemain 3 avril ils entrèrent à Valence, le duc d'Angoulême en tête, au milieu des acclamations du parti royaliste.

Le duc d'Angoulême se conduisit à Valence comme à Montélimart : il s'arrêta le 4 et le 5, pour nommer des autorités qui fussent dévouées à sa cause, et pour attendre aussi des nouvelles de la colonne qui par Sisteron et Gap avait dû se porter sur Grenoble et s'en emparer. Mais les succès de cette dernière n'avaient pas égalé ceux de la colonne principale.

Le général Ernouf suivant la route même qu'avait prise Napoléon pour se rendre à Grenoble, avait à franchir, pour passer du bassin de la Durance dans celui de l'Isère, les défilés de Saint-Bonnet qui forment une gorge étroite et longue, et où la colonne de l'île d'Elbe avait failli être arrêtée. Pour prévenir ce danger, le général résolut de forcer le passage sur deux points à la fois. Le 58ᵉ de ligne et quelques royalistes sous les ordres du général Gardanne durent s'avancer par la grande route de Gap, puis se rabattre à gauche, et s'engager dans le défilé de Saint-Bonnet, tandis que le 83ᵉ, sous le général Loverdo, quittant la grande route avant Gap, devait prendre par une gorge latérale, aboutir par Serres et Mens sur La Mure, et faire ainsi tomber la position de Saint-Bonnet en la tournant.

Ce plan fut exactement suivi, et les deux détachements marchèrent sur les points indiqués, tandis que M. le duc d'Angoulême s'avançait sur Montélimart. Le général Gardanne, ancien gouverneur des pages sous l'Empire, servait à contre-cœur la cause royale, et n'y restait attaché que parce qu'il craignait le ressentiment de Napoléon pour la conduite peu conséquente qu'il avait tenue depuis 1814. Il se présenta donc devant Gap, à la tête de troupes aussi mécontentes que lui, mais pas aussi hésitantes, et n'attendant qu'une occasion propice pour faire volte-face. Elles rencontrèrent en route le maire de Gap, qui vint amicalement leur offrir des vivres et leur témoigner son étonnement de les voir engagées dans une résistance à l'Empire si peu naturelle et si complètement inutile. Les soldats accueillirent ces propos en souriant, et se regardant entre eux se demandèrent s'il était temps de céder à leur penchant. Toutefois les démonstrations des habitants autour d'eux n'étaient pas encore assez encourageantes pour les entraîner.

Le lendemain ils pénétrèrent dans le défilé de Saint-Bonnet, et trouvèrent sur leur chemin les maires et les habitants leur apportant comme la veille des vivres en abondance, mais cette fois criant de toutes leurs forces *Vive l'Empereur!* A ce spectacle ils n'y tinrent plus, tirèrent la cocarde tricolore de leur sac, la mirent à leur schako, et se prononcèrent pour Napoléon. Le général Chabert étant survenu rassura le général Gardanne, en lui annonçant que tout le monde était pardonné pour sa conduite antérieure, et le décida à suivre le mouvement des troupes. On laissa les volontaires royalistes s'en aller sans leur faire aucun mal, et ils revinrent avec quelques officiers fidèles sur la route de Sisteron.

Pendant que le détachement du général Gardanne se comportait de la sorte, celui du général Loverdo n'agissait guère mieux. Les 28, 29, 30 mars, le général Loverdo avec le 83ᵉ et des colonnes de Provençaux s'était porté sur Serres et Saint-Maurice, et était déjà près de déboucher vers La Mure, sur les derrières du général Chabert opposé au général Gardanne. Là il apprit la conduite du 58ᵉ, et il trouva les généraux Gardanne et Chabert accourus pour le convertir. Dans les premiers jours du débarquement au golfe Juan, le général Loverdo cédant à l'impulsion de ses sentiments personnels, avait voulu se rallier à Napoléon. Placé depuis au milieu d'un ardent foyer de royalisme, il s'était tellement engagé avec les partisans des Bourbons, qu'il lui était difficile de se dégager honorablement. Il resta donc fidèle à la cause qu'il avait embrassée

L'ACTE ADDITIONNEL.   333

par occasion, et quoique tenté de céder aux instances des généraux Chabert et Gardanne, il rebroussa chemin, ramenant avec lui le 83ᵉ fort mécontent. Mais à peine était-il à Sisteron que ce régiment, qui avait suivi son général à contre-cœur, déserta tout entier, et courut se réunir au général Chabert sur la route de Grenoble. Ces deux régiments étaient un puissant renfort pour les partisans de l'Empire dans cette contrée, et bientôt ils allaient être opposés au duc d'Angoulême entre Vienne et Valence.

Tandis que ces fâcheux événements se produisaient au sein de la colonne qui devait enlever Grenoble, et rejoindre le duc d'Angoulême sur la route de Lyon, il se passait sur ses derrières des événements plus graves encore. Le prince avait laissé en Languedoc des populations frémissantes, les unes de royalisme, les autres d'esprit révolutionnaire et bonapartiste. Les nouvelles de Paris d'abord contestées avaient fini par se répandre, et avaient inspiré aux partisans de l'Empire autant d'espérance que d'impatience de triompher. Le général Gilly exilé à Remoulins, dans les environs de Nîmes, attendait avec beaucoup d'officiers à la demi-solde l'occasion de se soulever. Aidé de ses anciens compagnons d'armes, il vint à Nîmes, entra en communication avec le 63ᵉ de ligne et le 10ᵉ de chasseurs que le duc d'Angoulême avait laissés dans cette ville, et les décida à prendre la cocarde tricolore. L'entreprise ne fut pas difficile à exécuter, car il n'y avait aucune force pour résister à ce mouvement, et d'ailleurs la population protestante s'empressant de suivre l'exemple donné par les troupes, la révolution fut

Avril 1815.

Insurrection du général Gilly à Nîmes, et reprise par les impérialistes du pont Saint-Esprit.

accomplie à Nîmes en un instant. Le général Gilly se mit alors à la tête du 63ᵉ de ligne et du 10ᵉ de chasseurs, courut au pont Saint-Esprit, et l'enleva au détachement de volontaires royalistes qui en avait la garde. De la sorte on faisait sur les derrières du duc d'Angoulême, ce qu'il voulait faire lui-même sur les derrières de Napoléon, c'est-à-dire qu'on détruisait son ouvrage à mesure qu'il s'éloignait.

Abandonné à sa droite par la colonne dirigée sur Grenoble, menacé en arrière par les troupes laissées à Nîmes, le duc d'Angoulême n'aurait eu chance de se sauver que s'il lui eût été possible de marcher en avant, et de forcer les portes de Lyon. Mais devant lui les issues se fermaient au lieu de s'ouvrir. Le général Grouchy arrivé le 3 avril à Lyon, y avait trouvé les habitants dans une émotion extraordinaire. En effet dès qu'on avait appris dans le Lyonnais, la Franche-Comté, l'Auvergne, que les Marseillais marchaient sur Lyon suivis des gens du Midi, un mouvement en sens contraire s'était produit. Outre la jalousie qu'excitaient les populations méridionales, il existait contre elles de grandes préventions dans tout le bassin supérieur du Rhône. On les disait fanatiques, cruelles, dévastatrices, et naturellement à un peu de vérité on ajoutait beaucoup de calomnie. Toujours est-il qu'on les haïssait autant qu'on les craignait. Aussi dans le Lyonnais, et à plus de trente lieues à la ronde, on s'était levé en toute hâte, et de nombreuses compagnies de gardes nationaux étaient accourues à la défense de Lyon. Lyon seul avait fourni plus de six mille hommes, et trente mille au moins étaient en marche

L'ACTE ADDITIONNEL.   435

pour les repoudre. Le Dauphiné presque entier s'ap- | Avril 1815.
prêtait à fondre sur Vienne et sur Valence.

Le général Grouchy envoya les gardes nationaux
lyonnais à Saint-Vallier, expédia le général Piré
avec le 6ᵉ léger sur le pont de Romans, afin de
garder le cours de l'Isère; enfin il dirigea vers Saint-
Marcellin un bataillon du 39ᵉ avec le 83ᵉ qui venait
d'embrasser la cause impériale. L'Isère se trouva
donc gardé de tous côtés, et le duc d'Angoulême,
qui avait vu Grenoble se fermer sur sa droite, et le
pont Saint-Esprit sur ses derrières, voyait Lyon
se fermer devant lui, et un cercle de fer se former
autour de sa personne. Dans cette position, il n'avait
qu'à rétrograder le plus tôt possible pour regagner
Avignon et la route de Marseille, avant que les Lan-
guedociens la lui fermassent.

Le 5 avril il prit le parti de battre en retraite, et | Le duc
le 6 au matin il évacua Valence. Tandis qu'il se re- | d'Angoulême
tirait, l'Isère fut franchi sur tous les points par | obligé de
les Lyonnais, par le 6ᵉ léger, par les 39ᵉ et 83ᵉ de | rétrograder
ligne. Au pont de Loriol, sur la Drôme, le 14ᵉ de | sur Avignon.
chasseurs abandonna tout entier la cause royale.
Le 3ᵉ d'artillerie manifesta les plus mauvaises dispositions, mais le 10ᵉ d'infanterie (colonel général),
entouré de trois mille volontaires royalistes, montra
un peu plus de fidélité. Le 7 avril le prince arriva | Capitulation
à Montélimart, et il apprit là que les troupes du | accordée
général Gilly, ayant franchi le pont Saint-Esprit, | au prince
et renforcées d'une masse de gardes nationaux du | par le général
Dauphiné, lui barraient la route d'Avignon. Il était | Gilly, sauf
condamné très-évidemment à devenir prisonnier de | l'approbation
Napoléon, et il ne lui restait d'autre ressource | du général
                                                     | Grouchy.

que de se sauver, lui et les siens, à l'aide d'une capitulation honorable. Il dépêcha donc le baron de Damas au général Gilly pour entrer en pourparlers. Quant à la personne du prince, il n'y avait pas de difficulté, et le général Gilly, interprétant avec ses propres sentiments ceux de Napoléon, entendait que le duc d'Angoulême fût libre, moyennant qu'il évacuât le territoire immédiatement. Malheureusement les officiers et les soldats du général Gilly ne partageaient pas ses sentiments, et à cause d'eux il n'osait pas être aussi facile à l'égard du prince qu'il l'aurait voulu.

Pourtant les conditions à exiger de part et d'autre étaient tellement indiquées, qu'après quelques difficultés, on se mit d'accord. Il fut convenu que le prince se retirerait librement vers l'un des ports de la Provence ou du Languedoc, avec un certain nombre d'officiers, et s'y embarquerait, que les troupes de ligne rentreraient sous l'autorité impériale, que les volontaires royalistes seraient licenciés après avoir remis leurs armes, que l'argent et ce qui appartenait à l'État serait restitué aux agents financiers, et qu'ainsi disparaîtrait toute trace de l'insurrection royaliste. Ces conditions furent acceptées et signées le 8 avril par le baron de Damas et le général Gilly, sauf l'adhésion de l'autorité supérieure, c'est-à-dire du général Grouchy, nommé commandant dans les provinces du Midi.

A peine cette capitulation fut-elle connue des gardes nationaux accourus en foule du Dauphiné et barrant la route d'Avignon, qu'une opposition des plus vives se manifesta parmi eux, et qu'ils

L'ACTE ADDITIONNEL. 337

demandèrent à grands cris que les conditions souscrites ne fussent pas ratifiées. Dans ce moment le général Grouchy parvenu à Valence, descendait sur Montélimart et Avignon, afin de continuer la poursuite des royalistes. En apprenant le 9 que le duc d'Angoulême était prisonnier, et que la décision du sort du prince était remise entre ses mains, il fut extrêmement embarrassé. Quoique fort irrité contre les Bourbons, il se souvenait cependant des liens qui le rattachaient à eux, et toute mesure de rigueur contre le duc d'Angoulême répugnait à son caractère autant qu'à ses souvenirs de famille. Au lieu de s'emparer de sa personne, il eût bien mieux aimé le pousser doucement vers la mer, comme le général Exelmans avait poussé Louis XVIII vers la frontière belge. D'ailleurs en agissant de la sorte, il serait resté fidèle aux instructions de Napoléon, qui lui avait dit : *Poussez le prince dehors*. — Mais dès qu'il avait M. le duc d'Angoulême en sa possession, il était obligé par ses instructions mêmes d'en référer à Paris. C'est ce qu'il fit en envoyant un courrier à Lyon, pour que de Lyon on demandât par le télégraphe les ordres de l'Empereur. M. le duc d'Angoulême fut donc retenu à Pont-Saint-Esprit avec tous ceux qui l'accompagnaient, jusqu'à la réponse de Paris. Du reste, il fut traité avec les égards dus à son rang et à sa noble conduite. Dans l'intervalle de ces pourparlers, le 10ᵉ d'infanterie (colonel général) et le 3ᵉ d'artillerie passèrent en entier dans le camp impérial.

Sur ces entrefaites l'insurrection, après quelques mouvements sans importance, expirait dans le Midi.

Avril 1815.

Embarras du général Grouchy, qui en réfère à Napoléon.

Avril 1815.

Du côté de Gap les généraux Ernouf et Loverdo, ayant promis au duc d'Angoulême d'arriver à Grenoble en même temps qu'il arriverait à Vienne, voulurent, malgré les défections qu'ils avaient essuyées, tenter un dernier effort pour tenir parole. N'ayant plus que des volontaires royalistes, ils essayèrent avec eux de se porter au delà de Sisteron, dans la direction de Gap. En effet le général Loverdo vint camper le 6 au soir au village de la Saulce, à l'entrée d'un défilé formé d'un côté par un rocher à pic, et de l'autre par la Durance. Un bataillon du 49° avec du canon défendait ce défilé. Les paysan de la contrée, fort ardents contre les royalistes, étaient embusqués au sommet du rocher, prêts à faire rouler d'énormes quartiers de pierre sur la tête des assaillants.

Déroute des volontaires royalistes à la Saulce.

Le 7 avril au matin le commandant du bataillon du 49° s'avança entre les deux troupes pour parlementer. On lui répondit à coups de fusil. Aussitôt il fit tirer à mitraille sur la colonne du général Loverdo, tandis que les paysans faisaient pleuvoir sur elle une avalanche de gros cailloux. A l'instant les volontaires royalistes, quoique braves gens du reste, s'enfuirent, faute de discipline et d'habitude de la guerre. Quelques-uns ayant voulu traverser la Durance à la nage furent fusillés presque à bout portant ; la masse se retira vers Sisteron, laissant environ cent cinquante morts ou blessés sur le terrain.

Tandis que ces événements se passaient sur la Durance, Masséna, placé dans une position délicate, entre les Bourbons qu'il n'aimait point, et Napoléon qu'il n'aimait guère davantage, mais qui dans les circonstances actuelles représentait à ses yeux la cause de la Révolution, avait été retenu par ses devoirs militaires envers le prince. Il n'avait voulu ni le servir, ni le trahir, et était resté à Marseille pour y maintenir la tranquillité, et empêcher les violences de tout genre. Ayant appris qu'on songeait à unir les marines française et anglaise, et que sous le prétexte de l'union des deux pavillons on s'exposait à livrer Toulon aux rivaux de notre marine, il crut le moment venu de se prononcer. Il se retira à Toulon, convoqua les troupes, et fit arborer le drapeau tricolore. Puis il envoya un officier à Marseille, et donna vingt-quatre heures à cette ville pour abattre le drapeau blanc, et arborer les trois couleurs. Menacée par Masséna d'un côté, par le général Grouchy de l'autre, Marseille se rendit, et, à son grand regret, proclama le rétablissement de l'Empire. Le 10 avril, toute cette partie du Midi était soumise, et l'autorité de Napoléon reconnue d'Antibes à Huningue, de Huningue à Dunkerque, de Dunkerque à Bayonne, de Bayonne à Perpignan. Le duc d'Angoulême, toujours détenu à Pont-Saint-Esprit, attendait qu'on prononçât sur son sort, et quoique ayant déployé un vrai courage, n'était pas sans crainte, parce qu'il jugeait Napoléon d'après les préjugés de son parti. Au surplus, il conservait la dignité qui convenait à son rang, pieusement résigné à ce qui pouvait lui arriver, et puni seulement de ses injustes préventions par de secrètes inquiétudes.

Il ne courait aucun danger, comme on le pense bien, et n'était exposé qu'à l'ennui d'attendre la fin

Avril 1815.

Masséna proclame à Toulon le rétablissement de l'Empire.

340   LIVRE LVIII.

Avril 1815.

de sa captivité au milieu de populations violentes, chez lesquelles ses ennemis seuls se montraient, tandis que ses amis vaincus avaient été obligés de se cacher.

Napoléon confirme la capitulation du duc d'Angoulême, et lui rend la liberté.

Napoléon apprit le 14 au matin le dénoûment des événements du Midi, la captivité du duc d'Angoulême, et la capitulation en vertu de laquelle ce prince devait s'embarquer au port de Cette. Il approuva sans aucune hésitation ce qui avait été fait, supposant d'ailleurs par les dépêches reçues que la capitulation était déjà ou exécutée, ou à la veille de l'être. M. de Bassano écrivit donc par son ordre que la capitulation était approuvée, et devait recevoir son exécution. A peine cette nouvelle, qu'on ne cherchait pas à cacher, était-elle connue, que beaucoup d'hommes attachés à Napoléon et à la cause qu'il représentait, blâmèrent sa résolution, ou en contestèrent au moins la prudence. Sans prétendre qu'il dût se venger de l'ordonnance du 6 mars et de la déclaration du 13, ils dirent qu'on était engagé dans une lutte effroyable, que les péripéties en seraient nombreuses et étranges, que bien des têtes chères à la France pourraient se trouver dans les mains de l'ennemi, et que tout en ayant pour la personne du duc d'Angoulême les égards qu'on lui devait, il ne serait peut-être pas inutile de le retenir en otage. Napoléon, sans nier ce qu'avait de spécieux cette manière de voir, persistait à faire contraster sa conduite avec celle de ses adversaires, et trouvait dans ce contraste plus d'avantage que dans la conservation du gage le plus précieux. Il n'était donc nullement au regret de l'approbation qu'il avait donnée, lors-

L'ACTE ADDITIONNEL.   343

que vers la fin de ce même jour, une nouvelle dé- Avril 1815.
pêche lui apprit ce qu'il n'avait pas cru d'abord, que
la capitulation n'était point encore exécutée, et que
le prince restait détenu à Pont-Saint-Esprit. Il était
temps de changer d'avis, et d'adopter l'opinion de
ceux qui n'approuvaient point la capitulation. Il eut
à ce sujet un long entretien avec M. de Bassano. —
Je devrais peut-être, dit-il, retenir le duc d'Angoulême, et me réserver ainsi un otage qui pourrait devenir fort utile dans la situation grave et obscure où
nous nous trouvons tous. Mais je n'en ferai rien; il
vaut mieux apprendre aux souverains nos ennemis la
différence qu'il y a entre eux et moi. — C'était un
orgueil bien placé, qui prouvait le besoin que Napoléon avait en ce moment de l'opinion publique, et
de plus le progrès des mœurs depuis la sanglante
catastrophe de Vincennes. Il confirma sans retard
les ordres expédiés par M. de Bassano, et fit insérer au *Moniteur* du lendemain la lettre écrite au
général Grouchy, dans laquelle il disait que l'ordonnance royale du 6 mars, et la déclaration de
Vienne du 13, l'auraient autorisé à traiter M. le
duc d'Angoulême comme on avait voulu le traiter
lui-même, mais qu'il n'userait point de représailles,
et que M. le duc d'Angoulême pourrait se retirer
librement comme tous les autres membres de sa
famille. Napoléon se borna à exiger du prince la
promesse de restituer les diamants de la couronne,
sans retarder au surplus son départ jusqu'à l'accomplissement de cette promesse.

Napoléon éprouva une grande satisfaction de   Napoléon
cette fin si prompte et si heureuse des troubles du profite de la fin
                                                     des troubles

Midi. Il n'en avait jamais douté, mais dans sa situation, les jours, les heures étaient d'un prix infini, et il lui importait beaucoup de ne pas épuiser ses troupes en faux mouvements pour la répression de la guerre civile. La division expédiée en poste sur Lyon continua sa route, afin de contribuer à former le 7ᵉ corps, qui devait, sous le maréchal Suchet, veiller à la garde des Alpes. Napoléon manda le maréchal Masséna à Paris, afin de se réconcilier avec ce vieux compagnon d'armes, sauf à le renvoyer ensuite dans le Midi s'il lui convenait d'y rester. En attendant il dépêcha le maréchal Brune pour commander entre Marseille, Toulon et Antibes. Rassuré par les lettres interceptées sur les moyens offensifs des Espagnols, il pensa que le 8ᵉ corps, destiné au général Clausel, et porté d'abord à douze régiments, en aurait assez de six, et il le forma en deux divisions, dont l'une résiderait à Bordeaux, l'autre à Toulouse, bien plus pour contenir les royalistes méridionaux que pour faire face aux Espagnols. Des six régiments devenus disponibles, quatre furent envoyés en réserve à Avignon, deux furent dirigés sur Marseille, pour former avec les troupes qu'on avait tirées de Corse le 9ᵉ corps chargé de la défense du Var. Les régiments laissés à Avignon étaient destinés à renforcer le maréchal Brune ou le maréchal Suchet, selon la direction que prendrait la guerre sur cette frontière. Napoléon, bien qu'il eût conseillé à Murat de ne pas se presser, s'attendait à quelque imprudence de sa part, et c'est par ce motif qu'il avait retiré le maréchal Suchet de Strasbourg, où il commandait le 5ᵉ corps, et l'avait envoyé en Savoie pour

L'ACTE ADDITIONNEL.   313

y présider à la formation du 7ᵉ. Par le même motif il avait préparé une réserve à Avignon pour le renforcer, et songeait même à lui donner au besoin le 9ᵉ corps tout entier qui allait s'organiser dans le Var sous le maréchal Brune. Napoléon s'occupant sans cesse de son plan général, y avait ajouté une nouvelle disposition. Cinq corps (les 1ᵉʳ, 2ᵉ, 3ᵉ, 4ᵉ et 6ᵉ) devaient, avec la garde impériale, agir sous ses ordres vers la frontière du Nord ; le 5ᵉ confié à Rapp, depuis que le maréchal Suchet avait passé au commandement du 7ᵉ, devait continuer à garder l'Alsace. Il résolut de créer à Béfort, où se trouve, comme on sait, une coupure entre la chaîne des Vosges et celle du Jura, un corps intermédiaire, composé d'une division de ligne et de plusieurs divisions de gardes nationales mobiles. Il chargea de ce commandement le général le plus habile dans la guerre de montagnes, l'illustre Lecourbe, tenu si longtemps à l'écart depuis le procès de Moreau. Si la Suisse maintenait sa neutralité, Lecourbe irait selon le besoin, ou renforcer le 5ᵉ corps en Alsace, ou le 7ᵉ vers les Alpes. Si on ne le réclamait sur aucun de ces points, il demeurerait en position afin d'observer les débouchés de Bâle et de Poligny.

Après avoir fait ces additions à son plan, Napoléon ordonna d'amener à Paris les régiments qui avaient pris part à la guerre civile (notamment le 10ᵉ de ligne), et les principaux officiers, ceux toutefois qui n'étaient pas irrévocablement compromis. Il voulait les voir, faire sa paix avec eux, et les rallier à sa cause. Il manda le général Grouchy auprès de lui pour le récompenser d'une manière extraordi-

Avril 1815.

Création d'un corps intermédiaire à Béfort entre les Vosges et le Jura, sous les ordres du général Lecourbe.

Appel à Paris de tous les régiments qui ont pris part à la guerre civile.

naire, non pas que ce général eût exécuté rien de bien difficile, mais afin d'apprendre à l'armée que dans les circonstances présentes, le dévouement ne resterait pas sans récompense. Cette courte expédition où l'on n'avait presque pas tiré un coup de fusil, et où le mérite, s'il y en avait un, appartenait au général Gilly, valut au général Grouchy le bâton de maréchal, qui n'avait été donné jusqu'alors que pour des batailles gagnées. Napoléon voulut ainsi encourager le dévouement à sa cause, et en même temps élever à un haut grade un officier habitué à commander les troupes à cheval, afin de préparer un chef à sa réserve de cavalerie, que la mort ou la défection avaient privée successivement de Lasalle, de Montbrun, de Bessières, de Murat. Bientôt, hélas! il devait se repentir de cette faveur excessive, où la raison politique avait été plus écoutée que la raison militaire.

Napoléon faisait bien de s'occuper d'urgence de tout ce qui était relatif à la guerre, car chaque jour éclataient les signes de la haine implacable excitée contre lui en Europe. On a vu qu'à la suite du départ des légations étrangères, il avait dépêché des courriers pour porter des ordres de rappel à nos agents, et les inviter en même temps à déclarer que la France consentait à rester en paix avec les puissances européennes, sur la base des traités existants. Ces courriers, expédiés les 28 et 29 mars, avaient été tous arrêtés aux frontières. Celui qui s'était présenté au pont de Kehl, avait été repoussé par un commandant autrichien qui s'était refusé à le recevoir même sous escorte. Un autre essayant de passer par Mayence, avait été retenu par le commandant prussien, et grossièrement maltraité. Un troisième, acheminé par la Suisse et la Lombardie, n'avait pu franchir les Alpes. C'étaient là des procédés inusités même en guerre, car, ainsi que le disait Napoléon, on fait la guerre pour amener la paix, et jamais pendant les hostilités les plus acharnées on n'a interdit les communications tendantes à mettre un terme à l'effusion du sang. Cette espèce d'excommunication diplomatique, sans exemple, était évidemment personnelle, et faisait suite à l'étrange déclaration du 13 mars.

Avril 1815.

Loin de chercher à cacher l'accueil réservé à ses courriers, Napoléon eut recours à une dernière démarche plus éclatante que toutes les autres, et dont il voulait que l'insuccès fût plus éclatant aussi. L'occasion s'offrait très-naturellement. En remontant sur le trône de France, il était convenable qu'il écrivît aux divers souverains pour leur faire part de son nouvel avénement. Il avait assez souvent correspondu avec eux, comme leur allié ou leur maître, pour qu'il ne pût pas être accusé d'une présomption de parvenu en agissant de la sorte. Il jeta donc lui-même sur le papier quelques lignes, pleines de modération et de dignité, dans lesquelles il déclarait qu'il acceptait les traités existants, et que si ses sentiments étaient partagés par les autres monarques, *la justice assise aux confins des États suffirait désormais pour les garder*. La plupart des souverains se trouvant à Vienne, c'était vers cette capitale qu'il fallait diriger son envoyé, et les convenances exigeaient que pour cette mission il choisît

Refus de recevoir ses courriers.

un de ses aides de camp, car les lettres de souverains n'ont pas ordinairement d'autres messagers pour les porter. Il choisit l'un des plus distingués, des mieux venus, des plus souvent envoyés dans les cours étrangères, le comte de Flahault, et lui confia en outre une lettre particulière pour son beau-père. Si un simple courrier avait été arrêté, il était possible qu'un lieutenant général obtînt plus d'égards.

Arrestation de M. de Flahault à Stuttgard.

Le comte de Flahault partit en effet le 4 avril, franchit le pont de Kehl, ce que n'avaient pu faire les courriers du cabinet, pénétra en Allemagne, et se flattait d'avoir surmonté tous les obstacles, lorsqu'il fut soudainement arrêté à Stuttgard par ordre de la cour de Wurtemberg. On prit ses dépêches, en promettant de les transmettre à Vienne. Un commandant de bâtiment de la marine impériale ne fut guère plus heureux en essayant de franchir le Pas-de-Calais. Expédié en parlementaire à la côte d'Angleterre, il ne fut pas traité en ennemi, mais arrêté dans sa marche. On s'empara de ses dépêches qui furent envoyées à Londres, puis on l'informa qu'elles seraient ouvertes à Vienne, d'où l'on répondrait s'il y avait lieu.

Exaspération des esprits en Europe contre Napoléon.

Pour faire comprendre cette singulière interdiction de tous rapports, il faut maintenant exposer ce qui s'était passé à Vienne à la nouvelle du débarquement de Napoléon sur les côtes de France. En quittant l'île d'Elbe, il avait cru trouver le congrès de Vienne dissous, ou du moins les souverains partis, et leurs ministres demeurés seuls pour terminer de pures questions de rédaction. Ces renseignements

L'ACTE ADDITIONNEL.   347

étaient exacts lorsqu'ils lui avaient été transmis, mais la tardive arrivée du roi de Saxe à Presbourg, la résistance que ce prince avait opposée aux décisions du congrès, les démonstrations militaires de Murat, avaient retenu l'empereur Alexandre et le roi de Prusse, qui n'avaient pas voulu s'éloigner tant qu'il restait une difficulté à résoudre. Aussi quand la nouvelle du débarquement au golfe Juan était parvenue à Vienne, par des avis partis de Gênes, elle avait trouvé les souverains et leurs ministres encore présents, excepté lord Castlereagh remplacé auprès du congrès par le duc de Wellington. Ils étaient tous réunis dans une fête lorsque cette nouvelle se répandit. Elle y produisit la sensation d'un coup de foudre. Qu'on se figure en effet ces potentats, qui après avoir été les uns privés de leurs États par Napoléon, les autres toujours menacés du même sort, étaient tout à coup devenus de vaincus vainqueurs, d'esclaves maîtres, et avaient non-seulement recouvré ce qu'ils avaient perdu, mais accru leurs domaines, ceux-ci de moitié, ceux-là du quart ou du cinquième, qu'on se les figure frappés d'une vision subite, et pouvant se croire reportés à ces terribles années 1809, 1810, 1814, où ils étaient dépouillés, soumis, tremblants, et on comprendra ce qu'ils durent éprouver! Leur premier sentiment fut celui de la terreur, et dans cette terreur ils nous flattèrent, hélas! car ils crurent que onze mois avaient suffi pour refaire les forces épuisées de la France. Ce sentiment fut même assez frappant pour exciter la malice des diplomates anglais qui n'ayant, grâce à l'Océan, presque rien à craindre pour leur patrie,

Avril 1815.

Effet produit à Vienne par la nouvelle de son débarquement.

se moquaient de l'épouvante d'autrui. A cette consternation succéda une violente colère contre les auteurs vrais ou supposés des malheurs qu'on entrevoyait. Tous les esprits, toutes les langues s'en prirent d'abord à l'empereur Alexandre, qui par le traité du 11 avril avait eu l'imprudence d'accorder l'île d'Elbe à Napoléon, et après lui aux Bourbons qui lui avaient rouvert le chemin de la France par leur manière de gouverner. Ce ne fut qu'un cri contre la légèreté d'Alexandre, et contre l'inhabileté des Bourbons. On ajoutait qu'on avait été soi-même bien inhabile de confier à de telles mains le gouvernement de la France.

Alexandre ne pouvait se dissimuler le déchaînement dont il était l'objet, car parmi ceux qui criaient le plus haut se trouvaient les Russes eux-mêmes. Il se défendait en disant que le traité du 11 avril avait été inévitable, qu'à l'époque de sa conclusion personne n'y avait fait d'objection sérieuse, car on voulait se débarrasser à tout prix de Napoléon, disposant encore à Fontainebleau de 70 mille hommes, et pouvant, s'il s'était replié sur le midi de la France, en recueillir 100 mille autres venant des Pyrénées, de Lyon, de l'Italie; que les Bourbons, en refusant d'exécuter le traité, en réduisant Napoléon à l'enfreindre par la privation de son subside, en lui ménageant les voies par leur manière de gouverner la France, étaient les seuls coupables.

— D'ailleurs, ajoutait-il, s'il était l'auteur du mal, il en serait le réparateur, et il emploierait dans cette nouvelle lutte son dernier soldat et son dernier écu. — Il chercha même à couvrir sa confusion par sa

L'ACTE ADDITIONNEL.   349

colère, et à partir de ce jour il fut le moins contenu des coalisés dans son attitude, son langage et sa conduite.

Dans l'état d'exaltation où se trouvaient les membres du congrès, il ne vint à l'esprit d'aucun d'eux de se demander si Napoléon ne reviendrait pas changé, ou du moins modifié par le malheur, et si par exemple il ne serait pas prêt à accepter, non-seulement le traité de Paris, mais le traité de Vienne, auquel cas il n'y aurait qu'une chose à exiger de lui, ce serait la bonne foi. Mais l'idée de Napoléon pacifique, corrigé ou modifié, ne s'offrit à l'esprit de personne. On n'eut devant les yeux que le redoutable capitaine qui avait fait des armées françaises un si terrible usage, qui avait déployé en pleine Europe une ambition follement asiatique, et sur-le-champ la résolution de mourir tous en luttant contre lui, se trouva prise dans ces cœurs que la terreur possédait, car il y a des moments où la peur enfante l'héroïsme! Il n'y eut donc qu'une pensée, une seule, la guerre universelle, sanglante, acharnée, jusqu'à la destruction des uns ou des autres.

Cependant avant de formuler une déclaration, il fallait attendre quelques jours, pour savoir si Napoléon avait réussi (ce dont on doutait peu), s'il avait pris la France pour but de sa tentative (ce dont on doutait encore moins); il fallait enfin être mieux instruit, pour ne pas diriger ses coups dans le vide. En effet, il restait quelque incertitude dans l'esprit de divers personnages sur les desseins de l'évadé de l'île d'Elbe, car dans cette nouvelle tourmente on se renvoyait les uns aux autres, non-seulement

Avril 1815.

homme et son dernier écu.

On ne s'inquiète pas de savoir si Napoléon revient corrigé par le malheur, mais on résout unanimement une guerre de destruction.

la faute de son retour, mais aussi le danger. Ainsi M. de Talleyrand aimait à se persuader que Napoléon avait débarqué au golfe Juan pour se porter par Nice et Tende en Italie. — Ne songez pas à nous, lui dit assez durement M. de Metternich, mais à vous-mêmes. Napoléon, croyez-moi, est sur la route de Paris; probablement il est à Lyon dans le moment où nous parlons, et il sera dans quelques jours aux Tuileries. —

En attendant que ce doute fût éclairci, on alla au plus pressé, et le plus pressé pour ces copartageants de l'Europe, fut de se saisir tout de suite des pays qu'ils s'étaient adjugés, et d'en prendre même les titres à la face de l'ancien dominateur du continent. La première mesure pour parvenir à ce but, était d'obtenir du malheureux roi de Saxe son consentement aux sacrifices exigés de lui. D'après les théories de droit régnantes (théories vraies dans tous les temps, mais alors professées avec affectation) il n'y avait de bien cédé que ce que le cédant *abandonnait lui-même, de sa libre et pleine volonté*. Il fallait dès lors que le roi de Saxe consentît à l'abandon des provinces convoitées par la Prusse, après quoi la Prusse céderait à la Russie ce que celle-ci désirait en Pologne, cette dernière à son tour ferait à l'Autriche les abandons convenus, et toute la série des mutations stipulées, sacrifices pour les uns, agrandissements pour les autres, s'ensuivrait naturellement.

On fit choix des trois plénipotentiaires qui avaient défendu le roi de Saxe, et on les lui dépêcha à Presbourg. Ce furent M. de Talleyrand pour la France,

M. de Metternich pour l'Autriche, lord Wellington pour l'Angleterre. Ils se rendirent à Presbourg, où Frédéric-Auguste avait été transporté, et le trouvèrent résolu à résister, et fort peu touché des services qu'ils disaient lui avoir rendus. Plusieurs jours de vives instances n'ayant amené aucun résultat, les trois diplomates déclarèrent au roi de Saxe que s'il ne souscrivait pas formellement aux décisions du congrès, la Prusse ne se mettrait pas moins en possession des provinces saxonnes qui lui avaient été attribuées, tandis que lui n'entrerait point en possession de celles qui avaient été laissées à la couronne de Saxe, et qu'il resterait prisonnier de la coalition.

Ce prince infortuné, sans céder à ces menaces, inspira cependant aux trois négociateurs la conviction qu'il ne ferait pas longtemps attendre son consentement. Ils retournèrent ensuite à Vienne, pour conclure les derniers arrangements. On mit d'accord la Bavière et l'Autriche relativement au pays de Salzbourg, et il n'y eut plus dès lors pour tous les souverains qu'à prendre les titres de leurs nouveaux États. L'empereur Alexandre prit sur-le-champ les titres d'empereur de toutes les Russies et de roi de Pologne, le roi Frédéric-Guillaume, ceux de roi de Prusse, de grand-duc de Posen, de duc de Saxe, de landgrave de Thuringe, de margrave des deux Lusaces, etc. Outre le titre d'empereur d'Autriche, qu'il avait substitué à celui d'empereur d'Allemagne en 1806, l'empereur François prit celui de roi d'Italie, et constitua par un acte solennel, publié immédiatement au delà des

Avril 1815.

de l'amener à céder.

Les souverains prennent tout de suite les titres de leurs nouveaux États.

Avril 1815.

Alpes, le royaume Lombardo-Vénitien, qui devait se composer des provinces italiennes depuis le Tessin jusqu'à l'Isonzo. Dans cet acte on accorda aux Italiens, comme on l'avait fait pour les Polonais, la consolation de former un royaume séparé. Le roi de Sardaigne, à qui Gênes avait été cédée, le roi des Pays-Bas dont les États avaient été doublés par l'adjonction de la Belgique, se revêtirent des titres de leurs nouveaux États, avec les qualifications qui en résultaient. Ainsi en quelques jours tous les souverains eurent soin de se nantir de leurs acquisitions, pour que la guerre qui était résolue ne pût rien changer à leurs positions, sinon de les rendre définitives dans le cas où cette guerre serait heureuse.

Tandis que chacun s'occupait de ses intérêts, on connut enfin le 12 mars l'entrée triomphale de Napoléon à Grenoble, et il ne fut plus possible de douter ni de la nature, ni du succès de ses desseins. On s'assembla sur-le-champ, et on laissa à M. de Talleyrand l'initiative des propositions à présenter au congrès. Personne ne songeait à lui contester la qualité de représentant de Louis XVIII, ni à son souverain celle de roi de France, bien qu'on fût assez mécontent des Bourbons. Mais ne voulant, dans l'intérêt commun, admettre à aucun prix la restauration de Napoléon et de sa famille, il fallait nécessairement s'en tenir aux Bourbons, comme à la seule dynastie possible. Quant à M. de Talleyrand lui-même, bien qu'il eût aussi ses mécontentements personnels contre la cour de France, il reconnaissait ainsi que le congrès tout entier et par les mêmes raisons, la nécessité de s'en tenir aux Bourbons,

L'ACTE ADDITIONNEL.   353

et il était trop engagé d'ailleurs envers eux pour hésiter. Sachant que le meilleur moyen de nuire à Napoléon aux yeux de la France épuisée par vingt-deux ans de guerre, c'était de le lui montrer comme irréconciliable avec l'Europe, il imagina de faire reproduire purement et simplement par le congrès l'ordonnance de Louis XVIII du 6 mars, et de traiter Napoléon comme un malfaiteur qui, ayant rompu son ban, devait être mis à mort sur-le-champ, sa seule identité constatée. Le procédé était étrange à l'égard d'un homme qui avait régné avec tant d'éclat et de durée, mais l'irritation était telle qu'on ne regardait ni aux actes, ni à leur forme. M. de Talleyrand proposa donc de déclarer que Napoléon Bonaparte ayant violé la convention du 11 avril, et *détruit ainsi le seul titre légal sur lequel reposait son existence*, devait être mis hors la loi des nations, et traité en conséquence, s'il était pris. La générosité d'Alexandre, la modération de l'Autriche, auraient eu quelque chose à objecter à un procédé pareil, mais la colère chez Alexandre, chez l'Autriche la crainte de se rendre suspecte, étouffaient toute objection, et sauf la suppression d'un ou deux termes trop odieux la déclaration fut adoptée, datée du 13 mars, et envoyée par courrier extraordinaire à Strasbourg, pour être publiée le long de nos frontières, afin de rendre à la cause royale, s'il en était temps encore, le service de faire connaître à la France l'implacable inimitié de l'Europe contre Napoléon.

On passa ensuite quelques jours à attendre des nouvelles, tantôt admettant la certitude du succès

Avril 1815.

Comment avait été faite la déclaration du 13 mars, qui mettait Napoléon hors la loi des nations.

Moyen qui agissent sur chacune

TOM. XIX.   27

de Napoléon, tantôt doutant de ce succès à la moindre lueur d'espérance, et pendant ces quelques jours on ne songea qu'à la guerre immédiate et acharnée, la Prusse par recrudescence de toutes ses haines, la Russie par colère d'avoir été dupe de sa générosité, l'Angleterre par peur de voir lui échapper ses immenses avantages, l'Autriche par froide conviction de ne pouvoir éviter la lutte, et crainte d'inspirer des défiances à ses alliés. Cette dernière puissance, quoique n'ayant pas moins à perdre que les autres, voyait seule la situation avec un peu de calme, grâce au sang-froid de l'empereur François et du prince de Metternich. Elle n'était pas éloignée de croire que Napoléon offrirait tout d'abord d'accepter les traités de Paris et de Vienne; elle admettait même qu'éclairé par l'expérience, il se résignerait aux pertes territoriales de la France, et que, couvert des gloires de la guerre, il songerait à se procurer celles de la paix, et à joindre un rameau d'olivier aux innombrables lauriers qui ombrageaient son front. Mais elle n'en était pas assurée. Il était possible aussi qu'inconsolable d'avoir perdu par sa faute la grandeur de la France, il commençât par prendre quelque repos, et par en laisser prendre à la France, que de la sorte il donnât à l'union européenne le temps de se dissoudre, et que ses forces militaires refaites, celles de ses adversaires diminuées ou dispersées, il recommençât la lutte pour revenir sinon aux traités de Tilsit et de Vienne, du moins à ceux de Campo-Formio et de Lunéville. Cette seconde supposition égalait bien la première en vraisemblance, et fût-elle moins fondée, dans le doute il valait mieux

sion. Ils n'avaient pas besoin, hélas! de tant de ressources pour triompher du caractère de cette princesse. Elle était déjà rendue non pas seulement aux volontés de son père, ce qui eût été excusable, mais aux volontés d'un dominateur qui avait pris le plus grand empire sur elle, le comte de Neiperg, devenu son guide, son défenseur, son unique ami. Dans son isolement et sa faiblesse, elle n'avait su résister ni aux soins, ni aux avantages personnels du comte, et avait oublié complétement ce qu'elle devait à son rang, à ses devoirs, à sa douloureuse mais glorieuse destinée. Un moment, en apprenant les premiers succès de Napoléon, elle avait été vivement émue, et comme saisie d'une sorte de regret. Mais bientôt songeant aux chaînes autrichiennes qu'il aurait fallu briser, songeant surtout à ses torts, elle avait préféré la vie tranquille, opulente et libre qui l'attendait à Parme, à tous les hasards d'une carrière orageuse, lesquels étaient fort au-dessus de son courage. Il faut ajouter, pour ne pas calomnier cette princesse, que si elle était épouse faible, elle était mère excellente, et très-sensée quoique peu spirituelle; que si elle croyait au génie de son mari, elle se défiait de sa prudence, et doutait fort de son maintien définitif sur le trône; qu'elle craignait en retournant auprès de lui de compromettre le patrimoine de son fils sans lui assurer la couronne de France, et que faisant la destinée de ce fils d'après ses goûts, elle aimait mieux lui ménager un patrimoine certain en Italie, qu'une grandeur chimérique en France : calcul sans élévation, mais non sans justesse, ainsi que les événements le prouvèrent bientôt.

L'empereur François et M. de Metternich la trouvèrent donc toute persuadée, et entièrement résignée aux conditions de leur politique, au prix bien entendu du grand-duché de Parme. Ces conditions étaient qu'elle ne quitterait point Vienne, qu'elle remettrait provisoirement son fils à l'empereur François, que toutes les communications reçues de son époux, directement ou indirectement, seraient aussitôt transmises par elle au cabinet autrichien, qui les déposerait cachetées sur la table du congrès. Elle accepta ces conditions, bien qu'humiliantes; elle livra son fils à l'empereur François, qui avait d'ailleurs pour cet enfant la plus tendre affection, et ce qui était moins excusable encore, elle livra les lettres que Napoléon lui avait adressées par toutes les voies. Pourtant, afin d'agir avec une certaine franchise, elle eut une explication avec M. Meneval, resté auprès d'elle, et demeuré serviteur fidèle de Napoléon. Elle lui dit qu'elle ne retournerait point en France, que n'ayant pas rejoint son époux vaincu et prisonnier, elle ne le rejoindrait pas victorieux et rétabli sur le trône; que fatiguée d'agitations elle voulait se renfermer dans la vie privée, se consacrer à son fils, et lui préparer un avenir modeste et assuré. M. Meneval lui ayant objecté que le duché de Parme, constitué d'abord héréditaire, n'était plus constitué qu'à titre viager, elle répondit qu'elle n'avait pu obtenir davantage, que c'était fort regrettable sans doute, mais que ce duché lui permettrait en faisant de sages économies, d'assurer en vingt ans une grande fortune à son fils, ce qu'elle ne pourrait pas comme simple

Avril 1815.

On lui assure le duché de Parme, et on obtient ainsi son entière soumission.

Explications données par Marie-Louise à M. Meneval pour qu'il les transmette à Napoléon.

archiduchesse; qu'il aurait de plus en Bohême des fiefs considérables, accordés en dédommagement de l'hérédité du duché de Parme; qu'il serait archiduc et riche archiduc, ce qui n'était pas commun en Autriche; qu'elle lui préparait donc le bonheur, suivant sa manière de le comprendre; qu'elle n'avait été dans tout cela que mère, et mère selon ses idées, mais mère aussi tendre que dévouée. — Ainsi parlait et pensait très-sincèrement l'épouse de Napoléon, non pas celle qu'il avait prise dans la condition privée, mais celle qu'il avait demandée au sang des Césars! M. Meneval en écoutant ce langage inclina la tête avec douleur, sans ajouter un seul mot, et en laissant voir sans l'exprimer sa respectueuse improbation.

Par suite de ces résolutions le fils de Napoléon fut enlevé à sa mère, et transporté malgré ses plaintes enfantines au palais de son grand-père, qu'il ne devait plus quitter. Les lettres parvenues par M. Meneval et par M. de Bubna à Marie-Louise, furent déposées sur la table du congrès, l'Autriche mettant le plus grand soin à prouver à ses alliés qu'il n'existait entre elle et Napoléon aucune entente secrète. Au prix de cette soumission Marie-Louise obtint que toutes les cours lui garantissent la souveraineté viagère des duchés de Parme et de Plaisance.

Bientôt à ces lettres s'en joignirent d'autres, dont on s'était promis à Paris l'effet le plus heureux, et qui causèrent un effet tout contraire à Vienne. Le courrier expédié au prince Eugène par son intendant, et qui était chargé de lettres de la reine Hortense pour son frère, pour Marie-Louise, et pour divers grands personnages, avait été arrêté; les dépêches dont il était porteur avaient été déposées également sur la table du congrès. La lecture de ces lettres produisit sur l'empereur de Russie en particulier une sensation des plus défavorables. Alexandre, qui ne faisait rien avec mesure, n'avait pas quitté à Paris la maison de la reine Hortense, et à Vienne le bras du prince Eugène, dans la compagnie duquel il se promenait tous les jours. Il avait procuré à la reine Hortense le duché de Saint-Leu, et il avait voulu, sans y réussir, ménager une petite souveraineté au prince Eugène. Dans l'état d'émotion où venait de le jeter le retour de Napoléon, il se persuada que le frère et la sœur avaient été dans le secret de l'expédition de l'île d'Elbe, qu'il avait donc été trompé par eux, et il s'abandonna à une colère à la fois sincère et affectée, car il était plus commode pour son amour-propre de paraître trahi que dupe. En conséquence il ne parla de rien moins que de faire arrêter le prince Eugène, et de le constituer prisonnier. Après un peu de réflexion, et aussi après quelques explications du prince lui-même, il se contenta de sa promesse de ne pas quitter Vienne, et à cette condition il lui laissa sa liberté.

Toutes ces lettres prouvaient, ce qu'il était facile de prévoir, que Napoléon n'avait été ni tué ni arrêté en route, qu'il n'avait pas en représailles essayé de tuer les Bourbons, mais qu'il les avait expulsés de France, et qu'il était remonté sur le trône en promettant la paix et le respect des traités. Mais peu

Avril 1815.

importait aux princes réunis à Vienne que Napoléon se montrât cruel ou généreux, qu'il arrivât corrigé ou non corrigé par les événements, pacifique ou belliqueux, libre ou lié par de nouvelles institutions : les moins prévenus étaient convaincus qu'une fois rétabli sur le trône, les forces de la France refaites, celles de la coalition dispersées, il essayerait de reprendre au moins les frontières de la France, et il faudrait alors que les uns rendissent la moitié du royaume des Pays-Bas, les autres une moitié de la Pologne, de la Saxe, de l'Italie. Il n'y avait donc pas à hésiter, et l'orgueil parlant comme la prévoyance, il fallait profiter de ce que les forces de la France n'étaient pas refaites, de ce que celles de l'Europe n'étaient pas dispersées, pour détruire tout de suite l'homme formidable qui était venu mettre en question la domination qu'on exerçait sur l'Europe, et le partage léonin qu'on en avait fait à Vienne.

Les souverains informés de l'entrée de Napoléon à Paris, renouvellent l'alliance de Chaumont par le traité du 25 mars.

Aussi dès qu'on fut un peu plus renseigné, on passa de la première et violente déclaration du 13 mars à des actes plus pratiques et plus redoutables, quoique moins sauvages dans la forme. On résolut la guerre immédiate par un traité qui renouvelait purement et simplement l'alliance de Chaumont. Cette alliance stipulait, comme on s'en souvient, que chacune des quatre puissances coalisées tiendrait 150 mille hommes sur pied, jusqu'à ce que le but de l'alliance eût été pleinement atteint. Ce contingent était loin d'indiquer tous les efforts qu'on voulait faire pour détruire Napoléon, car il était bien entendu que chacune des puissances, formellement obligée à fournir au moins le nombre

L'ACTE ADDITIONNEL. 361

d'hommes stipulé, emploierait en outre toutes ses
ressources au triomphe de la cause commune. Il
était convenu qu'on s'entendrait comme par le passé
sur la direction des armées coalisées, qu'on ne ferait rien les uns sans les autres, et surtout qu'on
n'écouterait aucune parole de l'ennemi sans la renvoyer à la coalition, autorisée seule à négocier et à
répondre. Il résultait encore de ce traité que l'Angleterre recommencerait à fournir les 6 millions sterling
de subsides qu'elle avait promis pendant la durée
de la guerre, et de plus un dédommagement en
argent pour tout ce qui manquerait aux 150 mille
hommes formant son contingent.

Avril 1815.

Pour elle donc l'engagement était sinon plus grave
au moins plus onéreux ; mais on servait tellement
ses haines et ses intérêts dans une guerre de cette
nature, que les puissances alliées ne se regardaient
pas comme ses obligées en acceptant son argent.
Seule elle n'était représentée à Vienne ni par un souverain ni par un premier ministre, car lord Castlereagh lui-même était reparti pour Londres. Mais
celui qui remplaçait lord Castlereagh, lord Wellington, s'appuyant sur ses grands services et sur
sa popularité en Angleterre, ne redoutait pas la
responsabilité. Bien qu'il n'eût reçu aucune instruction (le temps écoulé ne l'avait pas permis), il n'hésita pas à prendre son parti. Il jugea qu'il valait
la peine de recommencer la guerre pour maintenir
l'état de choses que l'Angleterre venait de faire établir en Europe; il espérait confusément accroître sa
gloire dans cette nouvelle guerre, et il ne craignit
pas d'engager son gouvernement, certain que per-

Lord
Wellington,
présent
à Vienne,
signe le traité
sans y être
autorisé par
son gouvernement.

Avril 1815.

Le protocole du 25 mars laissé ouvert pour toutes les puissances qui voudront y adhérer

sonne n'oserait le désavouer en Angleterre, quoi qu'on pût penser de sa conduite. Il signa donc sans la moindre objection, et fut même provocateur plutôt qu'entraîné dans la conclusion des nouveaux arrangements.

Le représentant de la France aurait désiré figurer comme partie à ce traité, pour mieux assurer la situation des Bourbons, car il s'était aperçu qu'on leur en voulait beaucoup de leur inhabileté, et que si on était tout à fait d'accord sur la nécessité de renverser Napoléon, on l'était un peu moins sur la manière de le remplacer. Très-animé pour la cause des Bourbons, perdant même en cette occasion le sens juste des convenances dont il était doué à un si haut degré, M. de Talleyrand ne s'aperçut pas de ce qu'aurait de révoltant la signature du plénipotentiaire français au bas d'un traité dont l'objet était une guerre à outrance à la France. Il demandait donc à signer, mais ses coopérateurs lui épargnèrent cette inadvertance, par un motif à eux personnel. Les souverains alliés ne voulaient pas aux yeux de leurs peuples, surtout aux yeux du peuple anglais, paraître recommencer la guerre pour le rétablissement des Bourbons, et tenaient à se montrer uniquement occupés de l'intérêt européen. En conséquence ils décidèrent qu'ils seraient seuls contractants principaux, en accordant toutefois que les autres puissances seraient admises à adhérer. Le traité dont il s'agit, portant renouvellement de l'alliance de Chaumont, fut daté du 25 mars, et expédié immédiatement à Londres pour y recevoir l'adhésion britannique. Jusque-là il demeura secret,

L'ACTE ADDITIONNEL.   365

non pas précisément dans son contenu, mais au moins dans ses termes.

Le but et les moyens étant bien déterminés, on s'occupa de l'emploi à faire de ces moyens. Il y eut des conférences militaires chez le prince de Schwarzenberg, auxquelles l'empereur Alexandre voulut absolument assister. Le prince de Schwarzenberg pour l'Autriche, l'empereur Alexandre et le prince Wolkonsky pour la Russie, M. de Knesebeck pour la Prusse, le duc de Wellington pour l'Angleterre, discutèrent le plan de campagne. On aurait bien désiré commencer les hostilités tout de suite, et le plus animé de ce désir était le duc de Wellington, qui affichait déjà la prétention de jouer le rôle le plus important dans cette campagne. Mais afin d'agir à coup sûr on décida qu'il ne serait rien entrepris avant l'entrée en ligne de forces considérables, de manière que chacune des armées coalisées pût se soutenir par elle-même devant l'ennemi commun. On partagea les forces de la coalition en trois colonnes principales. La première était destinée à opérer en Italie, où les Autrichiens supposaient que Murat agissait d'accord avec Napoléon. Dans leur zèle pour tout ce qui regardait cette contrée, les Autrichiens se proposaient d'y consacrer 150 mille hommes. Cette portion des forces coalisées avait ordre, Murat repoussé, de se porter par le mont Cenis en Savoie.

Les deux autres colonnes devaient avoir la France pour théâtre d'opération, et Paris pour but. L'une se présentant par l'Est, de Bâle à Mayence, devait se composer d'Autrichiens, de Bavarois, de Ba-

Avril 1815.

Conférences chez le prince de Schwarzenberg pour arrêter le plan de campagne.

Division de la coalition en trois masses, dont une doit agir en Italie, et deux en France.

Les deux masses dirigées contre la France doivent opérer l'une dois, de Wurtembergeois, de Hessois, de Russes, et s'élever à 200 mille hommes. Cette colonne de l'Est ne pouvait agir offensivement que lorsque le contingent russe de 80 mille hommes, obligé de traverser la Gallicie, la Bohème, la Franconie, serait arrivé sur le Rhin, ce qui était impossible avant le milieu ou la fin de juin.

La dernière colonne enfin, et la première en importance, devait agir par le Nord. On aurait voulu la composer des Anglais, des Belges, des Hanovriens, des Allemands du Nord, surtout des Prussiens, et la placer sous les ordres du duc de Wellington, dans la prudence duquel on avait une entière confiance. En ce cas la colonne du Nord aurait pu monter à 250 mille combattants, ce qui eût complété les 600 mille hommes de troupes actives qu'on se flattait de réunir, sans compter les réserves russes, autrichiennes, allemandes, qui porteraient la masse totale des coalisés à 750 ou 800 mille hommes. Les Prussiens, chez qui la haine faisait taire l'orgueil, auraient accepté volontiers le commandement du duc de Wellington, mais l'amour-propre de Blucher faisait obstacle à cette disposition. On s'y prit donc avec adresse pour vaincre cette difficulté. Il fut décidé que les Hollando-Belges devant fournir au moins 40 mille hommes, et ayant à cette guerre un intérêt hors ligne, seraient placés sous les ordres du duc de Wellington, malgré le mérite et le juste amour-propre du brillant prince d'Orange, fils du nouveau roi des Pays-Bas. Les Hanovriens, les Brunswickois, ne pouvaient avoir aucune répugnance à servir sous le généralissime

L'ACTE ADDITIONNEL.   265

britannique. Lord Wellington aurait ainsi 40 mille
Hollando-Belges, environ 20 mille Allemands du
Nord, et s'il y ajoutait 60 mille Anglais, il devait
réunir sous sa main une masse de 120 mille soldats, sans compter 12 ou 15,000 Portugais qu'il
espérait obtenir de la cour de Lisbonne. Il n'attendait rien de l'Espagne. Toutefois il n'était pas
sage de se présenter devant Napoléon avec 120 mille
combattants; mais on pensait que Blucher, dans son
ardeur, ne voudrait pas laisser à lord Wellington la
gloire d'être le premier en ligne, qu'il se porterait
en avant avec 100 ou 120 mille Prussiens, que sa
passion de combattre le rendrait docile, qu'il se
placerait alors, sans en convenir expressément, non
pas sous les ordres mais sous la direction du général
anglais, que lord Wellington aurait ainsi 240 mille
hommes à sa disposition, que cette masse partant du
Nord, tandis que celle du prince de Schwarzenberg
partirait de l'Est, on ferait comme on avait fait en
1814, et que se poussant les uns les autres sur Paris,
on finirait encore une fois par y étouffer Napoléon
dans les cent bras de la coalition. Une seconde armée russe suivant la première sous Barclay de Tolly,
les réserves prussiennes devant bientôt rejoindre Blucher, on avait encore 150 mille hommes à porter en
ligne, et on ne doutait pas avec 600 mille combattants d'accabler Napoléon, à qui on n'en supposait
pas plus de 200 mille dans l'état d'épuisement où
était la France.

Ces calculs un peu exagérés, mais fort rapprochés
de la vérité, furent adoptés comme tout à fait exacts,
et le plan dont il s'agit fut immédiatement adopté.

Avril 1815.

Lord
Wellington
chargé
de diriger
la masse
qui doit opérer
par le Nord.

Moyens
employés
pour amener
l'amour-pro-
pre de Blucher
à supporter
la direction
de lord
Wellington.

Les troupes autrichiennes destinées à l'Italie étaient déjà en marche, car il n'y avait pas besoin d'exciter à cet égard le zèle du cabinet de Vienne. Il fut convenu que la seconde armée autrichienne serait aussi promptement que possible dirigée sur Bâle, que les Bavarois qui avaient déjà près de 30 mille hommes, se hâteraient d'en réunir 50 mille; que les Wurtembergeois, les Badois, les Hessois, seraient également stimulés, que l'Angleterre serait priée, en sus de ses largesses financières envers les grandes puissances, d'accorder quelque secours aux coalisés du second ordre, et que l'Angleterre, les Pays-Bas ne perdraient pas un jour pour rassembler une première masse de forces capable de tenir tête à Napoléon, s'il devançait l'époque présumée des hostilités, c'est-à-dire le milieu de juin. Le duc de Wellington voulut même partir sur-le-champ pour donner quelque consistance aux troupes belges, hollandaises, hanovriennes, allemandes, concentrées dans les Pays-Bas. Il voulait aussi, en se transportant plus près de Londres, soutenir le courage de son gouvernement, et faire ratifier les engagements qu'il avait pris sans y être autorisé. On le chargea en même temps de donner quelques conseils aux Bourbons, retirés en Belgique, et on lui souhaita bonne chance dans la nouvelle lutte qui allait commencer. Les souverains se décidèrent à rester à Vienne jusqu'à l'arrivée de leurs troupes qu'ils pressaient de toutes les manières, résolus dès qu'elles seraient en ligne de suivre le quartier général du prince de Schwarzenberg, ainsi qu'ils avaient fait pendant la campagne de 1814.

L'ACTE ADDITIONNEL.

Sur ces entrefaites, M. de Montrond, chargé d'une mission secrète, était heureusement parvenu à Vienne, grâce à son adresse, à son audace et à des déguisements de toute sorte. Sa première visite fut pour M. de Talleyrand, avec qui le liait la plus ancienne familiarité. Il avait trop de sagacité pour ne pas découvrir tout de suite combien ce grand personnage était engagé dans la cause des Bourbons, et il était aussi trop avisé pour tenter des efforts inutiles. Il s'arrêta donc dès qu'il vit à quel point M. de Talleyrand avait pris son parti, mais il voulait savoir si les autres légations, moins intéressées que celle de France dans la question de dynastie, seraient aussi absolues que M. de Talleyrand. Il aborda M. de Nesselrode, essaya de lui montrer à lui comme aux autres, que la révolution du 20 mars répondait à des passions très-vives en France, nonseulement dans l'armée, mais dans le peuple des villes et des campagnes, que Napoléon trouverait beaucoup de bras à son service, et que la lutte avec lui serait fort redoutable; qu'il fallait donc en apprécier la difficulté avant de la braver, et que si les Bourbons étaient le véritable but de cette lutte, ce but ne valait peut-être pas les efforts qu'on tenterait pour l'atteindre. M. de Montrond avait assez d'esprit, et était assez connu des diplomates auxquels il s'adressait, pour qu'ils fussent en quelque sorte obligés d'entrer en explication avec lui. Tout en tenant compte de ses renseignements, ils ne parurent ni surpris ni découragés. Ils lui dirent qu'à Vienne on ne se faisait pas illusion sur la gravité de cette lutte, mais qu'on était résolu à la poursuivre jusqu'à son

Avril 1815.

Sur ces entrefaites, M. de Montrond arrive à Vienne pour y remplir la mission secrète dont il est chargé.

Il trouve les diplomates quelquefois contre Napoléon, mais toujours unanimes pour les Bourbons.

dernier terme, c'est-à-dire jusqu'à la chute de Napoléon; que pour ce qui le concernait il y avait un parti pris irrévocable, mais que relativement à ses successeurs, tout en préférant les Bourbons, les alliés étaient prêts à faire ce qui serait jugé le plus convenable.

Avril 1815.

M. de Montrond, après avoir reconnu l'impossibilité d'agir pour Napoléon, fait une tentative en faveur de Marie-Louise.

Cet envoyé singulier de Napoléon, devenu subsidiairement envoyé de M. Fouché, voulut voir s'il y aurait chance pour la régence de Marie-Louise. Mais il trouva l'Autriche entièrement contraire à cette régence, les autres puissances également, et dans le désir de savoir ce que cette princesse pensait elle-même, il chercha à pénétrer dans les jardins de Schœnbrunn. Il s'y présenta comme amateur de fleurs, parvint à entretenir M. Meneval sans donner d'ombrage à la police autrichienne, lui dit que si Marie-Louise voulait mettre l'étiquette de côté et se confier à lui, il la transporterait elle et son fils à Strasbourg, et garantissait même le succès de cet enlèvement. M. Meneval lui apprit alors que Marie-Louise était pour sa propre régence aussi froide que les souverains réunis à Vienne, et n'avait de passion que pour le nouvel avenir qu'elle s'était ménagé, et dans lequel son fils ne jouait pas le seul rôle. M. de Montrond n'insista point, remit fidèlement les lettres dont il était porteur, prit les réponses qu'il était résolu à remettre tout aussi exactement, et avant de partir, voyant que Napoléon était impossible (à moins de succès extraordinaires), et Marie-Louise hors de la pensée de toutes les cours, il s'efforça de savoir si un prince auquel il était personnellement attaché, et dont il avait partagé l'exil en Sicile,

Il est repoussé par tout le monde, même par cette princesse.

Coup de sonde pour savoir si le duc d'Orléans

L'ACTE ADDITIONNEL.

M. le duc d'Orléans, ne conviendrait pas au bon sens pratique des coalisés. Il trouva l'Angleterre toujours très-zélée pour la personne de Louis XVIII, l'Autriche opiniâtrement attachée au principe de la légitimité, la Prusse indifférente à tout ce qui n'était pas la chute de Napoléon, et la Russie seule, dans la personne de son souverain, inclinant à un changement de dynastie en France au profit de la branche cadette de la maison de Bourbon. Cette vérification terminée, M. de Montrond quitta Vienne sans avoir trahi celui dont il était l'émissaire, l'ayant peu servi parce qu'on ne pouvait rien pour lui, ayant tenté quelque chose pour le prince qu'il chérissait, et du reste décidé à dire à Paris l'exacte vérité, pour laquelle il avait le penchant qu'elle inspire toujours aux esprits supérieurs. Il se chargea d'une longue lettre de M. Meneval, dans laquelle ce fidèle serviteur conservant le respect dont il ne s'écartait jamais, donnait à M. de Caulaincourt sur Marie-Louise et sur la cour de Vienne des détails qu'il importait de ne pas laisser ignorer à Napoléon. M. de Montrond se hâta de retourner à Paris pour apporter le plus tôt possible les renseignements qu'il avait eu l'art de se procurer.

Nous ne connaîtrions pas suffisamment l'état de l'Europe, si, nous bornant à considérer ce qui se passait à Vienne, nous n'arrêtions un moment nos regards sur ce qui se passait à Londres à cette même époque. Bien qu'on se fût conduit à Vienne comme gens qui n'étaient pas changés et qui portaient à Napoléon une haine implacable, en Angleterre, sans vouloir abandonner aucun des avantages acquis, on était cependant sensiblement modifié. Assurément l'intérêt est l'un des mobiles de l'Angleterre, comme de toute nation, quelque éclairée qu'elle soit; mais le sentiment du droit, la sympathie pour les opprimés (ceux, il est vrai, qu'elle n'opprime pas elle-même), l'imagination, l'amour du grand, jouent aussi un rôle dans ses résolutions, et l'on méconnaîtrait l'un des traits remarquables du caractère britannique si on ne tenait compte de ces diverses dispositions. Il est certain que sans être devenue amie ni de Napoléon ni de la France, la Grande-Bretagne n'éprouvait plus les passions ardentes qui l'animaient un an auparavant. L'ivresse du triomphe calmée, elle s'était livrée aux jouissances de la paix, et elle repaissait son imagination de perspectives commerciales magnifiques. Les onze ou douze mois de repos dont elle venait de jouir lui avaient permis de répandre ses marchandises dans le monde entier, et elle avait fort apprécié une liberté de communications si profitable à son industrie. Les courtes réflexions qu'elle avait eu le temps de faire lui avaient révélé aussi toute l'étendue des charges résultant de la dernière guerre, et elle avait pu aisément se convaincre que si cette guerre lui avait beaucoup rapporté, elle ne lui avait pas moins coûté. Sa dette triplée et arrivée jusqu'à absorber la moitié de son revenu, l'*income-tax*, si odieux par la forme et le fond, devenu pour ses finances un besoin permanent, étaient des compensations assez lourdes de ses acquisitions dans les deux hémisphères. Ce qu'on appelait le *commissariat* (c'est-à-dire l'administration ambulante à la suite

L'ACTE ADDITIONNEL. 371

des armées ; avait laissé en Espagne des dettes considérables, et tout récemment en avait contracté en Amérique qu'il était urgent d'acquitter. Dans cette situation, recommencer la guerre n'était du goût de personne. D'ailleurs pourquoi, et pour qui la recommencer? S'il s'agissait des avantages acquis, Napoléon annonçait la résolution de maintenir la paix sur la base des traités de Paris et de Vienne, et si à la vérité on pouvait douter de sa parole, on avait dans son intérêt même une assez grande garantie de sincérité. En outre son désir de complaire à l'Angleterre était attesté par l'empressement qu'il avait mis à abolir la traite des noirs (Napoléon, en effet, venait de prononcer spontanément cette abolition). Ne sachant pas pourquoi on ferait la guerre, on en était à se demander pour qui ? Évidemment c'était pour les Bourbons, et contre Napoléon. Or les Bourbons avaient perdu beaucoup dans l'esprit des Anglais, et Napoléon avait gagné quelque chose.

Avril 1815.

Les Bourbons avaient perdu, et Napoléon avait gagné quelque chose dans l'esprit des Anglais.

Le compliment de Louis XVIII au prince régent avait certainement flatté l'Angleterre, mais elle avait conçu du gouvernement des Bourbons une opinion assez sévère. Tandis qu'elle avait trouvé odieux celui de Ferdinand VII en Espagne, elle avait jugé celui de Louis XVIII en France maladroit, peu éclairé, et fait pour attirer à sa famille la catastrophe qui l'avait frappée. S'armer en faveur des Bourbons, et dans le but d'imposer à la France un gouvernement dont l'Angleterre n'eût pas voulu pour elle-même, n'avait paru à personne une conduite sensée. Quant à Napoléon il avait gagné tout ce qu'avaient perdu dans l'estime générale les souverains réunis à Vienne.

Causes de changement survenu dans la manière

Avril 1815.

de penser des Anglais

Ce qu'on lui avait le plus reproché c'était son ambition insatiable et subversive. Or les Anglais avaient vu avec une vive improbation l'abandon de la Pologne à Alexandre, le démembrement de la Saxe au profit de la Prusse, l'annexion de Venise à l'Autriche, de Gênes au Piémont, et sans se demander si tous ces sacrifices n'étaient pas la suite forcée des arrangements auxquels ils tenaient le plus, sans se demander si ce qu'ils blâmaient tant chez les autres ils ne le faisaient pas eux-mêmes, ils avaient dit que ce n'était pas la peine de réprouver l'ambition de la France pour l'égaler au moins. De plus comme les Anglais sont doués d'une forte imagination, le retour merveilleux de l'île d'Elbe avait rendu à Napoléon tout son prestige. Ce retour avec l'assentiment apparent de la France l'avait placé sous la protection d'un principe qui est fondamental en Angleterre, et qu'ils avaient soutenu depuis vingt-cinq ans contre leurs divers ministères, celui du *gouvernement de fait*. En de telles circonstances, recommencer une lutte acharnée, perpétuer l'*income-tax* dont on avait espéré s'affranchir, ajouter de nouvelles charges à une dette déjà écrasante, se fermer les voies du commerce à peine rouvertes, se jeter enfin dans les souffrances de la guerre quelques mois après s'en être délivré, et tout cela pour des princes peu capables, contre un prince trop capable sans doute, mais sans se donner le temps de savoir s'il ne revenait pas corrigé par le malheur, paraissait aux masses impartiales une conduite déraisonnable, inspirée par les préjugés invétérés de l'école de M. Pitt.

Le cabinet

Le cabinet anglais sentait le changement survenu dans l'opinion publique, et s'il eût été présent à Vienne, il ne se serait pas engagé aussi facilement que le duc de Wellington. Lord Liverpool et M. Vansittart, qui n'étaient certainement pas des amis de la France, répugnaient fort à s'engager dans une nouvelle guerre, et quant à lord Castlereagh, s'il était dominé par les liaisons qu'il avait contractées sur le continent, il n'en était pas moins comme ses collègues inquiet de l'état des esprits en Angleterre, et il sentait le besoin de les ménager. L'émigration française accourue à Londres cherchait à combattre ces dispositions chez les ministres britanniques. Le duc de Feltre, envoyé par Louis XVIII, leur avait communiqué non-seulement les notions qu'il devait à une longue pratique de l'administration impériale, mais les documents les plus nouveaux, les plus positifs, qu'il s'était procurés au moyen de ses récentes fonctions ministérielles. Il s'était attaché à les rassurer sur le danger de la guerre, en leur prouvant que la France, lorsqu'il avait quitté Paris le 19 mars, n'avait pas 180 mille hommes sous les armes, qu'elle n'aurait pas pu en réunir 50 mille sur un même point, et que Napoléon, avec toute l'activité imaginable, ne parviendrait pas à en amener plus de 100 mille sur un champ de bataille, les places et l'intérieur étant pourvus. A ces raisons s'ajoutaient les promesses de certains royalistes de l'Ouest, affirmant que moyennant quelques ressources en matériel, débarquées sur les côtes de la Bretagne et de la Vendée, les paysans de ces contrées se lèveraient comme autrefois, et opéreraient une sérieuse diversion, que dès

Avril 1815.

Ministres britanniques, apercevant les changements survenus dans l'opinion, hésitent à se prononcer, quoique inclinant à la guerre.

Efforts de l'émigration française pour l'entraîner.

374   LIVRE LVIII.

Avril 1815.

lors les forces de Napoléon seraient divisées et beaucoup moins à craindre. De tout cela on concluait qu'au prix d'un effort vigoureux, et surtout prompt, Napoléon pourrait être renversé, et chaque puissance rassurée sur la possession des avantages conquis en 1814. Les ministres anglais en étaient à peser ces raisons pour et contre, lorsqu'ils apprirent que, sans les consulter, lord Wellington les avait engagés de nouveau dans la coalition, et la crainte de rompre l'union européenne, la condescendance à l'égard du négociateur britannique, le penchant de lord Castlereagh pour la politique continentale, enfin l'esprit systématique des ministres torys, décidèrent la question dans le sens de la guerre. Pourtant en présence d'une résistance visible de l'opinion publique, il fallait recourir à la ruse, et lord Castlereagh se prêta à des dissimulations qu'aujourd'hui, grâce au progrès des mœurs publiques, un ministre anglais n'oserait pas se permettre[1]. On résolut donc, en apprenant tout ce qui avait été fait à Vienne, d'user de quelques restrictions pour paraître sauvegarder les principes de la Grande-Bretagne, et de ne publier les engagements contractés que peu à peu, et à mesure que l'entraînement général des choses justifierait le parti pris par le cabinet. Ainsi le traité du 25 mars qui renouvelait l'alliance de Chaumont fut ratifié, mais avec une réserve ajoutée à l'article 8. Cet article qui admettait Louis XVIII à adhérer au

Le cabinet britannique se décide dans le sens de la guerre, en usant de précautions pour ne pas heurter l'opinion publique.

[1] Ces dissimulations sont constatées par la correspondance de lord Castlereagh récemment publiée, et par les documents non publiés que nous avons eus sous les yeux, et qui sont relatifs au congrès de Vienne.

L'ACTE ADDITIONNEL. 375

traité, devait être entendu, disait-on, comme obligeant les souverains européens, dans l'intérêt de leur sécurité mutuelle, à un effort commun contre la puissance de Napoléon, mais non comme obligeant Sa Majesté Britannique à poursuivre la guerre dans la vue d'imposer à la France un gouvernement quelconque. Le traité, parvenu à Londres le 5 avril, fut ratifié et renvoyé le 8 avec cette réserve, spécieuse mais mensongère, car en réalité on voulait très-positivement renverser Napoléon, et lui substituer les Bourbons.

En contractant de tels engagements, il n'était pas possible, dans un pays constitué comme l'Angleterre, de garder le silence envers le Parlement, qui exerce la réalité d'un pouvoir dont la couronne a surtout les honneurs. On se décida donc le 6 avril, c'est-à-dire le lendemain du jour où le traité du 25 mars était parvenu à Londres, à présenter un message aux deux Chambres. Ce message annonçait qu'en présence des événements survenus en France, la couronne avait cru devoir augmenter ses forces de terre et de mer, et entrer en communication avec ses alliés, afin d'établir avec eux un concert qui pût garantir la sûreté actuelle et future de l'Europe.

Le cabinet demanda la discussion immédiate du message, et l'obtint malgré l'opposition qui aurait désiré la retarder. Cette discussion fut vive et approfondie. Lord Liverpool représenta le cabinet, et lord Grey l'opposition, dans la Chambre haute. Lord Castlereagh prit la parole pour le cabinet, sir Francis Burdett et M. Whitbread la prirent pour l'opposition dans la Chambre des communes. Sauf

Avril 1815.

Message annonçant un armement de plus présentation.

Langage du ministère et de l'opposition dans les deux Chambres.

quelques différences dans les termes, le fond du langage fut le même dans les deux Chambres.

Le cabinet exposa comme suit l'état des choses. En avril 1814, on s'était conduit envers la France avec la plus extrême générosité. Au lieu de détruire cette puissance qui depuis vingt-cinq ans n'avait cessé de bouleverser l'Europe, au lieu de la punir de ses ravages, on avait eu pour elle les plus grands égards. On lui avait laissé en effet un peu plus que ses frontières de 1790, c'est-à-dire Marienbourg au nord, Landau à l'est, Chambéry au sud, et en outre un musée produit de la spoliation des musées européens. Quant à Napoléon, on lui avait accordé les conditions beaucoup trop indulgentes du traité du 11 avril. Le ministère britannique n'aurait pas signé ce traité imprudent, si lord Castlereagh en arrivant à Paris en avril 1814 ne l'avait trouvé rédigé et fortement appuyé par l'empereur Alexandre. D'ailleurs à cette époque Napoléon avait encore à Lille, à Paris, à Toulouse, à Lyon, au moins 150 mille hommes, et on avait dû tenir compte des dangers d'une lutte prolongée. Ce traité du 11 avril qui lui conférait la souveraineté de l'île d'Elbe et un large revenu, il l'avait violé effrontément, en quittant cette île, et en venant séduire une armée à qui la paix était odieuse, et qui ne rêvait qu'avancements et pillages. On alléguait, il est vrai, pour l'excuse de Napoléon, que le traité avait été violé à son égard. Si le traité avait été violé, comme le prétendaient ses partisans, pourquoi ne réclamait-il pas? Or il n'avait rien dit, ni fait dire. Seulement le cabinet britannique avait appris indirectement que Napoléon manquait d'argent, et avait insisté auprès de la France pour que son subside lui fût payé. Quant au reproche de ne l'avoir pas assez surveillé, on oubliait en le proférant qu'à l'île d'Elbe Napoléon était souverain et non prisonnier, qu'on avait été réduit à faire observer l'île au moyen d'une croisière, et qu'une croisière pouvait toujours être évitée, fût-elle composée de la marine la plus nombreuse; que le colonel Campbell, séjournant tantôt à Livourne, tantôt à Porto-Ferrajo, ne s'était malheureusement pas trouvé à Porto-Ferrajo le 26 février, mais que lors même qu'il s'y serait trouvé, on en aurait usé avec lui comme avec d'autres Anglais qu'on avait mis dans les mains de la gendarmerie; qu'ainsi il n'y avait rien à reprendre dans la conduite du cabinet britannique; que restait le fait grave et alarmant de Napoléon replacé à la tête du gouvernement français par la trahison d'une armée avide de guerre et de butin; que l'Europe ne pouvait consentir à vivre dans de continuelles inquiétudes pour que les militaires français eussent du mouvement, des grades et de l'argent; qu'il ne s'agissait ni d'entreprendre immédiatement la guerre, ni d'imposer tel ou tel souverain à la France, mais de se tenir invariablement unis aux puissances du continent, car cette union avait sauvé l'Europe, et pouvait seule encore la sauver d'un joug insupportable; que l'Angleterre ne désirait point la guerre, qu'elle préférait de beaucoup la paix, mais qu'il était impossible de l'espérer d'un homme sans foi, la promettant aujourd'hui pour la rompre demain; qu'au surplus il fallait laisser la décision de cette question aux puis-

Avril 1815.

L'union avec l'Europe posée comme un principe absolu, et comme motif suffisant d'un armement de précaution.

sances du continent, plus directement menacées que l'Angleterre, et qu'il n'y avait pour celle-ci qu'un principe de conduite, c'était l'union indestructible avec ces puissances. Le message n'avait donc qu'un but, se maintenir en alliance étroite avec les puissances du continent, et se mettre en mesure de répondre à leur appel, si par hasard elles avaient besoin des forces de terre et de mer de la Grande-Bretagne.

On ne pouvait plus adroitement dissimuler sous des vérités générales la vérité matérielle de la guerre résolue et promise à Vienne. Mais l'opposition ne se laissa point prendre au piége de ces raisonnements, et repoussa victorieusement tous les arguments des lords Liverpool et Castlereagh.

D'abord elle demanda si, en fait, et au moment même où l'on parlait, le gouvernement n'avait pas signé à Vienne l'engagement positif d'entreprendre la guerre contre la France, pour renverser Napoléon et rétablir les Bourbons. Soupçonnant la chose sans la savoir exactement, l'opposition avait posé la question en des termes dont lord Castlereagh abusa, avec un défaut de franchise qu'un ministre ne devrait jamais se permettre dans un État libre. Comme en effet on ne s'était pas exprimé de la sorte, comme on n'avait pas dit formellement dans le traité qu'on allait faire la guerre à la France pour substituer les Bourbons aux Bonaparte, bien que ce fût au fond le but qu'on poursuivait, lord Castlereagh, qui depuis deux jours cependant avait dans les mains le texte du traité du 25 mars, répondit, avec une fausseté mal déguisée, que l'Angleterre n'avait rien signé de

pareil, et tâcha de faire entendre qu'elle n'avait
pris que des engagements éventuels, et de pure
précaution, conformes en un mot au message lui-
même sur lequel la discussion était ouverte.

Trompée sur les faits, l'opposition ne se laissa
pas vaincre dans les raisonnements. Son thème était
que si on avait bien fait autrefois de combattre
Napoléon à outrance, on agissait imprudemment et
par les vieilles inspirations aristocratiques du parti
tory, en prenant aujourd'hui l'engagement, dissimulé mais évident, de le combattre de nouveau; que
le traité du 11 avril, conséquence naturelle de la
situation en 1814, avait été violé sans pudeur, et
de toutes les manières; que non-seulement on n'avait
pas payé à Napoléon son subside, ce qui l'avait
réduit à vendre une partie des canons de l'île
d'Elbe, mais qu'on avait mis en question le duché
de Parme assuré à sa femme et à son fils, refusé
d'accorder une dotation promise au prince Eugène,
et discuté presque publiquement si on ne le dé-
porterait pas lui-même dans une île de l'Océan;
qu'on lui avait donné par conséquent tous les droits
imaginables de rompre le traité du 11 avril; que,
descendu sur le territoire français, il y avait trouvé
non-seulement l'armée, mais la nation disposée à
lui ouvrir les bras; qu'avec l'armée seule il ne serait pas arrivé en vingt jours à Paris, entouré des
acclamations du peuple des villes et des campagnes; qu'évidemment ce n'était pas comme chef
d'une troupe de bandits, ainsi qu'on voulait bien
le faire croire, qu'il était revenu sans tirer un coup
de fusil, mais comme représentant vrai de la Ré-

Avril 1815.

L'opposition s'attache à démontrer qu'on fait la guerre pour le rétablissement des Bourbons, et que ce but ne vaut pas les difficultés et les dangers d'une nouvelle lutte.

volution française; que les Bourbons au contraire n'avaient pas vu un bras se lever pour leur défense, ce qui ne prouvait guère que la nation les préférât aux Bonaparte; que dès lors, la guerre qu'on niait, mais qu'on était décidé à commencer sans retard, consistait réellement à prendre parti pour les Bourbons, qui s'étaient rendus suspects et antipathiques à la majorité de la nation française, contre Napoléon, qui était aux yeux des masses le représentant de leurs intérêts; que c'était là une ingérence dans les affaires intérieures d'une nation indépendante, tout à fait contraire aux principes de la Grande-Bretagne, ingérence que moralement il faudrait s'interdire, fût-elle utile aux intérêts britanniques, mais dont il fallait s'abstenir bien plus encore lorsqu'elle pouvait devenir funeste à ces intérêts; que Napoléon ne serait pas ce qu'il était, c'est-à-dire un homme d'un incontestable génie, s'il ne revenait pas modifié par le malheur; qu'évidemment il devait l'être dans une certaine mesure, puisqu'il se hâtait d'accepter les conditions du traité de Paris, par lui obstinément repoussées en 1814; qu'à la vérité, on niait sa bonne foi, et qu'on rappelait son ancienne et immense ambition; que ce qu'on disait de son ambition était assurément très-fondé, mais que depuis le congrès de Vienne, il n'était plus permis de parler de cette ambition sans parler de celles qui avaient usurpé la Pologne, morcelé la Saxe, privé de leur nationalité Venise et Gênes; que l'expérience avait prouvé que ces dernières étaient aussi à craindre, et avaient besoin d'être contenues autant au moins que celle de Napoléon; que dès lors si celui-ci, pro-

L'ACTE ADDITIONNEL.   281

litant des leçons de 1813 et 1814, proposait sérieusement la paix, c'était la peine d'y penser avant de se prononcer si brusquement pour la guerre; qu'autant valait lui que d'autres sur le trône de France; que recommencer la guerre, doubler encore une fois la dette anglaise, éterniser l'*income-tax*, braver enfin les chances d'une lutte qui pouvait devenir terrible si elle devenait nationale de la part de la France, tout cela pour rétablir les Bourbons, était le sacrifice des vrais intérêts de l'Angleterre aux vieux préjugés des torys, et que, si flatteurs que fussent les compliments de Louis XVIII, ils ne méritaient pas qu'on les payât d'un prix aussi considérable.

Avril 1815.

Le Parlement était évidemment touché de ces raisons qui avaient frappé tous les esprits en Angleterre. À la vérité, quelques hommes politiques voyant qu'on avait gagné à Vienne autant que les puissances les plus ambitieuses, et que la guerre était un moyen certain de conserver ce qu'on avait gagné, inclinaient à la faire, mais ceux-là mêmes ne laissaient pas d'avoir des doutes sur le résultat, et ce qui paraissait plus sage à tous, c'était de prendre le temps de réfléchir avant de se décider. M. Ponsonby, placé entre le ministère et l'opposition, se fit l'organe de ce sentiment. L'opposition, en réponse au message, avait proposé une résolution qui tendait positivement à recommander au gouvernement la conservation de la paix. Adopter cette résolution, c'était se prononcer contre la guerre, et la majorité demandait avec raison qu'avant de s'arrêter à un parti quelconque, on laissât la situation s'éclaircir. M. Ponsonby prenant la parole,

Perplexité du Parlement.

M. Ponsonby.

Avril 1815.

membre modéré des Communes, appuie le message ministériel.

Raisons sur lesquelles il se fonde pour appuyer ce message.

dit que si dans le message il voyait la résolution formelle de la guerre, il ne le voterait point, car il était de ceux qui pensaient qu'il ne fallait pas repousser péremptoirement toutes les ouvertures de Napoléon; qu'il ne croyait pas, comme on l'avait dit, qu'il eût été rappelé par l'armée seule, qu'évidemment une grande partie de la nation française inclinait vers lui; qu'il fallait prendre un tel état de choses en grande considération, bien peser les avantages et les dangers de la guerre, préférer la paix si elle était sûre, ne préférer la guerre que si elle était indispensable, et offrait des chances suffisantes de succès, en un mot, examiner, réfléchir, et par conséquent faire au message une réponse conforme à son intention, qui était non pas de se rejeter immédiatement dans une lutte sanglante, mais de rester unis aux puissances du continent, avec des moyens suffisants pour les seconder dans leurs déterminations. Par ces motifs, et par ces motifs seuls, M. Ponsonby n'adoptait pas la proposition de l'opposition. Celle-ci alors pour éclaircir la question, interpella le cabinet plusieurs fois, le somma de déclarer la vérité, et d'avouer qu'en votant dans le sens du message, on votait la guerre certaine, et même très-prochaine. Une dénégation énergique et réitérée partit plusieurs fois des siéges occupés par les membres du cabinet, qui ne craignirent pas ainsi d'avancer un mensonge signalé, mensonge que les ministres britanniques, il faut le dire à l'honneur de leurs institutions, ne se sont jamais permis depuis avec ce degré d'audace.

La proposition de l'opposition n'obtint donc que très-peu de voix, une quarantaine tout au plus, et

blanc. L'amirauté permit même aux bâtiments de commerce des deux nations de fréquenter les ports de l'une et de l'autre. C'était une feinte de deux ou trois mois à s'imposer jusqu'au jour des premières hostilités.

Avril 1815.

Prudence de lord Wellington, et efforts qu'il fait pour tempérer les Prussiens et les émigrés français.

Arrivés à Bruxelles les représentants du cabinet britannique trouvèrent le duc de Wellington fort disposé à admettre tous les ménagements de forme, pourvu que le fond n'en souffrît point, et dans cette pensée, s'efforçant de contenir les Prussiens d'un côté, les émigrés français de l'autre, pour qu'il ne fût pas commis d'imprudence. Cette double tâche était également difficile, car chez les uns et les autres les passions étaient singulièrement excitées. Les Prussiens étaient parvenus à un degré de fureur difficile à exprimer. Ils parlaient d'entrer de nouveau en France, et cette fois de n'y laisser debout ni un palais ni une chaumière. Leurs principaux corps de troupes campaient aux environs de Liége, et comme cette ville avait conservé des sentiments favorables à la France, ils y commettaient toute sorte de violences, exerçaient contre les habitants une police inquisitoriale, enfermaient ou exilaient ceux qui étaient accusés de connivence avec les Français, et étendaient particulièrement leurs rigueurs sur les troupes saxonnes, qui depuis le morcellement de la Saxe se repentaient fort de leur conduite à Leipzig, et ne prenaient pas la peine de le cacher. Les manifestations de ces troupes avaient été telles qu'il avait fallu les faire passer sur les derrières, pour les désarmer. Blucher voulait en outre trier les soldats saxons qui

Folles passions des Prussiens.

étaient devenus Prussiens en vertu des derniers arrangements de Vienne, et les incorporer dans son armée. Les Saxons au contraire refusaient de se soumettre à cette dislocation, et menaçaient d'une violente résistance, secondés qu'ils étaient par toutes les sympathies des Liégeois. On avait conseillé à Blucher d'ajourner cette mesure, mais il ne paraissait vouloir écouter aucun conseil de modération. Un journal insensé, *le Mercure du Rhin*, était l'interprète des passions des Prussiens. Suivant ce journal il ne fallait pas combattre les Français comme des adversaires ordinaires, mais les traiter *comme des chiens enragés*, dont on se débarrasse en les assommant. Il fallait faire la guerre à Napoléon, sans doute, mais au peuple français plus encore qu'à Napoléon, car ce peuple par son orgueil et son ambition tourmentait l'Europe depuis vingt-cinq ans; il fallait le briser comme corps de nation, le partager en Bourguignons, en Champenois, en Auvergnats, en Bretons, en Aquitains, qui auraient leurs rois particuliers, détacher les Alsaciens, les Lorrains, les Flamands, restituer ceux-ci à l'empire germanique, et rendre à cet empire sa force d'unité en lui donnant un empereur; il fallait par conséquent faire en Allemagne le contraire de ce qu'on ferait en France, puisqu'on lui ôterait ses rois pour leur substituer un empereur, tandis qu'on ôterait à la France son empereur pour lui imposer cinq ou six rois; il fallait prendre les biens nationaux, fruits du pillage révolutionnaire, et en faire ou des dotations pour les armées coalisées, ou le gage d'un papier qui servirait à solder la nouvelle guerre de la coalition. Ces extravagances, délayées dans des articles aussi révoltants par la forme que par le fond, étaient reproduites chaque matin dans ce journal, et colportées sur tous les bords du Rhin.

A ce langage les Prussiens ajoutaient des projets militaires qui n'étaient guère plus sages. Ils auraient voulu marcher tout de suite sur Paris, sans s'inquiéter si les autres armées de la coalition étaient prêtes à soutenir leurs efforts. Ils avaient la prétention à eux seuls, aidés tout au plus de quelques Anglais, Hanovriens et Hollandais, de tout renverser sur leur passage, et de finir la guerre d'un coup.

A Gand, où s'était rendu Louis XVIII, se trouvait un autre foyer de passions non moins déraisonnables. Si quelques-uns des ministres qui avaient suivi Louis XVIII, tels que MM. Louis et de Jaucourt, cherchaient dans les événements une leçon, les autres n'y voyaient qu'un motif de rigueurs trop différées. On y disait couramment que l'armée française était un composé de brigands dont il fallait se défaire, qu'on avait trop flatté ses chefs, qu'il fallait revenir d'une telle politique, abattre quelques têtes parmi les généraux et les révolutionnaires fameux, et faire ainsi succéder l'énergie à la faiblesse. On ne voulait voir dans le retour de Napoléon que le résultat d'une vaste conspiration, et dans la conduite de ceux qui avaient favorisé ce retour, qu'une trahison au lieu d'un entraînement. Il y avait une tête vouée d'avance à toutes les malédictions, et on la désignait hautement, c'était celle de l'infortuné maréchal Ney. Ainsi, loin de songer à se corriger, on songeait à se venger, et

L'ACTE ADDITIONNEL.

à se souiller d'un sang dont on devait à jamais regretter l'effusion !

Il faut reconnaître, à l'éloge de Louis XVIII, que s'il manquait de chaleur d'âme, il était exempt aussi de ces passions déplorables, qu'il laissait dire ces folies sans les répéter, sans les encourager, et se bornait à souhaiter que la coalition le rétablît bientôt sur le trône. Il admettait même la nécessité d'accorder à son frère, à ses neveux, aux gens de la cour, moins de part au gouvernement, et beaucoup plus à ses ministres. Malheureusement certains diplomates étrangers, que leurs lumières auraient dû garantir des égarements du moment, en fournissaient eux-mêmes l'exemple, et le comte Pozzo écrivait sur ce sujet à lord Castlereagh une lettre où à beaucoup de sens politique se joignaient les paroles furieuses qui suivent. « Nous avons laissé Louis XVIII front
» à front avec tous les démons de la révolution, et
» nous l'avons chargé de nos imprudences et des
» siennes. Bonaparte étant survenu dans cette posi-
» tion, l'armée a renversé le trône qu'elle devait
» soutenir, le peuple a été étonné et stupide; il ap-
» plaudira davantage à la pièce contraire, lorsque,
» comme je l'espère, nous lui donnerons cette pièce.
» Mais il ne faudra pas nous contenter des compli-
» ments qui nous attendent. Si nous voulons notre
» repos, il faut mettre le Roi à même de disperser
» l'armée et d'en créer une nouvelle, et de purger
» la France de cinquante grands criminels dont
» l'existence est incompatible avec la paix. Les
» Français doivent se charger de l'exécution, et les
» alliés leur donner l'occasion de pouvoir le faire,

Avril 1815.

Mérite extérieur de Louis XVIII.

Langage du comte Pozzo di Borgo.

Avril 1815.

« Notre salut est dû à notre union, et notre union » est beaucoup l'effet d'une heureuse combinaison » de circonstances qui ne se renouvellera pas aisé- » ment. » Ces paroles, dans la bouche d'un homme remarquable par la supériorité de son esprit, et qui plus tard fit preuve de la plus haute raison, prouvent quelles passions aveugles animaient alors l'Europe tout entière.

Conférences entre les Anglais et les Prussiens sur le plan de campagne.

C'est au milieu de ces emportements que le sage duc de Wellington était chargé d'apporter quelque calme, et, comme on le pense bien, il y avait de la peine. Mais comme il s'agissait surtout d'opérations militaires, et qu'en cette matière il avait une grande autorité et un pouvoir formel, il se contentait de faire prévaloir sous ce rapport les vues de sa prudence, et quant au reste il laissait dire. Pourtant il déplorait le langage des journaux publiés sur les bords du Rhin, et exprimait la crainte qu'on ne renouvelât la faute du manifeste du duc de Brunswick. Il conseillait au maréchal Blucher de ménager les Saxons, et de ne pas chercher encore à incorporer ceux qui appartenaient à la Prusse. Il conseillait au roi Louis XVIII d'écarter les influences de cour, d'adopter, à l'exemple de l'Angleterre, un ministère sérieusement responsable, et concentrant dans sa main la puissance avec la responsabilité. Quant à la question militaire, il tint des conférences à Gand avec les représentants du cabinet britannique, avec les généraux prussiens, et avec le duc de Feltre, ministre de la guerre de Louis XVIII. Bien que

Lord Wellington fait adopter ses vues,

dans ces conférences on évaluât très-bas les forces de la France, le duc de Wellington trouva dans

tout ce qu'on lui dit des motifs de prudence plutôt
que de témérité. Il parvint à persuader au général
Gneisenau, représentant de Blucher, qu'il y avait
peu d'avantage à se presser, qu'il fallait d'abord se
serrer aux Anglais avec le gros de l'armée prussienne, afin de composer au Nord une masse de
250 mille hommes, et attendre ensuite qu'une force
égale s'avançât par l'Est sous le prince de Schwarzenberg, et fût même assez rapprochée pour faire sentir vivement son action. Différer ainsi la victoire
pour la rendre plus certaine, marcher méthodi-
quement en deux grosses colonnes, dont chacune
serait de beaucoup supérieure aux forces suppo-
sées de Napoléon, assurer sa marche en prenant
les places qu'on trouverait sur son chemin, puis
acculer Napoléon sur Paris, et l'étouffer sous la
réunion accablante de 4 à 500 mille combattants, en
évitant de donner prise à son génie manœuvrier, tel
était le plan du duc de Wellington, calqué sur la
campagne de 1814, dont il ne retranchait que les
imprudences de Blucher. Le général Gneisenau, qui
était homme d'esprit, se rendit à ces vues, et promit
de la part de l'armée prussienne autant de déférence
aux conseils du général anglais que de dévouement
à la cause commune. Il fut convenu que la concentration des troupes destinées à opérer vers le nord
de la France s'exécuterait le plus tôt possible; que
les Anglais, les Hollando-Belges, les Hanovriens, les
Brunswickois, etc., composant l'armée propre du
duc de Wellington, s'assembleraient prochainement
entre Bruxelles et Mons, et borderaient la rive gauche de la Sambre, tandis que les Prussiens vien-

Avril 1815.

et prend
un grand
ascendant
sur
les Prussiens.

draient en border la rive droite en se portant sans perte de temps de Liége sur Charleroy; qu'ils se tiendraient en communication étroite les uns avec les autres au moyen de ponts nombreux, prêts à se porter secours si, pendant qu'ils attendraient le reste des coalisés, leur terrible adversaire fondait sur eux à l'improviste. La calme et forte raison de lord Wellington prit dès lors dans les conseils prussiens un ascendant qui devait pour notre malheur exercer une immense influence sur la suite des événements.

Telles avaient été les négociations et les combinaisons militaires du côté des puissances coalisées, du 20 mars au 10 avril. Napoléon ne s'était fait aucune illusion : pourtant, en voyant ses courriers arrêtés à Mayence, à Kehl, à Turin, en voyant surtout M. de Flahault, parvenu jusqu'à Stuttgard, obligé de rebrousser chemin, il comprit que les passions étaient plus violentes encore qu'il ne l'avait imaginé. Du reste le retour de son émissaire secret, M. de Montrond, ajouta à la connaissance générale qu'il avait de l'état des choses, la connaissance précise de particularités qui auraient affligé son cœur, s'il eût été moins habitué aux coups du sort. Il sut par les diverses communications dont M. de Montrond était chargé, que sa femme, dominée par le goût du repos, par le vulgaire intérêt du duché de Parme, peut-être par des sentiments moins avouables, s'était livrée et avait livré son fils à l'autorité du congrès, et qu'elle ne viendrait point à Paris. Il reconnut que la résolution de le combattre était poussée jusqu'à la fureur, et qu'on voulait le frapper d'une véritable excommunication politique,

L'ACTE ADDITIONNEL.

Avril 1815.

Il est peu surpris, et il se décide à parler ouvertement. Se résolut tout entier à la France.

emportant interdiction des rapports les plus simples, même de ceux que le droit public, dans l'intérêt de l'humanité, commande d'entretenir en temps de guerre. Il n'avait au fond jamais douté de ce qu'il venait d'apprendre, seulement il trouvait que la réalité dépassait ses prévisions, et il n'en était ni surpris, ni courroucé, car il sentait bien qu'il s'était attiré ce débordement de colères. Il n'y a pas au monde de juge plus infaillible, surtout contre lui-même, qu'un grand esprit qui a failli, qui sent ses fautes, et qui voudrait les réparer! Napoléon était donc résolu, malgré sa bouillante nature, à ne céder à aucun emportement, à tout supporter, et à tout dire au public. Jusqu'alors il s'était contenté, en passant des revues, de répéter qu'il ne se mêlerait plus des affaires des autres nations, mais qu'il ne souffrirait pas qu'on se mêlât de celles de la France, et il n'avait pu aller plus loin, n'ayant reçu aucune déclaration de guerre. Si en effet il eût devancé les manifestations des cabinets étrangers, on n'aurait pas manqué d'imputer à son esprit querelleur cette promptitude à prêter des intentions hostiles à l'Europe. Mais après des faits patents, officiels, comme ceux qui venaient de se produire, il n'y avait plus à hésiter : il fallait parler ouvertement, pour que la France sût à quel état de dépendance on prétendait la réduire, car on ne voulait pas même lui permettre de choisir son gouvernement, pour que les nations de l'Europe sussent aussi qu'on allait de nouveau verser leur sang, non en vue de leur indépendance, ou même de leur ambition, puisque Napoléon concédait jusqu'aux arrangements de Vienne, mais afin de satisfaire les passions de leurs maîtres, pour que la nation anglaise enfin sût à quel point on la trompait. Il était urgent en outre de promulguer les décrets relatifs aux anciens militaires, aux gardes nationaux mobilisés, et aux diverses mesures d'armement, car si le travail préliminaire avait pu jusqu'ici se faire dans les bureaux, la publicité officielle du *Moniteur* était désormais nécessaire pour obtenir l'obéissance de ceux qu'on allait appeler à la défense du pays. L'orgueil seul de Napoléon aurait pu souffrir de ce qu'il allait publier, mais sa gloire passée lui rendait toutes les humiliations bien supportables, et d'ailleurs cet orgueil qui avait tant failli, ne pouvait plus intéresser le monde qu'en s'humiliant pour un grand but, celui d'éclairer l'Europe sur la justice de sa cause.

Il commença par faire publier comme officielle la déclaration du 13 mars, dont il n'avait été parlé que d'une manière vague, et comme d'une pièce douteuse. Il la fit suivre d'une consultation du Conseil d'État, qui était en ce moment l'autorité morale la plus haute, les Chambres étant dissoutes. Ce corps, après avoir constaté l'authenticité de la déclaration du 13 mars, soutenait que cette pièce, émanée réellement des souverains réunis en congrès, outrageait à la fois le droit, la vérité des faits, le bon sens, et n'était qu'une provocation pure et simple à l'assassinat. Il soutenait que Napoléon à l'île d'Elbe était, d'après le traité du 11 avril, un souverain véritable, que l'étendue du territoire n'était d'aucune considération, que les droits attachés à la souveraineté lui avaient été assurés, que dès lors en débarquant au golfe Juan, et en commettant ainsi un acte d'agression contre un monarque imposé à la France, il n'avait encouru que les conséquences attachées à l'exercice du droit de la guerre, c'est-à-dire la diminution ou la privation de ses États, même la captivité de sa personne, s'il avait été vaincu, mais nullement la mort, qui n'était permise que sur le champ de bataille contre des combattants refusant de se rendre; qu'en le mettant hors la loi, et en provoquant chacun à lui courir sus, l'ordonnance du Roi du 6 mars et la déclaration du congrès de Vienne du 13 avaient pris le caractère d'une provocation à l'assassinat, interdite entre nations civilisées; que d'ailleurs dans l'acte du 13 mars la vérité des faits était aussi outragée que le droit; que le traité du 11 avril avait été violé de toutes les manières, qu'on avait pris ou séquestré les propriétés privées de la famille Bonaparte, refusé d'acquitter soit à Napoléon lui-même, soit à ses proches le subside stipulé, refusé également à certaines catégories de militaires la somme de deux millions que Napoléon avait été autorisé à leur distribuer; que le duché de Parme promis à Marie-Louise avait été mis en question, et retiré à son fils auquel il était dû; que la dotation promise au prince Eugène avait été déniée; qu'enfin Marie-Louise et son fils avaient été empêchés (ce qui était vrai pour une certaine époque) de se rendre à l'île d'Elbe auprès de leur époux et père; qu'ainsi la violation du traité du 11 avril était le fait du gouvernement royal, non du monarque sorti de l'île d'Elbe, que dès lors celui-ci n'avait point été l'agres-

Avril 1815.

seur; que sous un autre rapport, celui des vœux de la France, il avait été plus fondé encore à se conduire comme il l'avait fait, car il avait su que la nation française humiliée dans sa gloire, menacée dans ses droits, exposée à un bouleversement prochain par les attaques incessantes aux acquéreurs de biens nationaux, désirait qu'on l'affranchît des périls sans nombre suspendus sur sa tête; qu'ainsi Napoléon autorisé par la violation du traité du 11 avril à ne plus en observer les conditions, avait reçu l'approbation la plus éclatante de sa conduite par l'accueil que la France lui avait fait; qu'il n'avait donc point de torts, tandis qu'on les avait eus tous envers lui, surtout en se rendant coupable d'une provocation à l'assassinat, à laquelle il avait répondu en remettant le duc d'Angoulême en liberté, et en laissant en France les duchesses d'Orléans et de Bourbon.

Rapport de M. de Caulaincourt exposant l'arrestation de tous les courriers français.

Cette déclaration, quelque bien motivée qu'elle fût, n'avait que l'importance banale d'une récrimination : mais Napoléon la fit suivre d'une pièce plus grave, c'était un rapport de M. de Caulaincourt sur les tentatives infructueuses qu'il avait faites pour établir des relations diplomatiques avec les puissances européennes. Dans ce rapport inséré le 13 avril au *Moniteur*, on ne parlait pas, bien entendu, de la mission secrète confiée à M. de Montrond, mais des courriers envoyés pour annoncer les intentions pacifiques de l'Empereur, courriers arrêtés à Turin, à Kehl, à Mayence; on y racontait l'arrestation de M. de Flahault à Stuttgard, le refus de recevoir à Douvres le message au prince régent, et le renvoi

L'ACTE ADDITIONNEL.

de ce message au congrès de Vienne. Ces faits étaient exposés avec une parfaite modération de langage, mais aussi avec une fermeté qui ne laissait percer aucune crainte. Les pièces refusées étaient insérées textuellement dans le *Moniteur*, pour rendre la France et l'Europe juges de la conduite des deux parties, celle qui voulait parler, celle qui ne voulait pas entendre. La conclusion tirée de ces communications était qu'il ne fallait ni se faire illusion, ni s'alarmer, mais voir les choses telles qu'elles étaient, et se préparer à repousser des hostilités qui, sans être absolument certaines, devenaient infiniment probables.

Napoléon fit en outre publier les discussions du parlement d'Angleterre, les extraits les plus significatifs des journaux étrangers, et notamment les articles du *Mercure du Rhin*. Par là le public se trouvait averti, et ne pouvait plus douter des intentions des puissances. Rien ne s'opposait dès lors à la promulgation des décrets relatifs à l'armement de la France, et c'était à l'armée qui avait voulu le rétablissement de l'Empire, c'était aux habitants des campagnes qui avaient voulu garantir l'inviolabilité des acquisitions nationales, c'était à tous les hommes enfin qui avaient désiré venger la Révolution des entreprises de l'émigration, à s'unir pour soutenir le chef qu'ils avaient rétabli sur le trône. On pouvait au surplus compter sur un zèle véritable de leur part, et sur des efforts qui, bien dirigés, avaient quelque chance de réussir, si toutefois la fortune n'était pas trop contraire.

En conséquence Napoléon fit publier avec les di-

Avril 1815.

fait connaître la vérité tout entière, Napoléon publie les décrets relatifs à l'armement de la France.

vers actes que nous venons de mentionner, les décrets relatifs au rappel des anciens militaires et à l'organisation des gardes nationales mobiles. Ces décrets, fondés sur des lois antérieures, dont ils ordonnaient et réglaient l'exécution, avaient un caractère parfaitement légal, et n'étaient plus un usage du pouvoir absolu que Napoléon s'était jadis attribué. Les anciens militaires étaient appelés à venir défendre la cause de la France, si chère à leur cœur, avec promesse d'être à la paix immédiatement renvoyés dans leurs foyers. Ils avaient le choix ou de se rendre aux régiments dans lesquels ils avaient servi jadis, ou de joindre les régiments les plus voisins. Les gardes nationaux étaient astreints au service sédentaire de 20 à 60 ans. De 20 à 40, ils pouvaient, suivant leur âge, leur force physique, leurs goûts, leur situation de famille, être appelés à faire partie des compagnies d'élite, et à servir dans les places ou sur les ailes de l'armée active. Un comité d'arrondissement composé du sous-préfet, d'un membre du conseil d'arrondissement, d'un officier de gendarmerie, avait mission de désigner les hommes qui, sous le titre de grenadiers ou chasseurs, composeraient ces compagnies d'élite. Ceux qui avaient de l'aisance étaient tenus de s'habiller à leurs frais, les autres devaient être habillés aux frais des départements. L'État se chargeait d'armer les uns et les autres. Les officiers, à partir du grade de chef de bataillon, devaient être nommés par l'Empereur, et au-dessous de ce grade par les comités de département, sur la présentation des comités d'arrondissement. Les ministres de la po-

L'ACTE ADDITIONNEL. 327

lieu et de l'intérieur avaient joint à ces décrets des circulaires aux préfets, dans lesquelles ils cherchaient à exciter le zèle des citoyens, et disaient sur l'intérêt qu'on avait à défendre la dynastie impériale des choses qui, dans leur bouche, étaient beaucoup mieux placées que dans la bouche de l'Empereur.

Ce dernier du reste n'avait pas besoin que son activité fût stimulée : il travaillait jour et nuit à diriger ou à presser le zèle de l'administration, au moyen de cette attention universelle et infatigable qui embrassait à la fois l'ensemble et les détails. Il n'avait pu insérer plus tôt au *Moniteur* les décrets relatifs aux anciens militaires et aux gardes nationaux, car en publiant des mesures aussi significatives avant des actes patents des cabinets étrangers, il se serait donné les apparences de la provocation au lieu de celles de la défense légitime. Mais il n'y avait heureusement pas de temps perdu, car ces décrets, publiés plus tôt, n'auraient trouvé ni à Paris, ni dans les provinces, des agents prêts à les mettre à exécution. Pour le décret notamment qui était relatif à la garde nationale, il avait fallu créer toute une administration nouvelle, et quant à celui qui concernait les anciens militaires, comme il s'adressait à des hommes dont l'éducation était faite, les quelques jours de retard étaient peu regrettables, car à l'instant même de leur arrivée au corps, ils étaient propres à entrer dans les bataillons de guerre. Les hommes en congé de semestre commençant à arriver dans les régiments, Napoléon ordonna de diriger vers les corps d'armée les troi-

AVRIL 1815.

Quoique ces décrets eussent été tardivement publiés, aucun temps n'avait été perdu pour leur exécution.

Soin avec lequel Napoléon les fait exécuter.

Départ des troisièmes bataillons.

sièmes bataillons, n'eussent-ils que 400 hommes, sauf à les compléter plus tard. Quant aux gardes nationaux à mobiliser, il prescrivit de procéder sur-le-champ à la formation des bataillons d'élite, de leur donner une simple blouse avec un collet de couleur, et des fusils non réparés, et de les diriger sur les places les plus voisines, pour rendre immédiatement disponibles les troupes de ligne. L'organisation, l'équipement, l'armement de ces bataillons devaient s'achever dans les places. Quant à la cavalerie, Napoléon s'étant aperçu que les achats de chevaux s'exécutaient lentement, que le licenciement de la maison du Roi n'avait procuré que 300 chevaux au lieu de 3 mille qu'il avait espérés, résolut d'en prendre tout de suite 7 à 8 mille à la gendarmerie, en les lui payant immédiatement, afin qu'elle pût les remplacer sans retard. C'étaient des chevaux bien dressés, bien nourris, auxquels il ne manquait qu'un peu d'habitude de la fatigue. Il renouvela l'ordre de faire partir des officiers de remonte pour courir la France l'argent à la main, et y acheter des chevaux. Il répétait que de Cannes à Grenoble il avait trouvé en à acheter tant qu'il avait voulu, qu'en se transportant chez les agriculteurs, on en recueillerait un grand nombre, que c'était d'ailleurs par l'ensemble et la variété des moyens qu'on arrivait en toutes choses à se procurer les quantités nécessaires. En attendant il ne négligeait pas le dépôt de Versailles, et n'en remettait le soin qu'à lui-même. Les ateliers d'armes et d'habillements avaient été développés de manière à obtenir par jour mille fusils neufs, deux mille réparés, et

L'ACTE ADDITIONNEL.   395

mille habillements complets. C'est avec une surveillance continue et l'argent comptant qu'il s'assurait
ces résultats.

Non content de la publicité donnée aux actes des
puissances envers la France, il voulut faire une manifestation personnelle, et la faire devant la garde
nationale de Paris, qu'on lui avait rendue suspecte
au moment de son arrivée. Cette garde se composait
du haut et moyen commerce de la capitale, de cette
bonne bourgeoisie en un mot, qui aurait mieux
aimé corriger les Bourbons en leur résistant légalement, que les renverser pour les remplacer par Napoléon, de qui elle attendait la guerre et peu de liberté. Toutefois si Napoléon était revenu sans elle,
et presque malgré elle, il était revenu par une sorte
de prodige, et sans verser une goutte de sang; il se
présentait comme amendé sous les rapports les plus
essentiels; il éloignait l'émigration, relevait les
principes de 1789, faisait reluire la gloire de la
France si chère au peuple de la capitale, et enfin
il était menacé par l'Europe qui voulait le détruire
par des moyens révoltants et attentatoires à l'indépendance nationale! C'étaient là bien des motifs
pour lui ramener la bourgeoisie parisienne, et,
disons-le, tous les bons citoyens dont elle était
remplie. Certainement il aurait fallu ne pas le
laisser revenir, l'en empêcher même à tout prix,
si on l'avait pu; mais une fois remis en possession
du pouvoir, donnant des signes frappants de retour
à une politique saine au dedans comme au dehors,
proscrit par l'Europe d'une manière qui impliquait
la négation de tous nos droits, le soutenir était à

Avril 1815.

Napoléon, non content des déclarations de son cabinet, veut faire une manifestation personnelle en passant en revue la garde nationale de Paris.

Dispositions de la bourgeoisie de Paris.

Avril 1815.

Revue
de la garde
nationale
parisienne
le 16 avril.

la fois un acte de bon sens et de vrai patriotisme.

Du reste, dans un corps nombreux il y a toujours de toutes les opinions, en quantité plus ou moins grande selon l'esprit qui y règne, et il suffit d'ôter la parole aux uns, de la donner aux autres, pour en modifier les sentiments apparents, et quelquefois même les sentiments réels. Outre que par le fait seul du rétablissement paisible de Napoléon et par ses professions de foi, la garde nationale était fort apaisée, on avait changé beaucoup de ses officiers, et ranimé le zèle des hommes qui détestaient l'émigration et l'étranger. Elle était donc disposée à faire à l'Empereur un accueil infiniment plus favorable que dans les premiers jours.

On la réunit le dimanche 16 avril sur la place du Carrousel, et on fit ranger d'un côté les quarante-huit bataillons dont elle se composait, et de l'autre les troupes belles et nombreuses qui traversaient la capitale pour se rendre aux frontières. Napoléon s'était réservé le commandement personnel de la milice parisienne, et n'avait délégué au général Durosnel, son aide de camp, que le commandement en second. Il en parcourut les rangs à cheval avec cette assurance imposante qu'il devait à la fermeté de son caractère et à vingt ans de commandement sur les plus grandes armées de l'univers. Les vives acclamations d'une minorité ardente, que la masse ne désapprouvait point mais n'imitait pas non plus, donnèrent presque à cette revue l'apparence de l'enthousiasme. Après avoir parcouru les rangs des quarante-huit bataillons Napoléon fit former les officiers en cercle autour de lui, et leur adressa, d'une voix claire et vibrante, l'allocution suivante.

« Soldats de la garde nationale de Paris, je suis
» bien aise de vous voir. Je vous ai formés il y a
» quinze mois, pour le maintien de la tranquillité
» publique dans la capitale et pour sa sûreté. Vous
» avez rempli mon attente ; vous avez versé votre
» sang pour la défense de Paris, et si les troupes
» ennemies sont entrées dans vos murs, la faute
» n'en est pas à vous, mais à la trahison, et surtout
» à la fatalité qui s'est attachée à nos affaires dans
» ces malheureuses circonstances.

» Le trône royal ne convenait pas à la France. Il
» ne donnait aucune sûreté au peuple sur ses inté-
» rêts les plus précieux. Il nous avait été imposé
» par l'étranger, et s'il eût existé il eût été un mo-
» nument de honte et de malheur. Je suis arrivé
» armé de toute la force du peuple et de l'armée
» pour faire disparaître cette tache, et rendre tout
» leur éclat à l'honneur et à la gloire de la France.

» Soldats de la garde nationale, ce matin même
» le télégraphe de Lyon m'a appris que le drapeau
» tricolore flotte à Antibes et à Marseille. Cent coups
» de canon, tirés sur toutes nos frontières, appren-
» dront aux étrangers que nos dissensions civiles
» sont terminées ; *je dis les étrangers, parce que nous*
» *ne connaissons pas encore d'ennemis*. S'ils rassem-
» blent leurs troupes, nous rassemblerons les nôtres.
» Nos armées sont toutes composées de braves qui
» se sont signalés dans cent batailles, et qui présen-
» teront à l'étranger une barrière de fer, tandis que
» de nombreux bataillons de grenadiers et de chas-
» seurs des gardes nationales garantiront nos fron-

Avril 1815.

» tières. Je ne me mêlerai point des affaires des
» autres nations; malheur aux gouvernements qui
» se mêleraient des nôtres!...

» Soldats de la garde nationale, vous avez été
» forcés d'arborer des couleurs repoussées par la
» France, mais les couleurs nationales étaient dans
» vos cœurs. Vous jurez de les prendre toujours
» pour signe de ralliement, et de défendre ce trône
» impérial, seule et naturelle garantie de vos droits.
» Vous jurez de ne jamais souffrir que des étran-
» gers, chez lesquels nous avons paru plusieurs fois
» en maîtres, se mêlent de notre gouvernement.
» Vous jurez enfin de tout sacrifier à l'honneur et à
» l'indépendance de la France!... »

Accueil fait aux paroles de Napoléon.

Ce discours, parfaitement approprié à l'auditoire, et qui faisait sentir la gravité de la situation, fut chaleureusement applaudi par les officiers auxquels il s'adressait. Ils crièrent tous en agitant leurs épées : Nous le jurons, nous le jurons! — Napoléon vit ensuite défiler sous ses yeux vingt mille hommes de garde nationale, à peu près autant de troupes de ligne, et il eut lieu de se féliciter de cette journée. Il avait dit à la France ce qu'il voulait qu'elle sût, et il avait fait sa paix avec la garde nationale parisienne, c'est-à-dire avec cette partie sage et honnête de la population, qui a toujours une influence décisive sur la destinée des gouvernements.

La résidence de Napoléon transférée à l'Élysée.

Le lendemain 17 il quitta les Tuileries pour s'établir au palais de l'Élysée, qu'il trouvait plus agréable à habiter au printemps, et qui lui permettait d'interrompre son immense travail par quelques promenades sous de beaux ombrages. D'ailleurs il avait

L'ACTE ADDITIONNEL.   403

sensiblement changé de manière d'être. Il avait tou-
jours été simple, naturel, familier même, mais jamais
il n'avait été aussi accessible. Il convenait en effet à
sa position présente de se laisser approcher, afin de
pouvoir persuader ceux qu'il avait besoin de ramener
à sa personne et à sa nouvelle façon de penser. A
l'Élysée, où la reine Hortense faisait les honneurs,
il pouvait avec moins d'appareil qu'aux Tuileries
appeler à sa table les personnages divers qu'il dé-
sirait entretenir, et sur lesquels il voulait exercer
non-seulement l'ascendant, mais le charme puissant
de son esprit.

Son frère Joseph était revenu de Suisse fort à
propos, car le jour même de son départ il allait être
arrêté par ordre de la coalition. Napoléon l'établit
au Palais-Royal, avec le titre de prince français,
un traitement convenable, et la recommandation
expresse de beaucoup d'économie et de modestie.
Ces précautions n'étaient pas inutiles, la vue de ce
frère ayant déjà causé certaines défiances. On crai-
gnait tout ce qui rappelait l'ancien Empire, et sur-
tout ce vaste système de royautés de famille qui
avait tant contribué à soulever l'Europe contre la
France. Napoléon avait envoyé une frégate chercher
sa mère qui de l'île d'Elbe s'était rendue à Naples,
sa sœur qu'on détenait à Livourne, et ceux de ses
frères qui avaient pu se soustraire aux mains de la
coalition. Il lui était doux de les avoir auprès de lui,
mais il désirait que leur attitude n'offusquât en rien
le nouvel esprit qui se manifestait en France, et en-
tendait leur imposer la simplicité qu'il s'imposait à
lui-même par goût autant que par calcul. D'heure

Avril 1815.

Sa manière
d'y vivre.

26.

en heure d'ailleurs il s'attristait sans le laisser voir, et ses partisans s'attristaient également sans se rendre compte de ce qu'ils éprouvaient, et sans savoir le dissimuler aussi bien que lui.

Le retour triomphal de Napoléon en France avait exercé sur les imaginations une sorte de prestige : non-seulement ses amis personnels, mais tous ceux qui avaient trouvé dans le rétablissement de l'Empire la satisfaction de leurs passions, de leurs intérêts, ou de leurs préjugés, avaient éprouvé un instant d'enthousiasme dont ils n'avaient pu se défendre. Mais cet enivrement avait été de courte durée, et bientôt les difficultés avaient apparu, difficultés énormes au dedans et au dehors : au dedans, division profonde des partis, diversité complète dans leurs vues, et par exemple, les bonapartistes bornant leurs prétentions au maintien de l'Empire, tandis que les révolutionnaires entendaient se servir de Napoléon un moment pour s'en débarrasser ensuite quand l'étranger serait repoussé : au dehors, passion effrénée de détruire l'homme redoutable qui était venu s'emparer encore une fois des forces de la France, et la France elle-même, dont on détestait l'énergie sans cesse renaissante. Bien qu'autrefois les partisans de Napoléon eussent une immense confiance dans sa fortune et dans son génie, bien que les derniers événements eussent en partie relevé cette confiance, ils étaient saisis d'une inquiétude secrète en voyant toutes les puissances de l'Europe marcher contre nous avec une ardeur incroyable, et ils se demandaient si la France aurait le moyen de résister à tant d'ennemis, si en moins d'une année elle aurait pu refaire assez complétement ses forces pour leur tenir tête à tous, si Napoléon enfin par ses combinaisons parviendrait à les écraser, car il ne faudrait pas moins que les écraser pour désarmer leur haine implacable. Lui-même, quoique doué d'une fermeté indomptable, n'avait plus cette audace sereine des temps passés, inspirée par une suite de succès prodigieux. Il était sérieux, même triste, cherchait à le dissimuler à tous les regards, et y réussissait grâce à la prodigieuse animation de son esprit. Mais il retombait sur lui-même dès qu'il se trouvait seul, ou dans son intimité qui était réduite à cinq ou six personnes, la reine Hortense, le prince Cambacérès, M. de Caulaincourt, M. de Bassano, M. Lavallette, et Carnot enfin qui en l'approchant de plus près s'était attaché à lui cordialement. Au milieu de ces personnages, qui avaient quelquefois le conseil jamais le reproche à la bouche, Napoléon parlait de toutes choses avec une sincérité parfaite, et vraiment noble lorsqu'il s'agissait de ses fautes. Il disait que les négociations tentées au dehors n'étaient pas même des négociations, qu'on aurait dans deux mois l'Europe entière sur les bras, et que pour lui résister on aurait des forces un peu refaites sans doute par une année de repos, mais tellement inférieures en nombre qu'il faudrait des prodiges pour triompher. Il avait le sentiment que les souverains, élevés par sa ruine à un rang qu'ils n'avaient jamais occupé en Europe, ne consentiraient pas facilement à en descendre, que vaincus dans une campagne ils en recommenceraient une seconde, qu'il faudrait par conséquent se résigner

Avril 1815.

Secrets pressentiments de Napoléon et de ses partisans.

Napoléon n'espère son salut que de prodigieux efforts de génie et d'héroïsme.

a une lutte à mort, lutte que l'armée, que certaines provinces frontières soutiendraient avec vigueur et persévérance, mais que la nation, toujours prévenue contre les guerres du premier Empire, soutiendrait à contre-cœur, parce qu'elle se croirait comme jadis sacrifiée à un seul homme. Napoléon ne se flattait donc pas beaucoup, et n'avait pas pris les acclamations des soldats ravis de revoir leur ancien général, des acquéreurs de biens nationaux charmés de recouvrer la sécurité perdue, des révolutionnaires débarrassés des outrages de l'émigration, pour l'assentiment sérieux et unanime de la nation. Il ne croyait de sa part ni à l'effort enthousiaste de 1793, ni à l'effort honnête et généreux de 1813; il ne comptait que sur ses soldats et sur lui-même, et s'il conservait quelques espérances c'était en songeant aux chances imprévues que la guerre fait naître, et dont un homme de génie comme lui pouvait profiter jusqu'à changer en un jour la face des choses. Ce qu'il sentait le plus et avec le plus d'amertume, sans oser dire qu'il y eût injustice, c'était l'incrédulité qu'il rencontrait partout en parlant de paix et de liberté.
— Oui, disait-il, j'ai eu de vastes desseins, mais puis-je les avoir encore? Quelqu'un peut-il supposer que je pense aujourd'hui à la Vistule, à l'Elbe, même au Rhin? Ah! certes, c'est une bien grande douleur que de renoncer à ces frontières géographiques, noble conquête de la Révolution, et s'il ne fallait y sacrifier que la vie de mes soldats et la mienne, le sacrifice serait bientôt fait! Mais il ne s'agit pas même de cette ambition patriotique, puisque j'accepte le traité de Paris; il s'agit de sau-

ver notre indépendance, de ne pas recevoir la contre-révolution des mains de l'étranger. Ah! je ne demande au sort qu'une ou deux victoires, pour rétablir le prestige de nos armes, pour reconquérir le droit d'être maîtres chez nous, et notre gloire relevée, notre indépendance reconquise, je suis prêt à conclure la paix la plus modeste. Mais, hélas! l'Europe ne veut pas croire à cette disposition, et la France pas davantage! — Napoléon, bien entendu, ne s'exprimait ainsi que dans ses entretiens les plus intimes, et ces entretiens portaient encore sur un autre sujet non moins grave, non moins urgent, c'est-à-dire sur la nouvelle constitution à donner à la France. Il avait promis à Grenoble, à Lyon, et partout où il avait passé, de modifier profondément les institutions impériales. La France l'avait pris au mot, et il n'y avait pas moyen de manquer de parole. Ce qu'on appelait dès cette époque la monarchie constitutionnelle, c'est-à-dire un monarque représenté par des ministres responsables, devant des Chambres qui accordent ou refusent leur confiance à ces ministres, et les obligent à gouverner au grand jour d'une publicité quotidienne, était alors le vœu presque unanime de la nation, qui ne voulait plus qu'un seul homme pût mener à Moscou la fortune de la France. Qu'il eût, ou qu'il n'eût pas le goût de cette monarchie constitutionnelle, Napoléon, dont l'esprit ferme ne savait pas marchander avec la nécessité, était résolu à en faire l'essai.

Indépendamment du mérite de l'institution en elle-même, il avait pour agir ainsi une raison de position tout à fait décisive. Pour s'excuser en effet

Avril 1815.

Nécessité pour Napoléon de donner la liberté.

Avril 1815.

d'avoir expulsé les Bourbons et d'avoir exposé la France à une guerre effroyable, il fallait qu'il fût autre chose qu'eux. Par exemple sa nature et son origine le garantissaient de paraître un complaisant de l'étranger, ou un complice du clergé et de la noblesse, car il était à la fois la gloire et l'égalité civile personnifiées. Mais il y avait une chose qu'il n'était pas, que les Bourbons étaient plus que lui, c'était la liberté : et il est vrai qu'on l'aurait plutôt cru pacifique que libéral. Il était donc obligé en venant remplacer les Bourbons, au prix de si grands dangers pour la France, de donner cette liberté, et de la donner, non pas en hésitant comme Louis XVIII, et en cherchant à en reprendre la moitié après l'avoir donnée, mais franchement et complétement. Or, nous le répétons, son parti à cet égard était pris, sinon par goût, au moins par clairvoyance.

Sa conviction qu'il la fallait accorder franchement.

Quant au mérite de l'institution en elle-même, sans l'aimer, car une volonté comme la sienne ne pouvait guère aimer les entraves, il paraissait sous certains rapports entièrement converti, et particulièrement sous le plus important de tous, celui de la libre discussion des actes du pouvoir par la presse quotidienne.

Sans doute s'il y a quelque chose qui au premier aspect révolte les âmes honnêtes, c'est d'entendre quotidiennement le vrai et le faux, et le faux bien plus souvent que le vrai, d'entendre l'ignorance ou l'improbité prétendre redresser les hommes les plus savants, les plus probes, et tout défigurer cyniquement, impudemment, sans mesure. Mais il y a dans l'état contraire, c'est-à-dire dans le silence force d'une nation éclairée, de quoi surpasser les inconvénients de la liberté la plus excessive. En effet un pouvoir couvert par le silence peut tout, et qui peut tout est tenté de tout faire, de sorte qu'en y regardant bien on se trouve placé dans cette alternative : ou laisser dire, ou laisser commettre des indignités. Or le choix ne saurait être douteux, et à la pratique on reconnaît bientôt qu'il vaut mieux laisser dire des indignités, pour que ceux qui gouvernent soient empêchés d'en commettre. De plus, le défaut de contradiction engendre peu à peu une telle défiance, qu'un gouvernement peut moins se défendre contre les faux bruits, contre la calomnie échangée de bouche en bouche, qu'il ne le peut contre une presse l'attaquant à la face du ciel. A la vérité cette sourde défiance du public, qui dans le régime du silence accueille si volontiers la calomnie, et devient ainsi la punition du pouvoir absolu, opère moins vite que la calomnie audacieuse de la presse libre, mais ce mal lent et sourd qui mine, est au moins aussi funeste quand il a gagné les masses, que le mal patent de la licence. On peut atteindre ce dernier par la réponse contradictoire ; impossible d'atteindre l'autre dans l'ombre où il se cache. Sans compter qu'il arrive un jour, jour bien mal choisi, car c'est celui du malheur, où toutes les barrières venant à tomber à la fois, la passion longtemps contenue éclate, verse sur vous l'énorme arriéré de vingt ans d'injures, et vous accable quand il n'y a plus une voix pour vous défendre, plus une oreille pour vous écouter !

Ces expériences Napoléon venait de les faire, et

suivant sa destinée toujours extrême, il les avait faites complètes et terribles. Disposant pendant son premier règne de tous les organes de l'opinion, il avait vu naître dans le public une telle incrédulité, qu'il ne lui était plus permis de démentir un fait faux, ni d'attester un fait vrai, à ce point que le pouvoir était pour ainsi dire sans voix, et que l'on ajoutait plus de foi aux bulletins de l'ennemi qui mentaient, qu'à ceux du gouvernement qui disaient vrai. Aussi, comme nous l'avons déjà rapporté, Napoléon avait-il renoncé en 1813 et 1814 à publier des bulletins, et se contentait-il d'insérer au *Moniteur* des lettres qu'on donnait comme écrites par des officiers de l'armée à divers personnages de l'État. Enfin était venu le jour du malheur, et resté seul ou presque seul à Fontainebleau, Napoléon avait entendu s'élever un cri de malédiction qui l'avait accompagné à l'île d'Elbe, et qui ne l'y avait pas laissé reposer un instant, lui apportant avec de justes reproches, d'odieuses et révoltantes calomnies, non-seulement sur ses grands actes publics, mais sur sa vie intime et privée. Son orgueil, haut comme son génie, avait surnagé pour ainsi dire sur cette mer d'infamies, et après tant d'horreurs il avait vu, ses fautes restant évidentes, sa gloire survivre, et amener encore à ses pieds l'armée et les masses populaires!

Échappé à cet orage, il était revenu complétement éclairé, et déclarait tout haut que c'était une fausse prudence que de vouloir enchaîner la presse; et effectivement, le 25 mars, il avait, comme on l'a vu, aboli la censure.

Mais lorsqu'on laisse tout écrire sur les affaires publiques, il n'y a plus qu'un pas à faire pour laisser tout dire devant une assemblée, et Napoléon n'était pas éloigné de croire qu'on pouvait gouverner avec des Chambres attaquant, tourmentant, renvoyant les ministres. L'expérience apprend en effet que si la liberté de la presse est souvent la calomnie sans réponse, la liberté de la tribune au contraire, est la calomnie avec la réponse instantanée devant les mêmes auditeurs qui ont entendu l'accusation, et avec la solennelle réparation du vote immédiat. Or il n'y a pas un homme ferme et droit qui ne préfère la discussion de ses actes devant une assemblée, obligée d'écouter la défense comme l'attaque, et de prononcer sur-le-champ, à la défense par écrit devant des lecteurs qui ont accueilli l'accusation par malice, qui se dispensent de lire la réfutation par légèreté, et ne se donnent guère la peine d'être justes, parce qu'ils n'ont pas mission expresse de l'être.

Ainsi une fois la libre discussion des actes du pouvoir admise par écrit, il ne pouvait plus y avoir d'objection à la permettre par la parole, et la concession d'assemblées libres s'ensuivait. Napoléon d'ailleurs avait fort observé l'Angleterre tout en la combattant à outrance, parce qu'il cherchait la révélation de ses desseins dans les discussions de son Parlement, et il était loin d'avoir de la constitution anglaise la peur qu'éprouvent pour elle les esprits médiocres ou timides. Il n'y pouvait voir que des obstacles à sa volonté, et à cet égard, il était, dans le moment du moins, résigné à en rencontrer de nombreux et de puissants; il était résigné à avoir

Avril 1815.

La liberté de la presse conduisait forcément à toutes les autres libertés.

Avril 1815.

des ministres attaqués, des lois rejetées, des résolutions formellement arrêtées. — Autrefois, répétait-il, de telles résistances auraient contrarié mes projets; mais aujourd'hui en fait de projets je n'ai plus que celui de gagner une bataille, de reconquérir notre indépendance, de venger le malheur d'avoir vu deux cent mille étrangers dans notre capitale, et cela fait, d'avoir la paix!... La paix obtenue, sur la seule base de notre indépendance, quand il ne s'agira plus que d'administrer notre bel empire de France, je ne serai véritablement pas humilié d'entendre ses représentants m'opposer des objections et même des refus. Après avoir dominé et vaincu le monde, se laisser contredire n'a rien de tellement déplaisant que je ne puisse m'y soumettre. En tout cas, mon fils s'y fera, et je tâcherai de l'y préparer par mes leçons et mes exemples, mais qu'on me laisse vaincre, vaincre une seule fois ces monarques jadis si humbles, aujourd'hui si arrogants, voilà ce que je demande au Ciel et à la nation!... —

Napoléon résigné à rencontrer des obstacles à ses volontés, et occupé uniquement du désir de vaincre l'Europe encore une fois.

En tenant ce langage, Napoléon était sincère, mais se connaissait-il bien lui-même? Plus tard, lorsqu'il aurait vaincu l'Europe encore une fois, ce qu'il demandait si instamment à Dieu et aux hommes, saurait-il supporter la contradiction, et non pas seulement la contradiction juste dans le fond, modérée dans la forme, mais la contradiction absurde au fond, révoltante dans la forme, comme elle se produit souvent dans les États libres, saurait-il, disons-nous, en sourire, et attendre des faits seuls sa lente justification? Personne à cet égard ne pouvait entrevoir l'avenir, et pas plus lui que les autres ; mais il se regardait comme obligé par sa situation à changer complétement les institutions impériales, car en n'apportant pas la paix, il fallait au moins qu'il apportât la liberté. Les hommes qui le soutenaient, c'est-à-dire les révolutionnaires, les gens éclairés, la jeunesse, voulaient la liberté franche et entière, et ne se seraient nullement contentés de ce qu'on appelait les principes de quatre-vingt-neuf, c'est-à-dire de l'égalité civile. Converti ou non sur le mérite de la liberté, Napoléon l'était donc sur sa nécessité, et par ce motif il était résolu à la donner. Ce qu'elle amènerait dans l'avenir, il l'ignorait, et cherchait à peine à le pénétrer, car il éprouvait actuellement un bien autre souci que celui de savoir s'il serait plus ou moins gêné par les institutions nouvelles ! il éprouvait celui de savoir s'il vaincrait l'Europe, ce qui était pour lui, pour son parti, composé de militaires, de révolutionnaires, d'acquéreurs de biens nationaux, la question d'existence. Là était sa vraie, son unique préoccupation, et celle-là effaçait toutes les autres. Tout ce qu'il faudrait pour contenter les hommes qui le soutenaient, il était prêt à le faire, parce que la mesure de ses concessions devait être celle de leur zèle à le soutenir, et avec la netteté de vues d'un homme supérieur, il ne discutait pas sur ce qui était nécessaire. Il était par ces motifs fermement décidé à faire un essai complet de la monarchie constitutionnelle, et en désirait même le succès, car l'insuccès eût été le triomphe des Bourbons. Cependant il n'était pas sans quelques appréhensions

Avril 1845.

craignait seulement la réunion des assemblées pendant les premiers mois d'une guerre formidable, dont le théâtre pouvait se trouver transporté sous les murs de Paris.

sur ce qui arriverait dans les premiers jours de cet essai. En effet, si avec les années, dans un pays où elles ont duré longtemps, les assemblées deviennent un bon instrument de gouvernement, elles sont à leur début un instrument douteux, et souvent dangereux. Quand l'art de les conduire est devenu un art véritable, dans lequel excellent des chefs qui savent allier aux vues de la politique le talent de parler aux hommes, quand surtout elles ont existé assez longtemps pour être habituées aux événements, et avoir habitué le pays à leurs agitations, elles ne sont point à craindre, et elles offrent plus de ressource même dans le péril qu'un gouvernement absolu, sans lien avec la nation. Mais quand elles existent de la veille, quand on n'a pas d'hommes rompus au métier de les conduire, en essayer pour la première fois au milieu d'une guerre formidable, est une entreprise critique, que Napoléon redoutait singulièrement.

Dans les temps modernes, le Parlement britannique a su garder une attitude convenable pendant la guerre, soit habitude, soit sécurité due à la protection des mers. Dans les temps anciens, le Sénat romain, bien autrement admirable, avait vendu le champ sur lequel campait Annibal. Mais c'était une vieille assemblée, accoutumée à gouverner Rome dans la prospérité et les revers. Personne ne pouvait se flatter en 1815 de réunir en France ou le Sénat romain, ou le Parlement britannique. Or Napoléon était convaincu que dans la lutte qui allait s'engager, on aurait des extrémités cruelles à traverser, et que si on perdait son sang-froid, on perdrait la partie. Si au contraire on ne se troublait pas plus qu'il ne s'était troublé après Brienne, après Craonne et Laon, il était possible de triompher. Malheureusement il se défiait non du courage, mais du calme d'assemblées neuves, formées de la veille, partagées en factions de tout genre, et ne voyant souvent dans un événement fâcheux qu'une occasion opportune de satisfaire leurs passions. Il craignait qu'au premier revers, la terreur des uns, la colère des autres, l'intrigue de quelques-uns, ne fissent naître un chaos, dont l'ennemi profiterait pour arriver encore une fois au cœur du pays. Aussi, tout en voulant faire l'épreuve de la liberté, il redoutait cet essai fait immédiatement, sous le canon de l'Europe.

Cette appréhension lui avait inspiré la pensée de donner tout simplement, et avec très-peu de différence, la constitution anglaise, et d'en ajourner jusqu'après les premières hostilités la mise en pratique. Il n'y avait dans ce projet aucune perfidie, mais un secret pressentiment du danger de réunir une assemblée inexpérimentée, en présence des armées étrangères marchant sur Paris. S'il eût été de mauvaise foi, il aurait eu un moyen facile et certain de tromper les amis de la liberté, en mettant le tort non de son côté, mais du leur, c'était de convoquer tout de suite une assemblée constituante, et de lui confier le soin d'élaborer une constitution en revisant les sénatus-consultes impériaux. Dans l'état des esprits, entre les anciens révolutionnaires restés les uns à la constitution de 1791, les autres aux constitutions de 1793 ou de 1795, et les nouveaux libéraux ramenés par la réflexion aux institutions britanniques, la lutte aurait été inévitablement lon-

Avril 1815.

gue et violente, l'accord impossible, et tandis que cette lice politique eût été ouverte, Napoléon conservant provisoirement la plénitude du pouvoir impérial, aurait pu gagner des batailles, terminer la guerre, se servir ensuite contre cette assemblée de l'incohérence de ses vues, du ridicule de sa conduite, la dissoudre, et constituer la France comme il l'aurait voulu.

Danger d'exciter par cette conduite la défiance des esprits.

Ce plan était d'un succès à peu près assuré, mais il fallait commencer par convoquer une assemblée, et Napoléon le craignait pendant les premiers mois d'une guerre effroyable dont le théâtre serait placé entre Lille et Paris. De plus ne sachant quelle constitution on lui proposerait, il aimait mieux en faire une lui-même tout de suite, la faire la meilleure possible, puis la présenter au consentement du pays, par la voie usuelle à cette époque des votes écrits, forme illusoire, mais de peu d'importance si le fond était bon. Telle était sa véritable pensée; mais même en agissant de bonne foi parviendrait-il à vaincre la profonde défiance des esprits? N'ayant pas été cru de l'Europe lorsqu'il parlait de paix, serait-il cru de la France lorsqu'il parlerait de liberté, et ce qui ne serait de sa part que prudence vraie, ne serait-il pas pris pour arrière-pensée de despote? Là était son danger : dans la voie si périlleuse où il s'était engagé en revenant de l'île d'Elbe, il allait marcher courbé sous le poids énorme de ses fautes passées, et il se pouvait qu'à cette dernière partie de sa carrière, la Providence lui infligeât un supplice souvent réservé à de glorieux coupables, celui de voir repousser leur repentir, même le plus sincère.

L'ACTE ADDITIONNEL.

Le moment était donc venu de se fixer sur les questions constitutionnelles, et d'arrêter enfin le mode de gouvernement à donner à la France. La fermentation des esprits sous ce rapport était au comble. On écrivait dans tous les sens, et habituellement dans les plus extrêmes. De vieux républicains se réveillant d'un long sommeil, des royalistes qui naguère trouvaient criminels les moindres vœux pour la liberté, demandaient la république, ou à peu près. D'autres réclamaient la royauté démantelée de 1791; d'autres, et parmi ceux-ci les jeunes gens, dégagés des préjugés de l'ancien régime comme de ceux du nouveau, penchaient plutôt vers la constitution britannique, sans toutefois en connaître encore le vrai mécanisme. Pourtant avec une vue vague de la chose, c'était le gouvernement qu'ils préféraient, et il faut ajouter que la majorité du pays inclinait de leur côté. Elle aurait désiré tout simplement la Charte de 1814 un peu élargie.

En général tous ceux qui n'étaient pas des révolutionnaires entêtés, inaccessibles aux leçons de l'expérience, ou des royalistes poussant au désordre par intérêt de parti, souhaitaient la monarchie constitutionnelle. L'illustre Sieyès, dont le grand esprit avait pénétré le profond mécanisme de la monarchie anglaise, ne demandait pas autre chose pour la France, et quoique n'aimant pas Napoléon, était d'avis qu'il fallait se rattacher à lui pour sauver avec son secours la double cause de la Révolution et de l'indépendance nationale. Carnot, exaspéré par une année de règne des Bourbons, touché par les procédés de Napoléon, et par

Avril 1815.

Opinion des divers partis, et de leurs principaux personnages, sur la disposition du gouvernement à donner à la France.

Sieyès.

Carnot.

418 LIVRE LVIII.

Avril 1815.

Fouché.

l'aveu qu'il faisait de ses fautes, voulait qu'on essayât d'allier sous lui la monarchie avec la liberté. Fouché, peu sensible aux théories, craignant surtout Napoléon qu'il avait vu revenir avec regret, ne désirant pas précisément sa chute qui aurait ramené immédiatement les Bourbons, mais cherchant des garanties contre lui, visait à diminuer son pouvoir au profit des oppositions quelconques qui pourraient naître dans les Chambres futures, et qu'il se flattait de mener par l'intrigue. Comme tout le monde, il ne voulait que la monarchie constitutionnelle, mais en y diminuant le plus possible le pouvoir du souverain.

Le parti constitutionnel.

Madame de Staël, M. de Lafayette, M. Benjamin Constant.

Le parti constitutionnel (ainsi qu'on le nommait sous Louis XVIII) avait été dispersé par la révolution du 20 mars, et ses principaux membres, fort compromis, s'étaient hâtés de fuir la vengeance de Napoléon. Ils s'étaient bientôt rassurés en voyant sa manière d'agir, et plusieurs étaient restés à Paris, où on les laissait vivre tranquillement. Madame de Staël n'avait pas quitté sa demeure; M. de Lafayette était rentré à son château de Lagrange. Le plus actif et le plus compromis de tous par ses écrits outrageants contre l'Empire, et particulièrement par son fameux article inséré le 19 mars dans le *Journal des Débats*, M. Benjamin Constant, s'était procuré un passe-port du ministre d'Amérique, M. Crawfurd, et se tenait caché en attendant qu'il lui convînt d'en faire usage. Ces divers personnages fort détachés des Bourbons par les derniers événements, étaient disposés, si on les rassurait, et si ce qu'on disait des intentions libérales de Napoléon se vérifiait, à tenter avec lui l'essai de monarchie constitutionnelle qu'ils avaient vainement commencé sous Louis XVIII. Le prince Joseph, qui avait déploré la faculté laissée à Napoléon de tout faire jusqu'à se perdre, partageait exactement les sentiments du parti constitutionnel, avait cherché à nouer des relations avec les chefs de ce parti, notamment avec M. de Lafayette et madame de Staël, et s'efforçait de persuader à Napoléon de se mettre en rapport avec eux, à quoi Napoléon ne montrait aucune répugnance.

Quant aux hommes d'État de l'Empire, pour la plupart anciens révolutionnaires dégoûtés de la liberté, ou anciens royalistes rattachés à Napoléon par le prestige de la force et de la gloire, ayant contracté sous lui la douce habitude de l'autorité non contestée, ils se sentaient peu de goût et peu de confiance pour les essais de liberté qu'on allait tenter. L'archichancelier Cambacérès, avec son sens pratique, reconnaissait néanmoins qu'on ne pouvait pas faire autrement; mais servant par pure obéissance depuis le 20 mars, il bornait sa coopération à l'administration de la justice. MM. Mollien, de Gaëte, Decrès, avaient repris avec leurs fonctions l'usage de laisser Napoléon résoudre lui seul les grandes difficultés. M. de Bassano approuvait Napoléon selon sa coutume, mais sans avoir dans le résultat sa confiance accoutumée. M. Molé répugnait à la fois aux hommes et aux choses du jour, et affichait des doutes qui lui permettaient de se tenir dans une demi-retraite, dans une demi-adhésion. Il n'avait en effet accepté que l'administration peu compromettante des ponts et chaussées. Mais en

Avril 1815.

Le prince Joseph.

Opinion des anciens hommes d'État de l'Empire, Cambacérès, de Bassano, Molé, etc.

somme les plus vives impulsions poussaient vers une monarchie constitutionnelle très-libérale. On écrivait dans ce sens force brochures, force articles de journaux, et on adressait même à Napoléon de nombreux mémoires sur la future constitution, mémoires la plupart du temps très-étranges, car en général les gens qui adressent à un prince des plans qu'on ne leur demande pas, sont ou des intrigants cherchant à produire leur personne, ou des extravagants cherchant à produire leurs rêves. Napoléon parcourait ces *factums*, tantôt s'irritait, tantôt riait de leur contenu, mais le plus souvent s'attristait d'un pareil état des esprits à la veille d'une lutte sanglante contre l'Europe. Son confident actuel était M. Lavallette. Il considérait tout autant le vieux Cambacérès, aimait tout autant M. de Bassano, mais sa vive pensée qui avait besoin de se répandre ne trouvait dans le premier qu'un écho éteint, et dans le second qu'un écho monotone. Il s'épanchait donc plus volontiers avec M. Lavallette, esprit fin, sûr, indépendant, conseillant sans jamais prendre les airs de la sagesse méconnue lorsque ses conseils étaient repoussés. Napoléon s'entretenait quelquefois avec lui une partie de la nuit, même après avoir travaillé toute la journée.

En lisant certains avis donnés avec le ton de l'exigence et quelquefois même de la menace, il s'emportait, parcourait d'un pas rapide les salons de l'Élysée, et s'écriait qu'après tout la France ne connaissait aucun de ces tribuns, qu'elle ne connaissait que lui, n'avait confiance qu'en lui, et que s'il laissait faire, l'armée et le peuple auraient bientôt écrasé

les royalistes et fermé la bouche aux chicaneurs.
Puis avant que M. Lavallette lui eût montré l'indignité d'un tel rôle, il revenait, se bornait à sourire
des extravagances étalées sur sa table, et comparant la France de 1800 qui le suppliait de la débarrasser des *bavards*, avec la France de 1815 qui
réclamait une liberté sans limites, il demandait si
tout cela était bien sérieux, et si des vœux si changeants attestaient un besoin réel et une conviction
profonde. A cela, M. Lavallette répliquait avec raison qu'il ne fallait tenir compte ni des esprits, ni
des temps extrêmes, mais qu'en prenant la France
dans sa disposition la plus habituelle on la trouverait
voulant avec persévérance une liberté tempérée, qui
la garantît à la fois des égarements d'un homme et
des désordres de la multitude; que la question pour
elle avait toujours consisté dans la mesure, non
dans le fond des choses, et que si on y regardait
bien on reconnaîtrait que depuis 1789 elle avait
exactement voulu ce qu'elle voulait aujourd'hui.
Napoléon se rendait à ces sages observations, mais
alors il s'affligeait de la diversité, de la confusion
des idées du temps présent, et s'en affligeait à cause
de la crise militaire qu'on allait traverser, se demandant si avec la maladresse, hélas! trop visible,
des amis de la liberté on pourrait faire face à la lutte
effroyable qu'on aurait bientôt à soutenir. — Faire,
disait-il, un premier essai de liberté au bruit du
canon! et quel bruit! jamais on n'en aura entendu
un pareil!... — Quoi qu'il en soit il ne songeait
pas le moins du monde à résister aux amis de la
liberté, car pour lui il n'y avait pas de milieu, il

fallait qu'il fût avec eux ou avec les royalistes : or comme il ne pouvait s'appuyer sur les derniers, il fallait bien qu'il s'appuyât sur les premiers. Du reste, de même qu'à la guerre il devenait doux, calme, en présence du danger, il montrait dans cette nouvelle situation une douceur singulière, ne manifestait aucune impatience, s'efforçait de ramener à la raison ceux qui s'en écartaient, et au fond était beaucoup moins soucieux de la part de pouvoir qu'on lui laisserait, que des moyens qu'on lui accorderait pour combattre et vaincre l'ennemi extérieur.

Nous avons dit sa secrète pensée : c'était de ne pas se mettre sur les bras une assemblée constituante, bien que ce fût un moyen assuré de tuer la liberté par le ridicule qui résulterait de la confusion des idées, mais de s'entourer de quelques hommes capables, de rédiger avec eux une constitution qui ne laissât rien à désirer aux vrais libéraux, de la promulguer solennellement, puis de courir à l'ennemi, et de ne convoquer les nouvelles Chambres qu'après avoir mis les armées coalisées à une suffisante distance de la capitale. En fait d'hommes capables de rédiger une constitution, le hasard en plaça un sous sa main qui était le mieux choisi quoique le moins prévu dans la circonstance. L'écrivain fougueux qui le 19 mars avait dénoncé Napoléon à la France comme une calamité, et avait pris au nom des amis de la liberté l'engagement de ne jamais se rattacher à lui, M. Benjamin Constant, était demeuré caché à Paris, ainsi que nous venons de le dire, cherchant moins à se procurer le moyen de s'évader qu'à s'enquérir s'il y aurait sûreté à rester. On s'était adressé au général Sebastiani, esprit indulgent comme tout esprit politique, et avec la confiance qu'il n'y avait aucun danger à lui livrer le secret de M. Benjamin Constant. Dès qu'il fut informé de la présence de ce personnage à Paris, le général se rendit chez l'Empereur, et lui annonça que M. Benjamin Constant était en France et à sa discrétion. — Ah, vous le tenez! s'écria Napoléon, comme s'il eût été heureux de pouvoir exercer une vengeance ardemment désirée. — Le général surpris allait presque s'alarmer, mais Napoléon ne lui en laissa pas le temps. — Soyez tranquille, lui dit-il, je ne veux faire aucun mal à votre protégé; envoyez-le-moi, et il sera content. — Napoléon avait entrevu sur-le-champ qu'il pouvait en cette occasion donner une preuve éclatante de générosité, conquérir la première plume de l'époque, et trouver le rédacteur le plus autorisé de sa future constitution, en pardonnant et en élevant à un poste considérable le plus injurieux de ses adversaires ; et à peine avait-il entrevu la chose comme possible, qu'il l'avait résolue. On se demandera s'il n'entrait pas dans cette conduite plus de mépris des hommes que de vraie générosité, et on appréciera mal le sentiment qui l'animait. Ce sentiment n'était autre que la clémence tant vantée de César, c'est-à-dire une connaissance approfondie des hommes, un discernement très-fin du peu de solidité de leurs passions, une grande facilité d'humeur à leur égard, et un grand art de les ramener en les séduisant. Quoi qu'il en soit, Napoléon fit adresser à M. Benjamin Constant par le chambellan de service, l'invitation la plus polie de se rendre auprès de lui.

Aujourd'hui que quarante années de discussion publique nous ont enseigné la pratique (très-momentanément oubliée, je l'espère) des institutions libres, et par suite le respect de nous-mêmes, bien peu de personnes répondraient à une telle invitation, ou bien elles iraient demander respectueusement au souverain la permission de conserver leur dignité, en restant étrangères à un gouvernement qu'elles auraient violemment combattu. M. Benjamin Constant, mécontent des Bourbons qui avaient si mal répondu à la bonne volonté des constitutionnels, tout plein des assurances libérales données par Napoléon, convaincu aussi de la nécessité de se rattacher au seul homme qui pût sauver la France de l'invasion, déféra sans hésiter à l'invitation qu'il avait reçue.

Napoléon avait bien des attitudes à prendre devant cet homme de tant d'esprit, qui à cette heure était à sa merci. Il aurait pu être ou caressant ou dur, et dans les deux cas il eût manqué de convenance. Il fut simple, poli et plein de franchise.

Ne s'occupant en rien du passé, il ne parla que de l'œuvre pour laquelle M. Benjamin Constant était appelé. Il lui dit qu'ayant promis à la France une constitution libérale, il la voulait donner, et la donner telle qu'elle convenait, sans les restrictions d'un pouvoir timide, ou les complaisances calculées d'un pouvoir astucieux, accordant tout d'abord plus qu'il ne fallait pour avoir le droit de tout retirer ensuite; que les esprits étaient fort animés sur ce sujet, et naturellement peu raisonnables; qu'il n'était pas sûr que ce fût leur dernier mot, car ils avaient bien varié depuis 1800, époque où ils ne voulaient aucune liberté, tandis que maintenant ils les réclamaient toutes; qu'il ne fallait pas du reste s'y tromper, que les vœux pour une constitution libre étaient les vœux d'une minorité; que les masses populaires ne voulaient que lui Napoléon, et lui demandaient uniquement de les délivrer des nobles, des prêtres et de l'étranger; mais qu'il entendait tenir grand compte des vœux des hommes éclairés, et se montrer aussi éclairé qu'eux; qu'il avait donc la ferme résolution d'accorder la monarchie constitutionnelle; qu'il n'y en avait qu'une, il le savait, laquelle consistait dans des ministres responsables, obligés de discuter au sein de Chambres les affaires du pays, et dans une liberté complète de la presse, sans aucune censure préalable; que sur ce dernier point notamment il était convaincu; que vouloir enchaîner la presse était puéril; qu'il n'y aurait par conséquent aucune difficulté de fond avec lui, et qu'il s'agirait uniquement de trouver la forme convenable sans l'humilier; que l'on pouvait sans doute se demander s'il s'accommoderait à la longue des entraves au-devant desquelles il allait; que la défiance à cet égard était permise, qu'il ne s'en offensait point, mais qu'il était très-préparé à subir les désagréments du régime constitutionnel, et qu'en tout cas il espérait qu'on le ménagerait; qu'autrefois il avait eu de vastes desseins, que pour de tels desseins le gouvernement constitutionnel eût été un obstacle, mais qu'un seul intérêt le préoccupait désormais, c'était de résister à l'ennemi extérieur; que la lutte serait terrible, il ne fallait pas se le dissimuler; qu'il laissait parler de négociations, mais qu'en réalité on ne négociait pas; qu'il fallait de toute nécessité se battre à outrance, et qu'on ne lui en refuserait certainement pas les moyens; qu'après avoir rejeté l'ennemi hors du territoire, il se hâterait de conclure la paix; qu'alors, lorsqu'il s'agirait simplement d'administrer le pays, le concours éclairé de ses représentants, fussent-ils un peu tracassiers, ne lui déplairait pas; qu'on n'avait point à quarante-six ans le caractère qu'on avait eu à vingt-six; qu'il se sentait changé, qu'en tout cas le gouvernement, partagé mais fortement appuyé, d'une monarchie libérale, conviendrait beaucoup mieux à son fils; qu'il travaillait pour ce fils bien plus que pour lui-même; que par conséquent il ne pouvait y avoir entre lui et les amis éclairés de la liberté aucun dissentiment sérieux; que la question consistait tout entière dans la forme à trouver, et qu'on respecterait, il l'espérait bien, sa dignité et sa gloire, qui étaient celles de la France.

Ces paroles prononcées d'un ton calme, ferme, convaincu, et à l'ombre de tant de lauriers, saisirent vivement l'imagination impressionnable de M. Benjamin Constant, le persuadèrent complétement ou à peu près, et il remercia le sort qui l'avait rendu prisonnier d'un tel vainqueur. Napoléon lui livra ensuite un amas de projets de constitution, les uns signés, les autres anonymes. Jusque-là poli mais sérieux, il se dérida tout à coup en prenant en main certains de ces projets, dont il énonçait le sens, puis l'auteur. — En voici un d'un républicain, disait-il;

L'ACTE ADDITIONNEL.   427

en voici un autre d'un monarchiste à la façon de
Mounier; en voici un troisième d'un royaliste pur...
— Puis exposant le contenu, Napoléon souriait du
contraste des idées avec le nom des auteurs, car
les républicains ne proposaient souvent que le despotisme, et les royalistes l'anarchie. — Faites de
tout cela ce que vous voudrez, ajouta-t-il, arrêtez
vos idées, qui sans doute le sont déjà, trouvez une
forme, et venez me revoir, nous n'aurons pas de
peine à nous mettre d'accord. — Napoléon congédia
ensuite M. Benjamin Constant, sans l'avoir ni caressé
ni maltraité, mais en l'ayant dominé par la simplicité, le charme et la fermeté de son esprit, devant
lequel toute question se présentait non pas comme
à résoudre, mais comme résolue.

M. Benjamin Constant était l'homme du temps
qui, outre son talent d'écrire, clair, piquant, in-
cisif, possédait le mieux la théorie de la monarchie
constitutionnelle. Il ne lui manquait que d'avoir appris par l'expérience où résident les points essentiels
de ce mécanisme, et bien qu'il fût plus près de
les connaître qu'aucun de ses contemporains, il ne
savait pas encore avec la dernière précision à quoi il
fallait tenir essentiellement, et en quoi il était permis de se montrer facile. Mais il n'avait dans l'esprit
aucune des erreurs régnantes, et ayant été le publi-
ciste employé par le parti libéral contre la première
Restauration, il avait un crédit, comme rédacteur
de constitution, dont nul autre en France n'aurait
pu se prévaloir.

Ses idées étant arrêtées, son travail ne pouvait
être bien long, du moins sous le rapport de la con-

Avril 1815.

M. Benjamin Constant accepte la mission qui lui est donnée.

Avril 1815.

Fréquentes entrevues avec Napoléon, et accord complet avec lui.

Facilité à concéder la liberté de la presse.

ception, et il revint bientôt auprès de Napoléon. Il le trouva aussi naturel, mais plus accueillant encore, le rapprochement entre ces deux hommes devenant à chaque entrevue non pas plus facile, mais plus séant. Cette fois l'entretien roula sur les détails de la constitution future, et sur aucun point il ne se révéla de désaccord entre les deux interlocuteurs. Napoléon admit sans contestation que la presse quotidienne devait être exempte de toute censure préalable, et relever dans ses écarts des tribunaux seuls. C'était accorder d'un coup les points les plus contestés en cette matière. Sur ce sujet Napoléon était, avons-nous dit, pleinement converti par son expérience antérieure. Quant aux deux Chambres, à l'obligation pour les ministres de s'y rendre, d'y justifier leurs actes, M. Benjamin Constant ne rencontra pas plus de difficulté de la part de Napoléon, ce qui était accepter le partage du gouvernement avec elles, et plus que le partage, car si dans ce système le monarque se réserve l'action il laisse aux Chambres la direction, et ce n'est là du reste qu'obéir à la nécessité des choses. En effet on veut en vain gouverner en dehors des vrais sentiments d'une nation, en dehors de ses idées dominantes : si on l'essaye quelques jours, on est bientôt forcé d'y renoncer. Le mieux dès lors est de subir de bonne grâce ce qu'on ne peut empêcher, et d'accepter le moyen le plus direct d'introduire la pensée de la nation dans le gouvernement, ce qui revient à faire dépendre les ministres du vote des Chambres dans tous leurs actes.

Attributions

Napoléon concéda en outre que les Chambres amenderaient les lois à leur gré, sauf le droit pour le gouvernement de ne pas sanctionner les lois ainsi amendées ; qu'elles pourraient non pas *supplier*, comme dans la Charte de Louis XVIII, mais *inviter* le gouvernement à présenter certaines lois désirées par l'opinion publique, et en indiquer les dispositions, à condition toutefois que l'invitation ne serait présentée à l'Empereur que lorsque les deux Chambres seraient d'accord. La Chambre des députés dut avoir le privilége d'être saisie la première des propositions d'impôt ; la Chambre des pairs dut avoir le privilége de la haute juridiction d'État sur les ministres, sur les chefs militaires, sur tous les hommes revêtus d'un grand pouvoir. C'était donc la monarchie constitutionnelle tout entière, et sans une seule réserve. Restait la composition des Chambres.

Pour la Chambre des députés, la moindre en dignité, la plus forte en influence, Napoléon admit sans contestation l'élection directe. Si on avait eu le temps, on aurait pu rédiger une loi électorale, qui eût indiqué tout de suite la catégorie de citoyens investie du droit de nommer les députés. La matière était nouvelle et grave, et il était difficile, dans l'état des connaissances acquises, de se fixer sur les questions qu'elle soulèverait. On imagina de se servir du système existant en y apportant quelques modifications. C'était le système de Sieyès, lequel consistait à faire désigner par l'universalité des citoyens environ cent mille électeurs à vie, répartis en deux classes de colléges, colléges d'arrondissement, colléges de département. Il avait l'avantage apparent d'associer tous les citoyens à l'élection, mais le vice profond, inhérent au suffrage universel, d'être illusoire, car ce qu'il y a de sérieux dans l'intervention du pays, est d'appeler à voter non pas la totalité des citoyens, mais la portion réellement éclairée et capable d'avoir un avis. Cependant les cent mille électeurs alors inscrits sur les listes offraient un échantillon de la nation suffisant pour avoir sa vraie pensée. On renonça à la combinaison subtile de faire présenter des candidats par les colléges d'arrondissement aux colléges de département, et par les colléges de département au Sénat, ce qui n'était qu'une manière de faire expirer la véritable opinion du pays, non pas précisément entre deux guichets, mais entre deux scrutins. Napoléon concéda que les colléges d'arrondissement nommeraient directement 300 députés, et les colléges de département à peu près autant, et toujours directement, ce qui devait procurer une assemblée presque égale en nombre à la Chambre des communes d'Angleterre. M. Benjamin Constant accepta ces bases, lesquelles constituaient une immense amélioration, car même sous la Charte de 1814 on n'avait eu que l'ancien Corps législatif, qui était nommé par le Sénat sur des listes de candidats dressées par les colléges électoraux. Napoléon admit ce que l'expérience a consacré depuis comme seule combinaison raisonnable, le renouvellement intégral de la seconde Chambre tous les cinq ans.

Quant à la composition de la première Chambre, il y eut plus de difficulté entre Napoléon et M. Benjamin Constant, non que l'un voulût concéder moins, et l'autre obtenir plus, mais parce que le sujet lui-même soulevait les doutes les plus graves. M. Benjamin Constant, sans être absolument fixé, inclinait vers une pairie héréditaire. Il regardait cette institution comme celle qui, dans la composition d'une Chambre haute, offrait le plus heureux mélange de gravité et d'indépendance d'esprit. Napoléon, en étant de cet avis plus que M. Benjamin Constant lui-même, répugnait cependant à introduire l'hérédité dans la nouvelle constitution. Avec son langage si net et si heureusement figuré, Il faut, disait-il, une aristocratie, et il la faut surtout dans un État libre, où la démocratie a toujours une influence prépondérante. Un gouvernement qui essaye de se mouvoir dans un seul élément, est comme un ballon dans les airs, inévitablement emporté dans la direction où soufflent les vents. Au contraire, celui qui est placé entre deux éléments, et peut se servir de l'un ou de l'autre à son gré, n'est point asservi. Il est comme un vaisseau qui est porté sur les flots, et qui n'use des vents que pour marcher. Le vent le pousse, mais ne le domine pas. — On ne pouvait rendre sous une forme plus ingénieuse une pensée plus profonde. Mais tout en pensant de la sorte, Napoléon craignait, dans l'état des choses, de ne pouvoir se servir utilement de ce qu'il y avait d'aristocratie en France. — L'ancienne noblesse est contre moi, disait-il, et la nouvelle est bien nouvelle. Tout cela ne ressemble pas à l'aristocratie anglaise, née avec la constitution anglaise, ayant contribué à la donner au pays, et n'ayant pas cessé de la pratiquer... D'ailleurs, ajoutait-il, nous avons un peuple plein de préventions contre la noblesse héréditaire.

Avril 1815.

Ajournement de la question.

Difficulté relative à l'abolition de la confiscation.

Motifs de Napoléon pour vouloir qu'on ne mentionne pas l'abolition de la confiscation.

Ce qui l'anime le plus en ce moment, ce qui le fait courir au-devant de moi, c'est la haine des nobles et des prêtres, et si vous lui présentez la pairie héréditaire vous lui ferez jeter les hauts cris, sans être bien assuré d'avoir créé une véritable aristocratie avec une Chambre des pairs qui pour assez longtemps sera composée de chambellans et de généraux... —

En présence de ces motifs divers Napoléon était profondément perplexe, car si l'hérédité de la pairie était conforme à ses convictions, il en craignait l'effet sur l'esprit ombrageux des libéraux français.

Quant aux garanties générales, telles que l'inamovibilité de la magistrature, la liberté individuelle, la liberté des cultes, etc., il les admettait sans contestation, et se bornait à demander une rédaction claire, précise, ne prêtant point à l'équivoque. Il n'y eut qu'une de ces garanties qu'il contesta, et même avec beaucoup de vivacité, ce fut l'abolition de la confiscation. Il ne voulait pas, bien entendu, stipuler le contraire; il désirait le silence. — Je ne songe, dit-il, à prendre le bien de personne, et ne veux en rien imiter la Convention nationale. Mais on me prépare une nouvelle émigration. Si la guerre se prolonge vous allez avoir un soulèvement en Vendée. Qu'elle se prolonge ou non, vous aurez des rassemblements sur nos frontières comme ceux de Coblentz. Déjà il s'en forme un à Gand, où figurent des hommes que j'ai comblés d'honneurs et de richesses. Ce rassemblement grandira tous les jours, et si je n'ai pas terminé la lutte en trois mois, il s'organisera là un gouvernement dont les ordres seront par certaines classes de Français mieux obéis que les miens. Ne croyez pas que je veuille faire tomber la tête ou prendre la fortune de qui que ce soit. Mais je ne puis rester désarmé, et si je n'ai pas dans les mains des moyens d'intimidation, je ne saurai comment me défendre contre ce gouvernement extérieur, reconnu et obéi au dedans. Actuellement j'ai à Besançon, j'ai à Marseille d'anciens préfets de Louis XVIII qui donnent des ordres secrets. Je vais les expulser, mais ils se tiendront à la frontière, et feront là autant de mal qu'à l'intérieur même. Il faut que je puisse contenir les ennemis résolus, et ramener les irrésolus. Soyez sûr qu'avec la faculté de séquestrer les biens, sans les confisquer, j'agirai même sur Talleyrand. Du reste, à la paix, je rétablirai cette garantie qui est indispensable, je le reconnais; jusque-là je désire qu'on s'abstienne d'en parler. —

Cette mauvaise disposition fut la seule que Napoléon laissa percer dans le travail de la nouvelle constitution, mais il se montra obstinément attaché à ce qu'il demandait. Il avait tort sans doute de vouloir se réserver une portion quelconque de pouvoir arbitraire, car quelques moyens d'intimidation de plus ou de moins ne pouvaient ni le sauver ni le perdre, et c'était uniquement sur le champ de bataille que son sort devait se décider. Mais il faut reconnaître, pour être entièrement vrai, que les royalistes se conduisaient de manière à excuser la mauvaise pensée de Napoléon. D'abord épouvantés, ils s'étaient tenus paisibles ; rassurés bientôt en voyant la liberté laissée à tous les partis de parler, d'écrire, de se mouvoir, ils en profitaient largement, allaient, venaient publiquement de Paris dans la Vendée, de

Avril 1815.

Ajournement de cette difficulté.

Question grave au sujet du titre à donner à la nouvelle Constitution.

Paris à Gand, préparant évidemment la guerre civile en Vendée, et des mouvements royalistes au sein de la capitale. Pour le moment il n'y avait pas à s'en inquiéter, mais si l'ennemi arrivait sous les murs de Paris, le danger pouvait devenir sérieux, et on comprend, tout en désapprouvant Napoléon, qu'un homme d'action, habitué à ne pas s'arrêter devant les obstacles, placé en outre dans un temps bien voisin encore des doctrines révolutionnaires, demandât des moyens d'intimidation sans même vouloir en user.

M. Benjamin Constant ajourna cette contestation, bien résolu d'ailleurs à y revenir. Il y avait une dernière question, toute de forme, et sur laquelle Napoléon paraissait encore plus irrévocablement fixé, s'il était possible, c'était le titre et le mode de présentation du nouvel acte constitutionnel. Il voulait octroyer cette nouvelle Charte comme Louis XVIII avait octroyé la sienne, mais en sauvant les apparences, et en cette matière les apparences sont beaucoup, car elles emportent la reconnaissance ou la négation du droit. — J'ai reconnu, disait-il, la souveraineté nationale, et ce n'est pas une grande faveur que je lui ai faite, car en réalité la nation est souveraine, et il n'y a de souverain durable que celui dont elle veut. Ainsi je ne prétends pas, à l'exemple de Louis XVIII, me présenter comme tirant de mon droit seul la constitution que je vais donner à la France; mais si je ne prétends pas la tirer de mon droit, je veux la tirer de mon bon sens, la faire la meilleure possible, et à cet égard vous et moi nous valons mieux qu'une assemblée qui n'en finirait pas, et qui bouleverse-

damentales de l'État par la servilité du Sénat. En conséquence il disait que sans être dupe des hypocrisies de forme, il fallait, par un moyen ou par un autre, conjurer la défiance générale, et pour cela donner à la constitution actuelle un caractère nouveau, et qui la distinguât tout à fait des précédentes. — Non, non, répondait Napoléon, on veut m'ôter mon passé, faire de moi ce que je ne suis pas, un autre homme, effacer ainsi quinze ans de règne, effacer ma gloire, effacer celle de la France, comme si tout était mauvais dans ce premier règne!... Je n'y consentirai pas. Je puis bien céder à l'expérience, et surtout aux circonstances qui n'admettent plus la dictature dont j'ai joui, mais je n'entends pas me laisser humilier. D'ailleurs, croyez-moi, la France veut son vieil empereur, un peu changé sans doute, mais lui et pas un autre... —

Sur ce point Napoléon se montra inébranlable, car il voyait dans une forme absolument nouvelle une intention de l'humilier en lui imposant le désaveu de tout son passé. Il fallut donc considérer la constitution à laquelle on travaillait comme une simple modification des anciennes, et nullement comme un ordre de choses entièrement distinct du précédent. En cela Napoléon était pour ce qu'il appelait sa gloire, aussi opiniâtre et aussi susceptible que Louis XVIII pour ce qu'il appelait son droit. C'était une faute grave, car la constitution de 1815 était totalement différente de celles de 1802 et de 1804; et tandis qu'en général on veut paraître donner plus qu'on ne donne, il s'exposait cette fois à paraître donner moins qu'il ne donnait en réalité : calcul détestable, et triste fruit de l'orgueil! Il eût mieux valu cent fois, dans l'état des esprits, promettre plus qu'on ne faisait, que de faire plus qu'on ne promettait.

De cette contestation il résulta le nouveau titre, si malheureusement célèbre, d'*Acte additionnel aux constitutions de l'Empire*, titre qui devait tendre à persuader au public qu'on n'apportait qu'une modification, tandis qu'en réalité on apportait un changement radical à l'ancien état de choses. M. Constant enchanté d'avoir obtenu le fond céda sur la forme, à laquelle il avait lui-même le tort, naturel à un esprit philosophique, de ne pas attacher assez d'importance. Il prit la plume et rédigea en termes simples, clairs, élégants, la constitution la meilleure et la mieux écrite qui ait été accordée à la France dans la longue série de ses révolutions. Il vit, revit l'Empereur, et se mit d'accord avec lui sur tous les points, même sur celui de la pairie héréditaire. Quant à ce dernier, Napoléon après avoir résisté par les motifs que nous avons exposés, après avoir répété qu'on courait risque de frapper la nouvelle œuvre d'une impopularité fâcheuse en y introduisant l'hérédité, parut se raviser cependant à l'égard d'une raison qui l'avait fort préoccupé, c'était la difficulté d'utiliser l'aristocratie dans l'état présent de la France. Il dit qu'après deux ou trois batailles gagnées, s'il les gagnait, après la paix conclue, s'il parvenait à la conclure, l'ancienne noblesse reviendrait probablement à lui comme elle l'avait déjà fait, et que la pairie héréditaire serait pour elle un appât beaucoup plus puissant que le Sénat; qu'il aurait donc ainsi le moyen de la rallier, et que les deux noblesses, ancienne et nouvelle, fondues l'une avec l'autre, finiraient peut-être par composer un corps aristocratique assez imposant. Il se rendit donc sur l'hérédité de la pairie, mais persista obstinément à garder le silence sur l'article de la confiscation.

La nouvelle constitution avait été assez promptement terminée, une seule question divisant ses auteurs, et la plume du rédacteur étant fort exercée ; mais il fallait la faire sortir de ce mystère, et lui donner l'appui d'une autorité considérable. On s'en entretenait déjà dans le public, on parlait des conférences secrètes dont elle était l'objet, et la jalousie n'avait pas manqué de naître, soit au sein du Conseil d'État, soit chez certains révolutionnaires qui avaient mis la main à nos diverses constitutions, et qui se voyaient avec peine frustrés de toute participation à celle-ci. Il était temps de la soumettre au Conseil d'État, et pour que M. Benjamin Constant pût soutenir son œuvre[1], il fallait qu'il eût droit de siéger dans ce conseil. Il y avait là un prétexte fort naturel de le nommer conseiller d'État, et Napoléon par une voie simple et adroitement choisie, eut la satisfaction de conquérir son ennemi naguère le plus violent, tandis que cet ennemi eut de son côté la satisfaction

[1] M. Benjamin Constant, en avouant, dans ses Lettres sur les Cent Jours, la grande part qu'il eut à l'Acte additionnel, n'a pas avoué qu'il en fût le rédacteur. Il est pourtant certain que l'Acte additionnel fut entièrement rédigé de sa main, et que, sauf quelques articles modifiés, l'ouvrage entier fut de lui. Il est d'ailleurs facile de reconnaître à l'unité, à la précision, à la simplicité élégante du langage, qu'il n'y eut qu'une plume, et que cette plume était la meilleure du temps. Celle de Napoléon, qui était la plus grande, était plus dogmatique et plus nerveuse.

noblesse féodale, les priviléges seigneuriaux, les dîmes, les priviléges de culte, le droit surtout de porter atteinte à l'irrévocabilité de la vente des biens nationaux, et interdisait formellement à quelque individu que ce fût toute proposition de ce genre. Cet article avait une seule valeur, c'était de ranger les objets essentiels dans une catégorie à part, et de leur donner une espèce de caractère sacré, tant que la Constitution, il est vrai, resterait sacrée elle-même.

Le nouvel acte fut ensuite porté au Conseil d'État. On ne fit presque aucune objection en séance générale; mais dans les conversations particulières qui s'établirent, on critiqua le titre d'*Acte additionnel aux constitutions de l'Empire,* qui le distinguait trop peu des constitutions passées, et le laissait exposé à ces faciles changements qui s'opéraient jadis au moyen d'un sénatus-consulte toujours adopté par le Sénat à la presque unanimité, et toujours sanctionné dans les mairies par quelques millions de *oui* contre quelques milliers de *non.* Tout le monde aussi releva le silence gardé sur la confiscation, et en parut alarmé. La remarque fort simple que la Charte de 1814 prononçait l'abolition de la confiscation, et qu'on serait justement scandalisé de ne pas la retrouver dans l'Acte additionnel, cette remarque fut faite universellement, même en séance générale, et on pressa vivement les présidents de section, en particulier M. Benjamin Constant, d'insister auprès de l'Empereur pour qu'il consentît à remplir une lacune si regrettable, et destinée à être si mal interprétée.

L'ACTE ADDITIONNEL.   441

Le 24 avril au soir il y eut une dernière conférence à l'Élysée, et la rédaction fut définitivement
arrêtée. Le mandat donné aux divers collaborateurs
du nouvel acte constitutionnel fut fidèlement exécuté, et on supplia Napoléon de combler la lacune
relative à la confiscation. On fit naturellement valoir auprès de lui l'article de la Charte de 1814 qui
abolissait cette peine barbare. Napoléon répondit
que cet article n'était de la part des Bourbons qu'une
véritable hypocrisie. Leur empressement à suppri-
mer nominalement la confiscation n'avait eu, disait-il, d'autre cause que l'intention de flétrir l'origine des biens nationaux, confisqués sur les nobles
et les prêtres. Mais leur respect pour la propriété
était feint, car ils n'avaient rien négligé pour dépouiller les nouveaux acquéreurs de leurs biens,
directement ou indirectement. Il ne fallait donc
pas se laisser prendre à de faux semblants, et être
dupes d'une disposition menteuse. Quant à lui, il ne
voulait en réalité prendre le bien de personne, mais
on lui ôterait en insistant le seul moyen qu'il eût d'intimider le nouveau Coblentz. — Pourtant, comme
sans nier ce qu'il disait des Bourbons, on persistait à
soutenir le principe de la propriété, qui en lui-même
était sacré, et qu'il était peu séant de méconnaître
dans un moment où l'on se piquait de proclamer les
droits des citoyens, jusque-là méconnus ou incomplètement reconnus, Napoléon se leva les yeux en-
flammés, le geste menaçant, et parcourant d'un
pas rapide la pièce où l'on discutait, il dit qu'on
l'entraînait dans une voie qui n'était pas la sienne;
qu'on donnait ainsi un dangereux essor aux plus

Avril 1815.

Dernière
conférence,
où la confisca-
tion donne
lieu
à une scène
fort vive.

Paroles
de Napoléon.

mauvaises doctrines du jour, qu'on les encourageait, qu'on les excitait; que l'opinion se gâtait d'heure en heure, et dev... .t détestable; que la France, la vraie France, cherc... *vieux bras de l'Empereur, et ne le trouvait plus*, ...m allait le livrer désarmé à toutes les factions; que le peuple et l'armée abhorraient les émigrés, lui .n voudraient de son indulgence envers eux, et ne lui pardonneraient pas de leur laisser des richesses qui allaient servir à solder la guerre étrangère; que si du reste le moyen sortait un peu de la mansuétude du régime libéral, il fallait le concéder aux circonstances; qu'on *voulait faire de lui un ange, qu'il n'en était pas un*, et qu'il fallait le prendre tel quel, c'est-à-dire pour un homme qui n'avait pas l'habitude de se laisser attaquer impunément... — Après cette sortie, laquelle n'était que la répétition de ce qu'on entendait dire tous les jours à certains hommes effrayés du prétendu mouvement révolutionnaire, Napoléon se calma, mais sans avoir permis d'insérer l'article relatif à l'abolition de la confiscation, et en promettant solennellement de rétablir cet article après la paix, comme font tous les pouvoirs qui s'engagent à renoncer à l'arbitraire l'urgence passée, c'est-à-dire lorsque le mal est irréparable pour leurs victimes et pour eux-mêmes.

On se rendit devant la colère de Napoléon, et M. Benjamin Constant comme les autres, car il était impatient de voir au *Moniteur* une œuvre dont il était fier, et dont il aurait pu justement s'enorgueillir sans cette omission.

Le dimanche 23 avril le *Moniteur* publia la nou-

partement et d'arrondissement. Toutefois, le commerce devait avoir 23 représentants spéciaux choisis d'après un mode particulier. La Chambre des représentants nommait son président, sauf l'approbation de l'Empereur. La Chambre des pairs avait le privilége de la haute juridiction d'État sur les ministres, les chefs militaires, etc.; la Chambre des représentants avait l'initiative, la priorité des résolutions en matière de finances et de levées d'hommes. Le budget devait être voté tous les ans. Les Chambres pouvaient amender les lois, elles pouvaient même en proposer en vertu de leur propre initiative, et celles-ci étaient envoyées à l'Empereur si elles avaient réuni le vote favorable des deux branches de la législature. Les ministres pouvaient être membres de l'une ou de l'autre Chambre, avaient la faculté de s'y présenter s'ils ne l'étaient pas, et étaient tenus de s'y rendre pour fournir sur leurs actes toutes les explications qu'elles demanderaient. Ils étaient responsables, et, en cas de mise en accusation, ils étaient accusés par la Chambre des représentants, et jugés par la Chambre des pairs. L'Empereur avait le droit de dissoudre la Chambre des représentants, à la condition d'en réunir une nouvelle dans six mois au plus tard. La magistrature était inamovible; les tribunaux militaires n'avaient de juridiction que sur les délits militaires; les Français étaient libres de leur personne, ne devaient être ni détenus ni exilés arbitrairement, et ne relevaient que de leurs juges naturels. L'état de siége ne pouvait être établi qu'en cas d'invasion de l'ennemi, ou de troubles civils. Dans ce dernier cas il ne pouvait être établi que par une loi, ou en

L'ACTE ADDITIONNEL.   445

l'absence des Chambres par un décret, qui devait
être converti en loi le plus tôt possible. Tout Français avait le droit d'imprimer son opinion sans aucune censure préalable, à charge d'en répondre devant la justice, comprenant toujours le jury pour les délits de la presse. Le droit de pétition individuelle était garanti. Les cultes étaient déclarés égaux et libres. Enfin la dynastie, les biens nationaux, l'abrogation de la dîme et des anciens privilèges, étaient, comme on l'a vu, placés sous une garantie spéciale, puisqu'il était défendu aux membres des deux Chambres de faire aucune proposition qui fût de nature à y porter atteinte.

Avril 1815.

Les dispositions des sénatus-consultes antérieurs, contraires au nouvel acte, étaient annulées. Les autres étaient maintenues. Le présent Acte additionnel devait être envoyé à l'acceptation du peuple français qui serait admis au chef-lieu des mairies, chez les juges de paix, notaires, etc., à voter par *oui* ou *non* sur des registres ouverts à cet effet. Le recensement des votes devait être fait dans l'assemblée du Champ de Mai, composée de tous les membres des collèges électoraux qui voudraient se rendre à Paris.

Forme de l'acceptation.

Jamais la liberté, toute celle qui est raisonnablement désirable, n'avait été plus complétement accordée à la France, sauf l'article relatif à la confiscation, lequel était ajourné. Napoléon l'avait accordée aussi entière, non par ruse, mais parce qu'avec son grand esprit il avait compris qu'obligé de la donner, il la fallait donner avec ses conditions nécessaires; parce qu'il était alors exclusivement occupé d'une seule idée, celle de vaincre l'Europe

L'Acte additionnel contenant la plus grande somme de liberté qui ait jamais été donnée à la France.

conjurée contre lui, et que ce résultat obtenu, le plus ou le moins de pouvoir dont il jouirait était à ses yeux un objet secondaire; parce qu'il se figurait que dans la pratique de la Constitution on lui concéderait à lui plus qu'à un autre, grâce à sa gloire, à son génie, à l'énergie de sa volonté; parce qu'enfin songeant à son fils plus qu'à lui-même, il ne désirait pas pour ce fils au delà des pouvoirs d'un roi d'Angleterre.

Il nous reste à voir comment fut reçue cette liberté si complétement donnée, et on trouvera dans le récit qui va suivre une nouvelle preuve qu'en politique, comme en toutes choses, il ne suffit pas que les remèdes soient bons, il faut qu'ils soient appliqués à temps.

FIN DU LIVRE CINQUANTE-HUITIÈME.

LIVRE CINQUANTE-NEUVIÈME.

LE CHAMP DE MAI.

Publication de l'Acte additionnel. — Effet qu'il produit. — Quoiqu'il contienne le plus libéral, le mieux rédigé de toutes les constitutions que la France ait jamais obtenues, il est froidement accueilli. — Motifs de ce froid accueil. — La France ne croit pas plus à Napoléon quand il parle de liberté, que l'Europe lorsqu'il parle de paix. — Déchaînement des royalistes et froideur des révolutionnaires. — Le parti constitutionnel est le seul qui accueille favorablement l'Acte additionnel, et néanmoins il vote debout. — Importance du rôle de M. de Lafayette en cette circonstance. — Le parti constitutionnel met des conditions à son adhésion, et exige la convocation immédiate des Chambres. — Napoléon voudrait différer, pour n'avoir pas des Chambres assemblées pendant les premières opérations de la campagne. — On lui force la main, et avant même l'acceptation définitive de l'Acte additionnel, il se décide à le mettre à exécution, en convoquant immédiatement les Chambres. — Il appelle en même temps le corps électoral au Champ de Mai. — Ces mesures produisent un certain apaisement dans les esprits. — Suite des événements à Vienne et à Londres. — Quoique très-animées, les puissances cependant ne lèvent pas de considérer comme fort grave la lutte qui se prépare. — L'Autriche voudrait essayer de se débarrasser de Napoléon en lui suscitant des embarras intérieurs. — Tentative d'une négociation secrète avec M. Fouché. — Envoi à Bâle d'un agent secret. — Napoléon découvre cette source louche, et, pour la déjouer, dépêche M. Fleury de Chaboulon à Bâle. — Explication violente avec M. Fouché, surpris en trahison flagrante. — Pour le moment cette source n'a pas de suite. — La coalition persiste, et le ministère britannique, poussé à bout, finit par arracher au Parlement le projet de recommencer immédiatement la guerre. — L'opposition se dit trompée, le Parlement la croit, et vote néanmoins la guerre à une grande majorité. — Marche des armées coalisées vers la France. — Aventures de Murat en Italie. — Sa folle entreprise et sa triste fin. — Il se fixe en Provence. — Sécurité auguste que tout le monde en tire pour Napoléon, et que ce dernier en tire lui-même. — Progrès des préparatifs militaires. — Formation spontanée des fédérés. — Services que Napoléon espère en obtenir pour la défense de Lyon et de Paris. — Tandis que les révolutionnaires se décident à appuyer Napoléon, les royalistes lèvent le masque, et commencent la guerre civile en

Avril 1815.

Vendée. — Premiers mouvements insurrectionnels dans les quatre subdivisions de l'ancienne Vendée, et combat d'Aizenay. — Promptes mesures de Napoléon. — Il se prive de vingt mille hommes qui lui eussent été bien utiles contre l'ennemi extérieur, et les dirige sur la Vendée. — En même temps il charge M. Fouché de négocier un armistice avec les chefs vendéens. — Résultat et esprit des élections. — Réunion de la Chambre des pairs et de celle des représentants. — Dispositions de celle-ci. — Tout en voulant sincèrement soutenir Napoléon contre l'étranger, elle est préoccupée de la crainte de paraître servile. — Ses premiers actes marqués au coin d'une extrême susceptibilité. — Napoléon en est vivement affecté. — Champ de Mai. — Grandeur et tristesse de cette cérémonie. — Adresses des deux Chambres. — Conseils dignes et sévères de Napoléon. — Ses profondes remarques sur ce qui manque à son gouvernement pour subsister devant des Chambres. — Sinistres présages. — Il quitte Paris le 12 juin pour se mettre à la tête de l'armée. — Adieux à ses ministres et à sa famille. — Dernières considérations sur cette tentative de rétablissement de l'Empire.

Malgré sa valeur réelle, l'Acte additionnel est très-mal accueilli.

Jamais la liberté n'avait été plus complétement donnée à la France que dans l'Acte additionnel, et cependant jamais elle ne fut plus mal reçue. Les hommes, vieux ou jeunes, qui après un long sommeil de l'esprit public étaient revenus à l'amour de la liberté, avaient tous une manière différente de l'entendre, l'expérience ne les ayant pas encore amenés à un système commun. Ils s'étaient généralement imaginé que quelques centaines de constituants seraient appelés à discuter les diverses formes de gouvernement, et que de cette discussion sortirait la forme que chacun d'eux préférait. La plupart s'étaient flattés d'être du nombre de ces constituants, et le Conseil d'État lui-même avait espéré qu'au lieu de lui communiquer simplement la constitution nouvelle, on la lui donnerait à rédiger. L'esprit de système et les prétentions personnelles étaient donc frustrés à la fois par le mode adopté. De plus on détestait les anciennes constitutions impériales, qu'on rendait responsables avec quelque raison des malheurs du premier Empire, et on avait nourri l'espoir d'un changement radical, qui trancherait profondément avec le passé pour le fond et pour la forme. Au lieu de cela, trouver un matin au *Moniteur*, tout fait, et sans possibilité d'y rien changer, un simple acte, dit *additionnel* aux constitutions impériales, lequel ne paraissait être qu'une légère modification, tandis qu'on aurait voulu un changement complet, lequel encore n'avait d'autre garantie de solidité que l'acceptation muette dans les mairies, les justices de paix, etc., fut une déception universelle et cruelle. On s'était promis un ordre de choses absolument nouveau, qui serait l'ouvrage de tout le monde et recevrait une sanction solennelle, et l'on avait, ou l'on croyait avoir une insignifiante modification, mesurée par le pouvoir lui-même, et sanctionnée par un mode banal, qui ne procurait aucune sécurité, car avec ce mode rien ne garantissait que les actes additionnels ne se succéderaient pas les uns aux autres, comme jadis les sénatus-consultes. Obtenir peu, et ce peu n'y pouvoir pas compter, fut naturellement pour tous les esprits un motif de se dire et de se croire indignement trompés.

On était donc prévenu par le titre de l'œuvre, même avant de l'avoir lue. En la lisant, il aurait fallu des lumières qu'on n'avait pas alors pour reconnaître qu'elle contenait la véritable monarchie constitutionnelle, telle du moins que le législateur peut l'écrire, la pratique elle-même n'étant jamais que l'ouvrage du temps. Mais à cette époque les amis de la liberté, s'ils ne manquaient pas d'instruction, manquaient tout à fait d'expérience. Les uns en ne trouvant pas dans l'Acte additionnel la république ou à peu près, les autres en y trouvant deux Chambres, furent exaspérés; tous furent révoltés en y trouvant une Chambre héréditaire, et cette disposition, comme l'avait prévu Napoléon, devint une cause de réprobation générale. Ainsi, au mécontentement du titre qui n'indiquait qu'une modification au lieu d'un changement radical, au mécontentement de la forme qui rappelait la Charte octroyée de Louis XVIII, s'ajouta le mécontentement naissant du fond lui-même. Pour les anciens républicains, c'était la monarchie; pour les monarchistes de 1791, c'était la monarchie avec deux Chambres, la *monarchie Mounier* en un mot; pour les jeunes libéraux enfin, un peu plus avancés que les deux classes précédentes, c'était la monarchie aristocratique, parce que la pairie était héréditaire. Les journaux retentirent unanimement des mêmes diatribes, et les royalistes rassurés par les ménagements de la police impériale, se joignirent aux républicains, ennemis de la monarchie, aux monarchistes, ennemis des deux Chambres, aux jeunes libéraux, ennemis de l'hérédité, pour répéter ces reproches fort singulièrement placés dans leur bouche, que l'Acte additionnel était une charte octroyée comme celle de Louis XVIII, consacrant la monarchie féodale des deux Chambres, dont une héréditaire. Ils contribuèrent ainsi à propager l'idée, déjà fort répandue, que Napoléon n'était point changé, qu'après avoir beaucoup promis en arrivant il ne tenait rien maintenant qu'il se croyait établi, que revenu à ses anciennes pratiques il tirait de son despotisme personnel un simulacre de constitution, le remplissait des mêmes choses que les Bourbons, le donnait dans la même forme, l'*octroyait* en un mot par un mode d'octroi à lui, celui des registres ouverts chez les officiers publics, manière de procéder aussi insolente, aussi illusoire que celle qu'avait employée Louis XVIII. Cette idée pénétra rapidement dans des esprits ouverts à la défiance, et y causa le mal le plus à redouter dans le moment, en refroidissant le zèle des amis de la Révolution et de la liberté, les seuls disposés à courir à la frontière. Tout homme qu'on dégoûtait ou décourageait parmi eux, était non pas seulement un partisan ôté à Napoléon, mais un soldat enlevé à la défense du pays. Tandis que les patriotes de toute nuance, excités par les royalistes, déclaraient l'Acte additionnel une œuvre ténébreuse du despotisme, les hommes au contraire qui reprochaient au gouvernement de se livrer au parti révolutionnaire, et qui se faisaient même de leurs craintes affectées un prétexte pour se tenir à l'écart en attendant que la victoire eût prononcé, ces hommes allaient disant partout qu'on ne reconnaissait plus Napoléon, qu'il n'avait plus aucune volonté, aucune énergie, qu'il se laissait mener par des fous, qu'il avait donné une constitution anarchique, et qu'après avoir consenti à devenir l'instrument des jacobins et des régicides, il serait bientôt leur dupe et leur victime.

Au fond chacun était intérieurement agité par le sentiment de la grande crise qui se préparait.

> Avril 1815.
>
> tenant à la gravité de la situation.

et qu'on voyait approcher à pas de géant avec les armées européennes. Les partis sentaient tous leur sort attaché au résultat de cette crise, et le défaut de sang-froid se joignant à l'erreur de leurs jugements, ils en étaient plus impressionnables, et dès lors plus déraisonnables encore que de coutume.

> Chagrin de Napoléon, et efforts qu'il fait pour garder tout son calme.

Napoléon discernait cette disposition des esprits, et il était vivement affecté des défiances qu'il inspirait. Il avait bien prévu que la pairie héréditaire ne réussirait pas, mais il ne se serait jamais douté qu'on abusât aussi gravement du titre donné au nouvel acte. Pourtant il s'efforçait de conserver quelque calme au milieu du trouble général. —Vous le voyez, dit-il à M. Lavallette qu'il mandait sans cesse auprès de lui, pour épancher en sûreté les sentiments dont son cœur était plein, vous le voyez, toutes les têtes sont atteintes de vertige. Moi seul, dans ce vaste empire, j'ai conservé mon sang-froid, et si je le perdais, je ne sais ce que nous deviendrions!—

> Son ancien despotisme cause essentielle de l'incrédulité qu'il rencontre.

En effet, il faisait un continuel effort sur lui-même pour contenir sa bouillante nature, s'interdisait la moindre vivacité, écoutait les plus ridicules objections avec un calme, une douceur, qu'il ne montrait ordinairement que dans les grands périls, se gardait d'ajouter au feu de toutes les passions le feu des siennes, et expiait ainsi, dans des souffrances qui n'avaient pour témoins que Dieu et quelques amis, les fautes de son long despotisme! Mais, hélas! si les fautes sont expiables devant Dieu, elles sont irréparables devant les hommes. Dieu voit le repentir, et il s'en contente! Les hommes n'ont ni sa vue ni sa clémence: ils n'aperçoivent que les fautes, et à leur

raient eu l'inconvénient de livrer à une dispute interminable une œuvre sur les bases de laquelle tous les esprits sensés étaient d'accord; que si Napoléon n'eût pas été de bonne foi, il aurait pu en effet recourir à ce moyen, laisser disputer sans fin cette constituante, pendant qu'il irait combattre l'ennemi extérieur, puis, revenu vainqueur, livrer cette assemblée au ridicule, la dissoudre, et reprendre son ancien pouvoir tout entier; qu'au contraire, en présentant lui-même sur-le-champ une œuvre complète, une œuvre qui, sauf un point, ne laissait rien à désirer aux amis sincères de la liberté, il prouvait la résolution sérieuse de se dépouiller de son ancien pouvoir, et de doter le pays de la vraie monarchie constitutionnelle; que la comparaison de la nouvelle constitution avec celles qui l'avaient précédée démontrait que c'était la meilleure que la France eût jamais obtenue, car à certains égards elle était plus libérale même que celle d'Angleterre; qu'enfin le maintien des sénatus-consultes antérieurs était la chose du monde la plus naturelle et la plus nécessaire, car ces sénatus-consultes étant formellement annulés dans toutes les dispositions qui étaient contraires à l'Acte additionnel, on n'avait plus à les craindre sous le rapport politique, et que sous les autres rapports il fallait les laisser subsister, sous peine de voir la législation civile, la législation administrative, c'est-à-dire l'organisation entière de l'État crouler d'un seul coup; qu'en donnant une constitution nouvelle, on ne pouvait avoir d'autre prétention que celle de changer la forme politique du gouvernement, mais qu'on devait laisser au temps seul le soin de modi-

LE CHAMP DE MAI. 155

lier la législation civile et administrative, en se conformant pour la manière de procéder à l'Acte additionnel.

Ce qu'écrivait M. de Sismondi était la vérité même, mais la vérité pour les esprits sages et non prévenus. Les autres, et c'était le grand nombre, inspirés par leur défiance ou par le déplaisir que leur causaient certaines dispositions de l'Acte additionnel, avaient cru revoir dans cet acte Napoléon tout entier avec son caractère et son despotisme : avec son caractère, il était bien possible qu'ils eussent raison, car quoiqu'il eût reçu de ses malheurs une forte impression, il se pouvait qu'il ne fût pas suffisamment changé, mais avec son despotisme ils avaient tort, car on venait d'obtenir mieux que la constitution anglaise, et puisqu'on avait fait la faute énorme de rappeler Napoléon, il fallait bien contre l'étranger se servir de lui, tel quel, et tâcher de lui rendre possible et supportable le rôle de monarque constitutionnel. M. de Lafayette, malgré les susceptibilités de son libéralisme, était plus juste. Il avait désapprouvé la forme de l'Acte additionnel, mais l'avait pardonnée en faveur du fond, et avait complimenté son ami, M. Benjamin Constant. — Votre constitution, lui avait-il écrit, vaut mieux que sa réputation, mais il faut y faire croire, et pour qu'on y croie la mettre immédiatement en vigueur. —

M. de Lafayette venait de passer quatorze ans dans sa terre de Lagrange, et quoiqu'il sût gré à Napoléon de l'avoir tiré autrefois des cachots d'Olmütz, il ne lui pardonnait pas d'avoir enlevé toute liberté à la France. Cependant, n'ayant aucun man-

Avril 1815.

Approbation de M. de Lafayette, donnée cependant à une condition, celle de la convocation prochaine des Chambres.

vais sentiment pour un homme qui lui avait rendu un grand service, ayant même un certain goût pour sa personne et son génie, il était à l'égard de sa prétendue conversion d'une incrédulité invincible. Il changeait si peu lui-même, qu'il ne comprenait guère que les autres pussent changer. Toutefois, dans l'ardeur dont il était plein, il ne demandait pas mieux que de se prêter à des essais de liberté, n'importe avec qui, avec Napoléon comme avec les Bourbons, d'autant qu'avec Napoléon, s'il trouvait plus de danger pour la liberté politique, il trouvait aussi plus de sécurité sous le rapport des principes sociaux de 1789, et plus de grandeur, plus d'indépendance vis-à-vis de l'étranger. Complétement satisfait, sauf un point, du contenu de l'Acte additionnel, il tenait essentiellement à la mise en pratique, et était prêt à déposer la plus grande partie de ses défiances, si on convoquait les Chambres tout de suite. Selon lui, une fois que les hommes marquants du parti libéral seraient réunis dans une assemblée, Napoléon n'était plus à craindre. On se servirait de son épée pour repousser l'ennemi, et puis après s'en être servi, si on n'était pas content de lui, on le déposerait au besoin, on le remplacerait par son fils, et on fonderait ainsi la monarchie constitutionnelle. Cette manière de raisonner avait l'inconvénient d'autoriser Napoléon à raisonner de même, à dire aussi qu'une fois vainqueur il renverrait les amis de la liberté s'il n'était pas content d'eux, et ce qu'on aurait gagné à le charger des entraves d'une assemblée immédiatement convoquée, ce serait de lui lier les mains envers l'ennemi extérieur, sans les lui lier bien sûrement envers la liberté. — Quoi qu'il en soit, M. de Lafayette était prêt, nous le répétons, à se tenir pour satisfait si on ne lui faisait pas attendre la convocation des Chambres. Or il était l'homme qu'on mettait le plus de prix à contenter, car il était avec Carnot l'homme le plus respecté de la Révolution parmi ceux qui avaient survécu. S'il n'avait pas eu comme Carnot l'honneur d'organiser la victoire, il avait eu celui de ne voter ni la mort de Louis XVI, ni la mort d'aucun citoyen. Le rattacher à l'Empire, c'eût été ménager à Napoléon le garant le plus accrédité sous le rapport des intentions libérales. Aussi faisait-on de grands efforts pour le conquérir. Plusieurs personnes s'y appliquaient, le général Matthieu Dumas, le prince Joseph, M. Benjamin Constant. Le général Matthieu Dumas, tout occupé d'organiser les gardes nationales dans l'intérêt de la défense du pays, tenant à la liberté sans doute, mais plus encore au triomphe de nos armes, profitait de ses anciennes relations avec M. de Lafayette pour le rapprocher de Joseph. Joseph de son côté avait eu quelques relations avec M. de Lafayette, mais interrompues par ses deux royautés de Naples et d'Espagne, et il avait essayé de le revoir dans les circonstances actuelles, guidé par la double et honnête intention de préparer à Napoléon un appui et un lien. Il se montrait à l'illustre patriote de 1789 franchement libéral, et effectivement il l'était devenu sous le joug de son frère, si lourd à porter; mais il croyait l'être encore plus qu'il ne l'était, ce qui du reste lui rendait son rôle plus facile. M. de Lafayette, avec une politesse assez hau-

Avril 1815.

Efforts qu'on fait pour conquérir M. de Lafayette.

Le général Matthieu Dumas, le prince Joseph, M. Benjamin Constant s'y appliquent.

M. de Lafayette

Avril 1815.

fait toujours dépendre son adhésion de la convocation immédiate des Chambres.

taine, écoutait ses discours, et lui répondait qu'il croirait tout ce qu'on voudrait, si on convoquait les Chambres; à quoi Joseph ne dissimulait pas que Napoléon opposerait une vive résistance, craignant beaucoup de laisser à Paris une assemblée qui divaguerait pendant qu'il se battrait.

M. Benjamin Constant s'était fait aussi le courtisan de M. de Lafayette. — *Vous êtes,* lui disait-il, *ma conscience,* ce qui signifiait qu'il le regardait dans les circonstances présentes comme son excuse. En effet, M. Benjamin Constant ne pouvait se dissimuler que sa conduite, même au milieu des changements effrontés du temps, avait été remarquée, et jugée assez peu favorablement, car devenir le conseiller d'État d'un prince sur la tête duquel il appelait naguère l'exécration publique, n'était pas facilement explicable. Mais avoir M. de Lafayette pour ami, pour approbateur, c'était avoir réponse à tous les reproches. M. Benjamin Constant cherchait donc à persuader M. de Lafayette, qui à lui comme à Joseph répondait imperturbablement qu'il croirait tout ce qu'on dirait, et approuverait tout ce qu'on ferait, si on convoquait les Chambres. Il y avait à cette convocation précipitée une objection de légalité fort grave, c'était de mettre en pratique la Constitution avant qu'elle eût été acceptée. Quelque grave qu'elle fût cette objection n'arrêtait ni M. de Lafayette, ni les partisans de la convocation immédiate. Bien qu'ils blâmassent un mode d'acceptation dans lequel la volonté populaire était traitée fort légèrement, ils ne craignaient pas de traiter cette volonté plus légèrement encore, en la

Difficulté légale qui n'arrête pas M. de Lafayette.

supposant connue d'avance, et en n'attendant pas même qu'elle se fût prononcée. Suivant eux, il importait peu de manquer à toutes les formes envers le peuple, pourvu qu'on satisfit à ses désirs. Pourtant il s'agissait de faire agréer une proposition de ce genre à celui qui pouvait seul prononcer, et ce n'était pas chose facile.

Napoléon en effet, tout en étant complétement décidé à mettre en pratique la nouvelle Constitution, tout en désirant même que l'essai qu'on allait faire réussît, parce que le succès du parti libéral était le sien, tandis que son insuccès était le triomphe des Bourbons, redoutait la convocation des Chambres, et craignait qu'au premier bruit du canon elles ne manquassent, non pas de courage (la Convention avait montré le contraire), mais de sang-froid. Il s'attendait à traverser de cruelles vicissitudes, à se trouver peut-être sous les murs de Paris combattant pour en disputer l'entrée à l'Europe, et ne désespérait pas de triompher, si on ne se troublait pas, si on savait considérer avec calme toutes les horreurs d'une guerre à outrance. Or, avec le coup d'œil pénétrant dont il était doué, il entrevoyait qu'une Chambre des représentants formée dans les circonstances actuelles serait un résumé de tous les partis, qu'une journée malheureuse, vraisemblable même dans l'hypothèse du succès définitif, au lieu d'être une raison de s'unir et de persévérer, deviendrait peut-être une occasion de se diviser, peut-être même de lui arracher l'épée avec laquelle il défendrait la France, et il est impossible de dire que cette opinion fût dénuée de sincérité et de fondement, car les assemblées à la fois neuves et désunies sont assurément de mauvais instruments de guerre. Aussi aurait-il voulu profiter de tous les délais résultant régulièrement de l'Acte additionnel, pour différer la réunion des Chambres, pour se ménager ainsi deux mois pendant lesquels il aurait eu le temps de frapper les premiers coups sur l'ennemi, et, à la manière dont il dirigeait les opérations militaires, il était possible qu'il eût enfanté des événements tels que la campagne, sinon la guerre, fût décidée dans ces deux mois. Alors son ascendant et les courages étant raffermis par le succès, la réunion des Chambres pourrait être essayée sans danger.

La réunion des Chambres n'en était pas moins le seul moyen de vaincre l'incrédulité générale.

Quand on songe aux événements postérieurs, lesquels amenèrent ce qui est bien pis que la défaite d'une dynastie, la défaite du pays, on ne peut s'empêcher de considérer comme très-sage l'opinion de Napoléon en ce moment. Mais la défiance qu'il inspirait à l'Europe sous le rapport des intentions pacifiques, il l'inspirait à la France sous le rapport des intentions libérales. Outre l'éloignement peu réfléchi qu'on avait pour certaines dispositions de l'Acte additionnel, on éprouvait partout le sentiment que c'était une promesse trompeuse, sur laquelle Napoléon reviendrait à la première victoire, et si quelque chose pouvait vaincre l'incrédulité universelle, c'était le spectacle d'une assemblée placée à côté du gouvernement, discutant contradictoirement avec lui les affaires publiques, le surveillant attentivement, et toujours prête à déconcerter ses entreprises inconstitutionnelles. Ainsi telle était, grâce à ses fautes passées, l'affreuse position de Napoléon, que la convocation immédiate des Chambres l'exposait à avoir l'anarchie derrière lui, tandis qu'il aurait l'ennemi en face, et qu'au contraire la non-convocation lui ôtait la confiance publique, qui seule pouvait lui procurer des soldats!

Joseph, par zèle sincère, par désir aussi de se donner de l'importance, tâchait d'obtenir de son frère des concessions qui le missent en crédit auprès des constitutionnels, et avait par ce motif fort insisté pour qu'on réunît tout de suite les Chambres. M. Benjamin Constant, pour complaire à ses amis, pour se ménager surtout la faveur de M. de Lafayette, qui se servait avec infiniment de finesse du désir qu'on avait de son approbation, avait fortement appuyé les conclusions de Joseph. L'un et l'autre disaient que l'Acte additionnel n'avait pas réussi; que personne ne le prenait au sérieux; qu'il fallait quelque chose qui parlât aux yeux, et que la présence de six cents représentants et de deux cents pairs autour du trône pourrait seule faire croire à la réalité des promesses impériales. Napoléon se défendait vivement, en disant qu'il savait bien que l'Acte additionnel n'avait pas réussi, que le titre qui était sa faute, et la pairie héréditaire qui était celle de M. Constant, l'avaient ruiné dans l'opinion publique; que la disposition des esprits était aux chimères, et non à ce qui était positif et sain; que cette fâcheuse tendance s'aggravait tous les jours; qu'avec des sacrifices, n'importe lesquels, on ne la guérirait pas; que pour opposer un remède à un mal qui n'avait de remède que le temps, il n'irait pas se mettre sur les bras une assemblée consti-

Avril 1815.

Efforts
unanimes
de la presse
dans le même
sens.

Raisons,
qui ébranlent
la résolution
de Napoléon,
sans du reste
changer
sa conviction.

tuante, lorsque sur ses bras déjà si chargés allaient se trouver toutes les armées de l'Europe. — Il résista donc plusieurs jours aux instances dont il était assailli, et qui provenaient du parti constitutionnel, jaloux tout à la fois de créer de nouvelles excuses à son adhésion, et de s'entourer d'une nombreuse assemblée où il espérait siéger en maître.

Mais l'obsession ne fut pas moindre que la résistance, et elle était appuyée par un déchaînement inouï de la presse périodique, particulièrement de la presse royaliste, qui reprochait à l'Acte additionnel de ne pas reconnaître assez explicitement la souveraineté nationale. Malheureusement les hommes qui s'intitulaient patriotes se laissaient prendre au piége de ces déclamations. Napoléon n'en était pas dupe, mais il avait besoin du parti révolutionnaire et libéral pour tenir tête à l'intérieur au parti royaliste, à l'extérieur aux armées coalisées, et il lui importait au plus haut point de ne pas laisser refroidir le zèle qui poussait aux frontières les anciens soldats, surtout les gardes nationaux mobilisés. Ce qui disposait ces braves gens, les uns à remplir les vides de nos régiments, les autres à se jeter dans les places, c'était le bruit qu'on faisait à leurs oreilles en répétant qu'il fallait courir aux frontières pour écarter l'étranger, les Bourbons, les nobles, les prêtres, la contre-révolution, en un mot. Or si le parti révolutionnaire et libéral qui disait ces choses, venait par mécontentement à se taire, il pouvait en résulter une tiédeur funeste qui priverait l'armée de soutien, et l'exposerait à se trouver seule aux prises avec l'ennemi; or cette armée était héroïque sans doute, mais numériquement insuffisante pour résister à l'Europe conjurée. Cette raison exerçait une influence considérable et tous les jours plus grande sur l'esprit de Napoléon, qui voyait une funeste impopularité succéder peu à peu à l'enthousiasme avec lequel les amis de la Révolution l'avaient accueilli à son débarquement. Pourtant cette raison n'aurait probablement pas suffi, si une autre, qui vint s'ajouter à la première, n'avait entraîné sa détermination.

Avril 1815.

Tandis qu'au dedans, à l'aide des défiances qu'il inspirait, on cherchait à le peindre comme un despote incorrigible, usant aujourd'hui de finesse, mais toujours prêt à revenir à ses penchants invétérés, au dehors on le représentait comme un tyran farouche, entouré de soldats aussi farouches que lui, n'osant pas faire un pas hors des rangs de ses légions, inspirant la terreur et l'éprouvant, odieux en un mot à la nation française, sur laquelle il était venu de nouveau appesantir son joug de fer. Vainement se montrait-il sur la place du Carrousel, dans des revues presque quotidiennes, et où tout le monde pouvait l'approcher; on répondait aux récits fort exacts du *Moniteur* que s'il se présentait quelque part c'était toujours entouré de soldats. Cette persistance dans un pareil mensonge finissait par agir sur l'opinion de l'Europe, et par persuader à celle-ci qu'il suffirait de battre cent ou deux cent mille mameluks pour venir à bout du tyran, et qu'on trouverait ensuite la France pressée de se débarrasser de sa tyrannie. Il importait autant de répondre à cette seconde fausseté qu'à la première,

Dernière considération qui le décide

La convocation immédiate des Chambres, quels que fussent ses inconvénients, avait le double avantage de faire tomber les mauvais bruits du dedans et du dehors, de prouver d'un côté que Napoléon avait donné sérieusement l'Acte additionnel, puisque sans attendre les délais légaux il mettait la nation en jouissance effective de ses droits, et de l'autre qu'il ne craignait pas le contact avec elle, puisqu'il s'entourait de ses représentants. — Eh bien, dit-il à Joseph et à M. Benjamin Constant, qui persistaient à demander l'exécution anticipée de l'Acte additionnel, j'en ai pris mon parti, je convoquerai les Chambres, et je ferai cesser ainsi tous les doutes sur mes intentions; je prouverai ma confiance dans cette nation qu'on dit que je crains, en appelant ses élus autour de moi. — Il ne restait qu'une difficulté, c'était de devancer le vœu populaire, en se dispensant d'attendre l'acceptation de la Constitution pour la mettre en vigueur. On rédigea un décret, et on le fit précéder d'un préambule qui expliquait cette manière d'agir par l'impatience que Napoléon éprouvait de s'entourer des représentants de la nation, et de les avoir quelques jours auprès de sa personne avant de partir pour l'armée. Au préambule adroitement écrit succédait le décret qui convoquait immédiatement les colléges électoraux afin d'élire six cent vingt-neuf représentants. Ce même décret portait en outre que les colléges qui avaient autrefois des présidents à vie nommés par l'Empereur, les choisiraient eux-mêmes lors de la prochaine élection. Le décret fut rendu le 30 avril, et on espérait qu'un mois suffisant pour les opérations électorales, les représentants pourraient se joindre aux électeurs dans la grande assemblée du Champ de Mai, fixée au 26. On ne s'en tint pas à cette grave concession. Afin de prouver par un acte de plus qu'on voulait mettre la nation en possession de tous ses droits, un nouveau décret accorda aux communes la nomination par la voie élective des maires et officiers municipaux. Cette mesure était exclusivement applicable aux communes dans lesquelles les maires étaient à la nomination des préfets, et elle était motivée sur l'ignorance où les nouveaux préfets devaient être du mérite de leurs administrés. Mais comme cette catégorie comprenait la plus grande quantité des communes, et notamment les plus petites, elle livrait dans les campagnes la composition des autorités municipales au parti patriote. Les acquéreurs de biens nationaux devaient y figurer en grand nombre, et, comme calcul de parti, la mesure était certainement bien conçue.

Quelle que fût la mauvaise humeur des opposants, elle devait être apaisée ou confondue, du moins pour quelques jours, par des mesures qui tendaient à rendre si prompte et si sérieuse l'exécution de l'Acte additionnel. Il était difficile de dire que c'était un leurre, une promesse vaine dont l'accomplissement remis à la paix, serait ajourné indéfiniment. Il était également difficile en Europe de dépeindre comme un tyran farouche, réduit à se cacher, l'homme qui allait de son propre mouvement se placer au milieu des représentants du pays. Napoléon prouvait ainsi tout à la fois sa sincérité et sa force morale.

M. de Lafayette cette fois fut pleinement satisfait, et il ne s'en cacha point. Le prince Joseph avait été chargé de lui offrir la pairie; il la refusa, disant qu'il ne pouvait accepter d'autre mandat que celui du pays, et il résolut de se présenter aux électeurs du département de la Marne. M. Benjamin Constant de son côté, lui racontant avec joie la victoire remportée sur les répugnances de l'Empereur, lui demanda en retour son appui auprès d'un collége électoral quelconque, afin de devenir membre de la seconde Chambre. M. de Lafayette consentit à tout, car il était en ce moment dans une disposition à ne rien refuser. On lui demanda un autre service que son patriotisme ne pouvait hésiter à rendre, et qu'il rendit avec le plus grand empressement. M. Crawfurd, ministre des États-Unis à Paris, avec lequel il avait des relations d'amitié, retournait en Amérique pour y devenir ministre de la guerre. Il devait passer par l'Angleterre où il avait des amis et du crédit. M. de Lafayette obtint qu'il se chargeât de lettres destinées aux principaux personnages d'Angleterre et écrites en faveur de la paix. Madame de Staël, qui grâce à sa longue opposition à l'Empire était peu suspecte de partialité pour Napoléon, et qui par son esprit, par sa brillante renommée pouvait exercer quelque influence sur les ministres britanniques, leur adressa des lettres pressantes pour leur conseiller de se retirer de la coalition. Napoléon, suivant elle, n'était plus un despote, isolé dans la nation, mais un monarque libéral, appuyé sur la France. Le peuple et l'armée l'entouraient de leur dévouement; la lutte serait donc terrible, et dans l'intérêt de l'humanité et de la liberté, il valait mieux accepter Napoléon corrigé, lié par de fortes institutions, et franchement converti à la paix s'il ne l'était à la liberté, que de verser des torrents de sang pour le détrôner sans aucune certitude de réussir. Accueilli, écouté, cru, pris au pied de la lettre, il donnerait la paix et la liberté qu'il promettait. Repoussé, combattu, vainqueur, il n'accepterait plus le traité de Paris, et pas davantage peut-être les conséquences de l'Acte additionnel. Les intérêts de l'Europe, de l'humanité, de la liberté, étaient donc d'accord, et commandaient une politique pacifique. Les raisons données par madame de Staël étaient, comme on le voit, aussi spécieuses que spirituellement et patriotiquement présentées.

Tandis que le parti constitutionnel récompensait Napoléon de ses sacrifices par un appui chaleureux, il se passait dans les provinces un fait d'une assez grande importance, surtout dans l'intérêt de la résistance à l'étranger, intérêt qui touchait Napoléon plus que tous les autres. Bien qu'après le long silence du premier empire on fût revenu avec ardeur à la politique et au goût de la contradiction, dans certaines provinces menacées par l'ennemi, la présence du danger faisait taire l'esprit de chicane et de subtilité. Par exemple, en Champagne, en Bourgogne, en Lorraine, en Alsace, en Franche-Comté, en Dauphiné, les populations se prêtaient avec le zèle le plus louable aux mesures de défense. Les anciens militaires rejoignaient leurs drapeaux, et les hommes désignés pour faire partie de la garde nationale mobilisée, répondaient avec empressement à l'appel des officiers chargés de leur organisation. Tandis que cet excellent esprit se manifestait dans les provinces de l'Est, il s'en manifestait un pareil et non moins honorable, quoique inspiré par d'autres motifs, dans les provinces de l'Ouest. On a vu par le récit de ce qui s'était passé à Angers, à Nantes, au Mans, à Rennes, pendant les onze mois de la première Restauration, que la bourgeoisie des villes avait été à la fois blessée et alarmée de l'attitude de la noblesse et du peuple des campagnes, et de leur audace à reprendre les armes en pleine paix. Depuis le 20 mars, l'avantage de la possession du pouvoir avait repassé du côté de cette bourgeoisie, et elle s'en était réjouie dans un intérêt de sécurité bien plus que d'ambition. Mais les mouvements des chefs vendéens, leurs relations presque publiques avec l'Angleterre, l'annonce et même l'apparition sur les côtes de bâtiments anglais chargés d'armes, enfin quelques violences exercées dans les campagnes, avaient excité une agitation extraordinaire à Nantes, à Vannes, à Quimper, à Rennes, au Mans, à Angers, etc. La population de Nantes surtout, jadis si malheureuse entre les attaques des Vendéens d'un côté, et les égorgements de Carrier de l'autre, ne voyait pas approcher sans frémir le renouvellement de la guerre civile. Les esprits fermentaient, et au bruit d'un assassinat commis sur un vieillard, d'honnêtes habitants de Nantes s'émurent, et conçurent la pensée de former avec les principales villes des cinq départements de la Bretagne, un pacte d'alliance par lequel ils promettaient de se porter mutuellement secours, en cas de danger extérieur ou intérieur, et d'appeler ce pacte du nom de *Fédération bretonne*, à l'imitation de la fédération de 1790. A peine produite cette idée, si bien appropriée aux circonstances, envahit toutes les têtes, et plusieurs centaines de Nantais partirent pour Rennes, où la même idée avait germé, et où ils étaient attendus impatiemment. Ils y furent reçus avec enthousiasme, fêtés, logés chez les principaux habitants, et on remit à quelques personnes de sens rassis le soin de libeller le pacte qui devait confédérer les citoyens de la Bretagne contre l'ennemi du dedans et du dehors. Rien n'était plus pur que l'intention des braves Bretons en cette circonstance, et plus dégagé de tout esprit de faction. Ils ne prétendaient ni dominer le pouvoir, ni opprimer les classes élevées de la nation, mais se défendre contre les incendies et les assassinats de l'ancienne chouannerie, et contre les débarquements des Anglais. Toutefois la disposition dominante dans ces réunions était fortement libérale. On convint de rédiger un préambule dans lequel seraient exposés les motifs de l'association, et d'y joindre quelques articles statutaires qui préciseraient les engagements qu'on prenait les uns envers les autres. Il fut stipulé d'abord que les fédérés ne formeraient point un corps séparé des autres citoyens, ayant son uniforme, ses armes, ses chefs, et agissant pour son compte, mais qu'ils viendraient se ranger dans l'organisation existante et légale de la garde nationale; que cette organisation étant répandue dans tout l'Empire, ils pourraient toujours y trouver place, de manière à être utiles partout où il y aurait des dangers à conjurer; que leurs obligations consisteraient à se mettre à la disposition des autorités publiques, à se rendre à leur premier appel soit dans les bataillons mobilisés, soit dans les bataillons sédentaires, et quand le cadre légal de la garde nationale manquerait, à se porter individuellement là où les appelleraient les maires, les sous-préfets, les préfets, pour leur prêter secours chaque fois qu'il y aurait à repousser une atteinte contre l'ordre public. Enfin ils s'obligeaient à un autre genre de service, celui-ci tout moral, consistant à dissiper autant qu'il serait en eux les fausses notions par lesquelles on essayait de tromper les simples habitants des campagnes, à prêcher par leur exemple et leur parole l'accomplissement des devoirs civiques, à se mettre en un mot à la disposition du gouvernement impérial pour la défense intérieure et extérieure du pays.

Malgré les inconvénients attachés à toute association politique, celle-ci, inspirée par un vif sentiment des dangers publics, exempte de toute vue particulière, se réduisant exclusivement au rôle d'auxiliaire du pouvoir, donnait moins qu'aucune autre prise à la critique, et pouvait même rendre au pays d'immenses services.

On rédigea le préambule et l'acte, et on entra en rapport avec le préfet pour lui soumettre l'un et l'autre. Le gouvernement, comme on le voit, n'avait pas eu la moindre part à ce mouvement tout spontané, et provoqué uniquement par les inquiétudes de la partie la plus indépendante et la plus honnête de la population bretonne. Bien que Napoléon eût été longtemps populaire dans les provinces de l'Ouest qu'il avait pacifiées, néanmoins ses dernières guerres de 1812 et de 1813 l'avaient beaucoup dépopularisé. On le considérait comme un vrai danger, et si on avait applaudi à son retour parce qu'il venait mettre fin à l'influence de l'émigration, c'était à la condition de lui lier les mains par de fortes lois. Dans cette disposition, ne voulant pas donner à la nouvelle fédération une couleur bonapartiste, les fédérés s'étaient abstenus de parler de l'Empereur. Des gens sages leur firent sentir qu'une telle association serait bien près de devenir un péril si elle était formée en dehors du gouvernement, qu'elle ne rendrait même de véritables services qu'en s'unissant étroitement à lui, que d'ailleurs elle ne serait autorisée qu'à ce prix. Le préambule fut alors remanié, et répondit aux intentions des bons citoyens, qui étaient prêts à seconder Napoléon de toutes leurs forces, mais à la condition d'une liberté sage et réelle.

La plupart des villes de la Bretagne envoyèrent des députations à Rennes, et plusieurs jours se passèrent en fêtes, en réjouissances, en promesses de dévouement réciproque. On compta très-promptement plus de vingt mille fédérés dans les départements de la Loire-Inférieure, du Morbihan, du Finistère, des Côtes-du-Nord, d'Ille-et-Vilaine, composant l'ancienne Bretagne. À peine cette conduite des Bretons fut-elle connue, qu'elle produisit un grand retentissement dans les départements voisins, et de proche en proche dans toute la France. Les Angevins menacés des mêmes dangers

Mai 1815.

Imitation de cette fédération dans les provinces frontières de l'Est.

L'idée de la fédération s'introduit à Paris.

que les Bretons, s'assemblèrent pour suivre leur exemple. La Bourgogne animée d'une autre haine que celle des chouans, de la haine des Russes, des Autrichiens, des Prussiens, envoya des députés à Dijon pour signer un acte de fédération, et elle adopta purement et simplement le texte de la fédération bretonne. La Lorraine, la Franche-Comté, le Lyonnais, le Dauphiné, se montrèrent prêts à en faire autant. Au milieu de ce mouvement des esprits, particulier aux provinces menacées par la guerre civile ou par la guerre étrangère, il n'était pas possible que la grande ville de Paris restât indifférente et inactive. Mais dans Paris il y a plusieurs Paris, et tandis que les classes nobles regrettaient les Bourbons, que les classes moyennes regrettaient la paix, le peuple des faubourgs animé d'une haine brutale pour ce qu'on appelait les nobles et les prêtres, et d'une haine patriotique pour ce qu'on appelait l'étranger, avait toujours regretté de n'avoir pas eu des fusils en 1814 pour défendre les murs de la capitale. Là se trouvaient avec des hommes compromis dans les désordres de 1793, des jeunes gens sincèrement patriotes, de braves militaires retirés du service, et les uns comme les autres excitèrent le peuple des faubourgs à imiter les Bretons et les Bourguignons. Le mouvement commencé dans les faubourgs Saint-Marceau et Saint-Antoine, se propagea bientôt dans les autres. On adopta l'acte des Bretons, mais les Parisiens voulurent avoir leur préambule particulier, ainsi qu'on l'avait fait ailleurs, car tout en adoptant exactement le dispositif imaginé en Bretagne, chacun entendait le motiver à sa manière et suivant le sentiment de sa province. Les fédérés de Paris s'adressèrent à Napoléon lui-même, demandèrent à être reçus par lui, passés en revue, et autorisés à lui lire une adresse.

Ces diverses fédérations avaient pris naissance dans les derniers jours d'avril et les premiers jours de mai. L'Acte additionnel publié dans l'intervalle avait bien causé quelque mécontentement, mais son effet, corrigé par le décret de convocation des Chambres, n'avait point arrêté l'élan qui animait les provinces menacées de la guerre civile ou de la guerre étrangère, et elles avaient continué à se fédérer. Le gouvernement n'avait eu aucune part, nous le répétons, ni à la conception, ni à la propagation de ces fédérations provinciales. Les hommes qui le composaient avaient sur ce sujet des sentiments très-divers. Ceux qui voulaient se sauver à tout prix de l'étranger et de la contre-révolution opérée par l'étranger, devaient accueillir avec empressement le concours spontané de la partie vive des populations. Ceux au contraire qui déploraient les sacrifices faits par Napoléon aux tendances libérales, voyaient ou affectaient de voir partout le parti révolutionnaire prêt à dévorer le pouvoir, et manifestaient pour les fédérations une sorte d'horreur. Ils considéraient ce mouvement, surtout à Paris où il était plus près d'eux, comme une abomination et un grave péril. Si Napoléon semblait l'encourager, ou seulement le souffrir, ils étaient décidés à ne plus reconnaître en lui qu'un instrument malheureux et déshonoré des jacobins. Quant à lui il souriait de ces craintes, laissait dire ce qu'on voulait sur ce sujet,

Mai 1815.

Opinion du gouvernement à l'égard des fédérations.

Napoléon, sans les avoir provoquées, les voit avec plaisir, surtout pour la défense de la capitale.

Mai 1815.

et était satisfait du mouvement qui venait de se produire. Aimant l'ordre par goût, par raison, par intérêt, il n'avait aucun penchant pour ce qu'on appelait les jacobins; mais il les jugeait, et n'en avait pas la peur que certaines gens en éprouvaient, et dans le moment il se réjouissait de voir se lever pour la défense du pays des bras vigoureux, qui en Bretagne contiendraient les chouans, et à Paris disputeraient l'entrée de la capitale aux Anglais, aux Prussiens, aux Russes. Dussent-ils à la paix lui créer des embarras, il ne s'inquiétait guère de ce qui arriverait lorsque l'ennemi serait expulsé du territoire, et il était certain d'avoir alors contre des désordres populaires, outre l'armée, les Chambres elles-mêmes qui pouvaient bien être plus libérales que lui, mais qui ne le seraient jamais jusqu'à favoriser les entreprises de la démagogie.

Manière dont il entend employer les fédérés à Paris.

Aussi ne mit-il aucune hésitation à permettre, et même à seconder les fédérations. Ainsi que nous venons de le dire, il les trouvait utiles pour soutenir l'esprit public contre les royalistes à Lyon, à Marseille, à Bordeaux, à Nantes, à Rennes, etc., et très-utiles à Paris pour concourir à la défense de la capitale. Ce dernier point était à ses yeux le plus important. Son projet, comme on l'a vu déjà, était de couvrir Paris de solides ouvrages en terre, n'ayant pas le loisir d'en construire en maçonnerie, d'y amener deux cents bouches à feu de la marine servies par des marins, d'y placer encore deux cents bouches à feu de campagne servies par les jeunes gens des écoles, et il pensait que si à quinze ou dix-huit mille hommes des dépôts il pouvait joindre vingt-cinq mille hommes des faubourgs, gens robustes et anciens soldats pour la plupart, Paris défendu par quarante mille hommes d'infanterie et dix mille canonniers, serait imprenable, et qu'alors manœuvrant librement au dehors avec l'armée active, il viendrait à bout de toutes les coalitions. La garde nationale n'entrait point dans ce calcul, non parce qu'il doutait de son courage, mais parce qu'il suspectait toujours ses dispositions, et voyait avec sa finesse ordinaire, que quoique ralliée à lui par nécessité, elle regrettait au fond du cœur la paix et la liberté sous les Bourbons. Il n'était pas même décidé à lui laisser des armes, et se réservait à cet égard de prendre un parti au dernier instant. Quant aux fédérés, il était décidé à les constituer régulièrement, à mettre à leur tête des officiers sûrs, à les incorporer même dans la garde nationale sous un titre quelconque, ce qui permettrait à l'heure du péril de se servir d'eux, et au besoin de leur transmettre les fusils de cette garde. Pour le moment il résolut de ne pas les armer encore, d'abord pour prendre le temps de les connaître et de les organiser, et ensuite parce qu'il n'était pas assez riche en matériel pour prodiguer les fusils[1].

Mai 1815.

Comment il entend les organiser.

[1] Il est peu de sujets sur lesquels on ait plus divagué que sur la formation des fédérés de 1815, et sur les dispositions de Napoléon à leur égard. Les uns imputent à Napoléon de les avoir excités pour s'en servir contre les royalistes, les autres prétendent qu'il en eut peur, et que par ce motif il ne voulut jamais les armer, et se priva ainsi du secours puissant des patriotes. Ces deux assertions sont également fausses. Napoléon fut étranger à la formation des fédérés, laquelle n'eut d'autre cause que les inquiétudes de ce qu'on appelait dans l'Ouest les blancs. Une fois créés sans lui, Napoléon ne fut pas

Il confia au brave général Darricau la mission de les organiser sous le titre de *tirailleurs* attachés à la garde nationale de Paris, et chargés en cette qualité de la défense extérieure de la capitale. Il consentit même à les passer en revue un dimanche, et à écouter l'adresse qu'ils désiraient lui présenter. Il choisit ce même jour pour passer également en revue le 10ᵉ de ligne, ce fameux régiment qui seul de toute l'armée avait combattu pour les Bourbons. Ce régiment n'était ni autrement fait ni autrement inspiré que les 7ᵉ, 58ᵉ, 83ᵉ d'infanterie, qui, en Dauphiné, s'étaient donnés à Napoléon avec tant d'empressement. Mais les circonstances particulières dans lesquelles le 10ᵉ s'était trouvé, l'avaient retenu quelques jours de plus au service des Bourbons. Il était dans l'armée signalé comme très-mauvais, et on lui imputait même au pont de la Drôme une trahison dont il était fort innocent, et que nous avons essayé, dans notre récit, de représenter sous ses couleurs véritables. Napoléon l'avait fait venir à Pa-

---

fâché de cette création, bien qu'il ne se dissimulât point le parti qu'en pourraient tirer plus tard contre lui les libéraux exagérés. Mais dans le moment il s'inquiétait peu de la vivacité d'opinion de ceux qui l'appuyaient contre l'étranger, et c'était surtout des bras qu'il voulait avoir. Vaincre encore une fois l'Europe était sa passion dominante, et je dirai même unique. Le reste n'était d'aucun poids à ses yeux. Acquérir vingt-cinq mille bons soldats pour la garde de Paris, était ce qu'il appréciait le plus dans l'institution des fédérés. Le manque de fusils l'empêcha seul d'armer immédiatement les fédérés de Paris, et il craignait si peu de leur mettre des armes dans les mains, que son projet très-arrêté, et constaté par sa correspondance, était, si Paris se trouvait en péril, de faire passer les fusils de la garde nationale sédentaire à la garde nationale active, chargée de la défense extérieure de la ville. C'était un prétexte tout trouvé d'avance pour faire arriver les armes des mains des uns à celles des autres, sans offenser personne.

ris pour le voir et lui adresser des paroles qui retentissent dans tous les cœurs.

Le dimanche 14 mai ayant été choisi pour la revue des fédérés et du 10ᵉ, ce fut une grande rumeur dans toute la cour contre cette double témérité. Ceux qui déploraient les complaisances de Napoléon pour le parti révolutionnaire étaient scandalisés, et disaient derrière lui qu'il se livrait *à la canaille*, et qu'on ne pourrait bientôt plus demeurer à ses côtés. Ceux au contraire qui dévoués entièrement à Napoléon, ne cherchaient aucun faux prétexte pour s'éloigner, étaient sérieusement effrayés de le voir en présence du 10ᵉ, dans les rangs duquel avait été préparé, disait-on, un projet d'assassinat. Ces derniers, pleins d'alarmes sincères pour Napoléon, entouraient sa personne ce jour-là jusqu'à se rendre importuns.

Napoléon, sans s'inquiéter des fausses lamentations des uns, des craintes exagérées des autres, descendit du palais dans la cour des Tuileries, et commença par passer en revue les fédérés. Ils étaient plusieurs milliers, sans uniforme, quelques-uns assez mal vêtus, mais pour la plupart vieux soldats, et portant sur leurs visages hâlés l'énergique expression de leurs sentiments. Plusieurs fois il se retourna vers son entourage, et se moquant des scrupules de certaines gens, il dit en souriant : Voilà des hommes comme il me les faut pour se faire tuer sous les murs de Paris. — Puis il entendit patiemment le discours que l'orateur des fédérés était chargé de lui adresser, et que cet orateur lut de son mieux. « Sire, dit-il, nous avons reçu les Bour-

» bons avec froideur, parce qu'ils étaient devenus
» étrangers à la France, et que nous n'aimons pas
» les rois imposés par l'ennemi. Nous vous avons
» accueilli avec enthousiasme, parce que vous êtes
» l'homme de la nation, le défenseur de la patrie,
» et que nous attendons de vous une glorieuse in-
» dépendance et une sage liberté. Vous nous assu-
» rerez ces deux biens précieux; vous consacrerez
» à jamais les droits du peuple; vous régnerez par
» la Constitution et les lois. Nous venons vous offrir
» nos bras, notre courage et notre sang pour la dé-
» fense de la capitale.....

» La plupart d'entre nous ont fait sous vos ordres
» les guerres de la liberté et celles de la gloire; nous
» sommes presque tous d'anciens défenseurs de la
» patrie; la patrie doit remettre avec confiance des
» armes à ceux qui ont versé leur sang pour elle.
» Donnez-nous, Sire, des fusils; nous jurons entre
» vos mains de ne combattre que pour sa cause et
» la vôtre. Nous ne sommes les instruments d'au-
» cun parti, les agents d'aucune faction. Nous
» avons entendu l'appel de la patrie, nous accou-
» rons à la voix de notre souverain; c'est dire
» assez ce que la nation doit attendre de nous. Ci-
» toyens, nous obéissons à nos magistrats et aux
» lois; soldats, nous obéirons à nos chefs. Nous ne
» voulons que conserver l'honneur national, et ren-
» dre impossible l'entrée de l'ennemi dans cette
» capitale, si elle pouvait être menacée d'un nouvel
» affront, etc.... »

L'Empereur répondit en ces termes :

« Soldats fédérés, je suis revenu seul, parce que

« je comptais sur le peuple des villes, sur les habi-
» tants des campagnes et les soldats de l'armée,
» dont je connaissais l'attachement à l'honneur na-
» tional. Vous avez justifié ma confiance. J'accepte
» votre offre; je vous donnerai des armes. Je vous
» donnerai pour vous guider des officiers couverts
» d'honorables blessures et accoutumés à voir l'en-
» nemi fuir devant eux. Vos bras robustes et faits
» aux plus pénibles travaux sont plus propres que
» tous autres au maniement des armes. Quant au
» courage, vous êtes Français! Vous serez les éclai-
» reurs de la garde nationale. Je serai sans inquié-
» tude pour la capitale lorsque la garde nationale et
» vous, vous serez chargés de sa défense; et s'il est
» vrai que les étrangers persistent dans le projet
» impie d'attenter à notre indépendance et à notre
» honneur, je pourrai profiter de la victoire sans
» être arrêté par aucune sollicitude. Soldats fédérés,
» je suis bien aise de vous voir. J'ai confiance en
» vous. Vive la nation! » — Après cette allocution,
les fédérés défilèrent, et, si l'on juge les hommes
sur l'habit, on dut être affecté assez péniblement.
On dut l'être surtout de voir cet empereur, jadis si
puissant, si orgueilleux, entouré de si belles troupes, obligé aujourd'hui de recourir à des défenseurs
sans uniforme et sans fusils! Ces soldats certainement en valaient d'autres, et il faisait bien de les
accueillir; mais que dire de la politique qui l'avait
conduit à de telles extrémités?

Après avoir passé en revue les fédérés, Napoléon
se dirigea vers le 10ᵉ de ligne, le fit former en
carré, et mit pied à terre pour se placer au centre

du carré. Une troupe inquiète d'officiers se pressait autour de lui; il les fit éloigner, ne garda que deux ou trois aides de camp auprès de sa personne, et d'une voix vibrante adressa au régiment du duc d'Angoulême ces énergiques paroles.

« Soldats du 10ᵉ, vous êtes les seuls de toute » l'armée qui ayez osé tirer sur le drapeau tricolore, » sur ce drapeau sacré de nos victoires, que nous » avons porté dans toutes les capitales. Je devrais, » pour un tel crime, rayer votre numéro des nu- » méros de l'armée, et vous faire sortir à jamais » de ses rangs. Mais je veux croire que vos chefs » vous ont seuls entraînés, et que la faute de votre » indigne conduite est à eux et non à vous. Je chan- » gerai ces chefs, je vous en donnerai de meilleurs, » puis je vous enverrai à l'avant-garde. Il ne se ti- » rera nulle part un coup de fusil que vous n'y » soyez, et lorsqu'à force de dévouement et de » courage vous aurez lavé votre honte dans votre » sang, je vous rendrai vos drapeaux, et j'espère » que d'ici à peu de temps vous serez redevenus » dignes de les porter. »

Ces soldats, que Napoléon avait si peu flattés, poussèrent des cris violents de *Vive l'Empereur!* et, levant les mains vers lui, disaient que ce n'était pas leur faute, mais celle de leurs officiers, qu'ils les avaient suivis à contre-cœur, qu'à peine libres ils avaient fait éclater leurs vrais sentiments, et qu'on verrait, partout où on les placerait, qu'ils valaient les autres soldats de l'armée. Loin donc de recevoir des coups de fusil, Napoléon n'avait recueilli que des acclamations enthousiastes et des démonstra-

LE CHAMP DE MAI.   531

tions de dévouement. Ce n'est pas en effet en flattant les hommes, mais en leur parlant énergiquement, qu'on parvient à les dominer et à les conduire à de grands buts.

Napoléon, en ce moment, ne se comportait pas autrement à l'égard de l'esprit public, et pour lui donner le ressort convenable il avait pris le parti de faire connaître la vérité tout entière. Tandis qu'autrefois il avait tout dissimulé, aujourd'hui il ne cachait plus rien; il laissait publier les articles des journaux étrangers où l'on s'attaquait violemment à sa personne, où l'on montrait aussi contre la France une haine insensée.

La France pouvait voir clairement que l'expulsion des Bourbons et le rétablissement de Napoléon, en lui donnant quelques garanties de plus sous le rapport des principes sociaux de 1789, mais des doutes sous le rapport de la liberté, allaient lui coûter en outre une cruelle effusion de sang. C'était à elle cependant à soutenir ce qu'elle avait fait ou laissé faire, et les bons citoyens qui auraient voulu voir Napoléon arrêté à tout prix entre Cannes et Paris, parce qu'ils trouvaient avec les Bourbons la fondation de la liberté plus facile et la paix certaine, aujourd'hui que Napoléon était revenu avec des intentions évidemment plus sages, pensaient qu'il fallait lui prêter tout l'appui possible, afin de s'épargner le danger et la honte d'une contre-révolution opérée par les baïonnettes étrangères. Il arrivait journellement des municipalités, des tribunaux, des colléges électoraux, des adresses exprimant le désir de trouver sous Napoléon la liberté au dedans et l'in-

Mai 1815.

Nature des sentiments qu'on éprouve en France à l'égard de Napoléon.

TOM. XIX.   34

Mai 1815.

Efforts de Napoléon pour rendre la guerre nationale.

dépendance au dehors, ce qui entraînait l'obligation de le contenir et de le soutenir. Ce double sentiment était exprimé partout, en termes plus ou moins convenables, suivant que ces adresses partaient de localités plus ou moins éclairées, mais il était universel. Il animait les colléges électoraux, où se préparaient au milieu du déchaînement de la presse, soit royaliste soit révolutionnaire, des élections marquées du caractère à la fois bonapartiste et libéral du moment. La liberté d'écrire était complète; néanmoins, tandis qu'on laissait tout imprimer, M. Fouché avait arrêté un numéro du *Censeur*, journal célèbre du temps, publié en volumes, comme nous l'avons dit, pour échapper à la censure pendant la première Restauration, et empreint du libéralisme honnête de la jeunesse. Napoléon, averti par les réclamations que cet acte avait soulevées, s'était hâté d'ordonner la restitution du volume, quoiqu'il fût rempli de vives attaques contre lui. Il paraissait donc sincère dans sa résolution de respecter la liberté d'écrire, et du reste, la tolérance dont il faisait preuve, loin de lui nuire le servait, car plus le pays était livré à lui-même, plus il manifestait franchement les deux sentiments dont il était plein, désir d'obtenir une sage liberté, et résolution de faire respecter par l'étranger l'indépendance nationale. Pour exciter l'esprit public, on avait laissé former dans un café, dit café Montansier, place du Palais-Royal, une sorte de club, où se réunissaient beaucoup d'officiers et d'anciens révolutionnaires, et où l'on entendait tour à tour des chants patriotiques et militaires, ou des déclamations virulentes contre l'étranger, les Bourbons, l'émigration, etc. L'animation contre tout ce qu'on appelait de ces divers noms était grande, soit dans les faubourgs de Paris, soit dans les provinces de l'Est et de l'Ouest, menacées les unes de la guerre étrangère, les autres de la guerre civile, et malgré l'improbation manifestée contre l'Acte additionnel, les soutiens semblaient ne devoir pas manquer à Napoléon, si en défendant le sol, et en fondant la liberté, il restait fidèle aux deux conditions de son nouveau rôle.

Tandis qu'on s'efforçait en France de rendre la guerre nationale, on craignait en Europe qu'elle ne le devînt, et on commençait à faire des réflexions sérieuses sur la conduite à tenir. On continuait de repousser les messagers de Napoléon, et on venait d'en arrêter encore un expédié tout récemment de Paris. En effet, après l'arrestation à Stuttgard de M. de Flahault, chargé d'annoncer à Vienne le rétablissement de l'Empire, le cabinet français avait imaginé l'envoi d'un nouveau messager, assez bien choisi pour la mission qu'on lui destinait : c'était M. de Stassart, Belge de naissance, attaché au service de Marie-Louise, devenu depuis le retour de cette princesse en Autriche l'un des chambellans de l'empereur François, et actuellement de passage à Paris, où l'avaient attiré des affaires privées. Un tel personnage, retournant auprès de sa cour, avait des chances de franchir la frontière que n'avait aucun autre. On l'avait chargé de deux lettres, l'une de M. le duc de Vicence pour M. de Metternich, et l'autre de Napoléon pour l'empereur François. Cette fois il n'était plus question de paix ou de guerre, de politique en un mot, mais des droits sacrés de la famille, des droits d'un époux sur son épouse, d'un père sur son fils, et Napoléon, s'adressant directement à son beau-père, redemandait sa femme, et sinon sa femme, au moins son fils qu'on n'avait aucun motif légitime de lui refuser. M. le duc de Vicence ajoutait quelques réflexions sur cette étrange interdiction de tous rapports diplomatiques, dans laquelle on persévérait avec tant d'obstination, et rappelait en passant l'offre si souvent réitérée de maintenir la paix aux conditions du traité de Paris. M. de Stassart, plus heureux que les courriers des affaires étrangères arrêtés à Kehl et à Mayence, plus heureux que M. de Flahault arrêté à Stuttgard, était parvenu jusqu'à Lintz vers les derniers jours d'avril, mais retenu là sous le prétexte d'une irrégularité de passe-ports, il avait été obligé de livrer ses dépêches, qui avaient été envoyées à Vienne et déposées sur la table du congrès. La lecture des lettres interceptées n'avait guère ému les membres du congrès, et ne leur avait rien appris qu'ils ne sussent parfaitement. Néanmoins ils n'étaient ni les uns ni les autres dans les dispositions qui les animaient lorsqu'ils avaient signé le 13 mars la fameuse déclaration contre Napoléon, et le jugement porté soit en France, soit en Angleterre contre cette déclaration n'avait pas laissé de les toucher beaucoup. Ils avaient donc songé à une seconde déclaration, non pas plus pacifique que la première, mais moins sauvage dans la forme, et mieux raisonnée. Ils voulaient aussi répondre à l'opposition anglaise qui disait

LE CHAMP DE MAI.   485

qu'on faisait la guerre uniquement pour les Bourbons, et en même temps calmer les esprits en France, afin d'empêcher que la guerre n'y devînt nationale. Ce dernier motif était de beaucoup le plus déterminant, car bien que les gazettes anglaises et allemandes s'appliquassent à représenter Napoléon comme appuyé sur l'armée seule, le public européen commençait à voir que de nombreux intérêts s'attachaient à lui, et non-seulement des intérêts, mais des convictions sincères, celles notamment de tous les hommes qui étaient indignés contre la prétention affichée par l'Europe de nous imposer un gouvernement. On avait par ces motifs essayé dans le congrès de trouver une rédaction qui satisfît aux diverses convenances de la situation, mais on n'y avait guère réussi. On avait cherché des termes admissibles pour dire que, sans vouloir s'ingérer dans le gouvernement de la France, sans vouloir lui imposer ni la personne d'un monarque, ni un système particulier d'institutions, les puissances se bornaient à donner l'exclusion à un seul homme dans l'intérêt du repos de tous, parce qu'une expérience prolongée avait démontré que le repos de tous était impossible avec cet homme. Bien qu'exclure un souverain, quand il n'y en avait que deux de possibles, ce fût pour ainsi dire imposer le choix de l'autre, les écrivains du congrès étaient parvenus néanmoins à exprimer ces idées d'une manière assez conciliable avec le droit des gens, et même pour donner encore moins de prise à la principale objection du Parlement britannique, ils avaient omis de nommer les Bourbons. Mais cette

Mai 1815.

Projet d'une nouvelle déclaration justificative des précédentes.

Difficulté de se mettre d'accord.

On ne voulait pas faire mention des Bourbons.

omission avait à l'instant soulevé les réclamations des deux cours d'Espagne et de Sicile. La légation britannique elle-même avait trouvé que ne pas nommer les Bourbons, c'était beaucoup trop les négliger, et peut-être donner ouverture à des prétentions dangereuses. Lord Clancarty, membre principal de cette légation depuis le départ de lord Castlereagh et de lord Wellington, avait appuyé les cours de Madrid et de Palerme, lesquelles demandaient à qui les souverains alliés destinaient le trône de France s'ils en écartaient Louis XVIII ? Songeraient-ils à la régence de Marie-Louise, à la royauté du duc d'Orléans, ou à la république ? Dans l'impossibilité de s'expliquer clairement sur ces divers sujets, les membres du congrès s'étaient séparés sans accepter aucun texte de déclaration, car s'ils trouvaient que le nom des Bourbons effacé de ce texte y manquait sensiblement, ils trouvaient aussi que son insertion provoquait des objections extrêmement embarrassantes.

Deux cours avaient surtout des objections à une profession de foi trop explicite en faveur des Bourbons, c'étaient la Russie et l'Autriche, l'une et l'autre par des motifs entièrement différents. Alexandre était toujours aussi implacable à l'égard de Napoléon, soit parce qu'il était piqué du ridicule que lui avait valu le traité du 11 avril, soit parce qu'il ne voulait pas voir remonter sur la scène du monde un personnage qui ne laissait plus que des places secondaires dès qu'il y paraissait. Mais s'il était aussi résolu que jamais contre la personne de Napoléon, il n'était aucunement d'avis de lui donner encore une fois Louis XVIII pour successeur. Outre que Louis XVIII l'avait blessé de beaucoup de manières, il regardait le rétablissement des Bourbons comme une œuvre qui ne serait pas plus durable la seconde fois que la première. L'Autriche, en concluant à peu près de même, raisonnait autrement. Elle excluait non moins formellement Napoléon, elle ne souhaitait en aucune façon la régence de Marie-Louise, et, les Bonaparte exclus, elle préférait les Bourbons à tous autres. Il n'y avait pas en effet en France et en Europe un plus pur royaliste que l'empereur François. Mais le moyen de renverser les Bonaparte était la guerre, et l'Autriche y répugnait, non par faiblesse, ce qui n'est pas son défaut ordinaire, mais par prudence. Elle sortait à peine d'une lutte violente, et s'en était tirée avec un bonheur qui, depuis un siècle, n'avait plus couronné ses entreprises. Elle en sortait avec son ancienne part de la Pologne, avec la frontière de l'Inn, avec l'Illyrie, avec l'Italie jusqu'au Pô et au Tessin. Le plus grand succès imaginable dans la future guerre ne pourrait pas lui valoir davantage, et accroîtrait, si on était vainqueur, les prétentions des deux cours du Nord, toujours fortement unies, la Russie et la Prusse. Il n'y avait pas dans tout cela de quoi lui inspirer un goût bien vif pour la guerre. De plus, les nouvelles qu'on recevait de France s'accordaient à représenter Napoléon comme assuré de l'appui du parti révolutionnaire et libéral, et comme pouvant disposer dès lors d'une grande portion des forces nationales. Une seule combinaison pouvait le priver de cet appui, c'était celle qui, en donnant satisfaction aux révolu-

Mai 1815.

est froide à l'égard des Bourbons.

L'Autriche, quoique favorable pour les Bourbons, ne voudrait pas se lier envers eux, afin d'être libre de recourir à certaines concessions dans l'intérieur de la France.

tionnaires et aux libéraux, les détacherait de Napoléon qu'ils craignaient, et dont ils se défiaient toujours beaucoup. Susciter à Napoléon de graves embarras intérieurs était donc une politique que l'Autriche n'aurait pas voulu négliger, et qui, sans exclure absolument les Bourbons, exigeait qu'on ne se liât pas irrévocablement à eux. Dans cette vue, M. de Metternich, très-bien informé de ce qui se passait à Paris, avait songé à M. le duc d'Otrante, et l'avait jugé tout à fait approprié aux fins qu'il se proposait. Flatter la vanité et l'ambition d'un tel homme lui avait paru un moyen assuré d'introduire la confusion dans les affaires de France, et il avait imaginé d'envoyer un agent secret, pour demander à M. Fouché un moyen de résoudre autrement que par une guerre horrible la question qui divisait en ce moment la France et l'Europe. M. de Metternich avait fait choix pour ce rôle d'un personnage prudent et digne de confiance, nommé Werner, et l'avait expédié à Bâle. Il avait en même temps chargé un employé d'une maison de banque, allant à Paris pour affaires de sa profession, de remettre une lettre à M. Fouché pour l'informer de ce qu'on pensait, et l'inviter à envoyer à Bâle quelqu'un avec qui M. Werner pût s'aboucher. Ainsi tandis qu'à Vienne on disputait sans parvenir à s'entendre sur la nouvelle déclaration à faire, M. Werner était parti pour Bâle, où il était arrivé le 1ᵉʳ mai, et où il attendait qu'on lui dépêchât de Paris l'interlocuteur sûr avec lequel il pourrait traiter.

Le commis de banque, porteur de la lettre de M. de Metternich, ne parvint pas sans peine à communiquer avec M. Fouché, et, dans les efforts qu'il fit, il laissa échapper quelques signes de sa présence à Paris et de sa singulière mission. M. de Caulaincourt en fut averti, et avec sa fidélité accoutumée il prévint Napoléon, qui fit chercher, saisir, interroger le commis de banque, et sut bientôt que des communications étaient ou déjà établies, ou à la veille de s'établir, entre M. Fouché et M. de Metternich. Bien qu'il eût juré de dépouiller le vieil homme, et qu'il y eût jusque-là réussi, il se retrouva un moment tout entier. Il vit avec sa bouillante imagination mille trahisons cachées sous la trame qu'on venait de découvrir, et cédant à son caractère aussi emporté que son esprit, il songea un moment à faire arrêter M. Fouché, à saisir ses papiers, à dénoncer et punir sa perfidie, ce qu'il espérait faire aux applaudissements de la France qui estimait peu ce ministre, et qui, éclairée sur ses noirceurs, approuverait son châtiment.

Mai 1815.

M. Fouché est découvert par Napoléon.

Mais ce ne fut là qu'un emportement passager. Napoléon voulut réfléchir, examiner, et se décider en complète connaissance de cause. M. Fouché étant venu travailler avec lui, il retrouva en le voyant son imperturbable sang-froid des champs de bataille, lui parla longuement, confidentiellement des affaires de l'Europe, et surtout des intrigues qui se croisaient à Vienne, de manière à provoquer les épanchements de son interlocuteur, en s'approchant le plus près possible du fait dont il cherchait à obtenir l'aveu. Le rusé ministre ne comprit rien à cette tactique, quoiqu'il eût reçu la lettre de M. de Metternich, et au lieu de désarmer son maître par

Napoléon imagine d'expédier à Bâle M. Fleury de Chaboulon, pour y jouer, à l'insu de M. Fouché, le rôle de son envoyé.

un aveu sincère, il persista à se taire. Plus d'une fois Napoléon fut près d'éclater, mais il se contint, ne dit rien de plus, et renvoya M. Fouché trompé autant que trompeur, et ne se doutant pas de l'espèce d'examen qu'il venait de subir. Napoléon pensa que le moyen le plus sûr de découvrir le secret de cette trame dont il s'exagérait la perfidie, était d'expédier sur-le-champ à Bâle un homme de confiance, porteur des signes de reconnaissance dont on avait obtenu la communication, et en mesure dès lors de s'aboucher avec M. Werner, et de surprendre ainsi l'intrigue à sa source. Il choisit pour cette mission le jeune auditeur qui était venu le joindre à l'île d'Elbe, et dont il avait récompensé le courage et la dextérité en l'attachant à son cabinet, M. Fleury de Chaboulon. Il le manda, lui traça la conduite à tenir, lui donna des ordres pour les autorités de la frontière, afin qu'on ne laissât passer que lui seul, et que le véritable agent de M. Fouché, si M. Fouché en envoyait un, fût arrêté et mis dans l'impossibilité de remplir sa mission.

M. Fleury de Chaboulon partit sur-le-champ. Arrivé à la frontière il communiqua aux autorités les ordres convenus, passa seul, trouva M. Werner à Bâle, et se mit à jouer adroitement son rôle auprès de lui. M. Werner, complétement abusé, lui dit naïvement pourquoi il était envoyé. M. Fleury de Chaboulon put constater d'abord que ce qu'on appelait la trame ourdie par M. Fouché était bien récente, et qu'elle commençait à peine; que rien par conséquent n'avait précédé la présente communication; que, pour la première fois de sa vie, M. Fouché en fait

LE CHAMP DE MAI   491

de sourdes menées, était non pas provocateur mais
provoqué, qu'enfin il ne s'agissait point d'assassi-
ner Napoléon, ce que celui-ci avait cru d'abord,
mais de le détrôner, sans recourir à la cruelle et
chanceuse extrémité de la guerre. M. Werner af-
firma vivement à M. Fleury qu'on n'en voulait nul-
lement à la vie de Napoléon, repoussa même avec
indignation toute supposition de ce genre, mais dé-
clara qu'on en voulait à sa puissance; que jamais à
aucun prix l'Europe ne le souffrirait sur le trône de
France; que lui mis à part elle admettrait tous les
gouvernements dont la nation française pourrait
s'accommoder, la république exceptée; qu'elle avait
grande confiance dans les lumières et l'influence de
M. le duc d'Otrante, qu'elle connaissait sa haine
pour Napoléon, et qu'elle était prête à s'entendre
avec lui pour résoudre la difficulté, en épargnant
au monde une nouvelle et horrible effusion de sang.

Mai 1815.

M. Fleury de Chaboulon jouant très-bien le rôle
d'agent de M. Fouché, répondit que ce ministre
avait eu effectivement à se plaindre de Napoléon, et
avait pu en concevoir quelque ressentiment, mais
qu'il avait immolé toute rancune à l'intérêt du pays;
que sans doute il aurait voulu en 1814 d'autres
arrangements que ceux qui avaient prévalu, que
depuis il n'aurait peut-être pas souhaité le retour
de Napoléon, mais qu'actuellement il était con-
vaincu que Napoléon était nécessaire, que lui seul
pouvait rasseoir la France sur ses bases, rappro-
cher les partis, et constituer un gouvernement du-
rable; que Napoléon était revenu avec des idées
saines sur toutes choses, qu'il était décidé à main-

M. Fleury de Chaboulon tient le langage qu'aurait dû tenir M. Fouché s'il avait été fidèle.

tenir la paix et à donner à la France des institutions sagement libérales; que d'ailleurs on voudrait en vain le renverser, que l'armée, les hommes engagés dans la Révolution, les acquéreurs de biens nationaux, la jeunesse imbue d'idées nouvelles, presque toutes les classes de la nation enfin, l'émigration exceptée, voyaient en lui le représentant de leurs opinions ou de leurs intérêts, et surtout le représentant de l'indépendance nationale; que des milliers de volontaires se levaient chaque jour pour seconder l'armée; qu'à quatre cent mille soldats de ligne Napoléon allait joindre quatre cent mille gardes nationaux d'élite, et que la lutte avec lui serait terrible; que la campagne de 1814, où, grâce à son génie la coalition avait couru tant de dangers, n'était rien à côté de ce qu'on rencontrerait en 1815, parce qu'au lieu de forces détruites ou dispersées de Dantzig à Valence, on aurait affaire en Champagne à toutes les forces réunies de la France; qu'il valait donc mieux s'entendre que de s'égorger pour la famille des Bourbons, dont la France ne pouvait plus vouloir dès qu'on cherchait à la lui imposer par la force; que le duc d'Otrante serait heureux d'être l'intermédiaire d'un semblable rapprochement, et qu'il demandait que M. de Metternich lui fit connaître ses idées sur un pareil sujet, pour tâcher d'y adapter les siennes, si, comme il n'en doutait pas, elles étaient conformes à la grande sagesse de cet homme d'État éminent.

L'envoyé de M. de Metternich, qui de très-bonne foi se croyait en présence du mandataire du duc d'Otrante, était confondu de surprise en entendant un langage si peu conforme à celui qu'il avait attendu, répétait avec une naïve obstination qu'il était bien étonné d'un tel discours, que M. le duc d'Otrante passait pour ne point aimer Napoléon, pour n'avoir jamais eu aucune illusion à son sujet, pour être un homme sage prêt à entrer dans tous les arrangements raisonnables ; que du reste en présence de dispositions si peu prévues de sa part, lui M. Werner ne pouvant rien dire, car il était bien plutôt venu pour écouter des propositions que pour en faire. Les deux interlocuteurs, après s'être expliqués davantage, convinrent de retourner auprès de leurs commettants pour leur communiquer ce qu'ils avaient appris, et pour revenir bientôt munis d'instructions mieux adaptées au véritable état des choses. M. Fleury de Chaboulon, à qui Napoléon avait fait sa leçon, insista pour que M. Werner revînt mieux renseigné sur les dispositions des puissances à l'égard de divers sujets fort importants, tels que la transmission de la couronne au roi de Rome dans le cas où Napoléon abdiquerait, et le choix du prince Eugène comme régent, si Marie-Louise ne voulait pas retourner en France pour défendre les droits de son fils. Après ces explications, les deux envoyés se séparèrent avec promesse de se revoir à Bâle sous peu de jours.

Pendant ce temps Napoléon avait eu un nouvel entretien des plus graves avec M. Fouché. Soit qu'en voyant le silence obstiné du ministre de la police il éprouvât une irritation intérieure qui commençait à percer, soit qu'un avis émané, dit-on, de M. Réal, eût averti M. Fouché, ce dernier, avec une indiffé-

Mai 1815.

Les deux interlocuteurs conviennent de retourner auprès de leurs commettants, pour avoir des instructions nouvelles.

Pendant ce temps, Napoléon a une violente explication avec M. Fouché.

rence affectée, avoua à Napoléon qu'il avait reçu une lettre de M. de Metternich apportée par un individu obscur et sans caractère, à laquelle il n'avait attaché aucune importance, et dont par ce motif il n'avait pas cru devoir parler. Napoléon, pour recevoir M. Fouché, avait quitté M. Lavallette qui était resté dans une pièce voisine d'où on pouvait tout entendre. Il ne put se contenir devant la duplicité du ministre de la police; il lui déclara qu'il savait tout, qu'une pareille communication émanant du principal personnage de la coalition, contenant l'offre de l'envoi d'un agent à Bâle, était la plus importante qu'on pût imaginer dans les circonstances actuelles, et qu'il était impossible qu'elle fût l'objet d'une distraction. Puis d'un ton amer et accablant : Vous êtes un traître, dit-il à M. Fouché de manière à être entendu de la pièce voisine, et je pourrais vous faire expier votre trahison aux grands applaudissements de la France.... Si mon gouvernement ne vous convient point, pourquoi ne pas le déclarer, pourquoi vous obstiner à rester mon ministre?.... —— M. Fouché, comme un serviteur très-habitué aux emportements de son maître, et ayant renoncé depuis longtemps à se faire respecter, balbutia quelques explications embarrassées, puis se retira, rencontra sur son chemin M. Lavallette, et le sourire de l'indifférence au visage, se contenta de lui dire : L'Empereur est toujours le même, toujours plein de défiance, voyant des trahisons partout, et s'en prenant à tout le monde de ce que l'Europe ne veut pas de lui. — M. Fouché n'en dit pas davantage, comme si à de tels outrages, mérités ou immérités, il était permis de n'opposer que l'indifférence!

Napoléon qui depuis deux mois avait remporté de nombreuses victoires sur lui-même, n'avait pas été maître de lui cette fois, et avait commis une grande faute, car on ne dit pas de telles choses, ou bien on brise celui à qui on les a fait entendre. Quand il était au faîte de sa grandeur il pouvait se livrer ainsi au plaisir d'exhaler son mécontentement, et il en était quitte pour se créer un ennemi impuissant; mais en ce moment il se préparait dans celui qu'il avait appelé traître, un traître véritable, et des plus dangereux. Il était d'ailleurs injuste envers M. Fouché, car bien que ce ministre se fût à bon droit rendu suspect en cachant des ouvertures aussi sérieuses que celles dont il s'agissait, il ressortait évidemment de ce qu'on avait recueilli à Bâle que si des trahisons étaient à craindre, aucune n'était accomplie encore. Il eût donc mieux valu avertir froidement le ministre, lui faire voir qu'on était au courant, lui montrer qu'on le surveillait, et ne pas éclater, puisque la situation très-grave, très-délicate où on se trouvait, ne permettait pas de pousser l'éclat jusqu'à un châtiment sévère. En effet, M. Fouché avait eu l'art de se faire passer auprès du public pour un conseiller indépendant, capable de donner de sages avis à son maître, et même de lui résister. En le frappant, Napoléon aurait paru aux yeux de beaucoup de gens ne vouloir supporter aucun conseil, et aux yeux de tous être abandonné de la fortune, puisqu'il l'était de M. Fouché. Ne pouvant frapper, il aurait donc mieux fait de se taire. Du reste, après cet éclat, il s'en tint à une indulgence méprisante, qui n'était pas propre à lui ramener M. Fouché. Voyant que rien n'était entamé encore, il résolut d'attendre et de tenir toujours fixés sur le ministre de la police ses yeux pénétrants. Il raconta ce qui s'était passé à M. Fleury de Chaboulon, l'autorisa à voir M. Fouché, et à s'entendre avec lui, afin de poursuivre cette bizarre négociation de Bâle, et de savoir ce que dirait l'agent de M. de Metternich en réponse aux questions qu'on lui avait posées. M. Fleury de Chaboulon se rendit chez le duc d'Otrante qui lui parla de l'Empereur comme d'un enfant qui ne savait ni se contenir ni se conduire, qui était encore une fois en voie de se perdre, et qu'il fallait servir non pour lui, mais pour la cause commune. Puis, après s'être vengé par de mauvais propos des mépris de Napoléon, il convint avec M. de Chaboulon de la manière d'amener une seconde entrevue, et d'en tirer les éclaircissements les plus utiles qu'on pourrait.

M. Fleury de Chaboulon retourna effectivement à Bâle, et y retrouva M. Werner exact au rendez-vous. Cette fois prenant un rôle un peu moins passif, M. Werner, qui toujours croyait parler au représentant du duc d'Otrante, s'expliqua plus clairement sur les intentions des puissances réunies à Vienne. D'abord il fut comme la première fois, et plus encore s'il est possible, affirmatif sur ce qui regardait la personne de Napoléon, à laquelle on donnait l'exclusion absolue, comme tout à fait incompatible avec le repos général. Puis il déclara que Napoléon exclu, on ne demanderait pas mieux que de résoudre à l'amiable les difficultés survenues, aucun

des souverains, disait-il, n'en voulant à la France
elle-même, et n'entendant lui imposer un gouvernement. Ce que les puissances préféraient, ce qui
amènerait pour la France les meilleurs rapports
avec elles, c'était le rétablissement des Bourbons.
Si la France voulait se prêter à ce rétablissement,
il serait pris avec elle des arrangements de nature
à rassurer les opinions et les intérêts nés de la
Révolution française. La Charte subirait les modifications nécessaires; la plus grande partie des emplois seraient réservés aux nouvelles familles; les
émigrés rentrés depuis le 1ᵉʳ avril 1814 seraient
éloignés des affaires; il serait formé un ministère
homogène et indépendant, et constitué de telle manière que les influences de cour en fussent écartées.
M. Werner ajouta que si les Français repoussaient
la branche aînée de Bourbon, les puissances coalisées ne repousseraient pas absolument la branche
cadette, et qu'enfin, s'il le fallait, elles consentiraient à l'avénement du fils de Napoléon au trône
impérial, sauf à choisir, à défaut de Marie-Louise, le
personnage qui pourrait être le plus convenablement
chargé de la régence. Mais la condition absolue, irrévocable, était toujours que Napoléon cessât de
régner, et qu'il se remît entre les mains de son beau-
père, qui le traiterait avec les égards commandés
par l'honneur et la parenté.

M. Fleury de Chaboulon essaya vainement de revenir sur tout ce qu'il avait déjà dit, et notamment
sur l'immensité des forces dont Napoléon allait disposer. M. Werner l'écouta avec politesse, mais ne
lui fit jamais que cette réponse, c'est que, Napo-

léon exclu, on serait prêt à transiger sur tous les points, même sur la transmission de la couronne à son fils, en choisissant un régent qui conciliât l'intérêt de la France avec celui de la paix. Après mille répétitions superflues, les deux agents se quittèrent, se promettant de se revoir, si leurs commettants le croyaient convenable et utile.

M. Fleury de Chaboulon revenu à Paris raconta tout à Napoléon et au duc d'Otrante, et reçut ordre de ne plus continuer des communications considérées désormais comme sans objet. Napoléon en conclut qu'on était quelque peu ébranlé à Vienne, puisqu'on lui offrait de laisser régner son fils; il en conçut même une certaine espérance de trouver les volontés moins fermes, moins opiniâtres qu'il ne l'avait supposé, et de les vaincre avec une ou deux batailles, ce qu'il n'espérait pas d'abord. De son côté, M. Fouché en conclut que Napoléon était le seul obstacle à la paix; que lui, duc d'Otrante, avait eu bien raison de se prononcer pour la régence de Marie-Louise, qu'un tel arrangement aurait fait cesser sur-le-champ les dangers dont la France et l'Europe étaient menacées, et que si Napoléon entendait bien ses intérêts et ceux de sa dynastie, il reviendrait à cet arrangement, et abdiquerait en faveur de son fils, en restant à la tête de l'armée jusqu'à ce qu'on fût d'accord avec les puissances; qu'il irait ensuite se choisir une retraite honorée et tranquille dans quelque coin du monde, seule fin qui lui fût permise après avoir tant tourmenté les hommes. M. Fouché se mit même à répéter ces choses avec une légèreté imprudente, et qui n'était explicable que parce qu'il sentait Napoléon affaibli. Napoléon connaissant une partie de ces propos ajourna sa vengeance, se disant qu'il fallait laisser M. Fouché intriguer et parler, ce qui était un besoin de sa nature remuante, sauf à le frapper en cas de flagrant délit; que ses intrigues et ses propos ne décideraient rien; que la victoire seule prononcerait; que vainqueur il le soumettrait ou le briserait, que vaincu au contraire, un ennemi de plus, fût-ce M. Fouché, ne rendrait pas sa perte plus certaine, car elle était inévitable en cas de défaite. Cette opinion, vraie sans doute, était toutefois exagérée, car même après une défaite, la fidélité de ceux que Napoléon laissait derrière lui, aurait pu en diminuer les conséquences, et donner peut-être le temps de la réparer.

M. de Metternich n'avait pas fait, comme on le voit, une tentative complétement infructueuse, puisqu'il avait semé la désunion dans le sein du gouvernement français, puisqu'il avait fourni à M. Fouché l'occasion de se convaincre que Napoléon le détestait et le méprisait toujours, que Napoléon écarté tout pourrait être arrangé, et arrangé par les propres mains de lui, duc d'Otrante, car on était prêt à Vienne à l'accepter pour instrument d'une révolution nouvelle. Montrer en perspective à M. le duc d'Otrante, pour cette année 1815, le rôle de M. de Talleyrand en 1814, c'était flatter la plus vive et la plus dangereuse de ses passions, et lui inspirer un ardent désir de la satisfaire. Le ministre d'Autriche était donc loin d'avoir perdu sa peine, mais il ignorait la portée du mal qu'il avait fait à notre cause, et du bien qu'il avait fait à la sienne. Quoi qu'il en

500 LIVRE LIX.

Mai 1815.

On finit par se mettre d'accord à Vienne sur la nouvelle déclaration à faire.

soit, on éprouvait toujours à Vienne le besoin d'ajouter quelques explications à la déclaration du 13 mars, et de parler à l'Europe et à la France au moyen d'une déclaration nouvelle. Jusque-là on n'avait pas pu se mettre d'accord sur un projet de rédaction qui satisfît à toutes les convenances, les uns trouvant injuste et inconvenant de taire le nom des Bourbons, les autres jugeant imprudent d'afficher l'intention de les imposer à la France. Dans l'embarras qu'on éprouvait on se servit d'un moyen assez commode que les circonstances offraient elles-mêmes. Le traité du 25 mars était revenu à Vienne ratifié par toutes les cours. L'Angleterre seule avait ajouté à l'article 8 une réserve dont l'objet était de dire qu'en formant des vœux pour les Bourbons, les puissances avaient pour but essentiel, et même unique, de sauvegarder la sûreté commune de l'Europe menacée par la présence de Napoléon sur le trône de France. Il fallait répondre à cette réserve, et dire dans quelle mesure on y adhérait. C'était le cas dès lors d'une dépêche particulière de cabinet à cabinet, qui permettait de s'expliquer avec moins de solennité que dans une déclaration européenne, et de mieux observer les nuances, grâce à plus d'étendue et d'abandon dans le langage. En conséquence lord Clancarty dans une dépêche adressée à lord Castlereagh, fut chargé de déclarer au cabinet britannique que le congrès admettait pleinement la réserve à l'article 8, car il entendait cet article comme l'Angleterre elle-même; que la déclaration du 13 mars, le refus de toute communication avec la France, l'arrestation

On profite de la réserve ajoutée par l'Angleterre à l'article 8 du traité, pour lui répondre et s'expliquer sur la question capitale.

LE CHAMP DE MAI. 501

de ses courriers, signifiaient purement et simplement qu'on regardait la présence du chef actuel de la France à la tête de ce grand pays comme incompatible avec la paix européenne; que de nombreuses expériences ne laissaient aucun doute sur ce qu'il fallait attendre de lui si on lui permettait de s'établir; qu'il profiterait de la première occasion pour reprendre les armes, et pour essayer d'appesantir encore une fois sur l'Europe un joug qu'elle était résolue à ne plus souffrir; qu'on était donc en guerre avec lui et ses adhérents, non par choix mais par nécessité; qu'au surplus les puissances ne prétendaient en aucune manière contester le droit qu'avait la France de se choisir un gouvernement, ni gêner l'exercice de ce droit; que malgré l'intérêt général dont le roi Louis XVIII était l'objet de la part des souverains, ceux-ci ne chercheraient nullement à violenter les Français en faveur d'une dynastie quelconque; qu'ils se borneraient à exiger de la dynastie préférée des garanties pour la tranquillité permanente de l'Europe, et que rassurés sous ce rapport ils s'abstiendraient de toute ingérence dans les affaires intérieures d'une nation grande et libre.

Lord Clancarty terminait sa dépêche en disant que pour être bien certain de ne pas rendre inexactement la pensée des divers cabinets, il avait communiqué sa dépêche à leurs principaux ministres, que ceux-ci l'avaient unanimement approuvée, et qu'il avait été autorisé à le déclarer.

Pendant qu'à Vienne on s'y prenait de la sorte pour mettre d'accord ceux qui voulaient se prononcer formellement en faveur des Bourbons, et ceux

Mai 1815.

On déclare que l'Europe n'entend pas imposer un gouvernement à la France, et qu'en excluant Napoléon, elle n'est occupée que de sa sûreté.

Mai 1815.

qui voulaient qu'on se bornât à donner l'exclusion à Napoléon, le cabinet britannique contraint par l'opposition de s'expliquer, avait fini par avouer la politique de la guerre, et avait réussi à y engager le Parlement. Voici en effet ce qui venait de se passer à Londres.

Le traité du 25 mars, connu à Londres, y provoque une dernière discussion, qui devient décisive.

Vers la fin d'avril le traité du 25 mars, portant renouvellement de l'alliance de Chaumont, avait été publié dans divers journaux, et son texte remplissait de surprise les membres du Parlement auxquels on avait dit qu'on armait par pure précaution, et sans aucun parti pris de déclarer la guerre à la France. Le ministère connaissait-il, ou ne connaissait-il pas ce traité du 25 mars, lorsqu'on avait discuté le message royal dans la séance du 7 avril? S'il le connaissait, il avait trompé le Parlement, et manqué à la probité politique, qui, dans un pays libre, peut permettre de se taire, mais ne doit jamais autoriser à mentir. M. Whitbread, l'un des chefs les plus habiles et les plus actifs de l'opposition, interpella vivement lord Castlereagh, et lui demanda, au milieu du Parlement silencieux et confus du rôle qu'on lui avait fait jouer, si le traité dit du 25 mars, publié dans diverses feuilles, était ou n'était pas authentique. Lord Castlereagh pris au dépourvu balbutia quelques mots de réponse, et avoua le fond du traité, sans en avouer les termes. — Quelles sont les différences, s'écria l'opposition, entre le traité véritable, et celui qui a été publié? — Lord Castlereagh ne pouvant les signaler, puisqu'il n'y en avait pas, répondit que le traité n'étant pas encore universellement ratifié, il lui était in-

On interpelle lord Castlereagh, et on lui dit qu'il a trompé le Parlement, si à la date du 7 avril il connaissait le traité du 25 mars.

Mai 1815.

Langage de lord Castlereagh.

de la guerre, que cette guerre était dangereuse et nullement nécessaire aux intérêts de la Grande-Bretagne, demanda qu'il fût présenté une adresse respectueuse à la Couronne pour la supplier d'aviser aux moyens de maintenir la paix. Lord Castlereagh prit ensuite la parole, et débuta par quelques personnalités, en disant que si antérieurement on avait écouté M. Whitbread et ses amis, on aurait abandonné la lutte contre Napoléon la veille même du triomphe, et que l'Angleterre serait bien loin de se trouver dans la magnifique position qu'elle avait conquise pour avoir suivi des conseils contraires à ceux de ces messieurs. Puis il chercha par des subtilités et des demi-mensonges à répondre au reproche de duplicité envers le Parlement. — Qu'avait-on annoncé le 7 avril? Qu'on allait se mettre en mesure de faire face aux événements, c'est-à-dire entreprendre des préparatifs; mais on n'avait pris aucun engagement précis dans le sens de la paix ou de la guerre. On n'avait pris que celui de sauvegarder le mieux possible les intérêts britanniques, et ces intérêts consistaient essentiellement dans une étroite union avec les puissances continentales. Or, ces puissances étant par leur situation géographique plus menacées que l'Angleterre, on avait dû leur laisser le soin de décider la question. Loin de les pousser à la guerre, on leur en avait au contraire montré le péril; mais pensant unanimement qu'elles ne pouvaient ni désarmer avec sécurité devant un homme tel que Napoléon, ni rester éternellement armées sans s'exposer à des charges écrasantes, elles avaient décidément adopté le parti de l'action

L'Angleterre a dû armer par précaution, et laisser aux puissances du continent le soin de décider la paix ou la guerre.

LE CHAMP DE MAI.   505

immédiate. Dès lors, l'Angleterre avait-elle pu se
séparer d'elles, et rompre un accord auquel on avait
dû la délivrance de l'Europe, et auquel on devait
encore sa sûreté? Personne n'oserait le soutenir.
Personne non plus n'oserait avancer que ces puissances eussent tort. Était-il possible en effet qu'elles
vécussent dans un état d'inquiétude perpétuelle, et
que par suite de cette inquiétude elles restassent
éternellement en armes? N'était-il pas évident, par
exemple, que Napoléon, dès qu'on l'aurait laissé
s'établir, dès qu'on lui aurait permis de réunir
trois à quatre cent mille hommes, saisirait la première occasion d'accabler encore ses voisins? A la
vérité on le disait changé, et revenu à des idées
pacifiques : changé, oui, mais en paroles, et pour
endormir la vigilance des puissances; mais bien fous
seraient ceux qui croiraient à un tel changement!
Au premier instant favorable, dès qu'il apercevrait
un affaiblissement de forces chez les puissances, ou
un commencement de désunion entre elles, il se jet-
terait sur l'Europe, et la mettrait de nouveau à la
chaîne. C'était une vérité dont ne pouvait douter
aucun esprit sensé. Il fallait donc profiter de ce qu'on
était prêt, car il y avait des cas où attaquer n'était
que se défendre. On objectait, il est vrai, qu'on
trouverait derrière l'homme dont il s'agissait, une
grande nation, la nation française. S'il en était
ainsi, et si la nation française, par faiblesse ou par
ambition, soutenait cet homme, eh bien! il fallait
qu'elle en portât la peine! L'Europe ne pouvait
rester exposée à une ruine inévitable, parce qu'il
plaisait à une nation de se donner un tel chef, ou

Mai 1815.

Les
puissances
ayant opté
pour
la guerre,
l'Angleterre
n'a pu
se séparer
d'elles.

L'intérêt
du
monde entier
est de se

parce qu'il plaisait à une armée corrompue, avide de richesses et d'honneurs, de placer à sa tête un conquérant barbare qui prétendait renouveler les folles entreprises des conquérants asiatiques! Les puissances alliées ne voulaient pas imposer à la France un gouvernement, elles voulaient seulement la réduire à l'impossibilité de nuire à autrui, et de mettre éternellement en question le repos et l'existence du monde. —

Telle avait été la substance des explications de lord Castlereagh. Bien qu'il n'eût pas annoncé la guerre comme certaine et comme irrévocablement arrêtée en principe, il avait cependant tellement insisté sur les motifs de la faire, que ses paroles équivalaient à la déclaration de guerre elle-même. Beaucoup d'orateurs répondirent à lord Castlereagh, mais l'un d'eux mérita d'être distingué, ce fut M. Ponsonby, membre très-modéré du Parlement, celui qui le 7 avril avait décidé la majorité à voter dans le sens du message royal, parce que l'Angleterre suivant lui restait libre alors d'adopter la paix ou la guerre. M. Ponsonby pouvait donc plus qu'aucun autre se plaindre d'avoir été trompé. Il était évident, dit-il, que le 7 avril le cabinet avait voulu donner à croire au Parlement qu'il y avait encore une alternative entre la paix et la guerre, tandis qu'en fait il n'en existait plus, et que la guerre était résolue, puisqu'à cette époque le traité du 25 mars était signé à Vienne et parvenu à Londres. (M. Ponsonby aurait pu l'affirmer bien plus positivement s'il avait connu les dépêches de lord Castlereagh.) Le Parlement avait donc cru ce jour-là

en interdire un dans l'intérêt général! Si, par exemple, ajoutait encore M. Ponsonby, indépendamment de ce gouvernement qu'on prétendait lui interdire, il y en avait deux ou trois autres à choisir, on pourrait comprendre que ce ne fût pas lui en imposer un. Mais tout homme clairvoyant devait reconnaître qu'il n'y avait pour la France de possibles que les Bonaparte ou les Bourbons, et dès lors exclure les Bonaparte, n'était-ce pas imposer les Bourbons? Or, on venait d'essayer ces derniers : ils avaient malgré leurs qualités morales blessé la nation par leurs fautes, et c'était la froisser presque tout entière que de vouloir les lui rendre. C'était poursuivre au delà de toute raison la politique de M. Pitt, que de renouveler la guerre pour les Bourbons, lorsque après avoir été miraculeusement replacés sur le trône ils n'avaient pas su s'y maintenir. A raisonner de la sorte, l'auguste dynastie qui occupait aujourd'hui le trône d'Angleterre ne régnerait pas, car l'Angleterre aurait dû poursuivre jusqu'à extinction le rétablissement des Stuarts. Si encore les conditions qu'on se vantait d'avoir obtenues pour la Grande-Bretagne à la dernière paix étaient compromises, soit; mais Bonaparte offrait la paix, l'offrait avec instance, aux conditions des traités de Paris et de Vienne. Fallait-il donc verser encore des torrents de sang, doubler la dette, prolonger indéfiniment l'*income-tax*, pour des avantages qui n'étaient plus contestés? Il était impossible, disait-on, de compter sur la parole de Napoléon : c'était un ambitieux sans foi. Mais franchement, depuis le congrès de Vienne, était-il permis d'élever contre quelqu'un le reproche d'ambition ? Quant au caractère manifesté antérieurement par Napoléon, sans doute ce caractère entreprenant avait dû inspirer de fortes inquiétudes, et il était vrai que les hommes ne changeaient guère ; mais ce qui était tout aussi vrai, c'est qu'avec l'âge leur conduite se modifiait, et que tel qui ne pouvait souffrir le repos, finissait par s'y faire et par l'aimer. D'ailleurs, chez un homme de génie l'intérêt bien entendu suffisait quelquefois pour modifier la conduite. Napoléon qui haïssait l'Angleterre, ne venait-il pas, en abolissant la traite des noirs, de prouver le désir ardent de lui complaire ? En rendant la liberté au duc d'Angoulême, après qu'on avait mis sa propre tête à prix, n'avait-il pas agi tout autrement qu'en 1804 à l'égard du duc d'Enghien ? Cet homme entier, incorrigible, n'était donc pas aussi immuable qu'on le disait, et si pour prévenir un prétendu danger on allait le pousser à bout, l'obliger à combattre, forcer la nation française à s'unir à lui, ne pouvait-il pas remporter une ou deux victoires éclatantes, et alors que deviendraient ces avantages de la dernière paix qu'on mettait tant d'importance à conserver ? Que deviendraient ces puissances du continent à la sécurité desquelles on sacrifiait toute prudence et toute raison ? N'aurait-on pas fait dans ce cas le plus mauvais des calculs, et pour n'avoir pas voulu croire à un changement sinon de caractère, du moins de conduite, changement que l'intérêt rendait vraisemblable, n'aurait-on pas risqué et le prix non contesté d'une longue guerre, et la sécurité des puissances, car certes Napoléon, redevenu vainqueur, n'accorderait plus la paix de Paris? On aurait donc, par excès de prévoyance, manqué de prévoyance véritable, et créé le danger qu'on voulait prévenir. —

Telles étaient les raisons alléguées de part et d'autre dans le Parlement britannique, et toutes, comme on le voit, se réduisaient à cette raison unique : Pouvait-on croire à Napoléon, à ses assurances de paix? — Le doute de la France était donc celui du monde, et on allait déclarer la guerre à Napoléon non pour ce qu'il voulait en ce moment, mais pour ce qu'il avait voulu et fait jadis. Il offrait la paix, il la demandait par toutes les voies publiques et détournées, il la demandait humblement, et un doute universel répondait à ses instances. Ce doute, en effet, était la seule réponse aux excellents raisonnements de l'opposition anglaise, et le Parlement, tout en les appréciant, repoussa par 273 voix contre 72 l'adresse pacifique de M. Whitbread.

Dès ce moment la guerre nous était déclarée à Londres pour le compte de l'Europe entière, et malheureusement, tandis qu'elle était résolue en principe à Londres, elle était commencée de fait en Italie. On a vu que l'infortuné Murat avait été mis en rapport avec l'île d'Elbe par la princesse Pauline qui s'était alternativement transportée de Porto-Ferrajo à Naples, et de Naples à Porto-Ferrajo. Elle avait par son zèle, et avec le secours de la reine de Naples, opéré une secrète réconciliation de famille entre Napoléon et Murat, et préparé leur action commune pour le cas d'événements nouveaux, faciles à prévoir bien que difficiles à préciser d'avance. Napoléon, en quittant Porto-Ferrajo, avait expédié un message à Murat pour le prévenir de son départ de l'île d'Elbe, pour le charger d'écrire à Vienne et d'y annoncer sa résolution de s'en tenir au traité de Paris, pour lui conseiller de ne pas prendre l'initiative des hostilités, d'attendre que la France, replacée sous le sceptre des Bonaparte, pût lui tendre une main secourable, de se replier s'il était attaqué, afin de mettre de son côté l'avantage des distances et de la concentration des forces, et de livrer bataille sur le Garigliano plutôt que sur le Pô. Ces conseils étaient dignes de celui qui les donnait, mais fort au-dessus de l'intelligence de celui qui les recevait. La tête de Murat, en apprenant l'heureux débarquement de Napoléon et son entrée à Grenoble, avait pris feu. Il n'avait pas douté du triomphe de son beau-frère, et dans son exaltation s'occupant à peine des Autrichiens, il avait été surtout préoccupé du danger de voir l'Italie repasser aussi vite que la France sous le sceptre impérial, et la couronne de fer lui échapper de nouveau, car ce prince infortuné ne se bornait pas à rêver la conservation du royaume de Naples, il rêvait d'en doubler ou d'en tripler l'étendue. Il ne fit donc rien de ce qui lui était si sagement recommandé. D'abord, à la première nouvelle du départ de Napoléon, loin d'adresser à Vienne le message dont il était chargé, et dont l'intention était de calmer l'Autriche à son profit autant qu'à celui de la France, il commença par recourir à ses dissimulations ordinaires. Il manda les ministres d'Autriche et d'Angleterre pour leur déclarer

Mai 1815.

Ce qu'il avait dit à Murat en s'embarquant pour la France.

Murat n'a suivi aucun des conseils donnés par son beau-frère, et court tout à coup en avant.

Mai 1815.

Il envahit les Marches, pour être en possession du royaume d'Italie, aussitôt que Napoléon le sera de l'Empire de France.

qu'il avait absolument ignoré la tentative de son beau-frère, ce qui était un mensonge inutile, car personne ne voulait croire qu'il n'en fût pas instruit, et il aurait mieux valu avouer qu'il la connaissait, pour avoir occasion d'annoncer à l'Autriche et à l'Angleterre que leurs intérêts n'auraient pas à en souffrir. Puis, quand le succès de Napoléon parut assuré, il songea non pas à se tenir hors de portée des Autrichiens en restant au midi de la Péninsule, mais à se saisir tout de suite de l'Italie entière, et à s'en proclamer le roi avant que l'Empire fût rétabli en deçà et au delà des Alpes. Il prit donc le parti de se mettre incontinent en marche, sous divers prétextes qui pussent ne pas trop offusquer l'Autriche et l'Angleterre, qu'il désirait tromper le plus longtemps possible. Il avait précédemment occupé les Marches, en représaille de ce que le Pape n'avait pas voulu le reconnaître, et partant de ce précédent, il imagina de s'avancer avec des forces considérables jusqu'aux bords du Pô, disant à l'Autriche et à l'Angleterre que dans les circonstances présentes il croyait devoir se reporter à la ligne de l'armistice de 1814, époque où il avait été stipulé que les Autrichiens seraient à la gauche du Pô, et les Napolitains à la droite. Une pareille proposition n'était soutenable que si Murat reprenait entièrement la position de 1814, c'est-à-dire celle d'allié de la coalition contre la France. Il ne dit rien qui fût contraire à cette supposition, il fit même parvenir aux Anglais les assurances les plus tranquillisantes. Avant de partir pour se mettre à la tête de ses troupes, il confia la régence du royaume à sa femme, qui fit de grands efforts pour le détourner de sa folle entreprise; mais il ne tint aucun compte de ses conseils, lui remit les pouvoirs les plus étendus, et lui laissa 10 mille hommes de l'armée active pour garder Naples, précaution nécessaire dans l'état des esprits, mais qui aurait dû être pour lui une raison déterminante de ne pas se porter en avant, et de se concentrer au contraire derrière le Garigliano. Il pouvait disposer encore d'environ 50 mille hommes bien équipés, ayant assez bonne apparence, mais privés de leurs officiers français, qui avaient quitté le service napolitain, les uns par dégoût, les autres pour obéir à l'ordonnance de rappel de Louis XVIII. Murat avait de plus 39 mille hommes de milices, difficiles à employer hors de chez eux, et surtout dans une guerre où les rivalités de dynasties allaient exercer une grande influence. Il se mit donc en campagne avec 50 mille hommes, en y comprenant ce qui était déjà dans les Marches.

Cette première et regrettable division des forces napolitaines ne fut pas la seule. Murat détacha encore une colonne qui, à travers l'État romain, devait se rendre en Toscane pour en expulser le général autrichien Nugent. Cette colonne, forte de 7 à 8 mille Napolitains, avait ordre de passer en vue de Rome pour se diriger par Viterbe et Arezzo sur Florence, et rejoindre l'armée principale à Bologne. L'apparition d'une force armée si près du Vatican n'était pas de nature à plaire au Pape, et surtout à le rassurer sur les intentions de la cour de Naples. Murat lui envoya le général Campana pour protester de son dévouement au saint-siège, et le supplier de rester à Rome, car la prétention de ce nouveau roi d'Italie était d'imiter Napoléon en toutes choses, et en créant un royaume d'Italie, d'avoir dans ses États, paisible, honoré, richement doté, et soi-disant indépendant, le chef de l'Église catholique. Mais le Pape n'était pas facile à persuader, et après avoir refusé d'être le sujet du moderne Charlemagne, voulait encore moins être celui d'un petit prince italien, que sa bravoure sans génie n'autorisait pas à se croire fondateur d'empire. Insensible aux assurances de Murat, Pie VII quitta sa capitale avec la plupart des cardinaux, et fut suivi de tout ce que Rome contenait de plus considérable, notamment du roi d'Espagne Charles IV, de sa femme, du prince de la Paix, de la reine d'Étrurie, etc. Ils se retirèrent tous à Gênes. Les autres cours d'Italie suivirent cet exemple. Le grand-duc de Toscane se rendit à Livourne, où l'appui des Anglais lui était assuré; le roi de Sardaigne alla joindre la cour pontificale à Gênes, où se trouvait lord Bentinck.

Les troupes napolitaines destinées à la Toscane passèrent sous les murs de Rome sans y entrer, et prirent la route de Florence par Arezzo. Murat avec le corps principal prit celle d'Ancône et de Rimini.

En avançant ainsi, son langage n'avait pas cessé d'être des plus pacifiques à l'égard des Autrichiens et des Anglais. Il ne voulait, disait-il, en se transportant sur le Pô, que se replacer dans les termes de l'armistice de 1814, ce qui était une insinuation d'alliance bien plutôt qu'une menace d'hostilité. Pourtant cette espèce de comédie ne pouvait être de longue durée, et l'infortuné Murat allait être contraint de s'expliquer clairement, et de faire enfin briller aux yeux des peuples d'Italie cette couronne qu'il avait l'ambition de mettre sur sa tête. Napoléon lui avait expédié messages sur messages pour le calmer, et venait en dernier lieu de lui dépêcher le général Belliard, excellent conseiller en fait de politique comme en fait de guerre. Mais ces messages n'avaient pu joindre Murat en route, et il n'avait eu pour se guider que les rumeurs de la renommée, et quelques lettres de Joseph, qui lui avait envoyé de Suisse des nouvelles de la marche triomphale de Napoléon, et adressé de vives instances pour qu'il se ralliât à la cause de la France.

Mai 1815.

Arrivé à Ancône, Murat apprit que Napoléon avait dépassé Lyon, que l'armée française se livrait à lui partout où il paraissait, que dès lors le succès n'était plus douteux. Ces nouvelles opérèrent sur lui un effet magique. Il vit aussitôt Napoléon rétabli sur le trône, prêt à étendre de nouveau la main sur l'Italie, et les Autrichiens expulsés de cette contrée aussi vite que les Bourbons de France. Il conclut de ces visions qu'il fallait ne pas se laisser devancer, qu'il devait au contraire chasser lui-même les Autrichiens d'Italie, se mettre à leur place, et s'offrir ainsi à Napoléon comme un auxiliaire disposant de vingt millions d'Italiens, et dès lors n'étant pas facile à déposséder au profit du prince Eugène. Ce qui augmentait sa fermentation d'esprit c'était le voisinage des Autrichiens qui de leur côté avaient occupé les Légations, et qu'on allait rencontrer au sortir des Marches. Il fallait donc,

Il apprend à Ancône le succès définitif de Napoléon.

À cette nouvelle, il n'en est que plus pressé de se mettre en possession du royaume d'Italie, de crainte de voir reparaître le prince Eugène.

ou s'arrêter à la frontière même des Marches, et y attendre les événements, ou se prononcer immédiatement en attaquant les Autrichiens. Une grande délibération s'établit à ce sujet entre Murat et trois de ses ministres qui l'avaient accompagné. Tous trois le supplièrent de gagner du temps, et de ne pas encore jeter le gant aux puissances coalisées. Jusque-là, en effet, il n'avait rien entrepris qui ne pût se justifier soit aux yeux de l'Autriche, soit aux yeux de l'Angleterre. Il avait annoncé qu'il allait occuper la ligne de l'ancien armistice, et en s'arrêtant même avant de l'avoir atteinte, il prouvait la sincérité de ses intentions. Il pouvait ainsi attendre en sécurité les événements de France, avec l'avantage de ne pas se compromettre lui-même, de ne pas compromettre Napoléon, et enfin de n'avoir pas porté trop loin de Naples le théâtre de la guerre si on en venait aux mains. Les raisons abondaient par conséquent, et surabondaient en faveur de l'expectative. Mais Murat regardait le succès de Napoléon comme aussi certain en Italie qu'en France, par la seule puissance de sa renommée. Il voyait l'Empire français à peine rétabli à Paris, se relever immédiatement à Milan par un simple contre-coup, et le prince Eugène de nouveau proclamé vice-roi. Ce dernier souci le tourmentait, et il voulait en se présentant à Napoléon avoir un double titre à ses yeux, celui d'avoir expulsé les Autrichiens de l'Italie, et celui d'en être le possesseur de fait. Tandis que ses ministres employaient les plus grands efforts pour le décider à ne pas commencer les hostilités, et semblaient même l'avoir ébranlé dans ses résolutions, il reçut tout à coup une nouvelle lettre de Joseph, datée de Prangins, et dans laquelle ce prince, lui annonçant les derniers triomphes de Napoléon, le conjurait de se rallier à lui, de le seconder en Italie *par les armes* et *par la politique*, de rassurer en même temps les Autrichiens pour les détacher de la coalition, et ajoutait ces mots malheureux : *Parlez, agissez suivant votre cœur; marchez aux Alpes, mais ne les dépassez pas*[1]. — Cette lettre écrite dans le désordre de la joie contenait la plus déplorable contradiction, car elle conseillait de se conduire politiquement à l'égard des Autrichiens, et en même temps de marcher aux Alpes. Pourtant si elle avait été lue avec un peu plus de réflexion qu'on n'en avait mis à l'écrire, Murat y aurait vu d'abord que Joseph n'avait aucune idée de la situation. Si Joseph en effet avait su que les Autrichiens occupaient les deux rives du Pô, il n'aurait pas cru possible de concilier une conduite politique à leur égard avec une marche vers les Alpes. Évidemment il ignorait que les Autrichiens étaient déjà sur la droite du Pô, et il les croyait comme en 1814 confinés à la gauche de ce fleuve, ce qui aurait permis, sans conflit avec eux, de joindre le pied des Alpes dans une partie au moins de la chaîne. Évidemment aussi le conseil de marcher aux Alpes, et de ne pas les dépasser, était moins une invitation d'y marcher, qu'une

[1] Cette lettre, dont il a été parlé comme cause déterminante de Murat, existe en effet aux affaires étrangères; elle est datée de Prangins, du 15 mars, et contient textuellement les passages que nous rapportons.

Mai 1815.

Premier combat avec les Autrichiens, qui se retirent pour se concentrer.

recommandation de ne pas violer la frontière de France. Malheureusement Murat ne tenant compte que du conseil de marcher aux Alpes, voulut s'emparer immédiatement de toute l'Italie : il n'écouta ni les conseils, ni même les supplications de ses ministres, passa la frontière des Légations, et refoula les avant-gardes de la cavalerie autrichienne sur Césène. Les Autrichiens qui n'étaient pas en force, et qui ne pouvaient tenir tête à une armée de quarante et quelques mille hommes, se replièrent en bon ordre sur la route de Bologne. Le général Bianchi les commandait. De part et d'autre les pertes furent insignifiantes.

Murat se proclame roi d'Italie, sans parler de Napoléon ni de la France.

C'est le 31 mars que Murat avait jeté le masque, et de sa propre main posé la couronne d'Italie sur sa tête. Ce même jour il publia, en la datant de Rimini, une proclamation des plus déclamatoires, pour appeler les Italiens à l'indépendance et leur promettre l'unité de l'Italie. Mais dans cette proclamation il ne parlait ni de Napoléon ni de la France, par deux motifs assez mesquins, le premier de se ménager encore avec les Anglais, et le second de ne pas rappeler la vice-royauté du prince Eugène. C'était fort mal calculer, car après avoir rompu avec les Autrichiens, la prétention de temporiser avec les Anglais était une chimère, et c'était une autre chimère que de vouloir à cette époque créer un parti purement italien, qui ne fût ni autrichien ni français. Alors en effet, à la suite de longues guerres contre l'Autriche, on ne connaissait que deux manières d'être en Italie, être partisan des Autrichiens ou partisan des Français. D'ailleurs les Italiens, éloignés de Napoléon en 1814 par les souffrances endurées sous son règne, lui étaient bientôt revenus ; ils ne connaissaient que lui, ne pouvaient s'enthousiasmer que pour lui, et Murat les glaçait en taisant ce grand nom pour y substituer le sien, faisait même quelque chose de pis en rappelant sa défection de 1814, qui avait révolté tous les ennemis de la puissance autrichienne en Italie.

Cette proclamation restée sans écho fut donc un premier et fâcheux insuccès. Elle enflamma quelques jeunes têtes, mais laissa froide la nation elle-même, qui n'augurait rien de bon de la conduite de Murat. Il s'avança jusqu'à Bologne en faisant le coup de sabre avec la cavalerie autrichienne, y réunit quelques Italiens en petit nombre, essaya de composer un gouvernement, et ne rencontra partout que très-peu de concours. Pourtant, dans cette ville populeuse et éclairée de Bologne, où fermentait le patriotisme italien, il aurait pu trouver quelques bras prêts à le servir, bien qu'on lui sût mauvais gré d'avoir laissé percer des vues trop personnelles ; mais, avec son imprévoyance ordinaire, il n'avait pas même songé à s'approvisionner de fusils, et eût-il excité un véritable enthousiasme, cet enthousiasme, faute d'armes, serait demeuré stérile.

Après avoir montré deux ou trois jours sa vaine royauté au peuple de Bologne, il continua sa marche sur Modène et Parme, avec le projet de franchir le Pô, et d'aller prendre à Milan la couronne de fer. C'était suivre d'une singulière façon les conseils de Napoléon et même de Joseph, qui avaient tant re-

Mai 1815.

Mauvais effet de cette proclamation.

Séjour à Bologne.

Marche sur Parme et Plaisance.

commandé de se conduire politiquement envers les Autrichiens. Ceux-ci en se repliant avaient commencé à se concentrer. Ils livrèrent sur le Panaro, en avant de Modène, un combat sanglant, et qui coûta environ 800 hommes à chacun des deux partis. Les Napolitains, commandés par Murat, se conduisirent bien, et entrèrent à Modène. Le général Filangieri, fort connu depuis, fut dans cette occasion gravement blessé. Les Autrichiens n'étant pas encore en mesure de prendre l'offensive repassèrent le Pô pour en défendre le cours, en attendant que leurs forces fussent réunies.

Après avoir commis la faute de s'attaquer aux Autrichiens, au lieu de rester dans les Marches et de concentrer son armée en avant des Abruzzes, ce qui laissait place à la fois à la politique et à la guerre, Murat n'avait qu'un moyen de réparer cette faute, si toutefois elle était réparable, c'était de rappeler à lui les troupes envoyées en Toscane, de pousser sur Parme, Plaisance, Pavie, à la tête de cinquante mille soldats, et là, n'ayant qu'un pas à faire pour être à Milan, de s'y porter en traversant le Pô dans sa partie supérieure. Il eût ainsi fait tomber tous les postes autrichiens établis sur le Pô inférieur, et donné un fort ébranlement aux imaginations en entrant dans la capitale de la Lombardie. Murat eut bien cette idée, surtout pour suivre le conseil de Joseph de marcher aux Alpes; mais ne pouvant s'empêcher de mêler toujours l'intrigue aux témérités, il s'était appliqué à rester en rapport avec lord Bentinck, auquel il ne cessait de répéter qu'il n'avait tiré l'épée que parce que les

Autrichiens s'étaient conduits sans loyauté à son égard, avaient machiné contre sa couronne après la lui avoir garantie, et que si l'Angleterre voulait au contraire être de bonne foi avec lui, il serait de bonne foi avec elle. Lord Bentinck qui, malgré sa parfaite droiture, ne manquait pas de finesse, lui ayant répondu que pour être cru il fallait qu'il commençât par respecter les États du roi de Sardaigne, Murat eut la simplicité de s'arrêter et de rebrousser chemin. Renonçant à passer le Pô au-dessus de Plaisance, où il eût trouvé ce fleuve moins difficile à franchir et les Autrichiens moins bien établis, il redescendit vers Bologne, pour tenter un passage aux environs de Ferrare. Il essaya en effet une attaque sur Occhio-Bello le 8 avril, et après avoir perdu beaucoup de monde, il fut obligé de renoncer au passage de ce grand fleuve. Il revint donc dans les Légations, ne sachant plus que faire, n'osant remonter en Piémont à cause des Anglais, ne pouvant forcer un fleuve comme le Pô défendu par les Autrichiens avec toute leur armée, s'étant proclamé roi d'Italie sans qu'une acclamation populaire confirmât cette investiture spontanée, n'ayant plus l'élan de l'offensive pour s'être arrêté, ni même la force de la défensive pour s'être porté trop en avant. Dès ce moment, il était moralement perdu, même avant de l'être matériellement. Il songea alors, mais trop tard, à la sagesse des avis que lui avait donnés son beau-frère, et voulut regagner par les Marches la route des Abruzzes, afin de ne livrer que sur le Garigliano la bataille décisive que Napoléon lui avait conseillé d'éviter, mais en tous cas de ne l'ac-

Mai 1815.

Murat y renonce par déférence pour les Anglais, qu'il continue à ménager.

Il se reporte sur le Pô inférieur.

Vaine tentative du 8 avril pour franchir le Pô à Occhio-Bello.

Mai 1815.

Murat est obligé de se replier sur les Abruzzes.

Murat, pour arrêter la démoralisation parmi ses troupes, se décide à livrer bataille.

Malheureuse journée de Tolentino.

cepter que le plus près possible de Naples. Il se replia donc par Césène et Rimini; mais les Autrichiens, qui avaient eu le temps de se concentrer, le suivirent avec plus de soixante mille hommes, ayant à leur tête les généraux Bianchi et Neiperg (ce dernier venait de quitter Marie-Louise pour servir en Italie). Il était donc très-douteux que Murat pût regagner Capoue et Naples sans être contraint d'en venir à une bataille. Exécutant une retraite des plus difficiles, il livra chaque jour des combats d'arrière-garde, dans lesquels il soutenait les soldats napolitains par sa bravoure personnelle, mais qui finissaient toujours par la perte du terrain disputé. Bientôt la démoralisation et la désertion affaiblirent ses rangs d'une manière alarmante. Enfin arrivé à Tolentino, et ayant la majeure partie de ses troupes dans la main, il voulut décider de son sort dans une lutte désespérée. La bataille fut longue et soutenue même avec assez de vigueur par les Napolitains, à la tête desquels Murat se comporta en héros. Il fit de tels efforts, se jetant de sa personne au milieu des bataillons ennemis où il cherchait la mort à défaut de la victoire, qu'un moment il se flatta de triompher. Malheureusement le général Neiperg étant survenu avec des troupes fraîches, il fallut céder au nombre et à la supériorité de l'armée autrichienne. Les Napolitains vaincus se retirèrent par la route de Fermo et Pescara qui longe la mer. Mais un corps autrichien ayant fait un mouvement de flanc par Salmona, Castel di Sangro et Isernia, les força de reprendre au plus tôt la route directe de Naples. Murat tâchait dans chaque rencontre de contenir l'ennemi, mais après l'effort suprême fait à Tolentino, ses soldats désertaient par milliers. Bientôt il ne lui resta pas plus de dix à douze mille hommes, et, parvenu aux environs de Capoue, il laissa les débris de son armée au baron de Carascosa, pour ne pas tomber au pouvoir des Autrichiens. Rentré secrètement à Naples, et assez mal accueilli par la reine qui avait vainement essayé d'empêcher sa folle expédition, il lui adressa ces douloureuses paroles : Madame, ne vous étonnez pas de me voir vivant, car j'ai fait tout ce que j'ai pu pour mourir. — Le malheureux Murat disait vrai. Il s'était conduit en héros, mais à la tête des États rien ne supplée à l'esprit politique. Il s'embarqua sur un bâtiment léger pour la Provence, tandis que sa femme traitait de la reddition de Naples avec les Anglais et les Autrichiens. L'évacuation complète du royaume de Naples par cette branche de la famille Bonaparte était naturellement la condition principale de la capitulation, et la restauration très-prochaine des Bourbons en était la conséquence inévitable. La reine n'avait demandé pour elle et ses enfants que la liberté. Mais cette condition fut, comme tant d'autres, violée par les alliés, et la sœur de Napoléon fut conduite à Trieste. Le 20 mai tout était terminé à Naples.

Telle fut la fin de la royauté de Murat. La fin de sa vie, retardée de quelques mois, devait être plus triste encore. Cet infortuné, doué de brillantes qualités militaires, brave jusqu'à l'héroïsme, général de cavalerie accompli si au talent de jeter ses escadrons sur l'ennemi il avait su joindre celui

Mai 1815.

Comment il faut juger sa conduite, et le tort qu'elle fit à la France.

Sévérité du jugement de Napoléon.

de les conserver, bon, généreux, doué de quelque esprit, fut atteint de la maladie de régner que Napoléon avait communiquée à tous ses proches, même à ses lieutenants, et il en mourut. C'est cette peste morale qui d'un cœur excellent fit un moment un cœur infidèle, presque perfide, et un désastreux allié pour la France, car d'après le jugement de Napoléon, Murat la perdit deux fois, en l'abandonnant en 1814, et en lui revenant trop tôt en 1815. La sévérité de ce jugement est exagérée sans doute, car Murat n'avait pas assez d'importance pour perdre la France, bien qu'il en eût assez pour la compromettre gravement. Il est certain que si en 1814 il se fût joint au prince Eugène au lieu de se prononcer contre lui, les Autrichiens auraient été ou retenus en assez grand nombre en Italie pour débarrasser la France d'une partie notable de ses envahisseurs, ou assez contenus pour que le prince Eugène pût descendre sur Lyon par le mont Cenis, ce qui aurait probablement amené de très-heureuses conséquences. Il est certain encore qu'en 1815, si Murat, concentrant 60 mille hommes aux environs d'Ancône, se fût tenu là dans une immobilité imposante, tout à la fois ménageant et occupant les Autrichiens, ceux-ci n'auraient pas eu un seul soldat à présenter ni devant Antibes, ni devant Chambéry, et que 30 mille hommes auraient pu être reportés des Vosges vers les Ardennes, ce qui aurait procuré à Napoléon une tout autre proportion de forces sur le champ de bataille de Waterloo. Il est donc vrai que si Murat ne perdit pas la France deux fois, comme Napoléon l'en a ac-

LE CHAMP DE MAI.   325

ensé[1], il la compromit deux fois par ce triste besoin
de régner, qui d'un soldat héroïque et généreux fit
un roi médiocre, un mauvais parent, et un mauvais
Français[2].

Quoi qu'il en soit de ces divers jugements, la
guerre était finie dès le milieu de mai en Italie, et
les Autrichiens étaient libres de reporter vers la
France la plus grande partie de leurs forces. Toutes
les armées de l'Europe étaient en ce moment dirigées vers nos frontières. Indépendamment de ce que
les Autrichiens pouvaient amener sur le Var et sur
le mont Cenis, 70 mille de leurs soldats, 40 mille
Bavarois, 20 mille Wurtembergeois, 10 mille Badois,
10 mille Allemands des petits princes marchaient vers

Mai 1815.

Mouvement
général
des armées
ennemies.

[1] Volume IX des Mémoires de Napoléon, page 15.
[2] Napoléon a adressé un autre reproche à Murat, c'est d'avoir
presque décidé les Autrichiens à lui fermer l'oreille en 1815, parce
qu'ils attribuèrent aux incitations de Paris le mouvement offensif
de l'armée napolitaine. C'est une erreur de fait que Napoléon dut
commettre à Sainte-Hélène, n'ayant pas sous les yeux les documents du congrès de Vienne. Déjà bien avant le débarquement de
Napoléon au golfe Juan les Autrichiens étaient éclairés sur les dispositions de Murat par la note qu'il adressa au congrès relativement aux
Bourbons, et ils s'attendaient tellement à une agression de sa part, qu'ils
avaient ordonné, comme nous l'avons dit tome XVIII, une concentration de 150 mille hommes en Italie. De plus le parti pris le 13 mars
contre Napoléon l'était bien avant la marche des Napolitains sur Césène, et indépendamment de la conduite de Murat en Italie. Ce prince
infortuné n'eut donc aucune influence sur les résolutions politiques
de la cour de Vienne à l'égard de la France, et les conséquences de ses
fautes, déjà bien assez graves sans qu'on les exagère, furent de s'engager trop tôt avec les Autrichiens, ce qui permit à ceux-ci, la question d'Italie résolue, de reporter à temps cinquante ou soixante mille
hommes vers les Alpes, et de paralyser une partie notable de nos forces. Telle est la vérité rigoureuse dégagée de toute exagération, comme
nous avons le goût et l'habitude de la donner sur les hommes et sur
les choses.

Mai 1815.

Masse énorme de forces dirigée contre la France.

le Rhin. Ils étaient suivis par 80 mille Russes arrivés déjà à Prague, et par 70 mille autres occupés à traverser la Pologne. Cent vingt mille Prussiens sous Blucher campaient entre la Sambre et la Meuse, avec d'importantes réserves sur l'Oder. Enfin 100 mille Anglais, Hanovriens, Hollando-Belges et Allemands du Nord se concentraient autour de Bruxelles sous lord Wellington. Ce dernier qui s'était efforcé de persuader à Blucher d'attendre la réunion générale des forces européennes avant d'affronter Napoléon, en se voyant dès le milieu de juin en mesure de réunir 250 mille combattants avec les Prussiens, aurait été assez tenté de ne pas attendre la colonne de l'est pour agir au nord, et de commencer au moins le siége de nos places. Mais l'idée de ne pas s'engager les uns sans les autres ayant universellement prévalu, lord Wellington et son voisin Blucher ne s'occupaient que de rassembler leurs troupes, de choisir leurs positions, d'établir entre eux de sûres communications pour le cas d'une subite apparition des Français. Tout était donc en mouvement vers nos frontières, et à la fin de juin 450 mille hommes sans les réserves russes et prussiennes, sans les Autrichiens d'Italie, allaient envahir notre territoire. Les Anglais leur destinaient, en fait de subside, cinq millions sterling à répartir entre la Russie, la Prusse et l'Autriche, deux millions et demi à distribuer entre les petits princes allemands, enfin un million sterling pour la seconde armée russe, total huit millions et demi sterling, ou 212 millions

Les peuples un peu moins irrités contre

500 mille francs. En général si les peuples étaient un peu moins animés contre la France, les gouver-

nements au contraire l'étaient davantage. Ainsi les Anglais n'auraient pas voulu que pour rétablir les Bourbons on troublât leur commerce et on perpétuât l'*income-tax*; les Allemands, ou déçus dans leurs espérances de liberté, ou spoliés comme les Saxons, et tous accablés par les charges de la guerre, n'étaient pas très-satisfaits de la voir recommencer. Les Belges regrettaient les Français depuis qu'ils avaient chez eux les Hollandais, les Anglais, les Prussiens. Les Autrichiens étaient très-mécontents de la prédominance des Russes. Ces divers sentiments avaient partagé le cœur des peuples, et fait rejaillir en partie sur les potentats réunis à Vienne la haine violente qu'on au auparavant ils vouaient exclusivement à Napoléon. Les souverains au contraire étaient plus irrités que jamais, et ne pardonnaient pas à Napoléon de les avoir détournés du festin servi à Vienne à leur ambition. Leurs armées, quoique condamnées à se battre de nouveau, étaient en communauté de sentiments avec eux. L'armée prussienne, comme nous l'avons déjà dit, dépassait en exagération toutes les autres. Les officiers prussiens à Liége, froissés par les dispositions qu'on leur montrait, commettaient souvent des violences sur les Belges réputés nos amis, et annonçaient que cette fois ils ne laisseraient pas pierre sur pierre dans les provinces françaises. Ils menaçaient même d'égorger les femmes et les vieillards, mais heureusement n'étaient pas capables de tenir ces féroces promesses. Leurs collisions avec les Saxons étaient journalières. Les journaux des bords du Rhin continuaient de tenir le langage le plus

Mai 1815.

La France ne en 1814, mais les gouvernements beaucoup plus.

Violence inouïe des Prussiens.

Langage odieux

extravagant. Les Bourbons, disaient-ils, n'avaient pas su gouverner; mais Napoléon gouvernait trop bien, car il avait plus tiré de la France en deux mois que les Bourbons en une année. Il ne fallait donc ni des uns ni de l'autre. Il fallait (comme ils l'avaient déjà dit) donner à la France une douzaine de rois, et réserver pour l'Allemagne le bienfait d'un empereur unique; il fallait reprendre l'Alsace, la Lorraine, employer les biens nationaux à doter les soldats allemands, et payer ainsi la guerre d'extermination qu'on allait entreprendre. On ne devait prêter l'oreille à aucune proposition, à moins qu'en signe de soumission la France ne livrât Lille, Metz et Strasbourg! — A Gand, l'émigration française correspondait toujours avec les généraux Wellington et Blucher, pour les informer de tout ce qu'on apprenait de France, et elle agitait fort avec eux une grave question, celle d'une nouvelle insurrection vendéenne. Le duc de Wellington, très-attentif aux préparatifs de Napoléon, aurait voulu qu'on lui causât le gros embarras d'un soulèvement sur les deux bords de la Loire. N'en résultât-il que le détournement de quinze ou vingt mille hommes retenus entre Nantes et La Rochelle tandis qu'on se battrait entre Maubeuge et Charleroy, c'était un grand soulagement pour ceux qui auraient à essuyer le premier choc de l'armée française. Au contraire, les chefs vendéens, trouvant le zèle fort attiédi dans leurs campagnes, avaient montré la résolution assez arrêtée de ne pas devancer les coalisés, et d'attendre pour agir que ceux-ci eussent attiré à eux toutes les forces de la France. Mais sur les instances du duc de Wellington on avait fait partir le marquis de La Rochejaquelein pour aller donner le signal trop différé de l'insurrection, en promettant le secours d'une flotte anglaise chargée d'armes et de munitions.

Tel était le sinistre tableau qui se déroulait aux yeux de Napoléon vers la seconde quinzaine du mois de mai. Il serait difficile de rendre à quel point il avait été affecté par la catastrophe de Murat. Bien qu'on ne pût conclure de ce qui était arrivé à Murat et à l'armée napolitaine, ce qui arriverait à lui et à l'armée française, il ne put s'empêcher de voir dans les événements de Naples un sinistre présage. Les dernières faveurs que la fortune lui avait prodiguées de Porto-Ferrajo à Paris ne lui avaient pas fait longtemps illusion : bientôt aux difficultés qui étaient venues l'assaillir, aux rigueurs croissantes de l'Europe, il avait senti que l'implacable fortune n'était point apaisée, et il avait considéré les quelques jours écoulés du 26 février au 20 mars comme les dernières lueurs d'un astre à son déclin. En voyant tomber Murat à côté de lui, Murat dont la légèreté lui avait toujours été antipathique, mais qui avait si bien dirigé sa cavalerie sur les champs de bataille de l'Europe, et qui était l'un de ses plus anciens compagnons d'armes, il fut saisi d'une profonde pitié et de sombres préoccupations qu'il voulait en vain cacher, et que ses amis découvraient malgré lui. Quoique mécontent de son beau-frère il fit partir un homme de confiance chargé de lui porter des consolations, de lui faire sentir, toutefois avec douceur, combien ses fautes avaient été nombreuses et graves, et de l'engager à rester quelque temps entre Marseille et Toulon, dans le lieu qui lui agréerait le plus. Ce n'était pas le cas en effet de montrer aux Parisiens le roi de Naples vaincu, et de réjouir les ennemis de l'Empire par la vue d'une victime qui à leurs yeux en présageait une bien plus grande et plus détestée.

Les royalistes semblant deviner, avec l'ordinaire malice des partis, tout ce que Napoléon avait dans l'âme, éprouvaient une joie singulière. Pour eux la fin de Murat était l'image anticipée de la chute de Napoléon. Ils ne tenaient pas compte de la différence, et faisaient remarquer non sans fondement, que si Napoléon et l'armée française étaient bien supérieurs à Murat, le duc de Wellington, le maréchal Blucher, le prince de Schwarzenberg et les cinq cent mille hommes qu'ils commandaient, n'étaient pas moins supérieurs au général Bianchi et à l'armée autrichienne de Tolentino. Usant de la liberté qui leur était laissée, ils disaient tout haut ce que présageait la chute de Murat, l'écrivaient clairement dans certaines feuilles, allaient, venaient, s'agitaient, notamment dans le Midi, à Marseille, à Toulouse, à Bordeaux, et ils commençaient dans la Vendée à former des rassemblements qui pouvaient faire craindre une prise d'armes prochaine.

Rien de tout cela n'échappait à Napoléon, et il ne voyait plus de remède à cette situation que dans la guerre entreprise promptement, et conduite avec vigueur et bonheur. M. Fouché, par goût pour l'intrigue au dehors aussi bien qu'au dedans, avait voulu faire une nouvelle tentative auprès des puis-

sances, et il avait envoyé à Vienne M. de Saint-
Léon, homme d'esprit, vivant dans l'intimité de
M. de Talleyrand, d'opinion fort libérale, et très-
capable de faire valoir les dangers d'une lutte obs-
tinée pour les Bourbons. M. Fouché avait donné à
M. de Saint-Léon une lettre pour M. de Metternich,
lettre sensée, presque éloquente, dans laquelle il
plaidait chaudement la cause de Napoléon, avec
l'espérance que s'il ne gagnait pas la cause de Napoléon, ce qui lui était assez indifférent, il gagnerait
peut-être celle de la régence de Marie-Louise, peut-
être même celle du duc d'Orléans, et s'épargnerait
ainsi le retour des Bourbons. Napoléon ne se faisait
guère illusion ni sur les motifs de M. Fouché, ni sur
ses chances de succès; néanmoins il le laissait faire,
une tentative de ce genre ne pouvant pas nuire, et
n'empêchant d'ailleurs aucun de ses préparatifs.
Mais la ressource véritable, la ressource unique, il la
voyait dans un grand coup prochainement frappé
sur la portion des coalisés qui était à sa portée,
et il songeait à profiter de ce que l'une des deux
colonnes ennemies, celle du prince de Schwarzenberg, était en arrière de l'autre, pour fondre à l'improviste sur Blucher et Wellington cantonnés le
long de notre frontière du Nord. Déjà il méditait,
comme nous l'avons dit, l'un des plans les plus
profonds qu'il ait conçus de sa vie, et s'il retrouvait l'espérance, c'était en descendant en lui-même,
et en apercevant combien la courte vue de ses
ennemis laissait de chances à sa suprême clairvoyance militaire. Avec une victoire comme il en
avait tant gagné, et comme il était capable d'en

Mai 1815.

À Vienne,
M. de Saint-
Léon.

Quoique
fort attristé,
Napoléon
a confiance
dans ses com-
binaisons
militaires.

Mai 1815.

Prodigieuse activité de ses préparatifs.

gagner encore, les royalistes se calmeraient, l'Europe sourde aujourd'hui à ses ouvertures prêterait l'oreille, et les difficultés que son gouvernement rencontrait s'aplaniraient. Aussi travaillait-il jour et nuit à préparer entre Paris et Maubeuge une armée de cent cinquante mille hommes, pour la jeter comme une massue sur la tête des Anglais et des Prussiens, les plus voisins de lui. Par ce motif il lui tardait de partir, et les votes sur la Constitution proclamés en assemblée du Champ de Mai, les élections terminées, les deux Chambres réunies, il comptait quitter Paris pour aller en Flandre décider de son destin et de celui du monde en deux ou trois journées. Jamais il n'avait travaillé ni plus ac-

Succès de la levée des gardes nationaux mobiles.

tivement ni plus fructueusement. Les bataillons de gardes nationaux d'élite se formaient avec une extrême facilité, surtout dans les provinces frontières, et il était certain que ces provinces seules donneraient au moins 150 mille hommes. Napoléon dirigeait ces bataillons vers les places fortes, avec une simple blouse à collet de couleur, et avec de vieux fusils qui devaient être réparés dans le loisir des garnisons. Malheureusement le recrutement de l'armée active ne s'opérait pas aussi bien. Le rappel des anciens soldats ne donnait pas ce qu'on s'en était promis. Beaucoup d'entre eux avaient préféré servir dans les gardes nationales mobilisées, parce que c'était un service limité sous le rapport de la durée et du déplacement, et avaient singulièrement contribué à la rapide formation de ces bataillons. D'autres s'étaient mariés, d'autres appartenant aux classes de 1813 et de 1814 n'avaient aucun goût

LE CHAMP DE MAI 533

pour la guerre, dont ils n'avaient connu que les désastres. Par toutes ces causes, au lieu de 90 mille anciens soldats qu'on avait espéré recouvrer sur 150 mille qui avaient déserté en 1814, on ne pouvait compter que sur 70 mille, dont 58 mille rendus, et 12 mille en marche pour rejoindre. En les ajoutant aux 180 mille hommes de l'effectif existant au 1ᵉʳ mars, aux 50 mille hommes en congé de semestre qui avaient tous obéi, on pouvait se flatter d'avoir environ 300 mille hommes d'armée active, dont 200 à 210 mille présents dans les bataillons de guerre, les autres laissés aux dépôts ou à l'intérieur. Ce n'était certes pas assez pour la grandeur des périls qui menaçaient la France. Napoléon était décidé à rappeler la conscription de 1815, que le Conseil d'État avait déclaré appartenir au gouvernement, pour la partie au moins qui en 1814 avait été incorporée. Quant au surplus, il fallait une loi qu'on était occupé à rédiger afin de la soumettre aux Chambres. Les diverses pertes de la conscription de 1815 déduites, on comptait sur 112 mille hommes, dont 45 mille immédiatement appelables. L'armée active devait donc monter à 412 mille hommes, compris les non-valeurs. On espérait porter à 200 mille hommes les gardes nationaux mobilisés, et en y ajoutant 25 mille marins qui allaient se rendre soit à Paris, soit à Lyon, en y ajoutant 20 mille fédérés à Paris, 10 mille à Lyon, la France devait avoir assez de bras pour la défendre. Restait enfin la ressource à laquelle Napoléon songeait déjà, celle de demander aux Chambres assemblées une levée extraordinaire de 150 mille hommes à prendre sur toutes les

Mai 1815.

Défaut dans le rappel des anciens militaires.

Recours à la conscription de 1815.

classes antérieures. Il aurait ainsi environ 800 mille soldats, et avec de l'union dans les pouvoirs, de la persévérance dans les efforts, il n'y avait pas à désespérer du salut de la France.

Pour le moment il n'y avait de réellement disponibles que les 300 mille hommes d'armée active, qui devaient en donner, comme nous venons de le dire, 200 et quelques mille au feu, plus 200 mille gardes nationaux bien choisis, occupant les places fortes et les défilés de nos frontières. Napoléon avait prescrit de requérir sur-le-champ les 45 mille conscrits de 1815, actuellement appelables, ce qui devait mettre immédiatement à sa disposition 250 mille combattants, force qui dans sa main pouvait servir à frapper un premier coup terrible. Mais, telle quelle, cette force ne devait pas être prête avant la mi-juin.

Il travaillait sans relâche à la réunir et à l'organiser, et écrivait pour cela jusqu'à cent cinquante lettres par jour. Ici c'étaient cent ou deux cents recrues laissées dans un dépôt, et qu'il fallait expédier aux bataillons de guerre; là c'étaient des régiments de cavalerie qui avaient des hommes et pas de chevaux, d'autres qui avaient des chevaux et pas d'hommes, ou qui manquaient de harnachement. Suivant chaque chose avec une précision de mémoire prodigieuse, Napoléon ordonnait, après avoir ordonné veillait à l'exécution de ses ordres au moyen d'officiers allant et venant dans tous les sens, reçus, écoutés sur l'heure quand ils avaient à rendre compte de ce qu'ils avaient vu, toujours réexpédiés à l'instant même, et autant de fois qu'il le fallait pour l'entier accomplissement de leur mission. Napoléon avait déjà fait partir les troisièmes bataillons des places où affluaient les gardes nationaux mobiles, et partout il avait formé le quatrième destiné à servir de dépôt. Dans quelques régiments le cinquième bataillon avait été créé, et aussitôt le quatrième avait rejoint les bataillons de guerre. Ce n'était toutefois qu'une exception, et les régiments n'avaient en général que trois bataillons de guerre, ce qui aurait suffi s'ils avaient été plus nombreux; mais malgré tous les efforts bien peu comptaient 600 hommes par bataillon. La cavalerie n'attirait pas moins que l'infanterie l'attention de Napoléon. Grâce au dépôt de Versailles, aux levées de chevaux sur la gendarmerie, et aux achats dans les provinces, on pouvait se flatter de réunir à la mi-juin (la garde impériale comprise) 40 mille cavaliers excellents, car tous avaient servi. Les confections d'habillement, les réparations d'armes, étaient l'objet des mêmes soins. Napoléon allait en personne visiter les ateliers de tailleurs, de selliers, d'armuriers, et les animait de sa présence vivifiante. Les officiers d'artillerie employés à la direction du travail des armes rendaient les plus grands services. On avait de quoi donner des fusils neufs à toute l'armée, des fusils réparés aux gardes nationaux mobilisés, et il devait en rester 100 mille pour la conscription de 1815. Si la guerre se prolongeait jusqu'à l'hiver, l'été et l'automne devaient fournir de quoi satisfaire à tous les besoins. Au prix de cette prodigieuse activité, Napoléon avait en deux mois (de la fin de mars à la fin de mai) levé, équipé, armé environ 300 mille hommes, dont 50 mille semes-

Mai 1815.

Départ des troisièmes bataillons.

Soins donnés à la cavalerie.

Quantité d'hommes levés en deux mois.

Mai 1815.

triers, 70 mille anciens soldats et 180 mille gardes nationaux d'élite, résultat prodigieux pour qui connaît les difficultés de la haute administration, et qui du reste eût été impossible sans l'immense personnel militaire dont la France disposait à cette époque.

Reploiement des dépôts en cas d'invasion subite.

Avec sa prévoyance qui s'appliquait à tout, Napoléon avait calculé que si l'ennemi passait la frontière, les places seraient bloquées et les dépôts avec elles. Il avait donc ordonné le reploiement successif des dépôts, pour la frontière du Nord sur Abbeville, Amiens, Saint-Quentin, Châlons, Bar, Brienne, Arcis-sur-Aube, Nogent; pour la frontière de l'Est, sur Châlon, Dijon, Autun, Troyes; pour les frontières du Midi, sur Avignon et Nîmes. Il était ainsi assuré qu'un brusque mouvement d'invasion, en isolant nos places, n'isolerait pas nos régiments, et ne les priverait pas de leurs ressources en hommes et en matériel. Une commission composée des généraux Rogniat, Dejean, Bernard, Marescot (celui-ci tiré de la disgrâce où il était injustement tombé à la suite de la capitulation de Baylen), s'était occupée de la mise en état de défense de nos places, en première, seconde et troisième ligne. Les réparations urgentes, l'armement et l'approvisionnement étaient ordonnés et en cours d'exécution. De plus, la commission avait signalé les passages de nos frontières où une route coupée, un ouvrage de campagne bien placé, pouvaient donner aux divisions de gardes nationaux mobilisés le moyen de tenir tête à l'ennemi. Enfin, Paris et Lyon, désignés comme les deux postes essentiels, s'étaient déjà couverts de travaux.

Napoléon n'avait point oublié que si en 1814, tandis qu'il manœuvrait autour de Paris, cette grande ville avait pu tenir huit jours, il aurait sauvé sa couronne et la France. Il avait considéré que Lyon à l'est pouvait jouer le rôle de Paris au nord, et il avait prescrit pour ces deux points tout ce que le temps permettait de faire. On a déjà vu que n'ayant pas le loisir d'exécuter autour de Paris des travaux de maçonnerie, il s'était contenté d'ordonner des travaux de campagne. Le général Haxo avait couvert de redoutes les deux versants de Belleville, de manière que de la plaine de Vincennes au sud, à la plaine de Saint-Denis au nord, toutes les hauteurs fussent occupées, et certes, si dans la journée du 30 mars 1814 les soldats de Marmont avaient trouvé un semblable appui, ils n'auraient pas succombé. Le canal Saint-Martin, qui de la Villette va joindre la Seine à Saint-Denis, avait été garni de flèches, de manière à présenter une ligne très-défensive. A Saint-Denis les inondations étaient préparées. Il était peu probable que l'ennemi, perçant cette ligne, osât s'aventurer entre les hauteurs de Montmartre et la Seine, car il se serait exposé à être jeté dans la rivière. Mais, en tout cas, Montmartre, Clichy, l'Étoile, avaient été pourvus de fortes redoutes, qui en faisaient autant de réduits très-solides. Enfin des ouvrages de campagne étaient commencés sur la rive gauche, entre Montrouge et Vaugirard. Les fédérés et un certain nombre de gardes nationaux s'étaient offerts pour prendre part aux travaux de terrassement. Napoléon les avait acceptés pour le bon exemple, mais il avait deux mille

Mai 1815.

Détail de la défense de Paris.

travailleurs bien payés, dont les bras plus exacts exécutaient sans interruption les redoutes tracées par le général Haxo.

Tout ayant été dit au public sur nos relations avec l'Europe, Napoléon qui n'avait plus rien à cacher, avait fait commencer l'armement de ces redoutes, d'abord pour présider lui-même à cette opération, et ensuite pour user d'avance, et avant l'apparition de l'ennemi, l'émotion qu'elle devait causer. Il raisonnait donc cette fois autrement qu'en 1814, et au lieu de dissimuler les périls, il s'attachait à les rendre frappants. Sur 300 pièces de gros calibre demandées dans les ports et transportées par mer aux bouches de la Seine, 200 étaient arrivées à Rouen et en route vers Paris. A mesure de leur arrivée on les plaçait sur les ouvrages, quoique inachevés. Pour éviter la confusion des calibres et les erreurs qui en résultent dans les distributions de munitions, Napoléon avait décidé que le 12 et le 6 seraient sur la rive droite, la plus menacée des deux, le 8 et le 4 sur la rive gauche. Il avait fait mettre en batterie sur les points culminants de la butte Saint-Chaumont un certain nombre de grosses pièces venues des ports. Les écoles de Saint-Cyr et d'Alfort, l'école polytechnique, se livraient journellement à l'exercice du canon. Un parc de 200 bouches à feu de campagne était préparé à Vincennes, pour être amené comme artillerie mobile sur les points où on croirait en avoir besoin. Deux régiments de marins tirés de Brest et de Cherbourg étaient en marche sur Paris. Napoléon avait ordonné en outre le recensement et la complète organisation des fédérés, et les avait formés en vingt-quatre bataillons. Sans les armer encore, il avait voulu qu'on leur donnât cent fusils par bataillon, afin d'instruire ceux qui n'avaient jamais servi. Son projet était de réduire successivement la garde nationale à 8 ou 10 mille hommes sûrs, et de remettre aux fédérés les 15 mille fusils qu'on aurait ainsi rendus disponibles. Il n'entrait dans ce projet aucun calcul démagogique, mais une certaine méfiance de la garde nationale, suspecte à ses yeux de royalisme, et une grande confiance dans le dévouement et la bravoure des fédérés, qu'il n'avait aucun scrupule à faire tuer sous les murs de Paris. Grâce à ces soins, dans un mois et demi au plus tard, c'est-à-dire à la fin de juin, Paris devait être à l'abri de toute attaque.

Napoléon avait rattaché à la défense de la capitale la défense des villes de Nogent-sur-Marne, de Meaux, de Château-Thierry, de Melun, de Montereau, de Nogent-sur-Seine, d'Arcis-sur-Aube, d'Auxerre, et placé tout cet ensemble sous les ordres du maréchal Davout, qu'il se proposait de nommer gouverneur de Paris, avec des pouvoirs extraordinaires. Le défenseur de Hambourg, proscrit par les Bourbons, lui avait semblé réunir au plus haut degré les conditions militaires et politiques pour un tel rôle. Il comptait bien, avec ce qu'il conserverait de la garde nationale, avec les fédérés, les marins, les dépôts, lui laisser de 70 à 80 mille combattants. Avec une telle force, de tels ouvrages et un tel chef, la capitale lui paraissait invincible.

Napoléon s'était occupé en même temps de la

defense de Lyon, et avait prescrit les divers travaux à exécuter. Appliquant à cette seconde capitale les mêmes principes qu'à la première, il avait fait venir de Toulon par le Rhône 150 bouches à feu de gros calibre, et avait ordonné de les placer dans les ouvrages. Un régiment de marine était en route pour s'y rendre. L'école vétérinaire de Lyon était, comme les écoles de Paris, destinée à servir une partie des batteries. Confiant dans l'esprit des Lyonnais, Napoléon avait fixé à 10 mille le nombre des gardes nationaux qui contribueraient à la défense de leur ville. Il leur avait envoyé 10 mille fusils non réparés, et qui devaient être remis en état dans les ateliers extraordinaires créés sur les lieux. Les pays environnants, tels que la Bourgogne, la Franche-Comté, le Dauphiné, l'Auvergne, ayant suivi l'exemple de la Bretagne, il comptait en tirer 10 mille fédérés, lesquels, avec les dépôts, devaient compléter la garnison de Lyon. Le maréchal Suchet était chargé de veiller à ces détails. L'ayant rappelé de l'Alsace, Napoléon lui avait donné le commandement de cette frontière en lui disant : Quand vous êtes quelque part, je suis tranquille pour l'endroit où vous êtes; partez donc, et gardez-moi l'Est, pendant que je vais défendre le Nord contre l'Europe entière. — Le maréchal Suchet, avec le 7ᵉ corps, devait avoir environ 20 mille hommes de bonnes troupes, plus 12 mille provenant de deux divisions de gardes nationales d'élite, et il pouvait ainsi occuper la Savoie avec 32,000 combattants. Appuyé sur Lyon, bien fortifié, il avait grande chance de tenir tête aux Autrichiens. Sur le bas Rhône, vers

Avignon, se trouvaient en réserve quatre des six régiments tirés du 8ᵉ corps. Le maréchal Brune, avec les deux restant, et trois autres tirés de Corse, devait former le 9ᵉ corps, chargé d'observer le Var, Toulon et Marseille. Cette dernière ville surtout était l'objet d'une surveillance spéciale. Napoléon avait ordonné de désarmer la garde nationale marseillaise, de la réduire à 1500 hommes sûrs, d'armer les forts Saint-Jean et Nicolas, et d'en enlever les munitions qui n'étaient pas indispensables pour les renfermer dans l'arsenal de Toulon. Il avait fait retrancher le Pont-Saint-Esprit sur le Rhône, et prescrit la mise en état de la petite place de Sisteron, pour arrêter l'ennemi, si après avoir envahi la Provence il essayait de pénétrer dans le Dauphiné et le Lyonnais. Au-dessus de Lyon, et en remontant la Saône, Napoléon (nous l'avons dit) avait placé sous le général Lecourbe un corps supplémentaire, qui n'avait pas de rang dans les neuf corps embrassant la défense du territoire, parce qu'il avait été formé plus tard, et qu'il ne se composait que d'une division de ligne. Napoléon lui avait adjoint deux belles divisions de gardes nationales d'élite, et lui avait confié la trouée de Béfort et les passages du Jura. L'armée d'Alsace ou 5ᵉ corps, se liant avec Lecourbe, gardait le Rhin. Ce 5ᵉ corps avait été réuni tout entier dans les lignes de Wissembourg. Des bataillons d'élite occupaient Strasbourg, et les places depuis Huningue jusqu'à Landau. D'autres bataillons gardaient les passages des Vosges, tandis que la cavalerie légère battait l'estrade le long du Rhin, aidée par des lanciers volontaires formés dans le

Mai 1815.

Formation du 9ᵉ corps sous le maréchal Brune pour la défense des Alpes maritimes.

Défense du Jura par Lecourbe.

pays. Il était décidé qu'à la première apparition de l'ennemi le tocsin sonnerait, que les commandants des places s'enfermeraient dans leurs enceintes, que les préfets et les généraux se retireraient emmenant avec eux le bétail, les vivres, et la levée en masse, composée de tous les citoyens de bonne volonté. Ils devaient se porter vers les passages difficiles dont la défense avait été préparée d'avance, y tenir tant que possible, ne se replier qu'à la dernière extrémité, et le faire sur les corps d'armée chargés de couvrir la frontière. Des corps francs, organisés dans les pays où il y avait beaucoup d'anciens militaires, étaient chargés de concourir à ces mesures. Enfin, s'ingéniant à mettre en valeur toutes les ressources du pays, Napoléon avait songé à une dernière combinaison qui, dans certaines parties du territoire, pouvait être d'une réelle utilité. Il avait remarqué, en compulsant les états du ministère de la guerre, qu'il y avait 15 mille officiers et 78 mille sous-officiers et soldats en retraite, les uns et les autres pensionnés par l'État. Si un grand nombre étaient incapables de supporter les bivouacs, le froid, le chaud, la faim, beaucoup étaient en état de servir dans l'intérieur d'une ville, de tenir une épée ou un fusil, et de s'y rendre utiles de plus d'une façon. Attachés à la Révolution et à l'Empire, n'aimant pas les Bourbons, ils pouvaient imposer à la malveillance, et Napoléon imagina d'en appeler vingt-cinq ou trente mille, de les distribuer dans les villes d'un esprit douteux, où ils seraient prêts à se réunir en armes autour des autorités, et à leur apporter l'appui de leurs paroles dans les lieux publics, et celui de leurs bras dans les moments de danger. Napoléon voulait que, sans les contraindre, on fît seulement appel à leur zèle, et qu'on leur rendît le déplacement facile en leur donnant, outre leurs pensions, une indemnité de route et les vivres de campagne. Il ordonna d'en envoyer à Marseille, Toulouse, Bordeaux, Nantes, Angers, Tours, Lille, Dunkerque, etc. De la sorte, aucune des forces du pays, depuis les plus jeunes jusqu'aux plus vieilles, ne devait rester oisive ou inutile.

À ces mesures d'une prévoyance universelle et infatigable, Napoléon ajouta toutes celles qu'exigeait particulièrement l'organisation de l'armée avec laquelle il allait combattre. On a vu qu'elle comprenait cinq corps, le 1ᵉʳ réuni autour de Lille sous le comte d'Erlon, le 2ᵉ autour de Valenciennes sous le général Reille, le 3ᵉ autour de Mézières sous le général Vandamme, le 4ᵉ autour de Metz sous le général Gérard, le 6ᵉ enfin, formé entre Paris et Laon, sous le comte de Lobau. Napoléon rabattant de gauche à droite sur Maubeuge les corps des généraux d'Erlon et Reille, de droite à gauche sur ce même point de Maubeuge ceux des généraux Vandamme et Gérard, puis les appuyant avec la garde et le 6ᵉ corps parti de Paris, se proposait de percer la frontière avec 150 mille hommes. Le moment n'est pas venu d'exposer par quelle combinaison il se flattait de surprendre ainsi la portion la plus rapprochée et la plus considérable de ses ennemis. Mais ayant résolu d'être en opération le 15 juin au plus tard, et touchant déjà aux derniers

Mai 1815. jours de mai, il avait tracé dès cette époque la marche du général Gérard, qui ayant plus de soixante lieues à parcourir pour se rendre au point de concentration, devait être en mouvement avant tous les autres. Napoléon lui avait en très-grand secret fixé le jour où il faudrait qu'il s'ébranlât, et les précautions qu'il aurait à prendre pour donner à son départ toute autre signification que la véritable. Le comte de Lobau, à mesure que ses régiments étaient prêts, avait ordre de les acheminer sur Soissons et Laon, où se réunissait le 6ᵉ corps. Napoléon s'occupait activement de la garde, qu'il espérait porter à 20 ou 25 mille hommes, et dont il avait confié l'organisation au général Drouot. La grande réserve d'artillerie était comme d'usage l'objet de tous ses soins, et il poussait la vigilance jusqu'à inspecter lui-même les batteries prêtes à partir, et à signaler un harnais qui manquait [1]. N'ayant pas encore assez de chevaux de trait, même avec les 6 mille retirés de chez les paysans, il venait d'en faire lever 8 à 10 mille, en les payant comptant, dans les provinces voisines des corps d'armée.

Froissement résultant de cet immense mouvement de choses. Tant de choses ne s'accomplissaient pas sans froissement. Le maréchal Davout habitué pendant quinze ans à agir au loin, et dans une sorte d'indépendance, placé maintenant sous une surveillance qui ne lui laissait ni liberté ni repos, éprouvait quelquefois des mouvements d'humeur assez vifs. Il

---

[1] Je donne ces détails en ayant sous les yeux les lettres innombrables où les moindres remarques sont consignées sur toutes les parties du matériel.

quelques faiblesses; Napoléon lui avait fait dire de n'y pas plus penser qu'il n'y pensait lui-même, et de venir le rejoindre. Berthier ne résistant pas à cet appel, était en route pour revenir, mais entouré de surveillance, et prêt à rentrer par Bâle, il avait été contraint de rebrousser chemin et de retourner en Allemagne, où l'attendait une mort aussi déplorable que mystérieuse.

Ne sachant comment remplacer son major général, Napoléon eut recours au plus laborieux de ses lieutenants, au maréchal Soult, qui s'était un moment dévoué aux Bourbons en croyant faire une chose durable, et qui, voyant maintenant qu'il s'était trompé, s'appliquait à effacer les traces de cette erreur. La violente proclamation qu'il avait publiée contre Napoléon l'embarrassait, et il avait cherché à la racheter par une autre aussi violente contre les Bourbons, qu'il devait adresser à l'armée en prenant la qualité de major général. Napoléon, dans l'intérêt du maréchal, en adoucit les termes, et la fit publier sous forme d'ordre du jour. Il connaissait trop les hommes pour tenir compte de leurs fluctuations, surtout dans des temps aussi difficiles que ceux qu'on traversait alors. L'essentiel n'était pas qu'ils fussent des politiques conséquents, mais de bons militaires. L'essentiel n'était pas que le maréchal Soult eût servi un seul maître, mais qu'il eût comme major général la clarté, la netteté, l'exactitude de Berthier. Les événements allaient bientôt montrer à quel point Napoléon avait réussi dans son choix. Il prit enfin une dernière mesure, c'était de restituer à tous les regiments leurs anciens numéros qu'on leur avait ôtés et qu'ils regrettaient beaucoup. Leur rendre ces numéros c'était les satisfaire, et les obliger d'être dignes de leur passé.

Napoléon enjoignit à tous les généraux d'aller se mettre à la tête de leurs troupes, retint seulement auprès de lui le maréchal Soult, afin de l'initier à ses nouvelles fonctions, et n'attendit pour partir que l'assemblée du Champ de Mai et la réunion des Chambres. Ce moment approchait, car les votes sur l'Acte additionnel étaient émis, les élections étaient achevées, et les nouveaux élus presque tous rendus à Paris. Le grand déchaînement des journaux, des écrivains de brochures, des discoureurs de lieux publics contre l'Acte additionnel, s'était apaisé en présence des opérations électorales, qui avaient été une diversion pour l'ardeur des esprits, et une preuve qu'on ne voulait pas éluder les promesses de la Constitution, puisque les Chambres étaient convoquées avant l'époque où elles auraient dû l'être. La liberté avait été complète, tant pour les élections que pour le vote de l'Acte additionnel. On avait laissé tout dire, tout imprimer, on avait même admis des votes motivés de la façon la plus blessante. M. de Lafayette à Meaux avait accepté l'Acte additionnel en réservant la souveraineté du peuple, atteinte selon lui par quelques unes des dispositions de cet acte. M. de Kergorlay avait voté contre en protestant pour la souveraineté des Bourbons. Le gouvernement seul ne s'était pas défendu, rien n'étant encore organisé pour la défense du pouvoir dans un État libre. Excepté la suspension momentanée du sixième volume du *Censeur*, suspension levée, comme on l'a vu, par ordre de Napoléon, aucune rigueur d'aucun genre n'avait porté atteinte à l'action des individus, et on avait eu cette liberté confuse, violente, à mille couleurs, des jours de révolution. Chacun avait proposé sa chimère, et l'avait proposée à sa manière; mais il manquait quelque chose à cet état de révolution, c'était la passion, non pas chez les partis (ils en avaient eu rarement davantage), mais chez la nation elle-même. La nation avait été absente dans les municipalités, dans les justices de paix, dans les notariats, où l'on allait voter pour ou contre l'Acte additionnel, aussi bien que dans les colléges où l'on allait voter pour le choix des représentants. Dégoûtée de révolutions et de contre-révolutions, elle ne savait à qui, à quoi s'attacher, et dans son malaise elle restait cachée dans ses demeures. Nous parlons ici de la masse intermédiaire, sage, discrète, désintéressée de la nation. Les Bourbons qu'elle n'avait pas désirés, mais qu'après réflexion elle avait jugés les plus aptes à lui procurer un gouvernement pacifique et libéral, l'avaient froissée par un règne de onze mois; Napoléon qui plaisait à son orgueil, et répondait à plusieurs de ses instincts, l'effrayait, et sans chercher s'il était véritablement changé, s'il était converti à la paix et à la liberté, elle apercevait clairement en lui sa destinée fatale, c'est-à-dire la guerre, la guerre acharnée jusqu'à une défaite mortelle de la France ou de l'Europe. Ainsi froissée par les uns, effrayée par l'autre, elle restait, nous le répétons, chez elle, c'est-à-dire au

un nombre encore moindre avait-il paru dans les colléges électoraux pour combattre le candidat patriote, bien que tout se fût passé d'ailleurs avec un ordre parfait et un calme des plus rassurants. Ceux au contraire qui s'étaient montrés en grand nombre dans le scrutin étaient d'anciens révolutionnaires, des acquéreurs de biens nationaux, des amis ardents de la liberté, des amis passionnés de la gloire nationale qu'ils s'obstinaient à personnifier dans Napoléon, des fonctionnaires publics presque tous originaires de 1789, et enfin beaucoup d'hommes éclairés qui se disaient qu'après avoir commis la faute de laisser revenir Napoléon, il fallait défendre dans sa personne l'indépendance de la France, et faire de bonne foi l'essai de monarchie constitutionnelle qu'il proposait d'une manière si spécieuse, la liberté devant être acceptée de toute main, quand on n'est l'esclave ni des préjugés ni des partis. Les choix faits par ces diverses classes d'électeurs étaient généralement bons et d'un caractère modéré. En l'absence des opposants ils avaient élu presque partout des fonctionnaires civils ou militaires faisant des vœux pour la consolidation du nouvel Empire, des acquéreurs de biens nationaux aspirant à recouvrer leur sécurité, des révolutionnaires repentants de leurs excès, tels que Barère par exemple, ou de jeunes libéraux irréprochables, ayant de saines opinions mais peu d'expérience, comme M. Duchêne de Grenoble. Les uns et les autres avaient adopté sincèrement les deux idées dominantes, maintenir Napoléon contre l'Europe, et lui résister s'il revenait à ses pen-

LE CHAMP DE MAI

chants despotiques. Toutefois ces nouveaux élus, tenant à Napoléon qui était leur intérêt, plus qu'à la liberté qui était leur opinion, avaient tellement entendu dire qu'en acceptant Napoléon, sa gloire, ses principes sociaux, il ne fallait pas accepter son despotisme, qu'ils allaient se montrer singulièrement susceptibles vis-à-vis du pouvoir impérial, se comporter en libéraux plus qu'en bonapartistes, et cela jusqu'à compromettre la cause de Napoléon pour celle de la liberté, bien que telle ne fût pas leur préférence. Aussi aurait-il fallu pour se bien conduire à leur égard un tact, une patience, une dextérité, qui étaient difficiles à trouver chez des ministres paraissant pour la première fois devant des assemblées libres.

Les collèges électoraux déférant au décret qui les invitait à la cérémonie du Champ de Mai, avaient envoyé pour les représenter à cette grande solennité les électeurs les plus zélés, les plus riches, les plus curieux. Ceux-ci étaient arrivés au nombre de quatre à cinq mille à Paris, indépendamment des six cents représentants élus. Avec eux étaient venues également les députations des régiments qui devaient recevoir au Champ de Mai les drapeaux destinés à l'armée. Napoléon avait ordonné aux ministres, aux grands dignitaires d'avoir leurs maisons ouvertes, d'y attirer ces députés de toute sorte, et de leur faire bon accueil. On les entendait tous répéter les mêmes choses, c'est-à-dire qu'il fallait tenir tête à l'Europe, et s'efforcer de la vaincre puisqu'on ne pouvait éviter la lutte avec elle, mais immédiatement après conclure la paix, renoncer

Mai 1815.

Ombre des représentants élus.

Le penchant des nouveaux élus pour Napoléon, mais non pour son despotisme.

Leur susceptibilité sous le rapport des libertés de la liberté.

Visite d'une des leurs fonctionnaires d'aller faire bon accueil aux représentants et aux électeurs.

Mai 1815.

Intrigues du duc d'Otrante auprès des nouveaux députés.

aux conquêtes, et fonder la vraie monarchie constitutionnelle, pour n'être pas au dehors à la merci de l'étranger, au dedans à la merci d'un homme. Ils trouvaient écho chez les membres du gouvernement qui étaient eux-mêmes de cet avis, mais les uns avec une honorable fidélité envers l'Empereur, comme Carnot, les autres comme M. Fouché, avec un esprit d'intrigue à peine dissimulé. Ce dernier, sans avoir besoin d'y être invité, cultivait soigneusement les électeurs en mission à Paris, surtout les députés, et de préférence les plus jeunes, qu'il supposait plus maniables, affectait, comme c'était de mise alors, de se montrer inconciliable avec les Bourbons, mais très-alarmé de la présence de Napoléon à la tête du gouvernement, disant que si celui-ci avait le patriotisme d'abdiquer en faveur du Roi de Rome, tout s'arrangerait à l'instant même, qu'il en avait la certitude, qu'on le lui avait mandé de Vienne.... — Ces assertions dans la bouche du ministre de la police exerçaient une influence dangereuse, et du reste ne faisaient pas plus d'honneur à sa perspicacité qu'à sa fidélité, car les puissances, invariablement attachées à la cause des Bourbons, n'auraient accueilli aucun des arrangements qu'il rêvait, et si elles feignaient de n'en vouloir qu'à Napoléon, c'était pour se faire livrer avec lui l'épée de la France. Les propos du duc d'Otrante se répandaient de bouche en bouche, causaient du ravage dans les esprits, arrivaient même jusqu'aux oreilles impériales, bien qu'un peu atténués dans leur forme. Napoléon en apprenait toujours assez pour voir clairement que son ministre de la police le trahissait,

mais se maîtrisant mieux qu'autrefois, il attendait
que les circonstances fussent moins graves pour faire
respecter son autorité, ce qui après tout aurait été
parfaitement légitime, car jamais dans un état régulier on n'eût toléré cette conduite d'un ministre
dénonçant comme un danger public le monarque
qu'il servait. Un bon citoyen pouvait penser ainsi,
surtout avant l'entrée de Napoléon à Paris, mais
s'il le pensait il ne devait pas accepter le poste de
ministre de la police.

Mai 1815.

Si tous les procès-verbaux des votes relatifs à
l'Acte additionnel ou à l'élection des représentants eussent été envoyés à Paris, on aurait procédé sans délai à leur recensement, et la cérémonie
du Champ de Mai, destinée à solenniser l'acceptation de la nouvelle Constitution, aurait pu rester
fixée au 26 mai. L'ouverture des Chambres aurait
suivi immédiatement, après quoi Napoléon serait
parti pour l'armée. Mais il fallait quelques jours
de plus pour recueillir les procès-verbaux, et la
cérémonie fut remise au 1ᵉʳ juin. Napoléon se proposait d'installer les Chambres trois ou quatre jours
après, et de partir du 10 au 12 juin, afin d'être
en pleine opération le 15. On désigna dans Paris
quatre-vingt-sept lieux de réunion pour les députations des collèges électoraux, qui devaient y re-
censer les votes de leurs départements et choisir
une députation centrale chargée d'opérer le recensement général sous les yeux du prince archichancelier. Elles employèrent à ce travail de pure forme
les derniers jours de mai, temps que de son côté
Napoléon consacrait à l'achèvement de ses prépa-

Remise
de la fête
du Champ
de Mai
au 1ᵉʳ juin,
pour
des suffrages
de faveur

Mai 1815.

Arrivée à Paris de l'impératrice mère, du cardinal Fesch, du prince Jérôme.

Arrivée de Lucien, et sa réconciliation avec Napoléon.

ratifs militaires. A peu près à cette date arrivèrent à Paris sa mère, son oncle le cardinal Fesch, son frère Jérôme, qui étaient parvenus à se dérober à la marine anglaise. Napoléon recommanda au prince Jérôme d'oublier et de faire oublier son ancienne qualité de roi, de n'être désormais que militaire, et lui ordonna de prendre le commandement d'une division dans le 2e corps d'armée (général Reille), ce que ce prince fit avec empressement. A la même époque arriva un autre membre de la famille impériale, le prince Lucien, qui s'était longtemps obstiné à vivre à Rome loin des faveurs et de l'autorité de son frère, et qui n'avait paru céder que depuis les communs désastres de la famille. Il venait à Paris pour deux motifs, également honorables, pour se rallier et pour plaider la cause du Pape. Napoléon, dans un moment où tant de cœurs, après l'enthousiasme passager du 20 mars, se refroidissaient autour de lui, vit le retour de ce frère avec un extrême plaisir. Il lui donna toute satisfaction relativement au Pape. Disposé en effet à maintenir les traités de 1814 à l'égard de souverains qu'il n'aimait guère, et qui se montraient ses adversaires implacables, Napoléon était bien plus porté à les maintenir à l'égard d'un prince inoffensif, qu'il avait aimé même en le persécutant, qui n'était pour lui ni un rival ni un ennemi, et dont l'autorité morale, toujours d'un grand poids, était facile à acquérir au moyen de traitements convenables. Il chargea donc le prince Lucien de dire au Pape (ce qui n'était que la répétition de ses premières instructions) qu'il n'entendait se mêler à l'avenir ni des affaires spirituelles ni des affaires temporelles du Saint-Siège; qu'il ferait de son mieux pour lui conserver tout l'ancien territoire pontifical, les Légations comprises, et qu'en France il lui garantissait l'exercice de l'autorité spirituelle sur la base du Concordat. C'était tout ce qu'il fallait pour satisfaire le Pape et le ramener à nous, si toutefois on ramenait la victoire sous nos drapeaux.

Napoléon logea le prince Lucien au Palais-Royal. Il désirait le faire élire représentant dans l'Isère, département tout à fait dévoué à la cause impériale. Son intention secrète, si Lucien devenait membre de la Chambre des représentants, était de le nommer président de cette Chambre, se souvenant de quelle manière il avait présidé les Cinq-Cents dans la mémorable journée du 18 brumaire.

Tandis qu'il se livrait à ces soins si voisins de son départ, Napoléon reçut tout à coup la nouvelle fort grave d'une insurrection dans la Vendée. On a vu que lors de l'apparition du duc de Bourbon dans cette contrée, une tiédeur générale avait accueilli ce prince, et qu'il avait dû, non par timidité mais par prudence, se retirer en Angleterre. On a vu encore que récemment Louis XVIII avait expédié de Gand pour la Vendée, en le faisant passer par Londres, le marquis Louis de La Rochejaquelein, afin de réveiller le zèle attiédi des vieux serviteurs de la maison de Bourbon. Voici comment la Vendée avait répondu à ce dernier appel.

Les anciens chefs vendéens qui survivaient, MM. d'Autichamp, de Suzannet, de Sapinaud, gens d'expérience, chez lesquels le zèle royaliste était

Mai 1815.

Leur hésitation à s'insurger

tempéré par le bon sens, trouvant leurs paysans singulièrement modifiés depuis vingt ans, répugnaient à exposer leur province à de nouveaux ravages, pour une vaine tentative de guerre civile qui n'aurait pas de résultat sérieux. Ils soutenaient que la Vendée, capable d'opérer une diversion utile lorsque Napoléon serait aux prises avec les forces de l'Europe, était incapable de résister si elle s'engageait contre lui avant la coalition européenne. Ils avaient donc résolu d'attendre que le canon eût retenti sur la Sambre avant de faire une levée de boucliers sur la Loire.

Arrivée de M. Louis de La Rochejaquelein.

Les esprits ardents au contraire blâmaient cette pusillanimité apparente, et voulaient qu'on expiât par plus d'empressement la faute d'avoir laissé partir M. le duc de Bourbon. Sensibles à ces reproches, le cœur remué par leurs anciens souvenirs, les vieux chefs se mirent à courir les campagnes, pour opérer le dénombrement de leurs paysans, pour voir sur quoi ils pouvaient compter, et donner ainsi la preuve de leur zèle royaliste. Telles étaient leurs dispositions lorsque parurent les émissaires du marquis Louis de La Rochejaquelein. Ce frère de l'illustre Henri de La Rochejaquelein, n'ayant pas encore servi dans la Vendée, joignait à l'ambition de soutenir l'éclat de son nom, une foi exaltée en sa cause, un grand courage, mais une prudence qui n'égalait pas ses autres qualités. Il avait obtenu des Anglais quelques fusils et quelques munitions, avec la promesse d'un convoi considérable et prochain d'armes, de poudre, d'artillerie et d'argent. Parti avec le premier secours qu'on lui avait remis, il

LE CHAMP DE MAI. 557

s'était embarqué sur une petite division anglaise, était venu mouiller en vue des Sables-d'Olonne, et avait écrit à son frère Auguste de La Rochejaquelein, pour lui faire part de sa mission, de ses projets, de ses espérances.

À cette nouvelle, une réunion des chefs eut lieu le 11 mai à la Chapelle-Basse-Mer, près de la Loire, dans le territoire de M. de Suzannet, successeur du célèbre Charette. Les personnages présents à cette réunion furent MM. d'Autichamp, de Suzannet et Auguste de La Rochejaquelein, le troisième des frères de ce nom. Il n'y manquait que M. de Sapinaud. Malgré les motifs que ces chefs avaient eus de différer l'insurrection, ils ne résistèrent pas à la lecture des lettres du marquis Louis de La Rochejaquelein, annonçant de grands secours en armes, en munitions, en argent, même en hommes, et la prochaine ouverture des hostilités européennes en Flandre. En conséquence il fut convenu que le 15 mai on sonnerait le tocsin dans toute la Vendée, et qu'on prendrait les armes. Chacun devait commander dans le pays auquel sa famille et ses services antérieurs le rattachaient. M. d'Autichamp en Anjou, M. Auguste de La Rochejaquelein dans les environs de Bressuire, c'est-à-dire dans le Bocage, M. de Sapinaud dans la région dite du Centre, s'étendant entre Mortagne-les-Herbiers, Saint-Fulgent, Bourbon-Vendée, enfin M. de Suzannet dans le Marais. On estimait que M. d'Autichamp pourrait lever 18 mille paysans, M. Auguste de La Rochejaquelein 5 mille, M. de Sapinaud 8 mille, M. de Suzannet 25 mille, en tout 56 mille. C'étaient là des calculs tels qu'on

Mai 1815.

Réunion des chefs pour lire les lettres et délibérer sur leur contenu.

Résolution de sonner le 15 mai le tocsin de l'insurrection.

les fait dans la guerre civile, c'est-à-dire sans fondement.

Du 14 au 15 mai arrivèrent des officiers détachés par M. Louis de La Rochejaquelein, annonçant sa prochaine apparition, avec 14,000 fusils, plusieurs millions de cartouches, et un corps de 300 artilleurs anglais. Ce premier convoi devait être suivi d'un autre, trois ou quatre fois plus considérable. Ces nouvelles attestées par des hommes de confiance, confirmèrent les chefs de l'insurrection dans leurs projets, et le jour convenu ils tinrent parole.

Toute la nuit du 14 au 15 mai on entendit le tocsin dans ces malheureuses campagnes, qui vingt-cinq ans auparavant avaient tant versé de sang, tant accumulé de ruines, pour ne point arrêter le cours invincible de la Révolution française, et pour le rendre seulement un peu plus sanglant. Elles n'allaient pas faire beaucoup mieux cette fois; disons-le, elles allaient faire pis, car pour une question de dynastie elles allaient détourner quinze ou vingt mille Français du formidable rendez-vous de Waterloo, et contribuer ainsi au désastre le plus tragique de notre histoire. Ces pauvres paysans, les uns dominés par leurs souvenirs personnels, les autres par les récits de leurs pères, se levèrent à la voix de leurs chefs, et se présentèrent dans leurs paroisses portant des fusils, des bâtons, des perches armées de faux. Un tiers au plus avaient des fusils en mauvais état, et très-peu de la poudre et des balles. Les ardents entraînèrent les incertains en y employant les encouragements, les reproches, et quelquefois les menaces. La crainte d'être notés

Mai 1815.

Combat des Échaubroignes.

ordonné aux troupes de se concentrer, et prescrit aux colonels des 15° et 26° de se rendre de Chollet à Bourbon-Vendée, pour y renforcer le général Travot, commandant le département de la Vendée. Le 26° était déjà en marche, et traversait le village des Échaubroignes, lorsqu'il fut surpris le 17 mai par les deux mille cinq cents paysans de M. Auguste de La Rochejaquelein qui débouchaient sur ses derrières en se portant sur Chollet. Bien que les soldats du 26° ne fussent pas plus d'un millier d'hommes, ils s'arrêtèrent, défendirent les Échaubroignes, puis percèrent la masse des insurgés pour rebrousser chemin vers Chollet, dans la crainte de ne pouvoir arriver à Bourbon-Vendée. Ils perdirent une cinquantaine d'hommes en morts ou blessés, et en mirent le double hors de combat du côté des insurgés. Ceux-ci s'étaient battus à leur manière, sans ordre, mais avec une ardeur qui était chez eux le résultat du courage naturel et de la foi.

M. Auguste de La Rochejaquelein fut obligé de s'arrêter, car ces pauvres gens ne pouvaient jamais s'absenter plus de quelques jours, et se croyaient quittes pour un temps envers leur cause, dès qu'ils avaient fait une course ou livré un combat. Néanmoins il retint les quatre ou cinq cents hommes les plus résolus et les mieux armés, pour aller joindre son frère vers la côte.

Mouvement de M. de Suzannet dans le Marais, et de M. de Sapinaud dans la région du centre.

Dans ces entrefaites M. de Suzannet, parti de Maisdon, avait réuni son monde entre Machecoul, Clisson, Montaigu, Bourbon-Vendée, s'était porté sur Saint-Léger pour donner la main à M. de Sapinaud, qui, de son côté, rassemblait l'armée du cen-

LE CHAMP DE MAI.   561

tre. Arrivé à Saint-Léger le 16, il fut informé de la   Mai 1815.
présence de M. Louis de La Rochejaquelein sur la
côte de Saint-Gilles avec une petite division an-   Ces chefs
glaise, et il s'y dirigea sans perdre de temps. Il y   se portent
                                                         à la côte de
trouva M. Louis de La Rochejaquelein descendu à   Saint-Gilles
terre avec l'aide des gens du Marais, lesquels avaient   pour recevoir
                                                         les secours
assailli les douaniers et les vétérans gardiens de la   de
côte, et favorisé le débarquement à la Croix-de-Vie.   l'Angleterre.
Mais la déception de M. de Suzannet fut grande,
lorsqu'il sut à quoi se réduisaient les secours si
vantés de l'Angleterre. Point d'artilleurs, point
d'argent, et 2 mille fusils au lieu de 14 mille, tel
était le secours apporté par la division anglaise.
C'était une vieille réputation que l'Angleterre s'était
acquise parmi ces pauvres paysans, de promettre
toujours et de ne jamais tenir ses promesses, réputation que partageaient avec elle les émissaires qui
se présentaient en son nom, quelque titrés qu'ils
fussent. Les fusils, la poudre et surtout l'argent
étaient indispensables aux insurgés vendéens, non
que l'avidité eût quelque part à leur conduite, mais
ne portant avec eux que leurs fusils rouillés ou leurs
bâtons, ils avaient besoin d'armes pour se battre,
et d'argent pour se nourrir. Avec de l'argent comptant, quelques paysans expédiés en avant leur faisaient cuire du pain, abattre de la viande, et ils
vivaient ainsi sans pâtir, et sans ruiner les campagnes qu'ils traversaient.
    Les soldats de M. de Suzannet furent cruellement   Leur
déçus, s'écrièrent qu'on les trompait comme jadis,   déception
                                                         en voyant
et que l'Angleterre ne voulait comme autrefois qu'é-   le convoi
terniser la guerre pour ruiner la France. M. Louis   qu'on avait
                                                         débarqué.
TOM. XIX.   36

Mai 1815.

de La Rochejaquelein protesta du contraire, répondit de l'arrivée d'un prochain convoi très-considérable, et finit par obtenir quelque créance. M. de Sapinaud survint avec environ deux mille des siens, aussi déçus, aussi mécontents que les paysans de M. de Suzannet, et les uns et les autres rentrèrent dans le Bocage, pour ne pas rester exposés aux coups des *bleus*, qui allaient inévitablement sortir en force de Nantes et des Sables.

Efforts de M. Louis de La Rochejaquelein pour calmer le mécontentement des insurgés.

Il se fait décerner le commandement général.

M. Louis de La Rochejaquelein s'était présenté au nom de Louis XVIII, et joignait à la qualité de représentant du Roi celle d'envoyé du gouvernement britannique. Il avait un grand nom, beaucoup d'ardeur, beaucoup de courage, et, bien qu'il fût inférieur d'âge et de grade aux vieux chefs de la Vendée, il fut accepté pour généralissime, grâce à la facilité d'humeur de MM. de Suzannet et de Sapinaud. Cette mesure, adoptée pour mettre de l'ensemble dans les opérations, ne devait pas mettre de l'union dans les cœurs, car M. d'Autichamp, lieutenant général et renommé par ses anciens services, ne pouvait pas se voir avec plaisir placé sous M. Louis de La Rochejaquelein, qui était simple maréchal de camp, et n'avait aucune connaissance de la guerre de la Vendée. Celui-ci écrivit à M. d'Autichamp, qui se soumit comme ses autres compagnons d'armes à un supérieur qu'il croyait donné par le Roi à la Vendée.

Il fallait décider ce qu'on ferait. Les 2 mille fusils mis à terre avaient été pris par les gens du Marais et distribués entre eux. Il avait été débarqué environ 800 mille cartouches, dont une partie fut

Mai 1815.

Combat d'Aizenay.

Défaite des insurgés.

En effet, il s'y porta dans la nuit du 19 au 20, et les surprit dans un désordre extrême, les uns dormant après une marche fatigante, les autres buvant et mangeant après de longues privations, et aucun ne songeant à se garder. Il fondit à l'improviste avec un millier d'hommes sur ces six ou sept mille malheureux, les jeta dans une affreuse confusion, en tua ou blessa trois ou quatre cents, et mit les autres en fuite. Ils se réfugièrent d'abord dans les bois voisins d'Aizenay, et rentrèrent pour la plupart chez eux, où ils avaient l'habitude de revenir, vaincus ou vainqueurs, après quelques jours d'absence.

Pendant ce temps, M. d'Autichamp était resté sur la frontière de son district. Apprenant que les 15ᵉ et 26ᵉ de ligne s'étaient repliés à la position du Pont-Barré, dans la direction d'Angers, il s'était emparé de Chollet, et avait ensuite permis à ses hommes, qui du reste auraient pris la permission s'il ne la leur avait donnée, d'aller se reposer dans leurs familles. M. Auguste de La Rochejaquelein, après avoir recueilli les débris du convoi qui lui était destiné, avait rejoint son frère, et était rentré dans le pays de Bressuire.

Dans quelle situation le combat d'Aizenay laisse les insurgés.

Bien que les chefs n'eussent plus auprès d'eux que les hommes les plus dévoués, ils étaient à peu près maîtres du Bocage, c'est-à-dire de tout le pays compris entre Chemillé, Chollet et les Herbiers d'un côté, Bressuire et Machecoul de l'autre. Les petites garnisons impériales s'étaient repliées les unes sur la Loire, les autres vers les villes principales de l'intérieur, telles que Parthenay,

Fontenay, Bourbon-Vendée. Les paysans avaient
montré leur ancien courage, mais ils n'étaient plus
ni aussi fanatiques, ni aussi empressés qu'autrefois, et c'est tout au plus si on était parvenu à en
déplacer quinze mille. La presque nullité du premier secours envoyé d'Angleterre les avait fort indisposés, et avait réveillé, comme nous venons de
le dire, toutes leurs préventions contre le gouvernement britannique. M. Louis de La Rochejaquelein pour corriger ce fâcheux effet leur affirmait
qu'un convoi important allait arriver, et il avait la
plus grande peine à les convaincre. Les anciens chefs
étaient comme jadis fort divisés. M. d'Autichamp
était peu satisfait de se voir soumis à M. Louis de
La Rochejaquelein, et celui-ci, aidé d'un officier
de l'Empire devenu tout à coup royaliste ardent,
le général Canuel, essayait d'imposer à la Vendée
une organisation militaire qui n'était pas du goût
du pays, et qui pouvait bien ôter aux Vendéens
leurs qualités naturelles, sans leur donner les qualités acquises des armées régulières. Son projet,
après avoir mis un peu d'ensemble dans les quatre
armées vendéennes, était de se porter en masse sur
la côte pour y recevoir le convoi de munitions,
d'armes et d'argent qu'il attendait d'Angleterre,
et qu'il ne cessait pas d'annoncer, afin de rendre
le courage à ces pauvres paysans, qui ne pouvaient
se battre sans armes ni se nourrir sans argent.

Tels étaient les événements survenus dans la Vendée pendant les derniers jours de mai. Napoléon
n'en fut ni surpris ni sérieusement alarmé. Avec
la sûreté ordinaire de son coup d'œil il aperçut

Mai 1815.
de la Vendée.

Mesures
qu'il ordonne.

bien vite que l'insurrection n'avait plus assez d'élan pour sortir de chez elle, et causer un trouble sérieux dans l'intérieur de la France. Cependant elle suffisait pour entraver ses préparatifs militaires, et il fallait nécessairement des troupes à la frontière du pays insurgé, si on voulait empêcher le mal de s'étendre. C'était donc le sacrifice à faire de quelques-uns de ses régiments, sacrifice bien regrettable dans les circonstances, mais qu'il résolut de réduire à l'indispensable, se disant qu'une bataille gagnée au Nord ferait plus pour la pacification de la Vendée que toutes les forces qu'il pourrait y envoyer. Son désir eût été de laisser le général Delaborde à la tête des troupes destinées à combattre l'insurrection, mais ce général étant malade, il le remplaça par le général Lamarque. En attendant le départ de ce dernier, il expédia le général Corbineau, dont l'intelligence et l'énergie lui inspiraient la plus juste confiance. Il lui donna pour première instruction de concentrer les troupes, et de résister aux instances des villes où s'étaient réfugiés les acquéreurs de biens nationaux, et qui demandaient toutes des garnisons. Il leur fit dire que c'était à elles à pourvoir à leur sûreté en organisant les gardes nationales. Les points de concentration furent Angers et Nantes sur la Loire, et dans l'intérieur Bourbon-Vendée et Niort. Depuis l'évacuation de nos vastes conquêtes, la gendarmerie était très-nombreuse en France, et il y en avait un dépôt considérable à Versailles. Napoléon la forma en cinq bataillons à pied et trois escadrons à cheval, puis la dirigea sans perte de temps vers les bords de la Loire. Ces

bataillons et ces escadrons, composés de soldats
éprouvés, devaient servir de points de ralliement
aux fédérés et aux gardes nationaux. Il fallait préparer ensuite des colonnes de troupes actives qui
pussent pénétrer dans l'intérieur du pays insurgé,
et y étouffer l'insurrection. Les 26ᵉ et 15ᵉ de ligne
s'étaient repliés sur Angers. Napoléon les y laissa
pour qu'ils eussent le temps de rassembler leur
effectif, et leur adjoignit le 27ᵉ. A Rochefort se
trouvait le 43ᵉ, à Nantes le 65ᵉ. Napoléon donna
des ordres pour les renforcer d'un ou deux régiments tirés du corps du général Clausel, et fit former immédiatement les 3ᵉ et 4ᵉ bataillons de ces
divers régiments. Cette formation terminée, les colonnes placées à la circonférence de l'insurrection
devaient y pénétrer concentriquement, et écraser
les rebelles partout où ils se montreraient. Napoléon
recommanda de ne pas les ménager. Il fit suivre
les colonnes par des commissions militaires, avec
ordre de juger et d'exécuter sur-le-champ les
principaux rebelles pris les armes à la main. Il
prescrivit de raser les châteaux de tous les chefs
de l'insurrection. Il voulait qu'un châtiment rapide et terrible décourageât ces malheureux paysans qui n'avaient plus, il faut le reconnaître, les
prétextes légitimes de 1793 pour se soulever, car
on respectait leur culte, leur vie, leurs biens, on
leur épargnait même les rigueurs de la conscription,
en pratiquant chez eux les levées avec des ménagements qui les réduisaient presque à rien. —
Quand la Vendée verra, dit Napoléon, à quoi elle
s'expose, elle réfléchira et se calmera. — Afin d'être

LIVRE LIX.

Mai 1815.

La grande armée destinée à se battre en Flandre, Napoléon est obligé de se priver de vingt mille hommes.

plus sûr d'un prompt résultat, il fit partir le 47ᵉ en poste pour Laval, où les chouans commençaient à remuer, et en outre une division de jeune garde qui devait être tenue en réserve à Angers sous le général Brayer. Ainsi, malgré sa résolution de détourner le moins possible des forces destinées à la grande armée, cette insurrection déplorable devait le priver de quatre ou cinq régiments, de plusieurs troisièmes bataillons, et d'une division de jeune garde, c'est-à-dire de 20 mille hommes au moins, qui allaient lui manquer sur un champ de bataille où ils auraient pu décider la victoire. C'était un immense malheur, sans autre profit pour les royalistes que de servir un peu leur cause, et de ruiner celle de la France à Waterloo!

Mesures politiques contre les insurgés et les royalistes.

Au mouvement que se donnaient les royalistes, Napoléon avait bien entrevu qu'on lui préparait des soulèvements intérieurs, destinés à seconder les attaques de l'extérieur, et il voulait qu'on ne laissât pas le champ libre aux ennemis de tout genre qui, pour le perdre, s'exposaient à perdre la France. Il désirait donc des mesures contre ceux qui fomentaient ostensiblement la guerre civile. Mais il trouva de l'opposition chez certains de ses ministres, qui refusaient, avec raison, de rentrer dans la voie de l'arbitraire, et notamment chez M. Fouché, qui ne songeait, quant à lui, qu'à se préparer des titres auprès de tous les partis, en les ménageant quoi qu'ils fissent. La question était grave, car on était placé entre l'inconvénient de tout permettre à des adversaires fort disposés à se servir des facilités qu'on leur laisserait, et l'inconvénient de recourir aux lois barbares de la Convention et du Directoire. Napoléon exigea la préparation d'une loi modérée et ferme, qui définît avec précision les divers genres de délit tendant à provoquer la guerre civile, ou à conniver avec la guerre étrangère, et la destina à former avec les lois financières la première proposition qu'on présenterait aux Chambres. En attendant, il voulut que le Conseil d'État recherchât dans les lois antérieures les dispositions qui n'étaient ni exagérées, ni cruelles, afin d'en prescrire l'application. Il ordonna d'éloigner du pays insurgé les hommes qui n'y avaient pas leur domicile habituel, de dresser la liste de ceux qui avaient quitté leur résidence ordinaire, soit pour se mettre à la tête des rassemblements, soit pour se rendre à la cour de Gand, et leur fit adresser la sommation de rentrer à cette résidence sous peine de séquestration de leurs biens. A Toulouse, mais surtout à Marseille, des hommes audacieux, signalés comme ennemis implacables, prêchaient l'insurrection à une populace incandescente. Il en fit éloigner quelques-uns, et réduisit la garde nationale de ces villes à un petit nombre d'hommes sûrs, et dans les mains desquels on pouvait sans danger laisser des armes. — Je ne veux pas sévir, dit-il à ses ministres, mais je veux intimider, et si, tandis que six cent mille hommes marchent sur la France, je souffre les tentatives des partis intérieurs, nous aurons à Paris même des insurrections qui tendront la main aux armées coalisées. — Ses ministres se turent, et M. Fouché comme les autres, celui-ci toutefois en se promettant de ne pas exécuter les ordres de son maître, non par res-

Mai 1815.

Napoléon songe à convenir d'une trêve avec les insurgés.

pect pour les principes d'une légalité rigoureuse, mais pour en faire son profit personnel auprès des royalistes. Tristes et déplorables temps que ceux de la guerre civile connivant avec la guerre étrangère, temps où l'on est partagé entre la crainte de manquer à la défense du pays, et la crainte de manquer aux principes d'une saine liberté!

Cependant Napoléon pensa qu'il y avait encore autre chose à faire que d'employer l'intimidation contre les Vendéens. Il était évident pour lui qu'ils ne marchaient pas d'aussi grand cœur qu'autrefois, qu'il y avait parmi eux des divergences et même de l'ébranlement, et il imagina de recourir à la politique. — Ces malheureux Vendéens sont fous, dit-il à ses ministres. Durant tout mon règne, je les ai laissés tranquilles, je n'ai pas inquiété un seul de leurs chefs, pas un seul de leurs prêtres. Bien plus, j'ai rétabli leurs villes, je leur ai donné des routes, j'ai fait pour eux tout ce que m'a permis le temps dont j'ai disposé, et en récompense de pareils traitements ils viennent se jeter sur moi pendant que j'ai l'Europe sur les bras! Malgré la répugnance que j'ai à sévir, je ne puis les laisser faire, et je vais être obligé d'employer à leur égard le fer et le feu. A quoi bon, cependant? Ce n'est pas eux qui décideront la question. Je vais me battre contre leurs amis, les Anglais et les Prussiens, et décider non-seulement du sort de deux dynasties, mais du sort de l'Europe. Si je suis vaincu, leur cause est gagnée; si je suis vainqueur, rien ne pourra assurer leur triomphe. J'extirperai jusqu'aux racines de cette odieuse guerre civile, hommes et choses ; je ferai disparaître tout ce qui permet à de pauvres paysans aveugles d'assassiner leurs compatriotes, ou de se faire assassiner par eux pour les plus absurdes préjugés. Ainsi leur sort ne dépendra pas d'eux, mais de la coalition et de moi. Qu'ils se tiennent donc en repos ; qu'ils ne fassent pas ravager leurs champs, incendier leurs chaumières, égorger leurs hommes les plus valides pour un effort inutile. Qu'ils laissent mon armée et celle des étrangers trancher la question dans un duel à mort ! Certes il périra dans ce conflit assez d'hommes et des meilleurs, sans qu'on oblige encore les Français à s'égorger les uns les autres. Quelques jours de patience, et tout sera terminé...... — Vous, duc d'Otrante, ajouta Napoléon, vous avez connu, pratiqué dans le temps les divers chefs vendéens ; il doit y en avoir à Paris, mandez-les auprès de vous de gré ou de force, faites-leur entendre raison, et proposez-leur une suspension d'armes, qui épargnera à cette malheureuse France d'inutiles ravages ! La trêve que vous leur demanderez n'aura pas besoin d'être longue. Dans quatre semaines leur cause sera gagnée ou perdue, au prix d'un autre sang que le leur, et si elle est perdue, selon leur manière de penser, elle sera certainement gagnée selon leurs vrais intérêts, car je leur ferai cent fois plus de bien par mes lois et mes travaux, que ne leur en feraient les Bourbons, auxquels ils se sacrifient inutilement depuis vingt-cinq années ! —

On ne pouvait convier le duc d'Otrante à meilleure fête que de l'engager à entamer des relations particulières avec les partis. Il fit appeler MM. de

Malartic, de Flavigny et de La Béraudière, les chargea de se transporter en Vendée pour y propager les idées de Napoléon, qu'il rendit exactement, mais en son langage et avec ses sentiments à lui. — Pourquoi, leur dit-il, vous sacrifier pour ramener les Bourbons, auxquels vous ne devez rien, et pour renverser un homme qui vous a fait du bien, qui vous en fera encore, mais qui en tout cas n'en a pas peut-être pour six semaines ? Vous êtes dupes des préjugés de vos prêtres et de l'ambition de vos chefs. Ils vous mènent à la boucherie, pour eux et non pour vous, tandis que si vous avez la sagesse de ne pas vous en mêler, vous serez débarrassés de l'Empire avant peu, ou soumis à un joug qui en vérité ne sera guère lourd pour vos contrées. Vous détestez Bonaparte ; je ne l'aime guère davantage, mais ni vous ni moi n'y pouvons rien. Il va comme un furieux se ruer sur l'Europe ; il y succombera vraisemblablement : eh bien, dans ce cas, nous tâcherons de nous entendre, et comme, lui renversé, il n'y a que les Bourbons de possibles, nous nous concerterons pour les ramener, et les faire régner plus sagement que la première fois. Je ne vous demande pas de déposer les armes, ni de faire acte de soumission à l'Empire, mais de suspendre les hostilités. Je tâcherai même d'obtenir que les troupes impériales se retirent à la lisière du pays insurgé, et que vous restiez maîtres chez vous, mais à la condition que vous y demeuriez tranquilles et inoffensifs. —

Ces paroles étaient de nature à faire impression sur les Vendéens, car si on ôte à leurs derniers efforts le motif coupable, et qu'ils ne s'avouaient point, de priver l'armée française de vingt mille soldats, tout était absurde et extravagant dans cette tentative de guerre civile. Touchés du langage vrai, et presque cynique, tenu par le duc d'Otrante, les trois négociateurs partirent en toute hâte pour aller proposer à la Vendée la suspension d'armes dont nous venons d'indiquer les conditions. Du reste comme on l'annonçait aux Vendéens, ils n'avaient pas beaucoup à attendre, car on était à la veille du 1ᵉʳ juin, jour définitivement assigné pour la cérémonie du Champ de Mai, et immédiatement après Napoléon devait partir pour l'armée, afin de décider la question posée entre l'Europe et lui.

En effet, la presque totalité des registres contenant les votes sur l'Acte additionnel étant arrivés, on avait commencé les opérations du recensement. Les 29 et 30 mai, les députations des colléges électoraux s'étant assemblées dans les quatre-vingt-sept lieux de réunion qui leur avaient été assignés, avaient entrepris la supputation des votes. Ce travail achevé, elles avaient désigné chacune cinq membres pour aller procéder, sous la présidence du prince archichancelier, au recensement général des votes des départements. De plus, elles avaient autorisé leurs délégués à rédiger une adresse à l'Empereur. Ces délégués, formant une assemblée de quatre à cinq cents membres, se réunirent le mercredi 31 dans le palais du Corps législatif, et reconnurent que le nombre des votes, non compris ceux de quelques arrondissements, encore inconnus, était de 1,304,206, sur lesquels 1,300,000 affirmatifs et 4,206 négatifs. Le nombre des votes pour l'institution du Consulat à vie avait été de 3,577,259 et le nombre pour l'institution de l'Empire de 3,572,329. La supériorité numérique des votes affirmatifs sur les votes négatifs était la même, mais le chiffre des votants différait beaucoup, car il était presque réduit des trois quarts, ce qui prouve qu'en 1815 la France, entre la contre-révolution représentée par les Bourbons, et la guerre représentée par Napoléon, ne savait plus à quelles mains confier ses destinées, et attestait sa consternation par son absence.

Immédiatement après ce recensement on s'était occupé de l'adresse. Divers projets furent présentés, et l'un d'entre eux, rédigé par M. Carion de Nisas, avec la participation du gouvernement, fut adopté. Ce projet exprimait énergiquement les deux pensées du moment : résolution de la France de combattre sous les ordres de Napoléon pour assurer l'indépendance nationale, et résolution après la paix de développer les libertés publiques suivant le système de la monarchie constitutionnelle. Le dévouement à Napoléon était aussi complétement exprimé qu'on pouvait le désirer. M. Dubois d'Angers, doué d'un organe assez fort pour se faire entendre dans la plus vaste enceinte, fut choisi pour lire cette adresse.

L'objet du Champ de Mai, qui avait singulièrement varié depuis le programme de Lyon, car il avait dû consister d'abord dans la présentation des nouvelles institutions aux électeurs assemblés, et dans le couronnement du Roi de Rome en présence de sa mère, était réduit désormais par le mode de présentation de l'Acte additionnel et par les refus de Marie-Louise, à un simple recensement de votes. Afin de donner à cette cérémonie une signification capable de toucher les spectateurs et le public, Napoléon voulut y ajouter la distribution des drapeaux aux troupes qui allaient partir pour la frontière du Nord. Ces drapeaux, remis à des soldats qui jureraient de mourir sous peu de jours pour les défendre, étaient plus que tout le reste propres à émouvoir les nombreux citoyens réunis au Champ de Mars. Jusqu'à la veille de la cérémonie on fit circuler des bruits très-contradictoires sur ce qui s'y passerait. L'origine de ces bruits remontait au duc d'Otrante. Cet intrigant infatigable rêvait toujours de se débarrasser de Napoléon, non pour ramener les Bourbons qu'il n'acceptait que comme un pis-aller, mais pour obtenir, s'il était possible, la régence de Marie-Louise et du Roi de Rome, afin d'être le maître sous le gouvernement d'une femme et d'un enfant. La négociation secrète essayée auprès de lui par M. de Metternich, et traversée par l'envoi de M. Fleury de Chaboulon à Bâle, l'avait plus que jamais rempli du sentiment de sa propre importance, et fortifié dans l'idée d'écarter Napoléon pour lui substituer Marie-Louise et le Roi de Rome. Il disait donc tout haut à qui voulait l'entendre, avec une imprudence qu'expliquait seule la situation précaire de Napoléon, que si cet homme, comme il l'appelait, avait quelque patriotisme, il se retirerait de la scène et abdi-

Mai 1815.

querait en faveur de son fils, qu'à cette condition il désarmerait infailliblement l'Europe, la mettrait du moins dans son tort, et imposerait à tous les Français le devoir de combattre à outrance. Mais il ajoutait qu'on ne serait pas même réduit à la cruelle extrémité de combattre, que d'après toutes les vraisemblances l'abdication de Napoléon suffirait pour arrêter les armées européennes. Quand on demandait à M. Fouché sur quoi il se fondait pour parler ainsi, il répondait d'un air mystérieux qu'il avait de fortes raisons pour le faire, laissait entrevoir des relations intimes avec les puissances étrangères, de manière à donner autorité à ses paroles et grande valeur à sa personne. Selon lui, c'était la cérémonie du Champ de Mai dont Napoléon devrait profiter pour donner cet exemple de désintéressement, et tenter ce coup de profonde politique. On devine quel chemin faisaient de tels propos, sortant de la bouche du ministre de la police, de celui auquel on accordait le moins de respect,

Il propose à Napoléon d'offrir éventuellement son abdication à l'Europe.

et le plus d'importance. Afin de prendre ses précautions à l'égard de Napoléon, et d'excuser des propos dont l'écho pouvait parvenir à ses oreilles, M. Fouché essaya de lui présenter un plan qu'il disait des plus habiles, et qui consistait à offrir aux souverains coalisés son abdication éventuelle, à la condition de la paix immédiate, puis s'ils rejetaient cette offre à prendre la nation pour juge de leur mauvaise foi, et à l'appeler tout entière aux armes. Selon le duc d'Otrante, si les souverains acceptaient sa proposition, Napoléon aurait assuré à son fils la couronne, à lui-même une gloire immense, et un repos entouré du respect universel, quel que fût le lieu où il songerait à se retirer; et si au contraire les souverains refusaient, il aurait droit de demander à la France les derniers sacrifices.

Napoléon repoussa dédaigneusement cette invention d'un cerveau toujours en fermentation, et plus soucieux de montrer la fertilité que la justesse de ses idées. Quand Napoléon avait la sagesse de se contenir devant M. Fouché, il usait avec lui de façons méprisantes qui étaient commodes, et qui le dispensaient de sévir contre des témérités qu'il aurait été obligé autrement de prendre beaucoup trop au sérieux. Il n'eut pas de peine à montrer soit au duc d'Otrante, soit à d'autres, combien ces idées étaient chimériques. Ce que l'Europe voulait en demandant qu'on lui sacrifiât Napoléon, c'était de se faire remettre l'épée de la France, et cette épée obtenue, de nous faire passer sous les Fourches Caudines. En effet, si l'offre d'abdication n'avait pas été suivie de la remise immédiate de la personne de Napoléon aux souverains, ce qui eût été pour la France une honte, pour Napoléon un acte d'insigne duperie, l'Europe aurait regardé cette offre comme une comédie à laquelle il fallait répondre par le mépris. Si la remise de la personne de Napoléon s'en était suivie, on eût été dans la position des Carthaginois à l'égard des Romains : après la remise des vaisseaux et des armes, il aurait fallu livrer Carthage, c'est-à-dire que l'Europe, qui ne voulait ni de Marie-Louise ni du Roi de Rome mais des Bourbons, les aurait imposés, même sans aucune garantie, à des gens assez simples pour s'être livrés

578   LIVRE LIX.

Mai 1815.

eux-mêmes. Tout ce qu'on aurait gagné à ces tergiversations, c'eût été de montrer de l'incertitude et de la crainte, d'ébranler l'autorité de Napoléon dans un moment où il importait qu'elle fût plus forte que jamais, de perdre en démarches ridicules le temps le plus précieux pour les opérations militaires, et surtout d'énerver le moral de l'armée, qui ne voyait que l'Empereur, ne voulait voir que lui. Ces raisons, frappantes d'évidence, prouvaient l'extrême légèreté de M. Fouché, et le peu de solidité de ses combinaisons. Il n'en allait pas moins les colporter çà et là, et elles n'en faisaient pas moins de ravage dans les esprits, en répandant l'idée qu'un grand acte de dévouement de la part de Napoléon aurait pu sauver la France, qui faute de cet acte restait exposée aux plus affreux périls. Le vrai dévouement de la part de Napoléon eût consisté à mourir à l'île d'Elbe, mais ce dévouement eût exigé tant de vertu, qu'il n'y a pas grande justice à l'imposer à un mortel quelconque. Dans ce cas, il n'y aurait jamais eu de prétendants dans le monde, c'est-à-dire point d'ambition dans le cœur humain!

Question de savoir si Napoléon se présentera au Champ de Mai en empereur ou en général.

La question de l'abdication éventuelle qui n'avait pas été sérieusement soulevée, mise de côté, il en restait une autre, celle de savoir comment Napoléon se présenterait au Champ de Mai. Serait-ce en simple général, plus soldat qu'empereur, ou en souverain entouré de toute la pompe du trône? Beaucoup de libéraux très-sincères, mais à demi républicains, et entendant se servir de Napoléon seulement pour se débarrasser des Bourbons par la victoire, auraient voulu que les apparences répondissent au fond des choses, telles qu'ils les concevaient, et que Napoléon ne parût au Champ de Mai qu'en soldat. Mais au contraire les amis effarés de l'autorité, qui jetaient les hauts cris depuis qu'il semblait se prêter aux désirs des libéraux, ne manquaient pas de dire que Napoléon se livrait aux révolutionnaires pour avoir leur appui, et qu'autant aurait valu rester à l'île d'Elbe que d'en revenir pour être leur esclave. Napoléon ne faisait pas plus de cas des exigences des uns, que des terreurs affectées des autres, mais il était piqué de ce qu'on le disait déchu, tombé aux mains de *la canaille*, parce qu'il avait accepté pour régner les conditions d'un monarque constitutionnel. Aussi, bien qu'il attachât peu de prix aux propos de ces jaloux partisans de l'autorité impériale, il ne voulut pas fournir matière à leurs observations malveillantes en se montrant pour ainsi dire décourronné devant la nombreuse assemblée venue de tous les points de la France. Il prit donc le parti de se rendre au Champ de Mai comme il s'était rendu au sacre, c'est-à-dire avec le même appareil. Ce n'était pas une faute grave assurément, car son sort allait dépendre d'une bataille en Flandre, et non des impressions fugitives produites par un vain spectacle sur des esprits agités; c'était une faute pourtant, car il avait besoin de toute la bonne volonté des amis de la liberté, et il ne fallait pas leur déplaire même dans les petites choses. Quoi qu'il en soit, sans beaucoup s'inquiéter de ces opinions diverses, il se transporta le 1ᵉʳ juin au Champ de Mars, en habit de soie, en toque à plumes, en manteau impérial, dans la voiture du sacre attelée de huit chevaux, précédé des princes de sa famille, et ayant à sa portière les maréchaux à cheval. Parmi eux figurait le maréchal Ney qu'il n'avait pas vu depuis un mois. Ne pouvant contenir un mouvement d'humeur en l'apercevant, Je croyais, lui dit-il, que vous aviez émigré. — Il s'achemina ainsi par le jardin des Tuileries, les Champs-Élysées, le pont d'Iéna, vers le Champ de Mars, à travers une foule curieuse, toujours sensible à sa présence, l'applaudissant assez vivement, mais profondément inquiète. D'un côté du Champ de Mars se trouvaient vingt-cinq mille hommes composant la garde nationale de Paris, de l'autre, vingt-cinq mille soldats de la garde impériale et du 6ᵉ corps, lesquels n'attendaient pour partir que la fin de la cérémonie. Tous applaudirent Napoléon, mais les soldats de la garde impériale et du 6ᵉ corps avec frénésie. Ces cris passionnés, il faut le dire, ne signifiaient point de leur part un dévouement intéressé à une révolution qu'ils avaient faite, mais la résolution de mourir pour l'honneur des armes françaises!

Napoléon tourna autour du bâtiment de l'École militaire, et y entra par derrière. Monté au premier étage du palais, il fut introduit dans l'enceinte destinée à la cérémonie. Cette enceinte, construite en dehors, présentait un demi-cercle dont les deux extrémités s'appuyaient au bâtiment de l'École militaire, et dont le milieu s'ouvrait sur le Champ de Mars. Le trône était adossé au bâtiment de l'École; à droite et à gauche se développaient des gradins demi-circulaires; en face s'élevait un autel, et au delà de l'autel une ouverture, ménagée au milieu de l'enceinte, permettait d'apercevoir le Champ de Mars tout entier hérissé de baïonnettes. En avant de cette ouverture on avait disposé une plate-forme sur laquelle l'Empereur devait distribuer les drapeaux, et qui communiquait avec le Champ de Mars par une longue suite de marches décorées de trophées magnifiques.

Napoléon suivi de son cortége vint prendre place sur le trône, accueilli par des cris ardents de *Vive l'Empereur!* Sur les côtés du trône, ses frères occupaient des tabourets. Derrière, et un peu au-dessus, sa mère, ses sœurs occupaient une tribune appliquée aux fenêtres de l'École militaire. A droite et à gauche, sur les gradins de l'amphithéâtre semi-circulaire, se trouvaient distribués selon leur rang les corps de l'État, les autorités civiles et militaires, la magistrature, les représentants récemment élus, les députations des colléges électoraux, et enfin les envoyés de l'armée venant recevoir les drapeaux des régiments. Cette vaste réunion comprenait neuf à dix mille individus. A l'autel, l'archevêque de Tours, M. de Barral, environné de son clergé, se préparait à célébrer la messe, et enfin de toutes les parties de cette enceinte on découvrait au loin, dans l'immense étendue du Champ de Mars, cinquante mille hommes de l'armée et de la garde nationale, et cent bouches à feu. Paris n'avait jamais vu de spectacle plus imposant. Il n'y manquait pour transporter les âmes que le sentiment qui anime tout, celui du contentement. L'accueil fait à l'Empereur à son entrée avait été chaleureux de la part des électeurs et des députations de l'armée, mais les acclamations qu'on avait entendues révélaient, hélas, le désir plus que l'espérance! Sous sa toque à plumes, le beau visage de Napoléon était grave et presque triste. On cherchait en vain à ses côtés sa femme et son fils, et on sentait péniblement l'isolement produit autour de lui par l'inexorable volonté de l'Europe. A la place de sa femme et de son fils, on voyait ses frères, rappelant des guerres funestes pour des trônes de famille, et parmi eux Lucien seul trouvait grâce, parce qu'il n'avait jamais porté de couronne. Quelques assistants improuvaient la pompe déployée; le plus grand nombre nourrissaient des pensées plus sérieuses, et songeaient au pressant péril de l'État. L'armée poussant de temps en temps des cris convulsifs de *Vive l'Empereur!* échappait à la tristesse générale par les nobles fureurs du patriotisme. En un mot l'aspect de cette scène était celui d'un duel à mort qui se préparait non entre deux individus, mais entre une nation et le monde!

On commença par appeler sur ce trône qui venait de se relever, pour combien de temps, Dieu seul le savait! sur cette nation agenouillée au pied des autels, la bénédiction du Ciel. La messe fut célébrée, et un *Te Deum* chanté. Après la messe, les membres composant la députation des colléges électoraux s'avancèrent, au nombre d'environ cinq cents, et, conduits par le prince archichancelier, vinrent prendre place au pied du trône. Celui d'entre eux qui devait lire l'adresse prit alors la parole, et d'une voix forte et vibrante se fit enten-

dre à toute l'assistance. Dévouement à l'Empereur
et à la liberté, paix si on pouvait persuader l'Europe, guerre acharnée si on ne le pouvait pas,
tel était le fond du discours, parce que c'était le
fond de toutes les pensées chez ceux qui avaient
ou désiré, ou laissé accomplir le retour de Napoléon. — Rassemblés, dit en substance l'orateur des
colléges électoraux, rassemblés de toutes les parties
de l'Empire autour des tables de la loi, où nous
venons inscrire le vœu du peuple, il nous est impossible de ne pas faire entendre la voix de la
France, dont nous sommes les organes, de ne pas
dire en présence de l'Europe, au chef de la nation,
ce qu'elle attend de lui, ce qu'il peut attendre
d'elle.... « Que veulent, Sire, ces monarques qui
» s'avancent vers nous en un si vaste appareil
» de guerre? Par quel acte avons-nous motivé leur
» agression? Avons-nous depuis la paix violé les
» traités?.... Resserrés dans des frontières que la
» nature n'a point tracées, que même avant votre
» règne la victoire et la paix avaient reculées, nous
» n'avons point franchi cette étroite enceinte, par
» respect pour les traités que vous n'avez point
» signés et que vous avez cependant offert de respecter. Que veulent-ils donc de nous?... Ils ne
» veulent pas du chef que nous voulons, et nous ne
» voulons pas de celui qu'ils prétendent nous imposer. Ils osent vous proscrire, vous qui tant de
» fois maître de leurs capitales, les avez raffermis
» généreusement sur leurs trônes ébranlés! Cette
» haine de nos ennemis ajoute à notre amour pour
» vous. On proscrirait le moins connu de nos ci-

Juin 1815.

*Discours
des électeurs.*

» toyens, que nous devrions le défendre avec la
» même énergie, car il serait sous l'égide de la
» puissance française.

» Ne demande-t-on que des garanties? Elles sont
» toutes dans nos nouvelles institutions et dans la
» volonté du peuple français, unie désormais à la
» vôtre. Vainement veut-on cacher de funestes des-
» seins sous le dessein unique de vous séparer de
» nous, et de nous donner des maîtres qui ne nous
» entendent plus, que nous n'entendons plus! Leur
» présence momentanée a détruit toutes les illu-
» sions qui s'attachaient encore à leur nom. Ils ne
» pourraient plus croire à nos serments, nous ne
» pourrions plus croire à leurs promesses. La dîme,
» la féodalité, les priviléges, tout ce qui nous est
» odieux, était trop évidemment le but de leur
» pensée. Un million de fonctionnaires, de magis-
» trats voués depuis vingt-cinq ans aux maximes
» de 1789, un plus grand nombre encore de ci-
» toyens éclairés qui font une profession réfléchie
» de ces maximes, et entre lesquels nous venons de
» choisir nos représentants, cinq cent mille guer-
» riers, notre force et notre gloire, six millions de
» propriétaires investis par la Révolution, n'étaient
» point les Français des Bourbons : ils ne voulaient
» régner que pour une poignée de privilégiés, de-
» puis vingt-cinq ans punis ou pardonnés. Leur
» trône un moment relevé par les armes étrangères
» et environné d'erreurs incurables, s'est écroulé
» devant vous, parce que vous nous rapportiez du
» sein de la retraite, qui n'est féconde en grandes
» pensées que pour les grands hommes, la vraie

« liberté, la vraie gloire..... Comment cette marche
» triomphale de Cannes à Paris n'a-t-elle pas des-
» sillé tous les yeux? Dans l'histoire de tous les
» peuples est-il une scène plus nationale, plus hé-
» roïque, plus imposante? Ce triomphe, qui n'a
» point coûté de sang, ne suffit-il pas pour détrom-
» per nos ennemis? En veulent-ils de plus san-
» glants? Eh bien, Sire, attendez de nous tout ce
» qu'un héros fondateur peut attendre d'une nation
» fidèle, énergique, inébranlable dans son double
» vœu de liberté au dedans, d'indépendance au
» dehors.....

« Confiants dans vos promesses, nos représen-
» tants vont avec maturité, avec réflexion, avec
» sagesse, revoir nos lois, et les mettre en rapport
» avec le système constitutionnel, et pendant ce
» temps, puissent les chefs des nations nous en-
» tendre! S'ils acceptent vos offres de paix, le peuple
» français attendra de votre administration forte,
» libérale, paternelle, des motifs de se consoler des
» sacrifices que lui aura coûtés la paix; mais si on ne
» lui laisse que le choix entre la honte et la guerre,
» il se lèvera tout entier afin de vous dégager des
» offres trop modérées peut-être que vous avez faites
» pour épargner à l'Europe de nouveaux boulever-
» sements. Tout Français est soldat; la victoire
» suivra de nouveau vos aigles, et nos ennemis qui
» comptaient sur nos divisions, regretteront bientôt
» de nous avoir provoqués. »

Ce discours, dont nous ne donnons que les principaux passages, prononcé avec chaleur et avec
une voix retentissante, remua les assistants, et mal-

gré leurs préoccupations leur arracha de vifs applaudissements.

L'archichancelier annonça ensuite le résultat des votes, qui était, avons-nous dit, de 1,300,000 votes affirmatifs et de 4,206 négatifs, et déclara l'Acte additionnel accepté par la nation française. Cet acte ayant été apporté au pied du trône, l'Empereur le signa et prononça le discours suivant, écrit avec la force de pensée et de style qui lui était ordinaire.

« Messieurs les électeurs, messieurs les députés de l'armée de terre et de mer,

» Empereur, consul, soldat, je tiens tout du » peuple. Dans la prospérité, dans l'adversité, sur » le champ de bataille, au conseil, sur le trône, » dans l'exil, la France a été l'objet unique et con- » stant de mes pensées et de mes actions.

» Comme ce roi d'Athènes, je me suis sacrifié » pour mon peuple dans l'espoir de voir se réaliser » la promesse donnée de conserver à la France son » intégrité naturelle, ses honneurs et ses droits.

» L'indignation de voir ces droits sacrés, acquis » par vingt-cinq années de victoires, méconnus et » perdus à jamais, le cri de l'honneur français flé- » tri, les vœux de la nation, m'ont ramené sur ce » trône, qui m'est cher, parce qu'il est le palladium » de l'indépendance, de l'honneur et des droits du » peuple.

» Français, en traversant au milieu de l'allé- » gresse publique les diverses provinces de l'Empire » pour arriver dans ma capitale, j'ai dû compter sur » une longue paix : les nations sont liées par les

» traités conclus par leurs gouvernements, quels
» qu'ils soient.

» Ma pensée se portait alors tout entière sur les
» moyens de fonder notre liberté par une Constitu-
» tion conforme à la volonté et à l'intérêt du peuple.
» J'ai convoqué le Champ de Mai.

» Je ne tardai pas à apprendre que les princes
» qui ont méconnu tous les principes, froissé l'opi-
» nion et les plus chers intérêts de tant de peuples,
» veulent nous faire la guerre. Ils méditent d'ac-
» croître le royaume des Pays-Bas, de lui donner
» pour barrières toutes nos places frontières du
» Nord, et de concilier les différends qui les divi-
» sent encore, en se partageant la Lorraine et
» l'Alsace.

» Il a fallu se préparer à la guerre.

» Cependant, devant courir personnellement les
» hasards des combats, ma première sollicitude a
» dû être de constituer sans retard la nation. Le
» peuple a accepté l'Acte que je lui ai présenté.

» Français, lorsque nous aurons repoussé ces in-
» justes agressions, et que l'Europe sera convain-
» cue de ce qu'on doit aux droits et à l'indépen-
» dance de vingt-huit millions d'hommes, une loi
» solennelle, faite dans les formes voulues par
» l'Acte constitutionnel, réunira les différentes dis-
» positions de nos Constitutions aujourd'hui éparses.

» Français, vous allez retourner dans vos dépar-
» tements. Dites aux citoyens que les circonstances
» sont graves ; qu'avec de l'union, de l'énergie et
» de la persévérance, nous sortirons victorieux de
» cette lutte d'un grand peuple contre ses oppres-

» seurs; que les générations à venir scruteront sé-
» vèrement notre conduite ; qu'une nation a tout
» perdu quand elle a perdu l'indépendance. Dites-
» leur que les rois étrangers que j'ai élevés sur le
» trône, ou qui me doivent la conservation de leur
» couronne, qui tous, au temps de ma prospérité,
» ont brigué mon alliance et la protection du peuple
» français, dirigent aujourd'hui tous leurs coups
» contre ma personne. Si je ne voyais que c'est à la
» patrie qu'ils en veulent, je mettrais à leur merci
» cette existence, contre laquelle ils se montrent si
» acharnés. Mais dites aussi aux citoyens que tant
» que les Français me conserveront les sentiments
» d'amour dont ils me donnent tant de preuves,
» cette rage de nos ennemis sera impuissante.

» Français, ma volonté est celle du peuple ; mes
» droits sont les siens; mon honneur, ma gloire,
» mon bonheur ne peuvent être autres que l'hon-
» neur, la gloire et le bonheur de la France. »

Ce discours provoqua de vives acclamations. L'archevêque de Bourges, remplissant les fonctions de grand aumônier, présenta en ce moment le livre des Évangiles à Napoléon, qui, la main étendue sur ce livre, prêta serment aux Constitutions de l'Empire. Le prince archichancelier y répondit en prêtant le premier le serment de fidélité. *Nous le jurons!* s'écrièrent des milliers de voix. De bruyants applaudissements se firent alors entendre, et aux acclamations répétées de *Vive l'Empereur!* se mêlèrent quelques cris de *Vive l'Impératrice!* Ce dernier cri, resté sans écho, produisit une sorte d'embarras : on ne savait, en effet, s'il fallait le répéter en l'absence de celle qui aurait dû accourir avec son fils auprès de son époux, et qui n'en avait eu ni le courage ni même la volonté. Ce silence pénible de quelques instants fut promptement interrompu par les députations militaires, brandissant leurs épées et criant : *Vive l'Impératrice! vive le Roi de Rome! nous irons les chercher!* —

Après cette partie de la cérémonie Napoléon se leva, déposa son manteau impérial, et traversant l'enceinte demi-circulaire, vint se poser sur la plate-forme où il devait distribuer les drapeaux. Le spectacle, en ce moment, était magnifique, parce que la grandeur du sentiment moral égalait la majesté des lieux. Le ministre de l'intérieur tenant le drapeau de la garde nationale de Paris, le ministre de la guerre tenant le drapeau du premier régiment de l'armée, le ministre de la marine tenant celui du premier corps de la marine, étaient debout auprès de l'Empereur. Sur les marches nombreuses qui communiquaient de l'enceinte au Champ de Mars, étaient répandus d'un côté des officiers tenant les drapeaux des gardes nationales et de l'armée, de l'autre les députations chargées de les recevoir. En face, cinquante mille hommes et cent pièces de canon étaient rangés sur plusieurs lignes ; enfin, dans la vaste étendue du Champ de Mars, se trouvait le peuple de Paris presque tout entier.

Napoléon s'avançant jusqu'à la première marche et ayant au-dessous de lui, à portée de sa voix, des détachements des divers corps, leur dit en saisissant un des drapeaux : Soldats de la garde nationale de Paris et de la garde impériale, je vous confie l'aigle aux couleurs nationales; vous jurez de périr s'il le faut pour la défendre contre les ennemis de la patrie et du trône!... — Oui, oui, nous le jurons! répondirent des milliers de voix. — Vous, reprit Napoléon, vous, soldats de la garde nationale, vous jurez de ne jamais souffrir que l'étranger souille de nouveau la capitale de la grande nation!... — Oui, oui, nous le jurons! répondirent de bonne foi, et très-décidés à remplir cette promesse, les gardes nationaux parisiens. — Et vous, soldats de la garde impériale, vous jurez de vous surpasser vous-mêmes dans la campagne qui va s'ouvrir, et de mourir tous plutôt que de souffrir que les étrangers viennent dicter la loi à la patrie! — Oui, oui! répondirent avec transport les soldats de la garde, qui devaient bientôt dans les champs de Waterloo tenir leur parole non pas de vaincre, hélas! mais de mourir! Après ces courtes allocutions, accueillies avec transport, les députations de l'armée se succédant à rangs pressés, vinrent recevoir leurs drapeaux. Napoléon, animé par cette scène et se rappelant les nombreuses rencontres où ces divers régiments s'étaient illustrés, leur adressa à chacun des paroles pleines d'à-propos, et qui achevèrent de les électriser. La scène quoique longue toucha profondément les spectateurs. Comme la journée s'avançait, et que le temps manquait pour distribuer les drapeaux des gardes nationales aux députés des colléges électoraux, cette partie de la cérémonie fut remise aux jours suivants. Les troupes défilèrent ensuite au pas accéléré, au bruit des fanfares et des cris de *Vive l'Empereur!* répétés avec enthousiasme

LE CHAMP DE MAI.   591

par l'armée, et par la garde nationale qui bientôt avait pris feu elle-même et cédé à l'entraînement universel.

Pendant que cette partie de la cérémonie, jugée très-belle par tous ceux qui en furent témoins, s'accomplissait en vue du Champ de Mars, un peu en arrière, dans l'enceinte où étaient réunis les corps de l'État, et où l'on n'apercevait pas assez le spectacle pour en être ému, en arrière, disons-nous, régnaient les inquiétudes, les divisions d'opinion, les préoccupations profondes. Les libéraux tendant au républicanisme trouvaient dans ce qu'ils avaient sous les yeux trop de ressemblance avec l'ancien Empire; leurs contradicteurs, plus alarmistes qu'alarmés, y trouvaient trop de ressemblance avec la Révolution; la plupart des électeurs, venus de bonne foi à Paris, auraient voulu approcher l'Empereur de plus près, et être moins séparés de lui par la pompe d'une grande cérémonie. Ainsi tandis qu'en avant de cette enceinte le sentiment national transportait les cœurs, en arrière la juste inquiétude des circonstances les attristait et les divisait. Ce n'était plus la fédération de 1790, où la nation était ignorante, enthousiaste et unie : c'était le lendemain d'une immense révolution, où elle était instruite, déçue, accablée sous le poids des fautes commises, presque désespérée, et ne conservant des sentiments de 1789 qu'une héroïque bravoure exercée par vingt-cinq ans de guerre. M. Fouché contribuant imprudemment aux divisions, sous lesquelles il devait bientôt succomber lui-même, osa, dans les intervalles de cette longue représentation, dire à

Juin 1815.

Tristes impressions qu'on éprouvait là où l'on ne voyait pas la distribution des drapeaux.

voix basse à la reine Hortense : L'Empereur a perdu une belle occasion de compléter sa gloire et d'assurer le trône de son fils en abdiquant.... Je le lui avais conseillé, mais il ne veut écouter aucun conseil... — De telles paroles n'étaient pas faites pour réunir les âmes dans une commune résolution de défendre la France et la liberté sous la direction de Napoléon, direction qu'il fallait bien accepter puisqu'on l'avait désiré ou laissé venir, et qui d'ailleurs pour la guerre était la meilleure qu'on pût souhaiter.

Voulant achever la distribution des drapeaux, revoir les électeurs et les rapprocher de sa personne, Napoléon imagina de les rassembler dans la grande galerie du Louvre, où, rangés sur deux lignes, ils pouvaient trouver place avec les députations de l'armée. Il choisit le dimanche suivant, 4 juin, pour cette seconde cérémonie, et fixa l'ouverture des Chambres soit au lundi 5, soit au mardi 6, selon le temps qu'il leur faudrait pour se constituer. Il se proposait de partir pour l'armée le lundi suivant, 12 juin, et tenait à les avoir installées et mises au travail avant d'aller dans les champs de la Flandre décider de son sort et de celui de la France. Tandis que les opinions étaient partagées autour de lui, que les uns étaient d'avis de ne pas prendre l'initiative des hostilités et d'attendre l'ennemi entre la frontière et la capitale, pour lui laisser l'odieux de l'agression, d'autres plus touchés des considérations militaires que des considérations politiques, et sachant les Anglais seuls à la frontière, voulaient qu'on se jetât brusquement sur eux pour les écraser. Napoléon laissait dire, répondait rarement sur ce sujet, afin de ne pas dévoiler ses desseins, suivait de l'œil la marche des masses ennemies, et calculait le point juste où il pourrait s'interposer entre elles pour les frapper avant leur réunion. Il estimait que ce serait vers le 15 juin, et il espérait avoir à cette date les forces qui lui étaient indispensables pour agir efficacement. — Le comte de Lobau le pressant de commencer les opérations, Attendez, lui dit-il, que j'aie au moins cent mille hommes, et vous verrez alors comment je m'en servirai. — Tout en faisait espérer cent cinquante mille pour le milieu de juin, et son départ étant fixé au 12, Napoléon voulait avant de partir avoir réglé avec les Chambres la marche des affaires.

Il les convoqua par décret pour le samedi 3 juin, de manière que celle des représentants pût employer les 3, 4 et 5 juin à vérifier les pouvoirs de ses membres, à choisir son président, ses vice-présidents et secrétaires, à se constituer enfin avant la séance impériale, car à cette époque la constitution des Chambres précédait la cérémonie où le souverain venait en personne ouvrir leur session. Napoléon avait de plus un motif particulier pour en agir de la sorte. Il tenait, comme nous l'avons dit, à faire de son frère Lucien le président de la Chambre des représentants, et dans cette intention, il l'avait fait élire représentant dans le département de l'Isère, ce qui n'avait rencontré aucune difficulté. Il voulait donc attendre le résultat du scrutin dans la Chambre des représentants avant de publier la liste des pairs, sur laquelle il ne pouvait se dispenser de porter le prince Lucien si la présidence

Juin 1815.

Difficultés qui s'opposent à l'accomplissement de ce désir.

La Chambre, quoique dévouée à Napoléon, est dominée par la crainte de paraître servile.

de la seconde Chambre ne lui était pas dévolue.

Toutefois le projet de Napoléon était d'exécution très-difficile. Les six cents et quelques membres de la Chambre des représentants, la plupart, avons-nous dit, anciens magistrats, militaires, acquéreurs de biens nationaux, révolutionnaires honnêtes, étaient animés d'intentions excellentes, et tout pleins du double désir de soutenir Napoléon et de le soumettre au régime constitutionnel. L'Acte additionnel leur avait déplu sans doute, non qu'ils eussent voulu y insérer autre chose que ce qu'il contenait, mais parce qu'il rattachait trop le second Empire au premier, et parce qu'il ne leur laissait presque rien à faire. Cependant l'idée de leur donner à remanier les Constitutions impériales pour les adapter à l'Acte additionnel, de toucher au besoin à ce dernier, paraissant admise par l'Empereur lui-même, ainsi qu'il résultait de son discours au Champ de Mai, ils avaient obtenu satisfaction sous les rapports essentiels, et n'avaient aucun motif sérieux d'opposition. Élus néanmoins sous l'influence d'un sentiment général de défiance à l'égard de l'ancien despotisme impérial, ils étaient singulièrement préoccupés du souci de ne pas se montrer dépendants. Tous les pouvoirs, hommes ou assemblées, ont leurs faiblesses : la Chambre des représentants en avait une, c'était la crainte de paraître servile. On était donc toujours prêt à prendre avec Napoléon le langage de tribun sans en avoir les sentiments, tandis qu'il aurait fallu au contraire, en étant prêt à lui résister s'il revenait à ses anciennes habitudes, s'unir à lui pour sauver en commun la France et les principes de la Révolution. Dans cet état de susceptibilité, la Chambre des représentants était peu disposée à nommer le prince Lucien : elle se serait crue compromise dès son début en prenant si vite les couleurs impériales. A cette faiblesse elle joignait l'inexpérience de provinciaux récemment arrivés, ne connaissant ni Paris, ni les hommes, ni le manége des assemblées. Tout en repoussant Lucien parce qu'il était frère de l'Empereur, elle ne savait qui choisir. Quelques-uns de ses membres, enclins à une liberté approchant de la liberté républicaine, auraient accepté volontiers M. de Lafayette, qui bien que satisfait de l'Acte additionnel, cachait peu son éloignement pour Napoléon ; mais les révolutionnaires lui reprochaient un reste de penchant pour la maison de Bourbon. Il était donc trop révolutionnaire pour les uns, trop peu pour les autres, et ne semblait pas propre à réunir la majorité des suffrages. M. Lanjuinais, signalé dans la Convention par sa résistance à la Montagne, et sous l'Empire par sa résistance à l'Empereur, répondait à la double pensée du jour. Ce n'était pas une objection qu'il eût été admis à la pairie sous Louis XVIII. On voulait par là indiquer qu'on n'était pas exclusif, et qu'on prenait les amis de la liberté partout où on les trouvait. M. Lanjuinais avait par conséquent de nombreuses chances d'être préféré comme président de la Chambre des représentants.

L'inconvénient, nous l'avons déjà dit, de la liberté donnée trop tard, c'est qu'on en fait presque toujours le difficile essai dans des circonstances périlleuses, où le pouvoir a peur d'elle, ou elle a peur

Juin 1815.

du pouvoir, et où ils se combattent au lieu de s'unir pour le salut commun. Le gouvernement, aussi inexpérimenté que l'Assemblée, ne discernait pas clairement les dispositions de celle-ci, et commettait la faute de poursuivre une chose impossible en désirant la présidence du prince Lucien, tandis que mieux servi il y aurait renoncé, et aurait laissé se produire sans obstacle la candidature de M. Lanjuinais, qui n'avait rien d'offensif ni même de blessant.

Réunion de la Chambre des représentants et vérification des pouvoirs.

Difficulté soulevée à l'occasion des élections de l'Isère, qui comprennent celle de Lucien.

La Chambre des représentants convoquée le samedi 3 afin de se constituer, décréta un règlement provisoire, se divisa en commissions pour opérer la vérification des pouvoirs, et déclara définitivement admis tous ceux dont l'élection ne présenterait pas de difficulté. Sans aucune malveillance, la commission chargée d'examiner les élections de l'Isère fit la remarque naturelle que le prince Lucien, nommé représentant, serait très-probablement élevé à la pairie, et qu'il était nécessaire de le savoir avant d'admettre ou lui ou son suppléant M. Duchesne. L'assemblée différa cette admission, comme toutes celles qui donnaient lieu à quelques objections, et l'ajourna jusqu'après la publication officielle de la liste des pairs. Dans le premier moment on n'avait mis aucune malice à soulever une pareille difficulté. Pourtant la malice vient vite; on se dit bientôt à l'oreille que Napoléon désirait son frère Lucien pour président, que c'était là le vrai motif pour lequel on ajournait la publication de la liste des nouveaux pairs, et tout de suite les observations malveillantes s'ensuivirent. La Chambre devait, dit un membre, procéder le lendemain à l'élection du bureau, et il était nécessaire de connaître la liste des pairs pour que les voix ne s'égarassent pas sur des noms appelés à la pairie. Il ne fut rien répondu du côté du gouvernement, parce que rien n'était organisé pour la direction de l'Assemblée, et on resta dans une indécision qui, sans provoquer encore de l'humeur, ne devait pas tarder à en faire naître. Il fut convenu que le lendemain 4, bien que la Chambre fût invitée à assister à la cérémonie du Louvre, elle tiendrait séance au palais du Corps législatif, afin d'accélérer autant que possible sa constitution.

Le lendemain dimanche 4 juin, tandis que les députations qui avaient assisté au Champ de Mai se réunissaient au Louvre, les représentants se rendirent au palais du Corps législatif, pour y continuer leurs travaux. Dès l'ouverture de la séance on revint à la question soulevée la veille, et cette fois la malice commençant à s'en mêler, on demanda de nouveau comment il fallait considérer l'élection du prince Lucien. Un membre voulait qu'on ajournât cette élection par le motif qu'étant pair de droit, le prince Lucien ne pouvait être représentant. L'Assemblée portée à l'indépendance mais non à l'hostilité, parut importunée de cette difficulté, et repoussa la manière proposée de motiver l'ajournement. Elle en était là, lorsqu'elle reçut une lettre du ministre de l'intérieur Carnot, adressée au président provisoire, et déclarant que la liste des nouveaux pairs ne serait définitivement publiée qu'après la constitution de la Chambre des représentants. Ce n'était pas faire preuve de connaissance des as-

Juin 1815.

Renouvellement de la difficulté soulevée la veille.

On veut savoir avant le scrutin si Lucien sera pour un représentant.

Refus de répondre.

semblées, que de traiter celle-ci avec des façons si absolues. Elle manifesta une impression marquée de déplaisir. Un de ses membres, M. Dupin, s'écria : Si nous déclarions à notre tour que nous ne nous constituerons qu'après avoir connu la composition de la pairie, que pourrait-on nous répondre?... — Des murmures interrompirent cette observation qui était fondée, mais qui dépassait la mauvaise humeur de la Chambre, et on procéda au scrutin pour le choix d'un président, sans se prononcer sur les élections de l'Isère. Le nom du prince Lucien se trouvait pour ainsi dire écarté de fait par l'ajournement de son admission. Du reste pas un des suffrages ne se porta sur lui, et ils se répartirent tous entre MM. Lanjuinais, de Lafayette, de Flaugergues, et quelques autres candidats. M. Lanjuinais en réunit 189, M. de Lafayette 68, M. Flaugergues 74, M. Merlin 41, M. Dupont de l'Eure 29. Ces nombres révélaient bien les dispositions de l'Assemblée. Elle voulait constater son indépendance, et inclinait visiblement vers l'homme qui exprimait le mieux cette indépendance, car M. Lanjuinais avait été l'un des opposants de l'ancien Sénat, sans être un ennemi déclaré de l'Empereur. Cependant comme M. Lanjuinais, tout en ayant obtenu le plus grand nombre de voix, n'avait pas eu la majorité absolue, on recommença le scrutin, et cette fois il réunit 277 suffrages, M. de Lafayette 73, M. de Flaugergues 58. M. Lanjuinais fut donc nommé président sauf l'approbation de l'Empereur, qui d'après l'Acte additionnel était nécessaire.

LE CHAMP DE MAI   599

Pendant qu'on se livrait à ces scrutins au palais du Corps législatif, la seconde cérémonie de la distribution des drapeaux s'accomplissait au Louvre. L'Empereur après avoir reçu sur son trône quelques députations qui avaient des adresses à lui remettre, s'était rendu dans la galerie du Louvre, où sont exposés les chefs-d'œuvre de peinture que nos rois ont depuis plusieurs siècles amassés pour la jouissance, l'instruction et l'honneur de la France. D'un côté se trouvaient rangées les députations des collèges électoraux avec les étendards destinés aux gardes nationales, et de l'autre les députations de l'armée. Cette galerie, la plus longue de l'Europe, toute pleine de glorieux drapeaux et contenant dix mille personnes, présentait une perspective profonde, d'un effet aussi grand que singulier. C'était surtout pour les membres des collèges électoraux qu'avait lieu la nouvelle cérémonie : Napoléon, qu'ils avaient la satisfaction de voir et d'entendre de près, leur parla à tous avec son esprit d'à-propos, et les laissa en général très-satisfaits. Le despote oriental avait fait place dans leur imagination au grand homme, simple, accessible, prêt à entendre et à écouter la voix de ses sujets. Arrivé au vaste salon carré qui termine la galerie, Napoléon revint sur ses pas, tourna alors ses regards vers les députations de l'armée, les électrisa de nouveau par sa présence et ses paroles, et leur dit qu'ils allaient bientôt se revoir là où ils s'étaient tant vus jadis, où ils avaient tant appris à s'estimer, c'est-à-dire sur les champs de bataille où cette fois ne les appelait plus l'amour des conquêtes, mais l'indépen-

Juin 1815.

Cérémonie au Louvre, pendant qu'ont lieu les scrutins à la Chambre des représentants.

Juin 1815.

Irritation de Napoléon en apprenant la nomination de M. Lanjuinais.

Il veut d'abord ne pas la confirmer.

dance sacrée de la patrie. Cette cérémonie commencée à midi n'était finie qu'à sept heures. Elle fut suivie d'une fête magnifique dans le jardin des Tuileries.

A peine la journée terminée, Napoléon avait eu à s'occuper des scrutins de la Chambre des représentants, et à se former un avis sur ce sujet. Sa première impression fut celle d'un extrême mécontentement. Une divergence d'opinion sur les questions les plus graves l'aurait moins blessé que cet empressement à se séparer de sa personne, en repoussant son frère pour prendre un homme respectable assurément, mais l'un des opposants du Sénat sous le premier Empire. En présence de l'Europe qui mettait une si grande affectation à diriger sur lui tous ses coups, il pensait qu'il eût été plus généreux et plus habile de s'unir à lui fortement. Mais, il faut le répéter sans cesse dans cette histoire pour l'instruction de tous, la conséquence des fautes est d'en subir la peine dans le moment où cette peine est le plus poignante. Après avoir accepté, encouragé, exigé pendant quinze ans une servilité sans bornes, Napoléon ne pouvait pas même obtenir pour sa personne des égards qui, en cet instant, auraient eu le double mérite du courage et d'une habile démonstration contre l'ennemi extérieur. S'étant beaucoup fait violence depuis deux mois et demi, il n'y tint plus cette fois, et laissa voir la plus vive irritation. — On a voulu m'offenser, dit-il, en choisissant un ennemi. Pour prix de toutes les concessions que j'ai faites on veut m'insulter et m'affaiblir... Eh bien, s'il en est ainsi, je résisterai, je dissoudrai cette Assemblée, et j'en appellerai à la France qui ne connaît que moi, qui pour sa défense n'a confiance qu'en moi, et qui ne tient pas le moindre compte de ces inconnus, lesquels, à eux tous, ne peuvent rien pour elle... Ces hommes, ajoutait-il, qui ne veulent pas des Bourbons, qui seraient désolés pour leurs places, pour leurs biens, pour leurs opinions, de les voir revenir, ne savent pas même s'unir à moi, qui puis seul les garantir contre tout ce qu'ils craignent, car c'est à coups de canon maintenant qu'on peut défendre la Révolution, et lequel d'entre eux est capable d'en tirer un?... —

Cette première explosion n'aurait pas eu de grands inconvénients, elle aurait eu même l'avantage de calmer Napoléon en donnant un libre cours aux sentiments dont son cœur était plein, si elle n'avait dû être divulguée, exagérée par la perfidie du duc d'Otrante, lequel alla dire partout que Napoléon était incorrigible, qu'il voulait dissoudre les Chambres dès le lendemain de leur réunion. Toutefois, après ce mouvement d'humeur, Napoléon s'apaisa. Carnot, le prince archichancelier, M. Lavallette, M. Regnaud de Saint-Jean d'Angély, s'efforcèrent de lui faire entendre raison, et n'y eurent pas beaucoup de peine, son grand esprit lui disant, une fois la colère passée, tout ce que pouvaient lui dire les hommes les plus sages. Il sentit que rompre en ce moment serait une folie, qu'il fallait accorder quelque chose à la faiblesse de cette assemblée, qui avait la prétention de paraître indocile tout en étant profondément dévouée. D'ailleurs M. Lanjuinais

Juin 1815.

était un honnête homme, ami de la Révolution autant qu'ennemi de ses excès, voulant le triomphe de la cause commune, et facile en outre à adoucir avec de bons procédés. L'homme qui parla le plus vivement et le plus utilement dans ce sens fut M. Regnaud de Saint-Jean d'Angély. Ce personnage était, par ses antécédents, sa brillante facilité de parole, destiné plus que jamais à devenir l'organe du gouvernement auprès des Chambres. Il tenait par ce motif à se rendre agréable à leurs yeux, en appuyant leurs désirs auprès de l'Empereur. De plus, quoique sincèrement dévoué à Napoléon, il était tombé sous l'influence de M. Fouché, qui, le voyant appelé à jouer un rôle considérable devant les Chambres et très-flatté de ce rôle, l'avait encouragé à le prendre, lui en facilitait le moyen de toutes les manières, et cherchait à lui persuader que résister à Napoléon c'était le sauver : vérité, hélas! trop réelle quelques années auparavant, et qui, sentie et pratiquée à temps, aurait sauvé Napoléon et la France, mais qui était tardive en 1815, et pouvait même en présence de l'Europe armée devenir funeste! Au surplus, en conseillant d'accepter M. Lanjuinais comme président, M. Regnaud de Saint-Jean d'Angély donnait à Napoléon un conseil fort sage, car tout autre choix eût été dans les circonstances inconvenant et impossible.

Tandis qu'on s'efforçait de persuader Napoléon, on alla chercher M. Lanjuinais; on lui dit, ce qui était vrai, qu'il devait à l'Empereur de le voir, de s'expliquer avec lui après une si longue opposition dans le Sénat, et de le rassurer sur l'usage qu'il pourrait faire du pouvoir immense de la présidence. M. Lanjuinais se rendit le soir même à l'Élysée, et fut reçu immédiatement. Napoléon l'accueillit avec une grâce infinie, mais avec une extrême franchise. — Le passé n'est rien, lui dit-il, je n'ai pas la faiblesse d'y penser; je ne tiens compte que du caractère des hommes et de leurs dispositions présentes. Êtes-vous mon ami ou mon ennemi? — M. Lanjuinais, touché de la franchise avec laquelle Napoléon le questionnait, lui répondit qu'il n'était point son ennemi, qu'il voyait en lui la cause de la Révolution, et qu'aux conditions de la monarchie constitutionnelle sincèrement maintenues, il le soutiendrait franchement. — Nous sommes d'accord, répondit Napoléon, et je ne vous demande pas davantage. — L'entrevue s'étant terminée de la manière la plus amicale, Napoléon se décida à confirmer le choix de la Chambre.

Pourtant le bruit de sa première résistance s'était répandu. M. Fouché ne l'avait laissé ignorer à personne, et il avait déjà répété partout que Napoléon était toujours le même, qu'il ne pouvait souffrir aucune indépendance, et que ce serait un grand miracle si la Chambre n'était pas dissoute dans quelques jours. Le lendemain, lundi 5, les représentants étant assemblés pour achever l'œuvre de leur constitution, on murmurait de banc en banc ce qui s'était passé, et ignorant le résultat de l'entrevue de Napoléon avec M. Lanjuinais, on était fort enclin au mécontentement. Le président d'âge fit connaître qu'il avait la veille communiqué à l'Empereur le vote de la Chambre, que l'Empereur

Juin 1815.

s'était borné à répondre qu'il aviserait, et ferait connaître sa résolution par le chambellan de service. A ce dernier détail on murmura fortement. Un membre fit remarquer avec raison, que ce n'était pas par l'entremise d'un chambellan que devaient s'établir les rapports des Chambres avec le monarque. M. Dumolard, et après lui M. Regnaud de Saint-Jean d'Angély, cherchèrent à expliquer la réponse de l'Empereur, en disant que ses paroles avaient été mal saisies par le président d'âge, explication à laquelle celui-ci se prêta volontiers pour réparer la maladresse qu'il avait commise en rapportant un détail qu'il eût mieux valu taire. Pendant qu'on raisonnait sur ce sujet, et que pour couper court à la difficulté on suspendait la séance, M. Regnaud de Saint-Jean d'Angély se rendit à l'Élysée, en rapporta lui-même le décret qui nommait M. Lanjuinais président, et le présenta en sa qualité de ministre d'État, ce qui faisait disparaître toute susceptibilité. L'approbation donnée au choix de M. Lanjuinais calma le mécontentement de la Chambre. Elle désigna ensuite pour vice-présidents, M. de Flaugergues (élu par 403 voix), M. Dupont de l'Eure (par 279 voix), M. de Lafayette (par 257). Le quatrième vice-président restait à nommer. Le lendemain le général Grenier fut élu.

Constitution de la Chambre des pairs.

En même temps qu'on portait à la Chambre des représentants la nomination définitive de son président, on portait à celle des pairs la liste des membres appelés à la composer. Napoléon avait demandé à ses frères, à ses principaux ministres, une liste de pairs dressée suivant les vues de chacun d'eux.

De ces listes comparées il avait composé une liste de 130 pairs, qui pouvait et devait être complétée plus tard, à mesure que le succès amènerait de nouvelles adhésions, particulièrement dans l'ancienne noblesse. M. de Lafayette vivement pressé par Joseph d'accepter la pairie, avait préféré siéger dans la Chambre des représentants, où il devait trouver plus de conformité d'opinion et une influence plus directe sur les événements. Napoléon avait d'abord choisi ses frères Joseph, Lucien, Louis, Jérôme (lesquels, du reste, étaient pairs de droit), son oncle le cardinal Fesch, son fils adoptif le prince Eugène (retenu à Vienne par la coalition), les maréchaux Davout, Suchet, Ney, Brune, Moncey, Soult, Lefebvre, Grouchy, Jourdan, Mortier; les ministres Carnot, Decrès, de Bassano, Caulaincourt, Mollien, Fouché; le cardinal Cambacérès, les archevêques de Tours (de Barral), de Bourges (de Beaumont), de Toulouse (Primat); les généraux Bertrand, Drouot, Belliard, Clausel, Savary, Duhesme, d'Erlon, Exelmans, Friant, Flahault, Gérard, Lobau, La Bédoyère, Delaborde, Lecourbe, Lallemand, Lefebvre-Desnoëttes, Molitor, Pajol, Rampon, Reille, Travot, Vandamme, etc. Il avait choisi plusieurs régicides, Sieyès, Cambacérès, Carnot, Fouché, Thibaudeau, non comme régicides, mais comme personnages éminents, que leur qualité de régicides ne devait pas exclure des hautes fonctions publiques. Il avait pris dans l'ancienne noblesse quelques noms, MM. de Beauvau, de Beaufremont, de Boissy, de Forbin, de La Rochefoucauld, de Nicolaï, de Praslin, de Ségur, etc. S'il n'en avait pas pris davantage, c'était faute d'en avoir un plus grand nombre dont il pût disposer. Il comptait sur ses prochaines victoires pour en conquérir d'autres. Ce n'était pas le goût qu'on lui attribuait pour les anciens noms qui le dirigeait, mais l'utilité bien sentie de les placer dans la Chambre haute, appelée à être à la fois conservatrice et indépendante.

Le prince Joseph avait manifesté un vif déplaisir en entendant le texte du décret qui le nommait pair, car il prétendait l'être de droit. Malgré les efforts qu'on fit pour l'engager à se taire, il réclama en disant que c'était sans doute par une erreur de rédaction qu'il était mentionné sur le décret, car il devait la pairie à sa naissance, et nullement à la nomination impériale. Au milieu des tiraillements qui se manifestaient déjà, il y avait de la part des frères de l'Empereur une grande imprudence à ne pas savoir se contenir eux-mêmes. Que pourrait-on, en effet, objecter à tous ceux qui étaient si pressés de parler hors de propos, si les frères de Napoléon ne savaient pas s'abstenir d'une réclamation aussi puérile? Ils commirent une autre faute non moins remarquée que la précédente, en ne voulant pas siéger avec leurs collègues, et en exigeant des siéges particuliers à côté du président. S'étant aperçus du mauvais effet produit par cette prétention, ils y renoncèrent. Ce fut le prince Lucien qui le premier donna ce bon exemple, en allant se confondre dans les rangs de ses collègues.

Ces diverses opérations avaient rempli les journées des 5 et 6 juin, et il fallut remettre la séance impériale au mercredi 7. Cette séance devait consister dans la lecture du discours de la couronne, et dans la prestation du serment à l'Empereur par les pairs et les représentants. Napoléon, suivant son usage, avait écrit lui-même le discours qu'il devait prononcer, et l'avait rédigé de ce style net, franc et ferme qui convenait à un esprit comme le sien, toujours résolu en toutes choses. Il avait voulu donner la monarchie constitutionnelle, non par goût de se lier les mains, mais par la conviction qu'elle était nécessaire, et que ses propres fautes d'ailleurs la rendaient indispensable. Il prit donc le parti de s'expliquer à cet égard en termes brefs mais décisifs. Sachant de plus que les représentants arrivaient avec le regret de trouver une Constitution toute faite, et de n'avoir rien à faire eux-mêmes, il consentit à leur reconnaître le droit de toucher aux matières constitutionnelles en coordonnant les anciennes constitutions avec la nouvelle. Il voulut ajouter à ces concessions quelques conseils, donnés du même ton que les concessions, c'est-à-dire avec une extrême fermeté. Après ces points principaux, il en était d'autres non moins importants à aborder. Sans avoir aucun penchant pour la persécution, Napoléon avait la volonté bien arrêtée de ne pas se laisser attaquer impunément par les partis ennemis. Il aurait désiré qu'on prévînt l'insurrection de la Vendée, et il s'était trouvé sur ce sujet en désaccord avec ses ministres. Ces derniers, tout en jugeant indispensable la répression de certaines menées, craignaient néanmoins en ayant recours aux lois antérieures de fournir de nouveaux prétextes à ceux qui leur reprochaient de laisser subsister l'ancien

Juin 1815.

Préparatifs de la séance impériale, et rédaction du discours de la couronne.

Juin 1815.

arsenal des lois révolutionnaires. Il fallait résoudre la difficulté, et présenter des mesures qui, sans retour à l'arbitraire, continssent quelque peu l'audacieuse activité des partis. La presse avait été délivrée de la censure, mais il n'en devenait que plus nécessaire et plus légitime d'apporter quelques limites à ses excès par l'intervention régulière des tribunaux. Enfin il fallait présenter le budget.

C'étaient là de suffisantes et régulières occupations pour les Chambres, et Napoléon s'était attaché à leur en tracer le plan dans un discours clair et précis, qui obtint l'assentiment unanime de ses ministres lorsqu'il leur en donna communication.

Difficultés soulevées dans la Chambre des représentants, à l'occasion du serment à prêter à l'Empereur.

Tandis qu'il préparait le langage à tenir devant les deux Chambres, celle des représentants ayant les défauts des assemblées nouvelles, était impatiente de toucher aux sujets les plus délicats. Le mardi 6 juin, veille de la séance impériale, un représentant fit une motion relative au serment qu'on devait prêter le lendemain. Il proposa de déclarer qu'on ne pourrait exiger de serment qu'en vertu d'une loi, et qu'en tout cas celui qu'on devait prêter le jour suivant ne préjudicierait en rien au droit des Chambres de reviser les constitutions impériales.

Cette proposition causa une vive émotion. Si elle avait été entendue dans son sens le plus rigoureux, il aurait fallu en conclure que le serment exigé était illégal, que dès lors on ne le prêterait pas, à moins que dans la journée même il ne fût rendu une loi pour l'autoriser. Mais en rédigeant cette loi sur l'heure, il n'était pas probable qu'elle pût être en vingt-quatre heures adoptée par les deux Chambres, et dès lors le serment étant impossible le lendemain, il en serait résulté aux yeux des partis et de l'Europe, que les Chambres avaient refusé de jurer fidélité à Napoléon. Dans un moment où cinq cent mille soldats marchaient sur la France, l'effet aurait pu être extrêmement fâcheux.

Juin 1815.

L'Assemblée, qui malgré sa susceptibilité comprenait qu'après avoir replacé Napoléon sur le trône il fallait se garder de l'affaiblir, accueillit avec une anxiété visible la proposition qu'on venait de faire. Divers représentants se hâtèrent de la combattre. Ils dirent que des sénatus-consultes antérieurs avaient prescrit le serment à l'Empereur, que dès lors il était légal, ces sénatus-consultes n'ayant pas été abolis; qu'au surplus il était bien entendu que ce serment n'imposait qu'un engagement de fidélité à la dynastie impériale, et nullement l'obligation de tenir pour immuables des lois dont la révision était chose convenue d'après le discours même de l'Empereur au Champ de Mai. M. Roy, depuis ministre des finances de Louis XVIII et de Charles X, pour lequel Napoléon avait été sévère, répondit que tout était nouveau dans le second Empire, la Chambre des pairs ne ressemblant pas au Sénat, la Chambre des représentants au Corps législatif, le sénatus-consulte qu'on invoquait devait être considéré comme tombé en désuétude, et ne pouvait suffire pour rendre légal le serment exigé des deux Chambres. L'Assemblée appréciant le danger de cette discussion, manifesta un mécontentement visible. MM. Dumolard, Bedoch, Sébastiani, répliquèrent vivement à M. Roy,

Solution de la difficulté.

en disant que si les attributions de la pairie et de la Chambre des représentants différaient de celles du Sénat et du Corps législatif, le monarque restait, qu'on lui devait fidélité sous le régime nouveau comme sous l'ancien; que de plus, dans les circonstances présentes, l'union des pouvoirs étant la condition du salut commun, les convenances du moment se joignaient aux convenances générales pour qu'on prêtât avec empressement le serment demandé. M. Boulay de la Meurthe, ministre d'État, alla plus loin encore, et même trop loin, en signalant un parti qu'il qualifia parti de l'étranger, dans lequel il ne rangeait, disait-il, ni l'auteur de la proposition, ni aucun de ceux qui l'appuyaient, mais à la tête duquel il plaçait surtout les royalistes, et dont le travail consistait selon lui à diviser les pouvoirs, pour ouvrir à l'ennemi les portes de la France. Cette sortie trop vive fut accueillie avec un silence d'embarras et même d'improbation. De toutes parts on demanda la clôture de cette discussion. D'abord on s'était borné à réclamer l'ordre du jour sur la proposition, bientôt on voulut quelque chose de plus significatif, et à l'ordre du jour pur et simple on substitua la déclaration explicite de la légalité, de la convenance et de la nécessité du serment. Soit que les opposants fussent absents ou convertis, l'Assemblée adopta cette déclaration à l'unanimité.

Dans un pays habitué de longue main à la liberté, et où l'on a pris l'habitude de n'attacher de l'importance qu'aux actes de la majorité, et non aux actes des individus, qu'il faut laisser libres parce qu'ils perdent ainsi toute portée fâcheuse, on n'aurait pas été fort ému de cette séance. Mais les partis s'en servirent pour prétendre que Napoléon n'avait pas la nation avec lui, puisque ses représentants nommés de la veille répugnaient au serment de fidélité. Napoléon en fut affecté. Voyant l'obstination des puissances coalisées à diriger leurs coups contre sa personne seule, il aurait voulu que les Chambres répondissent à cette tactique en s'unissant étroitement à lui. Devenu triste depuis quelque temps, depuis surtout qu'il avait vu la fatalité se prononcer, et commencer par emporter Murat, il le devint davantage en voyant l'isolement remplacer autour de sa personne la forte et cordiale union dont il aurait eu besoin. Il sentit plus que jamais que c'était à la fortune des armes à prononcer, et à lui ramener les cœurs, qui (la chose est triste à dire) ont besoin de succès pour s'attacher.

Le 7, il se rendit au palais du Corps législatif, dans un appareil plus simple que celui qu'il avait déployé au Champ de Mai, et fut chaudement applaudi par la Chambre des représentants, dont les intentions étaient excellentes si son expérience était médiocre, et chose singulière, mieux accueilli par elle que par la Chambre des pairs. En présence des dispositions extrêmement libérales du public, la Chambre des pairs nommée par le pouvoir, et sinon confuse au moins un peu embarrassée de son origine, croyait plus digne d'applaudir avec réserve celui à qui elle devait l'existence, en laissant le soin de l'applaudir avec vivacité à la Chambre élective qui tirait son origine du pays.

L'Empereur étant assis sur son trône, et ayant

ses frères à sa droite et à sa gauche, le prince archichancelier lut la formule du serment, qui était celle-ci : *Je jure obéissance aux Constitutions de l'Empire et fidélité à l'Empereur*. L'archichancelier fit ensuite l'appel des pairs et des représentants, qui prêtèrent serment avec un accent chaleureux. Cela fait, Napoléon prononça d'un ton grave le discours suivant, modèle de simplicité, de concision et de grandeur.

« Messieurs de la Chambre des pairs, et Messieurs de la Chambre des représentants,

» Depuis trois mois les circonstances et la confiance du peuple m'ont revêtu d'un pouvoir illimité. Aujourd'hui s'accomplit le désir le plus pressant de mon cœur : je viens commencer la monarchie constitutionnelle.

» Les hommes sont impuissants pour assurer l'avenir; les institutions seules fixent les destinées des nations. La monarchie est nécessaire en France pour garantir la liberté, l'indépendance et les droits du peuple.

» Nos constitutions sont éparses : une de nos plus importantes occupations sera de les réunir dans un seul cadre, et de les coordonner dans une seule pensée. Ce travail recommandera l'époque actuelle aux générations futures.

» J'ambitionne de voir la France jouir de toute la liberté possible; je dis possible, parce que l'anarchie ramène toujours au gouvernement absolu.

» Une coalition formidable de rois en veut à

« notre indépendance; ses armées arrivent sur nos
» frontières.

« La frégate *la Melpomène* a été attaquée et prise
» dans la Méditerranée, après un combat sanglant
» contre un vaisseau anglais de 74. Le sang a coulé
» en pleine paix.

« Nos ennemis comptent sur nos divisions intes-
» tines. Ils excitent et fomentent la guerre civile.
» Des rassemblements ont lieu; on communique
» avec Gand, comme en 1792 avec Coblentz. Des
» mesures législatives sont indispensables : c'est à
» votre patriotisme, à vos lumières et à votre atta-
» chement à ma personne que je me confie sans
» réserve.

« La liberté de la presse est inhérente à la consti-
» tution actuelle, on n'y peut rien changer sans al-
» térer tout notre système politique; mais il faut
» des lois répressives, surtout dans l'état actuel de
» la nation. Je recommande à vos méditations cet
» objet important.

« Mes ministres vous feront connaître la situation
» de nos affaires.

« Les finances seraient dans un état satisfaisant
» sans le surcroît de dépenses que les circonstances
» actuelles ont exigé.

« Cependant on pourrait faire face à tout si les
» recettes comprises dans le budget étaient toutes
» réalisables dans l'année, et c'est sur les moyens
» d'arriver à ce résultat que mon ministre des
» finances fixera votre attention.

« Il est possible que le premier devoir du prince
» m'appelle bientôt à la tête des enfants de la nation

Juin 1815.

» afin de combattre pour la patrie. L'armée et moi
» nous ferons notre devoir.

» Vous, pairs et représentants, donnez à la na-
» tion l'exemple de la confiance, de l'énergie et du
» patriotisme; et, comme le sénat du grand peuple
» de l'antiquité, soyez décidés à mourir plutôt que
» de survivre au déshonneur et à la dégradation de
» la France. La cause sainte de la patrie triom-
» phera! »

Effet
de
ce discours.

Ce discours, qui touchait à tous les sujets avec
un tact supérieur, une dignité parfaite, fut couvert
d'applaudissements, et il le méritait. On ne pouvait
désirer un aveu plus complet de la monarchie constitutionnelle, et une profession plus explicite de
ses principes.

A l'entrée d'une carrière où les Anglais nous
avaient précédés de deux siècles, il était naturel
d'imiter leurs usages. En conséquence chacune des
Chambres résolut de présenter une adresse en réponse au discours de la couronne, et elles chargè-
rent de la rédiger leur bureau accru de quelques
membres, de manière à pouvoir la présenter dans
la semaine, le départ de Napoléon étant annoncé
pour le dimanche ou le lundi suivant.

Impatience
qu'éprouve
Napoléon
de partir pour
l'armée.

Napoléon effectivement était décidé à frapper le
coup que depuis son retour à Paris il préparait contre la portion de la coalition placée à sa portée. Ce
n'est pas encore le moment de faire connaître ses
combinaisons; il suffira de dire qu'au milieu des
occupations de tout genre que lui valaient l'insurrection de la Vendée, la réunion des Chambres et la
présence à Paris des électeurs venus au Champ de

LE CHAMP DE MAI 615

Mai, il n'avait cessé, en travaillant jour et nuit, de tout disposer pour son entrée en action le 15 juin. Le lendemain de la cérémonie du Champ de Mai, il avait eu soin de faire partir la garde et le 6ᵉ corps pour Laon; il avait ordonné aux généraux d'Erlon et Reille d'entreprendre à leur tour le mouvement que le général Gérard avait commencé depuis plusieurs jours, et qui devait opérer la concentration générale de l'armée derrière Maubeuge. Il leur avait indiqué à tous avec un soin minutieux les précautions qui étaient les plus propres à tromper l'ennemi, et qui, en effet, le trompèrent complètement, comme on le verra bientôt. Napoléon comptait que la garde et le 6ᵉ corps ayant atteint Maubeuge le 14 juin, il pourrait paraître le 15 au matin sous les murs de Charleroy à la tête de 130 mille hommes. Il en aurait eu 150 sans l'insurrection de la Vendée; mais avec cette force, telle quelle, il espérait sinon terminer la guerre d'un coup, du moins lui imprimer dès le début un caractère qui en Europe ferait réfléchir les puissances, et en France rendrait l'accord aux esprits déconfus et ébranlés. Si ses préoccupations n'empêchaient pas son travail, son travail n'empêchait pas non plus ses préoccupations. Tout en affectant la gaieté dans les nombreuses réceptions de l'Élysée, où il donnait chaque jour à dîner, il retombait tristement sur lui-même dès qu'il se retrouvait dans son intimité, c'est-à-dire avec la reine Hortense et M. Lavallette. Cet empressement des Chambres à écarter toute apparence de servilité, qui les portait à s'isoler de lui, lorsqu'il aurait fallu au contraire se serrer autour de sa personne, l'affectait plus qu'il

Juin 1815.

Ses derniers préparatifs.

Tristesse de Napoléon dans les derniers moments de son séjour à Paris.

ne voulait en convenir. Il s'affligeait de voir l'union des pouvoirs se dissoudre, la confusion s'introduire dans les esprits, chacun se précipiter avec impatience dans l'arène des discussions théoriques qu'il avait voulu fermer en donnant l'Acte additionnel, chacun caresser sa chimère et se presser de la produire, toutes choses désolantes mais que rendaient inévitables la convocation des Chambres dans un moment pareil, et un premier essai de liberté fait sous le canon de l'ennemi. Au milieu de ce déchaînement de l'esprit de contradiction, il sentait l'admiration superstitieuse dont il avait été l'objet pendant quinze années, et que le prodigieux retour de l'île d'Elbe avait fait renaître un instant, s'évanouir d'heure en heure; il se voyait entouré de doutes, de critiques de toute espèce dirigées contre ses moindres actes. Ses amis les plus sincères qui n'auraient jamais osé autrefois lui répéter ce qu'on disait de lui, s'empressaient au contraire, les uns par affection, les autres par diminution de respect, de lui rapporter les discours les plus inconvenants tenus sur son compte. Il pouvait savoir par ce moyen que M. Fouché continuait de se permettre les propos les plus fâcheux, qu'il n'exécutait pas ses ordres, notamment à l'égard des royalistes en correspondance avec Gand et la Vendée, qu'il était pour eux plein de ménagements, et que de temps en temps il les mandait à son ministère pour se faire un mérite auprès d'eux de sa désobéissance aux ordres impériaux. Napoléon, en apprenant ces actes d'infidélité, s'emportait, voulait les réprimer, puis s'arrêtait, craignant qu'on ne dît que le despote avait reparu, et ainsi ses anciennes rigueurs contre des êtres souvent inoffensifs, tels que les colporteurs de la Bulle par exemple, le privaient aujourd'hui du moyen de contenir de redoutables ennemis pris en flagrant délit. Toutefois il se relevait en songeant à la guerre, en songeant aux chances qu'elle offre à l'homme de génie, en songeant aux triomphes qu'il avait remportés en 1814, et qui l'auraient sauvé si en dehors de Paris il avait eu quelques redoutes, et au dedans un frère digne de lui. Mais cette confiance à peine ranimée, il la sentait presque aussitôt défaillir en pensant à la masse d'ennemis qui marchaient sur la France, à la masse d'ennemis de tout genre qui s'agitaient dans l'intérieur, et il se demandait si dans son gouvernement les choses étaient disposées pour supporter un revers, revers toujours possible même dans une guerre destinée à finir heureusement, et avec cette sagacité supérieure dont il était doué, il croyait voir dans l'ensemble de la situation les signes d'une adversité persistante, qui sans ébranler son énergique cœur, attristaient profondément son esprit. Il se plaisait à en disserter sans fin avec ses intimes, et quelquefois, bien qu'accablé de travail, il passait une partie des nuits à s'entretenir du profond changement des choses autour de lui, de la singulière destinée des grands hommes, et en particulier de la sienne, qui avait bien toutes les apparences d'un astre à son déclin.

Dans cette disposition à la tristesse, il voulut visiter la Malmaison où l'impératrice Joséphine était morte le printemps précédent, et où il n'était pas

Juin 1815.

L'impératrice Joséphine.

allé depuis son retour de l'île d'Elbe. Il éprouvait le besoin de revoir cette modeste demeure où il avait passé les plus belles années de sa vie, auprès d'une épouse qui avait des défauts assurément, mais qui était une amie véritable, une de ces amies qu'on ne retrouve pas deux fois, et qu'on regrette toujours quand on les a perdues. Il obligea la reine Hortense qui n'avait pas encore osé rentrer dans ce lieu plein de si poignants souvenirs, à l'accompagner. Malgré ses occupations accablantes il consacra plusieurs heures à parcourir ce petit château, et ces jardins où Joséphine cultivait des fleurs qu'elle faisait venir des quatre parties du globe. En revoyant ces objets si chers et si attristants il tomba dans des rêveries douloureuses! Quelle différence entre cette année 1815 et ces années 1800, 1801, 1802, où il était à la fois l'objet de l'admiration, de la confiance, de l'amour du monde! Mais alors il ne l'avait ni fatigué, ni asservi, ni ravagé, et au lieu d'un tyran les peuples voyaient en lui un sauveur! En considérant ces choses, loin de se flatter, il se rendait à lui-même la sévère justice du génie, mais il se disait que revenu de ses fautes, le monde devrait lui rendre un peu de confiance, et lui permettre de montrer la nouvelle sagesse rapportée de l'île d'Elbe. Mais les hommes, hélas! ne rendent pas leur confiance quand ils l'ont une fois retirée, et Dieu seul accueille le repentir parce que seul il peut en juger la sincérité!

Napoléon, en se promenant dans ce lieu tout à la fois attrayant et douloureux, dit à la reine Hortense : Pauvre Joséphine! à chaque détour de ces allées, je crois la revoir. Sa mort, dont la nouvelle est venue me surprendre à l'île d'Elbe, a été l'une des plus vives douleurs de cette funeste année 1814. Elle avait des faiblesses sans doute, mais celle-là au moins ne m'aurait jamais abandonné !... —

Au retour de la Malmaison, Napoléon voulut que la reine Hortense fît exécuter pour lui une copie du portrait le plus ressemblant qu'on eût conservé de Joséphine. Ne sachant où il serait dans un mois, il désirait emporter avec lui cette espèce de talisman, à l'aide duquel il pouvait faire reluire à ses yeux les plus heureuses années de sa vie.

Mais il avait à peine le temps de s'attrister, et il était sans cesse arraché à lui-même par les mille affaires qu'il devait expédier avant son départ. La direction des Chambres était celle qui après la guerre l'occupait le plus. Il eut sur ce sujet plusieurs entretiens, et il s'exprima avec la plus rare sagacité, comme si, au lieu d'avoir été toute sa vie homme de guerre, administrateur, monarque absolu, il eût été premier ministre de Georges IV. La veille de son départ, et prêt à monter en voiture, Je ne sais, dit-il à ses ministres, comment vous ferez pour conduire les Chambres en mon absence. M. Fouché croit qu'en gagnant quelques vieux corrompus, en flattant quelques jeunes enthousiastes, on domine les assemblées, mais il se trompe. C'est là de l'intrigue, et l'intrigue ne mène pas loin. En Angleterre, sans négliger absolument ces moyens, on en a de plus grands et de plus sérieux. Rappelez-vous M. Pitt, et voyez aujourd'hui lord Castlereagh! Les Chambres en Angleterre sont anciennes, et expérimentées; elles ont fait depuis longtemps connaissance avec les hommes destinés à devenir leurs chefs; elles ont pris de la confiance ou du goût pour eux, soit à cause de leurs talents, soit à cause de leur caractère; elles les ont en quelque sorte imposés au choix de la couronne, et après les avoir faits ministres, il faudrait qu'elles fussent bien inconséquentes, bien ennemies d'elles-mêmes et de leur pays pour ne pas suivre leur direction. C'est ainsi qu'avec un signe de son sourcil M. Pitt les dirigeait, et que les dirige encore aujourd'hui lord Castlereagh. Ah, si j'avais de tels instruments, je ne craindrais pas les Chambres. Mais ai-je rien de pareil? Voilà, parmi ces représentants, des hommes venus de toutes les parties de la France, avec de bonnes intentions sans doute, avec le désir que je me tire d'affaire et que je les en tire eux-mêmes, mais n'ayant, pour la plupart du moins, jamais vécu dans les assemblées, n'ayant jamais eu le souci, la responsabilité des événements, inconnus de mes ministres et n'en connaissant pas un, personnellement du moins. Qui voulez-vous qui les dirige? Certainement je ne pouvais pas mieux choisir mes ministres que je ne l'ai fait; je les ai pris pour ainsi dire dans la confiance publique. Le pays me les aurait donnés lui-même au scrutin, si je les lui avais demandés. Aurait-il pu, en effet, m'indiquer un meilleur ministre de la justice que le sage Cambacérès, un plus imposant ministre de la guerre que le laborieux et sévère Davout, un plus rassurant ministre des affaires étrangères que le grave et pacifique

Caulaincourt, un ministre de l'intérieur plus capable de rassurer et d'armer les patriotes que cet excellent Carnot? Les gens de finance ne m'auraient-ils pas signalé eux-mêmes la probité, l'habileté du comte Mollien? Et le public ne croit-il pas avoir l'œil du gouvernement toujours ouvert sur lui lorsque M. Fouché est ministre de la police? Et pourtant, lequel de vous, messieurs, pourrait se présenter aux deux Chambres, leur parler, s'en faire écouter, les conduire? J'ai tâché d'y suppléer au moyen de mes ministres d'État, au moyen de Regnaud, de Boulay de la Meurthe, de Merlin, de Defermon. Certainement, Regnaud a du talent, mais croyez-vous que, dans un cas grave, il pourrait dominer les orages? Non, ce n'est pas d'une position secondaire qu'on impose aux hommes, qu'on s'en empare, et qu'on s'en fait suivre. Hélas! ce n'est pas dans notre paisible Conseil d'État qu'on se forme aux tempêtes des assemblées... Non, non, ajoutait Napoléon, vous ne gouvernerez pas ces Chambres, et si bientôt je ne gagne une bataille, elles vous dévoreront tous, quelque grands que vous soyez! Je n'ai pas pu, vous le savez, refuser de les convoquer, car je me suis trouvé dans un cercle vicieux. J'avais donné moi-même l'Acte additionnel afin de prévenir les discussions interminables et confuses d'une nouvelle Constituante, mais on n'a pas voulu croire à l'Acte additionnel, et pour y faire croire il m'a fallu convoquer des Chambres, qui, je le vois bien, vont se faire constituantes. Tout cela se tenait. Actuellement il faut nous en tirer comme nous pourrons. Les ministres à portefeuille administreront, les ministres d'État parleront de leur mieux, et moi j'irai combattre. Si je suis victorieux, nous obligerons tout le monde à se renfermer dans ses attributions, et nous aurons le temps de nous habituer à ce nouveau régime. Si je suis vaincu, Dieu sait ce qui arrivera de vous et de moi! Tel était notre sort, que rien ne pouvait conjurer! Dans vingt ou trente jours, tout sera décidé. Pour le présent, faisons ce qui se peut, nous verrons ensuite! Mais que les amis de la liberté y pensent bien, si par leur maladresse ils perdent la partie, ce n'est pas moi qui la gagnerai, ce sont les Bourbons! —

Après ce singulier entretien qu'il eut dans la nuit qui précéda son départ, Napoléon décida par un décret que les ministres, auxquels s'adjoindraient ses frères, formeraient un conseil de gouvernement sous la présidence de Joseph; que les quatre ministres d'État, secondés par six conseillers d'État nommés à cet effet, seraient chargés des rapports avec les Chambres, se présenteraient à elles au nom de la couronne, discuteraient les lois, et donneraient les explications nécessaires lorsqu'il faudrait justifier les actes du gouvernement. En signant ce décret il sourit, et répéta plusieurs fois : Ah! ah! vous avez grand besoin que je gagne une bataille! — Ces paroles ne signifiaient certainement pas qu'il attendait une victoire pour briser les Chambres et revenir au gouvernement absolu, car il n'entrevoyait pas comment on pourrait, dans l'état des esprits, gouverner au nom d'une autorité unique et silencieuse, mais que les anxiétés naissant du danger étant dissipées, la confiance en sa fortime étant revenue, il remettrait un peu d'ensemble et d'unité dans les volontés, et rendrait possible la marche des choses. Victorieux, il n'aurait peut-être pas borné là ses vœux, mais pour le moment il était convaincu que la cause de la liberté modérée était la sienne, et que le triomphe des idées opposées était le triomphe des Bourbons. — Si nous ne réussissons pas dans cet essai, répéta-t-il plusieurs fois, nous n'avons qu'à céder la place à Louis XVIII. — Il ne prévoyait pas qu'avec les Bourbons eux-mêmes, appuyés sur cinq cent mille étrangers, la liberté renaîtrait pourvu qu'on rendît au pays le droit de voter les lois et les budgets dans une assemblée indépendante, fût-elle composée des plus violents royalistes!

Les deux Chambres, pendant ces trois derniers jours, avaient préparé leurs adresses. Dans la Chambre des représentants il s'éleva encore divers incidents qui révélaient toujours le désir de rester unis à l'Empereur, mais la crainte de paraître serviles. M. Félix Lepelletier, pour répondre à la motion relative au serment, proposa de déclarer Napoléon sauveur de la patrie. Aussitôt la profonde anxiété des visages fit voir qu'on tremblait d'être sur le chemin de l'adulation. — Qu'est-ce que vous déclarerez, s'écria un interrupteur, lorsque Napoléon l'aura sauvée? — Alors, sur d'adroites réflexions de quelques représentants dévoués au gouvernement, on écarta cette proposition inopportune. Du reste, le projet d'adresse était plein de la pensée du moment, c'est-à-dire union avec Napoléon, mais soin extrême à veiller sur les libertés publiques, et grande application à revoir les Constitutions impériales, à les raccorder avec l'Acte additionnel, qu'au fond on voulait refaire en entier. La Chambre des pairs elle-même, aussi peu expérimentée que celle des représentants, avait voulu obéir aux tendances du jour, en disant dans son adresse que si le succès répondait à la justice de notre cause, aux espérances qu'on était accoutumé à concevoir du génie de l'Empereur et de la bravoure de l'armée, *la nation n'aurait plus à craindre que l'entraînement de la prospérité et les séductions de la victoire*. Cette phrase avait inquiété le prince Cambacérès, qui avait demandé à la communiquer à Napoléon. Celui-ci l'avait vivement improuvée, et elle avait été ainsi modifiée : *Si le succès répond à la justice de notre cause... la France n'en veut d'autre fruit que la paix. Nos institutions garantissent à l'Europe que jamais le gouvernement français ne peut être entraîné par les séductions de la victoire*. Après une discussion assez vive, la nouvelle rédaction avait prévalu.

Ainsi, comme il arrive souvent, chacun oubliant son rang et son rôle, se faisait le flatteur de l'esprit dominant. Napoléon devait recevoir les deux Chambres avant de partir, et il résolut de leur adresser de sages conseils, ce que les circonstances autorisaient, et ce qui n'est point défendu à la couronne (surtout quand elle a raison) dans la monarchie la plus rigoureusement constitutionnelle. Napoléon reçut les Chambres le 11 juin. Après avoir écouté l'adresse des pairs, il leur fit la réponse suivante :

« La lutte dans laquelle nous sommes engagés » est sérieuse. *L'entraînement de la prospérité* n'est

» pas le danger qui nous menace aujourd'hui. C'est
» sous les *Fourches Caudines* que les étrangers veu-
» lent nous faire passer !

» La justice de notre cause, l'esprit public de la
» nation et le courage de l'armée sont de puissants
» motifs pour espérer des succès ; mais si nous avions
» des revers, c'est alors surtout que j'aimerais à
» voir déployer toute l'énergie de ce grand peuple ;
» c'est alors que je trouverais dans la Chambre des
» pairs des preuves d'attachement à la patrie et
» à moi.

» C'est dans les temps difficiles que les grandes
» nations, comme les grands hommes, déploient
» toute l'énergie de leur caractère, et deviennent
» un objet d'admiration pour la postérité... »

Napoléon dit à la Chambre des représentants,
après avoir entendu la lecture de son adresse :

» Je retrouve avec satisfaction mes propres sen-
» timents dans ceux que vous m'exprimez. Dans
» ces graves circonstances, ma pensée est absorbée
» par la guerre imminente au succès de laquelle
» sont attachés l'indépendance et l'honneur de la
» France.

» Je partirai cette nuit pour me mettre à la tête
» de l'armée ; les mouvements des différents corps
» ennemis y rendent ma présence indispensable.
» Pendant mon absence, je verrais avec plaisir
» qu'une commission nommée par chaque Chambre
» méditât sur l'ensemble de nos institutions.

» La Constitution est notre point de ralliement ;
» elle doit être notre étoile polaire dans ces moments
» d'orage. Toute discussion publique qui tendrait à

» diminuer directement ou indirectement la con-
» fiance qu'on doit avoir dans ses dispositions, serait
» un malheur pour l'État. Nous nous trouverions
» au milieu des écueils sans boussole et sans direc-
» tion. La crise où nous sommes engagés est forte.
» N'imitons pas l'exemple du Bas-Empire, qui,
» pressé de tous côtés par les Barbares, se rendit la
» risée de la postérité, en s'occupant de discussions
» abstraites au moment où le bélier brisait les portes
» de la ville. . . . . »

Ces belles et sévères paroles blessèrent ceux qui allaient bientôt les mériter, mais firent une profonde impression sur la majorité, tant elles étaient justes et frappantes. Il était bien vrai, du reste, que le danger à craindre n'était pas celui de la victoire! Il était bien vrai aussi qu'il fallait se défendre de rappeler les discussions des Grecs du Bas-Empire sous les coups du bélier de Mahomet! Les représentants, assistant en grand nombre à cette cérémonie, avaient commencé à applaudir, quand M. Lanjuinais leur interdit les applaudissements, sous le prétexte du respect dû à la couronne. Napoléon leur eût pardonné assurément un pareil manque de respect. La majorité fut mécontente de l'interdiction du président, car elle était dévouée à Napoléon, en qui elle voyait le défenseur de la Révolution et de la France. Chacun se retira exprimant des idées différentes, les amis de Napoléon criant contre le parti de l'étranger, ses ennemis au contraire prétendant qu'il fallait préparer un décret de l'assemblée pour empêcher qu'elle ne fût dissoute, car, disaient-ils, le premier acte de Napoléon victorieux serait de dissoudre les Chambres. Ils ne prenaient pas garde qu'un décret de l'assemblée pour prévenir l'usage du droit de dissolution, serait tout simplement une violation audacieuse de la Constitution. Quant à la majorité, croyant de bonne foi que ce serait une occupation patriotique et saine que de travailler à remanier nos lois, elle songeait à nommer une commission chargée de reviser et de fondre ensemble toutes les constitutions impériales.

Napoléon, après s'être séparé des membres des deux Chambres dans cette même soirée du dimanche, acheva ses apprêts, adressa ses adieux à ses ministres, donna au maréchal Davout, nommé commandant en chef de Paris, ses dernières instructions pour la défense de la capitale, fit à Carnot, dont la sincérité l'avait touché, un adieu cordial, froid mais sans apparence d'humeur à M. Fouché, et passa les derniers instants avec sa famille et ses amis les plus intimes. En sentant l'heure des combats approcher, il était ranimé, car il retrouvait sous ses pieds le terrain où il avait toujours marché en maître. Il serra tendrement dans ses bras sa fille adoptive, la reine Hortense, et il dit à madame Bertrand, en lui donnant la main avant de monter en voiture : Il faut espérer, madame Bertrand, que nous n'aurons pas bientôt à regretter l'île d'Elbe. — Hélas, le moment approchait où il aurait tout à regretter, tout, même les plus mauvais jours! Il partit le lundi 12 juin, à trois heures et demie du matin.

Telle fut jusqu'à la période des événements militaires, laquelle fut si courte, comme on le verra bientôt, telle fut l'époque sombre et fatale dite des Cent Jours, époque qui après avoir débuté par un triomphe extraordinaire, se changea tout à coup en difficultés, en amertumes, en sombres pressentiments! L'explication de ce contraste est facile à donner : de Porto-Ferrajo à Paris, du 26 février au 20 mars, Napoléon fut en présence des fautes des Bourbons, et alors tout fut succès éblouissant pour lui, de Porto-Ferrajo à Cannes, de Cannes à Grenoble, de Grenoble à Lyon, de Lyon à Paris! Il semblait que la fortune elle-même, revenue à son favori, s'empressât de le seconder en mettant à sa disposition tantôt les vents dont sa flottille avait besoin, tantôt les hommes sur lesquels son ascendant devait être irrésistible. Mais à peine entré à Paris, il ne se trouva plus en présence des fautes des Bourbons, mais en présence des siennes, de celles qu'il avait accumulées pendant son premier règne, et alors tout son génie, tout son repentir même semblèrent impuissants! Le traité de Paris qu'il avait si obstinément refusé en 1814 jusqu'à lui préférer la perte du trône, il l'accepta sans hésiter, et demanda la paix à l'Europe avec une humilité qui du reste convenait à sa gloire. — Non, répondit l'Europe, vous offrez la paix, mais sans la vouloir sincèrement. Et elle repoussa le suppliant même jusqu'à fermer la frontière à ses courriers! — Napoléon s'adressa ensuite à la France, et lui offrit sincèrement la liberté, car si son caractère répugnait aux entraves, son génie comprenait qu'il n'était plus possible de gouverner sans la nation, et surtout qu'il ne lui restait qu'un parti, celui de la liberté.

La France ne dit pas non comme l'Europe, mais elle parut douter, et pour la convaincre, Napoléon se vit obligé de convoquer immédiatement les Chambres, les Chambres pleines de partis agités, acharnés, implacables, lesquels pour tout appui contre l'Europe n'avaient à lui offrir que leurs divisions. Repoussé par l'Europe, accueilli par les doutes de la France dans un moment où il aurait eu besoin de tout son appui, Napoléon, après vingt jours de joie, tomba dans une sombre tristesse, qu'il ne secouait dans certains moments qu'en travaillant à tirer des débris de notre état militaire l'armée héroïque et malheureuse de Waterloo ! Ainsi triomphant des fautes des Bourbons, succombant sous les siennes, il donna au monde après tant de spectacles si grandement instructifs, un dernier spectacle, plus profondément moral et plus profondément tragique que les précédents, le génie, vainement, quoique sincèrement repentant ! Et, disons-le, au milieu de ces vicissitudes, de ces vingt jours de courte joie, de ces cent jours de tristesse mortelle, il y eut un acteur de ces grandes scènes qui n'eut pas un jour de contentement, pas un seul, ce fut la France ! la France victime infortunée des fautes des Bourbons comme de celles de Napoléon, victime pour les avoir laissé commettre, ce qui fut à elle sa faute et sa punition ! Triste siècle que le nôtre, du moins pour ceux qui en ont vu la première moitié ! Fasse le Ciel que la génération qui nous suit, et qui est appelée à en remplir la seconde moitié, voie des jours meilleurs ! Mais qu'elle veuille

Juin 1815.

bien nous en croire, c'est en profitant des leçons dont ce demi-siècle abonde, et que cette histoire s'attache à mettre en lumière, qu'elle pourra obtenir ces jours meilleurs, et surtout les mériter!

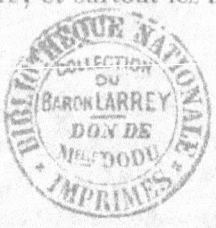

FIN DU LIVRE CINQUANTE-NEUVIÈME

ET DU TOME DIX-NEUVIÈME.

TABLE DES MATIÈRES

CONTENUES

DANS LE TOME DIX-NEUVIÈME.

LIVRE CINQUANTE-SEPTIÈME.

L'ÎLE D'ELBE.

Séjour de lord Castlereagh à Paris. — Il obtient de Louis XVIII la concession du duché de Parme en faveur de Marie-Louise, et promet en retour à ce monarque l'expulsion de Murat. — L'Autriche envoie cent mille hommes en Italie, et la France trente mille en Dauphiné. — État intérieur de la France; redoublement d'inquiétudes chez les acquéreurs de biens nationaux et d'irritation chez les militaires. — Découverte des restes de Louis XVI, et cérémonie funèbre du 21 janvier. — Épuration de la magistrature, et remplacement de M. Muraire par M. de Sèze, de M. Merlin par M. Mourre. — Trouble populaire à l'occasion des funérailles de mademoiselle Raucourt. — Reprise du procès du général Excelmans. — Acquittement de ce général. — Pour la première fois, l'armée française disposée à intervenir dans la politique. — Jeunes généraux formant le dessein de renverser les Bourbons. — Complot des frères Lallemand et de Lefebvre-Desnoëttes. — Répugnance des grands personnages de l'Empire à se mêler de semblables entreprises. — M. Fouché, moins scrupuleux, se fait le centre de toutes les menées. — M. de Bassano, qui n'avait pas encore communiqué avec l'île d'Elbe, charge M. Fleury de Chaboulon d'informer Napoléon de ce qui se passe, sans oser y ajouter un conseil. — Établissement de Napoléon à l'île d'Elbe et sa manière d'y vivre. — Organisation de sa petite armée et de sa petite marine. — Ce qu'il fait pour la prospérité de l'île. — État de ses finances. — Impossibilité pour Napoléon d'entretenir plus de deux ans les troupes qu'il a amenées avec lui. — Cette circonstance et les nouvelles qu'il reçoit du continent le disposent à ne pas rester à l'île d'Elbe. — Sa réconciliation avec Murat, et les conseils qu'il lui donne. — Au commencement de l'année 1815 Napoléon apprend que les souverains réunis à Vienne vont se séparer, qu'on songe à le déporter dans d'autres mers, et que les partis sont parvenus en France au dernier degré d'exaspération. — Il prend tout à coup la résolution de quitter l'île d'Elbe avant que les longues nuits, si favorables à son évasion, fassent place aux longs jours. — L'arrivée de M. Fleury de Chaboulon le confirme dans cette résolution. — Préparatifs secrets de son entreprise, dont l'exécution est fixée au 26 février. — Son dernier message à Murat et son embarquement le 26 février au soir. — Circonstances diverses de sa navigation. — Débarquement au golfe Juan le 1er mars. — Surprise et incertitude des habitants de la côte. — Tentative manquée sur Antibes. — Séjour de quelques heures à Cannes. — Choix à faire entre les deux routes, celle des montagnes conduisant à Grenoble, celle du littoral conduisant à Marseille. — Napoléon se décide pour celle de Grenoble, et par ce choix assure le succès de son entreprise. — Départ le 1er mars au soir pour Grasse. — Marche longue et fatigante à travers les montagnes. — Arrivée le second jour à Sisteron. — Motifs pour lesquels cette place ne se trouve pas gardée. — Occupation de Sisteron, et marche sur Gap. — Ce qui se passait en ce moment à Grenoble. — Dispositions de la noblesse, de la bourgeoisie, du peuple et des militaires. — Résolution du préfet et des généraux de faire leur devoir. — Envoi de troupes à La Mure pour barrer la route de Grenoble. — Napoléon, après avoir occupé Gap, se porte sur Grenoble, et rencontre à La Mure le bataillon du 5e de ligne envoyé pour l'arrêter. — Il se présente devant le front du bataillon et découvre sa poitrine aux soldats du 5e. — Ceux-ci répondent à ce mouvement par le cri de *Vive l'Empereur!* et se précipitent vers Napoléon. — Après ce premier succès, Napoléon continue sa marche sur Grenoble. — En route il rencontre le 7e de ligne, commandé par le colonel de La Bédoyère, lequel se donne à lui. — Arrivée devant Grenoble le soir même. — Les portes étant fermées, le peuple de Grenoble les enfonce et les ouvre à Napoléon. — Langage pacifique et libéral tenu par celui-ci à toutes les autorités civiles et militaires. — Napoléon séjourne le 8 à Grenoble, en dirigeant sur Lyon les troupes dont il s'est emparé, et qui montent à huit mille hommes environ. — Le 9 il s'achemine lui-même sur Lyon. — La nouvelle de son débarquement parvient le 5 mars à Paris. — Effet qu'elle y produit. — On fait partir le comte d'Artois avec le duc d'Orléans pour Lyon, le maréchal Ney pour Besançon, le duc de Bourbon pour la Vendée, le duc d'Angoulême pour Nîmes et Marseille. — Convocation immédiate des Chambres. — Inquiétude des classes moyennes, et profond chagrin des hommes éclairés qui prévoient les conséquences du retour de Napoléon. — Les royalistes modérés, et à leur tête MM. Lainé et de Montesquiou, voudraient qu'on s'entendît avec le parti constitutionnel, en modifiant le ministère et les corps de l'État dans le sens des opinions libérales. — Les royalistes ardents, au contraire, ne voient dans les malheurs actuels que des fautes de faiblesse, et ne veulent se prêter à aucune concession. — Louis XVIII tombe dans une extrême perplexité, et ne prend point de parti. — Suite des événements entre Grenoble et Lyon. — Arrivée du comte d'Artois à Lyon. — Il est accueilli avec froideur par la population, et avec malveillance par les troupes. — Vains efforts du maréchal Macdonald pour engager les militaires de tout grade à faire leur devoir. — L'aspect des choses devient tellement alarmant, que le maréchal Macdonald fait repartir pour Paris le comte d'Artois et le duc d'Orléans. — Il reste seul de sa personne pour organiser la résistance. — L'avant-garde de Napoléon s'étant présentée le 10 mars au soir devant le pont de la Guillotière, les soldats qui gardaient le pont crient : *Vive l'Empereur!* ouvrent la ville aux troupes impériales, et veulent s'emparer du maréchal Macdonald pour le réconcilier avec Napoléon. — Le maréchal s'enfuit au galop afin de rester fidèle à son devoir. — Entrée triomphale de Napoléon à Lyon. — Comme à Grenoble, il s'efforce de persuader à tout le monde qu'il veut la paix et la liberté. — Décrets qu'il rend pour dissoudre les Chambres, pour convoquer le Corps électoral en champ de mai à Paris, et pour assurer par diverses mesures le succès de son entreprise. — Après avoir séjourné à Lyon le temps indispensablement nécessaire, il part le 13 au matin par la route de la Bourgogne. — Accueil enthousiaste qu'il reçoit à Mâcon et à Chalon. — Message du grand maréchal Bertrand au maréchal Ney. — Sincère disposition de ce dernier à faire son devoir, mais embarras où il se trouve au milieu de populations et de troupes invinciblement entraînées vers Napoléon. — Le maréchal Ney lutte deux jours entiers, et voyant autour de lui les villes et les troupes s'insurger, il cède au torrent, et se rallie à Napoléon. — Marche triomphale de Napoléon à travers la Bourgogne. — Son arrivée à Auxerre le 17 mars. — Projet de s'y arrêter deux jours pour concentrer ses troupes et marcher militairement sur Paris. — État de la capitale pendant ces derniers jours. — Les efforts des royalistes modérés pour amener un rapprochement avec le parti constitutionnel ayant échoué, on ne change que le ministre de la guerre dont on se défie, et le directeur de la police qu'on ne croit pas assez capable. — Avènement du duc de Feltre au ministère de la guerre. — Tentative des frères Lallemand, et son insuccès. — Cette circonstance rend quelque espérance à la cour, et on tient une séance royale où Louis XVIII est fort applaudi. — Projet de la formation d'une armée sous Melun, commandée par le duc de Berry et le maréchal Macdonald. — Séjour de Napoléon à Auxerre. — Son entrevue avec le maréchal Ney qu'il empêche adroitement de lui faire des conditions. — Son départ le 19, et son arrivée à Fontainebleau dans la nuit. — À la nouvelle de son approche, la famille royale se décide à quitter Paris. — Départ de Louis XVIII et de tous les princes dans la nuit du 19 au 20. — Ignorance où l'on est le 20 au matin du départ de la famille royale. — Les officiers à la demi-solde, assemblés tumultueusement sur la place du Carrousel, finissent par apprendre que le palais est vide, et y font arborer le drapeau tricolore. — Tous les grands de l'Empire y accourent. — Napoléon parti de Fontainebleau dans l'après-midi arrive le soir à Paris. — Scène tumultueuse de son entrée aux Tuileries. — Causes et caractère de cette étrange révolution. 1 à 228

LIVRE CINQUANTE-HUITIÈME.

L'ACTE ADDITIONNEL.

Langage pacifique et libéral de Napoléon dans ses premiers entretiens. — Choix de ses ministres arrêté dans la soirée même du 20 mars. — Le prince Cambacérès provisoirement chargé de l'administration de la justice; le maréchal Davout appelé au ministère de la guerre, le duc d'Otrante à celui de la police, le général Carnot à celui de l'intérieur, le duc de Vicence à celui des affaires étrangères, etc.... — Le comte de Lobau nommé commandant de la première division militaire, avec mission de rétablir la discipline dans les régiments qui doivent presque tous traverser la capitale. — Le 21 mars au matin Napoléon se met à l'œuvre, et se saisit de toutes les parties du gouvernement. — Devait-il profiter de l'impulsion de ses succès pour envahir la Belgique, et se porter d'un trait sur le Rhin? — Raisons péremptoires contre une telle résolution. — Napoléon prend le parti de s'arrêter, et d'organiser ses forces militaires, en offrant la paix à l'Europe sur la base du traité de Paris. — Ordre au général Exelmans de suivre avec trois mille chevaux la retraite de la cour fugitive. — Séjour de Louis XVIII à Lille. — Accueil froid mais respectueux des troupes. — Conseil auquel assistent le duc d'Orléans et plusieurs maréchaux. — Le duc d'Orléans conseille au Roi de se rendre à Dunkerque et de s'y établir. — Louis XVIII approuve d'abord cet avis, puis change de résolution et se retire à Gand. — Les troupes et les maréchaux l'accompagnent jusqu'à la frontière, en refusant de le suivre au delà. — Licenciement de la maison militaire. — Pacification du nord et de l'est de la France. — Courte apparition du duc de Bourbon en Vendée, et sa prompte retraite en Angleterre. — La politique des chefs vendéens est d'attendre la guerre générale avant d'essayer une prise d'armes. — Madame la duchesse d'Angoulême s'arrête à Bordeaux, où la population paraît disposée à la soutenir. — Le général Clausel chargé de ramener Bordeaux à l'autorité impériale. — M. de Vitrolles essaie d'établir un gouvernement royal à Toulouse. — Voyage de M. le duc d'Angoulême à Marseille. — Ce prince réunit quelques régiments pour marcher sur Lyon. — Les troubles du Midi n'inquiètent guère Napoléon, qui regarde la France comme définitivement pacifiée par le départ de Louis XVIII. — Tout en affichant les sentiments les plus pacifiques Napoléon, certain d'avoir la guerre, commence ses préparatifs militaires sur la plus grande échelle. — Son plan conçu et ordonné du 25 au 27 mars. — Formation de huit corps d'armée, sous le titre de corps d'observation, dont cinq entre Maubeuge et Paris, destinés à agir les premiers. — Reconstitution de la garde impériale. — Pour ne pas recourir à la conscription Napoléon rappelle les semestriers, les militaires en congé illimité, et se flatte de réunir ainsi 400 mille hommes dans les cadres de l'armée active. — Il se réserve de rappeler plus tard la conscription de 1815, pour laquelle il croit n'avoir pas besoin de loi. — Les officiers à la demi-solde employés à former les 4e et 5e bataillons. — Napoléon mobilise 200 mille hommes de gardes nationales d'élite afin de leur confier la défense des places et de quelques portions de la frontière. — Création d'ateliers extraordinaires d'armes et d'habillements, et rétablissement du dépôt de Versailles. — Armement de Paris et de Lyon. — La marine appelée à contribuer à la défense de ces points importants. — Après avoir donné ces ordres, Napoléon expédie quelques troupes au général Clausel pour soumettre Bordeaux, et envoie le général Grouchy à Lyon pour réprimer les tentatives du duc d'Angoulême. — Réception, le 28 mars, des grands corps de l'État. — Renouvellement, sous une forme plus solennelle, de la promesse de maintenir la paix, et de modifier profondément les institutions impériales. — Prompte répression des essais de résistance dans le Midi. — Entrée du général Clausel à Bordeaux, et embarquement de madame la duchesse d'Angoulême. — Arrestation de M. de Vitrolles à Toulouse. — Campagne de M. le duc d'Angoulême sur le Rhône. — Capitulation de ce prince. — Napoléon le fait embarquer à Cette. — Soumission générale à l'Empire. — Continuation des préparatifs de Napoléon, et formation d'un 9e corps. — État de l'Europe. — Refus de recevoir les courriers français, et singulière exaltation des esprits à Vienne. — Déclaration du congrès du 13 mars, par laquelle Napoléon est mis hors la loi des nations. — Cette déclaration envoyée par courriers extraordinaires sur toutes les frontières de France. — On enlève le Roi de Rome à Marie-Louise, et on oblige cette princesse à se prononcer entre Napoléon et la coalition. — Marie-Louise renonce à son époux, et consent à rester à Vienne sous la garde de son père et des souverains. — En apprenant le succès définitif de Napoléon et son entrée à Paris, le congrès renouvelle l'alliance de Chaumont par le traité du 25 mars. — Le duc de Wellington, quoique sans instructions de son gouvernement, ne craint pas d'engager l'Angleterre, et signe le traité du 25 mars. — Plan de campagne, et projet de faire marcher 800 mille hommes contre la France. — Deux principaux rassemblements, un à l'Est sous le prince de Schwarzenberg, un au Nord sous lord Wellington et Blücher. — Départ de lord Wellington pour Bruxelles, et envoi du traité du 25 mars à Londres. — État des esprits en Angleterre. — La masse de la nation anglaise, dégoûtée de la guerre, mécontente des Bourbons, et frappée des déclarations réitérées de Napoléon, voudrait qu'on mît ses dispositions pacifiques à l'épreuve. — Le cabinet, décidé à ratifier les engagements contractés par lord Wellington, mais embarrassé par l'état de l'opinion, prend le parti de dissimuler avec le Parlement, et lui propose un message trompeur qui n'annonce que de simples précautions, tandis qu'on ratifie en secret le traité du

25 mars, et qu'on se prononce ainsi pour la guerre. — Discussion et adoption du message au Parlement, dans la croyance qu'il ne s'agit que de simples précautions. — Deux membres du cabinet britannique envoyés en Belgique pour s'entendre avec lord Wellington. — État de la cour de Gand. — Violences des Allemands et menace de partager la France. — Lord Wellington s'efforce de calmer ces emportements, et malgré l'impatience des Prussiens empêche qu'on ne commence les hostilités avant la concentration de toutes les forces coalisées. — Napoléon, en présence des déclarations de l'Europe, n'ayant plus rien à dissimuler, se décide à dire toute la vérité à la nation. — Publication, le 13 avril, du rapport de M. de Caulaincourt, où sont exposées sans réserve les humiliations qu'on vient d'essuyer. — Revue de la garde nationale, et langage énergique de Napoléon. — Napoléon redouble d'activité dans ses préparatifs militaires, et fait insérer au *Moniteur* les décrets relatifs à l'armement de la France, lesquels s'étaient exécutés jusque-là sans aucune publicité. — Tristesse de Napoléon et du public. — Napoléon se décide enfin à tenir la promesse qu'il a faite de modifier les institutions impériales. — Il n'hésite pas à donner purement et simplement la monarchie constitutionnelle. — Son opinion sur les diverses questions qui se rattachent à cette grave matière. — Il ne veut pas convoquer une Constituante, de peur d'avoir en pleine guerre une assemblée révolutionnaire sur les bras. — Il prend la résolution de rédiger lui-même, ou de faire rédiger une constitution nouvelle, et de la présenter à l'acceptation de la France. — Ayant appris que M. Benjamin Constant est resté caché à Paris, il le fait appeler, et lui confie la rédaction de la nouvelle constitution. — Napoléon paraît d'accord sur tous les points avec M. Constant, sauf l'abolition de la confiscation, l'hérédité de la pairie et le titre de la nouvelle constitution. — Napoléon veut absolument la qualifier d'*Acte additionnel aux constitutions de l'Empire*. — Le projet est envoyé au Conseil d'État, et M. Benjamin Constant est nommé conseiller d'État pour soutenir son ouvrage. — Rédaction définitive et promulgation de la nouvelle constitution sous le titre d'*Acte additionnel*. — Caractère de cet acte. 229 à 446

LIVRE CINQUANTE-NEUVIÈME.

LE CHAMP DE MAI.

Publication de l'Acte additionnel. — Effet qu'il produit. — Quoiqu'il contienne la plus libérale, la mieux rédigée de toutes les constitutions que la France ait jamais obtenues, il est très-mal accueilli. — Motifs de ce mauvais accueil. — La France ne croit pas plus à Napoléon quand il parle de liberté, que l'Europe lorsqu'il parle de paix. — Déchaînement des royalistes et froideur des révolutionnaires. — Le parti constitutionnel est le seul qui accueille favorablement l'Acte additionnel, et néanmoins il reste défiant. — Importance du rôle de M. de Lafayette en cette circonstance. — Le parti constitutionnel met des conditions à son adhésion, et exige la convocation immédiate des Chambres. — Napoléon voudrait différer, pour n'avoir pas des Chambres assemblées pendant les premières opérations de la campagne. — On lui force la main, et avant même l'acceptation définitive de l'Acte additionnel, il se décide à le mettre à exécution, en convoquant immédiatement les Chambres. — Il appelle en même temps le corps électoral au *Champ de Mai*. — Ces mesures produisent un certain apaisement dans les esprits. — Suite des événements à Vienne et à Londres. — Quoique très-animées, les puissances cependant ne laissent pas de considérer comme fort grave la lutte qui se prépare. — L'Autriche voudrait essayer de se débarrasser de Napoléon en lui suscitant des embarras intérieurs. — Tentative d'une négociation occulte avec M. Fouché. — Envoi à Bâle d'un agent secret. — Napoléon découvre cette sourde menée, et, pour la déjouer, dépêche M. Fleury de Chaboulon à Bâle. — Explication violente avec M. Fouché, surpris en trahison flagrante. — Pour le moment cette menée n'a pas de suite. — La coalition persiste, et le ministère britannique, poussé à bout, finit par avouer au Parlement le projet de recommencer immédiatement la guerre. — L'opposition se dit trompée, le Parlement le croit, et vote néanmoins la guerre à une grande majorité. — Marche des armées ennemies vers la France. — Aventures de Murat en Italie. — Sa folle entreprise et sa triste fin. — Il s'enfuit en Provence. — Sinistre augure que tout le monde en tire pour Napoléon, et que ce dernier en tire lui-même. — Progrès des préparatifs militaires. — Formation spontanée des fédérés. — Services que Napoléon espère en obtenir pour la défense de Lyon et de Paris. — Tandis que les révolutionnaires se décident à appuyer Napoléon, les royalistes lèvent le masque, et commencent la guerre civile en Vendée. — Premiers mouvements insurrectionnels dans les quatre subdivisions de l'ancienne Vendée, et combat d'Aizenay. — Promptes mesures de Napoléon. — Il se prive de vingt mille hommes qui lui eussent été bien utiles contre l'ennemi extérieur, et les dirige sur la Vendée. — En même temps il charge M. Fouché de négocier un armistice avec les chefs vendéens. — Résultat et esprit des élections. — Réunion de la Chambre des pairs et de celle des représentants. — Dispositions de celle-ci. — Tout en voulant sincèrement soutenir Napoléon contre l'étranger, elle est préoccupée de la crainte de paraître servile. — Ses premiers actes marqués au coin d'une extrême susceptibilité. — Napoléon en est vivement affecté. — Champ de Mai. — Grandeur et tristesse de cette cérémonie. — Adresses des deux Chambres. — Conseils dignes et sévères de Napoléon. — Ses profondes remarques sur ce qui manque à son gouvernement pour subsister devant des Chambres. — Sinistres présages. — Il quitte Paris le 12 juin pour se mettre à la tête de l'armée. — Adieux à ses ministres et à sa famille. — Dernières considérations sur cette tentative de rétablissement de l'Empire.   447 à 630

FIN DE LA TABLE DU TOME DIX-NEUVIÈME.

GRAVURES

CONTENUES DANS LE TOME DIX-NEUVIÈME.

	Pages
1. L'île d'Elbe.	67
2. Retour de l'île d'Elbe.	103

www.ingramcontent.com/pod-product-compliance
Lightning Source LLC
Chambersburg PA
CBHW050131240426
43673CB00043B/1629